아직
신을 잃어버리고 싶지 않은 시대의
문학과 종교

아직
신을 잃어버리고 싶지 않은 시대의
문학과 종교

2018년 8월 10일 인쇄
2018년 8월 20일 발행

지은이 | 이준학
펴낸이 | 정병석

펴낸곳 | 전남대학교출판문화원
주 소 | 61186 광주광역시 북구 용봉로 77
전 화 | (062) 530-0571~3 팩스 | (062) 530-0579
등 록 | 1981. 5. 21. 제53호
홈페이지 | http://www.cnup.co.kr
이메일 | cnup0571@hanmail.net

값 17,000 원

ISBN 978-89-6849-520-5 (93200)

이 도서의 국립중앙도서관 출판예정도서목록(CIP)은 e-CIP홈페이지(http://www.nl.go.kr/ecip)와 국가자료공동목록시스템(http://www.nl.go.kr/kolisnet)에서 이용하실 수 있습니다.
(CIP제어번호: CIP2018023567)

아직
신을 잃어버리고 싶지 않은 시대의
문학과 종교

이준학 著

전남대학교출판문화원

아내에게 ————

■ 서 언

사회학자인 알렝 투렌느(Alain Touraine)는 후기산업사회에서 종교는, 댄스나 그림그리기 같이 사람들을 규제하지 않는 사적활동들처럼, 사람들의 여가활동의 일부가 되어버렸다고 말하면서, 이러한 현상을 종교의 고립화 또는 소외(isolation)라고 표현한다. 신이라는 기표에 해당하는 신의 실질이 논리적으로 부정되고, 모든 텍스트의 권위를 말없이 담보해주던 소위 말씀(Word)의 권위가 사라진 지금, 신의 존재의 실질과 그 실질로서의 존재의 말씀에 근거하여 성립된 종교는 무엇에 의지하여 그 존재의 권위와 힘의 근거를 획득할 수 있는 것인가? 이러한 질문은 종교를 곤혹스럽게 하고, 이러한 질문의 논리의 근거를 제공하는 포스트모더니즘과 종교는 서로 극단적으로 상충되는 상극의 관계에 빠질 수밖에 없다는 유추를 가능하게 한다. 그러나 정말 그런 것인가?

이러한 질문이 가능한 것은 포스트모더니즘의 회오리가 대학의 강단과 세계의 지성계를 강타하던 1960년대와 1970년대에도 종교는 사멸되지 않았으며, 이성의 보편구조에 근거한 모더니티의 확신은 분열되어 그 힘이 저하되었으며, 포스트모더니즘이 그 중심에서부터 흔들리고 있는 것으로 평가되는 1990년대에 이르러서는 포스트모더니즘의 신의 부정이 신의 존재에 대한 갈망의 역설적 표현이었거나 아니면 부정을 통하여 오히려 신의 존재를 긍정하는 부정의 신학(negativa theology)의 측면을 초기에서부터 계속 지녀왔다는 주장이 조금씩 설득력을 얻어가고 있기 때문이다. 옥스퍼드대학의 발렌타인 커닝함(Valentine Cunningham) 교수는 "해체론은 신의 식탁에서 사라져야 할 어떤 무서운 망령이 아니다"고 주장한다.

철학적, 역사적으로 포스트모더니즘의 정신적 선두주자이며 그 선구적 실천가로 알려진 니체의 "신은 죽었다"는 유명한 선언은, 사실은 종교적인 신의 죽음을 의미하는 신학적 주장은 아니었다. 니체의 선언 속에서 신은 환유적으로 사용되었을 뿐이다. 니체는 무신론자들이 주장하듯이 "신은 존재하지 않는다"고 말한 것이 아니다. 미국의 백악관이 미국이라는 국가의 원수와 정부를 총괄적으로 대표하는 이름이듯이, 니체의 "신은 죽었다"는 선언에서의 신은 이성적으로 사고된 "절대적 진리(absolute Truth)", "절대적 선(absolute Goodness)", "절대적 실재(absolute Reality)", "절대적 이성(absolute Reason)" 등 모든 사물의 근원이나 척도에 대한 환유였다. 이러한 용어들은 인간의 이성적 사고가 만들어 낸 추상적 개념일 뿐 정신적 실질로서의 신은 아닌 실질 없는 기표들일 뿐이다. 니체는 "진리란 우리가 그것들이 환상이라는 것을 잊어버린 환상들"이라고 말한다. 그는 '절대적 진리'는 부정하였지만 '보편적 진리'에 대한 탐구의 문은 계속 열어두었었다.

그동안 무성해 온 무신론자로서의 니체연구에 대항하여, 일생동안 인간의 구원의 문제에 대하여 강박관념을 가지고 있던 니체를 신학적 관점에서 재조명하고 있는 『니체 되살리기: 경건한 불신앙에 대하여』(Redeeming Nietzsche: On the Piety of Unbelief)를 저술한 가일즈 프레이저(Giles Fraser) 교수는 니체의 유명한 '신의 죽음'에 관한 구절에 대하여, 사람들이 자주 간과하고 있는 것은 니체가 신의 죽음을 아주 분명하게 하나의 살인(a murder)이라고 말했다는 사실이라고 지적한다. 그의 저서 『즐거운 학문』(The Gay Science) 속에서 니체는 광인의 입을 통하여 외친다.

> '신은 어디에 있는가?' . . . '내가 말하겠다. 우리가 그를 죽였다 — 여러분과 내가. 우리 모두가 그의 살인자요.' . . . 신은 죽었다. 신은 죽어있다. 우리가 그를 죽였다. 살인자 중의 살인자인 우리는 어떻게 위로를 얻을 것인가? 세계가 지금까지 소유했던 모든 것 중에서 가장 거룩하고 가장 힘있는 존재가 우리의 칼 아래 피를 흘리며 죽었다. 누가 우리의 피를 씻어줄까? 어떤 물이 있어 우리를 정결하게 씻어줄 것인가?

프레이저 교수는 신에 대한 이러한 니체의 애도를, 슈트(Ofelia Schutte) 교수의 말을 인용하여, 죽은 신에 대한 '니체의 향수'라고 표현한다. 여기서 중요한 것은, 그가 비록 부정했으나 니체가 신으로 상징되는 거룩함이나 진리, 진정한 가치 등에 대하여 신의 죽음의 선고의 순간에 조차도 깊은 애착을 가지고 있었다는 사실이다. 여기서 우리는 포스트모더니즘이 주장하는, 기존의 가치나 진리에 대한 극단적 거부자나 허무주의자로서의 니체와는 다른 니체를 만나게 된다. 니체가 부정한 것은 깊은 의미에서, 기존의 사회나 국가 그리고 종교에서 잘못 해석되고 오용된 진리였지 순결하고 진정한 가치는 아니었던 것이다. 그리고 신의 죽음의 선언

이후의 그의 노력과 저술의 목표는 어떤 의미에서 의도적으로 오염시키고 악용된 진리의 회복이었으며, 그의 삶은 이 진정한 가치의 복원을 위한 피나는 투쟁이었다. 니체가 살았던 때와 한 세기의 거리를 가진 20세기 후반의 포스트모더니즘의 부정도, 그것이 현재의 삶의 공동체의 판을 깨트려버리는 것이 아니라면, 포스트모더니즘의 비조(鼻祖)인 니체의 부정과 같은 차원의 부정일 것이다. 아니 백 년 전보다 훨씬 더 오염되고 부패된 진리나 가치를 회복하기 위해서는 니체의 시대보다 훨씬 더 정교하고 강도 높은 부정의 방법론을 택하여야 할 것이다. 데리다의 포스트구조주의와 해체론이 부정의 신학으로 거론되는 이유도 바로 여기에 있다.

부정의 신학에서 신학자들은 유한한 인간의 언어로 적절하게 표현될 수 없는 신의 존재성을 불변적, 불가분적, 불측량적, 불멸적, 비육체적, 비가시적, 비의존적 등의 부정의 형용사로 표현하고 있는데, 이러한 신의 부정적 성격은 단순히 부정적인 것만으로 결론지어질 수 없는 더 높고 더 깊으며 더 넓은 그러나 온전히 인간의 언어로는 표현될 수 없는 무한한 포괄성을 지닌다.

'부정의 신학(negative theology)'은 '신적인 것이 아닌 것(what God is not)'을 말함으로써 신에 대하여 말하는 신학이다. 더 간결하게 말하면 신을 부정적 언어로 표현함으로써 신의 존재를 강조하는 신학이다. 부정의 신학은 물론 신의 부재를 증명하려는 신학은 아니다. 부정의 신학은 신의 숨어있음, 더 적절히 말하면, 네덜란드의 신학자 미스코트(Kornelis Heiko Miskotte)가 표현한 것처럼, '부재의 현전으로서의 신의 현전(God's presence as the presence of an absence),' 존재하지 않는 존재로서의 신의 존재에 대하여 말하는 신학이다. 부정의 신학은 신을 강하고 철저하게 부정함으로써 반사적으로 신의 존재를 드러내려는 신학이다.

포스트모던 신학자인 테일러(Mark C. Taylor) 교수는 20세기 후반에 포스트모더니즘의 중심철학인 포스트 구조주의가 출현하면서 소위 '부정의 신학'의 부활에 불이 당겨졌다고 말한다. 테일러 교수는 포스트 구조주의의 가장 중요한 철학자인 데리다가 해체론이 부정의 신학이 아니라고 계속 주장하지만, 비평가나 지지자들은 계속 데리다의 비평전략을 부정의 신학과 비교하는 시도를 하고 있으며, 데리다의 비평적 논의를 세밀하게 분석해보면 부정의 신학과의 관계가 단순히 부정적인 것만이 아닌 것이 은연중에 드러난다고 주장한다. 고전적 부정의 신학이 철저하게 존재론에 머물러 있다고 주장하면서도, 데리다의 해체론적 분석은 신을 생각하지 않는 것을 거절하지 않음으로써 곧 신을 부정함으로써 다른 방식으로 신을 생각할 수 있는 가능성을 열어주는, 부정의 신학의 대안적 읽기를 암시하고 있다는 것이다.

유명한 포스트모던 철학자이며 펜실베이나 빌라노바(Villanova) 대학의 교수인 존 카푸토(John D. Caputo)도 그의 역저 『자크 데리다의 기도와 눈물: 종교 없는 종교』(The Prayers and Tears of Jacques Derrida: Religion without Religion)에서 포스트모더니즘의 신의 부정이 신의 존재에 대한 깊은 갈망의 역설적 표현이거나 아니면 부정을 통하여 신의 존재를 강조하는 부정의 신학의 측면을 초기에서부터 계속 지녀왔다고 주장한다. 카푸토의 이 역저에 적극적으로 호응하여 쓰인 10여 명의 학자들의 논문을 모아 『종교 없는 종교: 존 D. 카푸토의 기도와 눈물』(Religion without Religion: The Prayers and Tears of John D. Caputo)이라는 편저를 내놓고 있는 올두이즈(James H. Olthuis) 교수도, 비평가들에 의하여 허무적이고 상대적이며 주관적이고 반종교적인 것으로 알려진 데리다의 해체론이 카푸토의 『자크 데리다의 기도와 눈물』을 통하여 온전히 다른 것으로 바뀌어 버렸다고 말한다. 카푸토 교수의 이 저서에 대하여 데리다는 '자기가 읽혀지기를 바라는 방식으로 카푸토 교수가 자기를 읽었다'는 반응을 보였다. 데리다의 이러한 반응에 대하여 카푸토는 데리다가 자신의 해체론이 긍정적으로 읽혀지는 것을 평가하고 있다고 해석하면서, '데리다는 해체론이 부도덕한 상대주의나 무정부주의가 아니라는 것을 명백하게 밝히기를 원하고 있다'고 부언하고 있다.

부정의 신학에 대한 유명한 저서인 『미지의 신: 플라톤적 전통 속에서의 부정의 신학: 플라톤으로부터 에리우지나까지』(*The Unknown God: Negative Theology in the Platonic tradition: Plato to Eriugena*)의 저자인 데어드르 케러바인(Deirdre Carabine)은, "정신이 통일된 신성을 추구하는 과정에서 상징의 보호막을 벗어버리고 순수한 신성 속으로 들어가는 지점에서, 정신이 부정(negation)을 통하여 상승을 시작하는 순간이 온다(292)"고 말하면서 이러한 '부정을 통한 상승'의 원인을 다음과 같이 설명한다.

> 신은 지성을 통해서는 파악될 수 없기 때문에, 궁극적으로 모든 개념적 한계를 파괴하는 것만이 신의 실체를 인간적 형식의 사고와의 관련으로부터 해방시키는 길일 것이다. 디오니시우스 — 위디오니시우스(Pseudo-Dionysius)[1] — 에게 있어 부정의 역할은 어떤 신인동형동성설적 또는 신에 대한 지성적 표현에 대처하는 최초의 중요하고 바른 수단이며, 그래서 긍정의 방법보다 선호된다. 신비신학(Mystical Theology)의 4장과 5장에 나타난 부정에 대한 찬사는 모든 개념의 타당성, 가장 낮은 개념으로부터 가장 높은

> 개념까지의 타당성을 모두 부인한다. 가장 높은 이름과 칭호들까지도 이 가장 급진적인 부정의 행위 속에서 거부되는데, 지혜, 단일성, 신성, 선 그리고 정신, 부성(父性), 아들의 신분(sonship), 삼위일체의 구분된 이름들조차도 부인된다. 왜냐하면 신은 전적으로 언어의 영역을 넘어서 있기 때문이다(292).

인간의 언어로는 '말로 표현할 수도, 이름을 붙일 수도, 알 수도 없는 신'과 인간, 인간과 유일자(One) 사이의 거리를 좁히는 단 하나의 방법은, 모든 인식의 기반인 주체와 객체의 모든 전형적인 인식론적 범주를 파괴하고 부정하는 것이다(325). 부정의 신학은 카타파시스(Kataphasis)적 추론 곧 이성적이고 개념적인 추론을 통하여 신을 인식하려는 것이 아니라 개념적 추론에 의하여 인식된 초월적 신에 대한 기존의 인간의 언어나 개념을 해체하는 부정의 방법 곧 아포파시스(apophasis)적 방식으로 신에 접근한다. 카타파시스적 신학자는 신은 '존재의 충만'이라는 전형적인 서구의 주장에 의존하는 반면에, 아포파시스적 신학자는 신은 비존재(nonbeing)의 관점에서 가장 잘 이해된다고 주장한다(Carabine 3). 그러나 우리가 여기서 간과해서는 안 되는 것은, 부정의 신학의 출발이 근본적으로 신의 속성을 부정하기 위해서가 아니라는 것이다. 부정의 신학은 알 수 없는 신의 속성에 근접하기 위하여 기독교 전통 속에서 제2세기 전부터 이용되어 온 지적인 접근 방식이다(7-8). 부정의 신학의 방식은 마치 조각가들이 돌 속에 숨어 있는 순결한 미(美)의 형상을 드러내기 위하여 방해가 되는 모든 다른 부분들을 조각용 끌로 깎아내는 것처럼, 신의 순수한 속성을 이해하는 데 장애가 되는 기존의 모든 것을 부정하는 방식이다(Pseudo-Dionysius 138).

그러나 부정의 신학의 이러한 기도는 근본적인 한계를 지니고 있다. 왜냐하면 앞에서 살펴본 것처럼 부정의 신학은 "부재의 현전으로서의 신의 현전", 다시 말하면 존재하지 않는 존재로서의 신의 현전에 대하여 말하고 있기 때문이다. 보이지 않는, 과학적으로 증명될 수 없는 존재의 현전을 인간의 감정 속에 존재하게 하려는 시도는 그 노력의 결과조차도 눈에 보이거나 논리적으로 증명될 수 있는 것이 아니기 때문에 처음부터 분명한 한계를 지니고 있다. 그러나 부정의 신학의 방법이 문학작품을 통하여 다양한 이미지나 은유의 모습으로 드러날 때, 신의 속성을 드러내려는 부정신학적 시도의 효과는 추상적 신학의 이론의 효과보다 더 두드러진 것으로 보인다. 물론 이러한 효과가 눈에 보이는 가시적인 것은 아니다. 그러나 우리는 우리의 가슴에 느껴지는 감정의 영향을 통하여 그것을 짐작해 볼 수 있는 것이다.

현대문학 뿐 아니라 포스트모던 시대의 문학작품 속에도 부정의 신학의 자장을 느끼게 하는 작품들이 적지 않다. 반항과 부정의 시인인 알렌 긴즈버그(Allen Ginsberg)의 『울부짖음』(*Howl*)을 비롯한 여러 편의 시작품과, 1943년 융단폭격과 민간인 살해 등의 무자비한 전쟁을 감행하는 미국정부의 소위 "불공정한 전쟁(unjust war)"[See the symposium "In Clay's Corner" *Partisan Review*, XXXIV (Summer, 1967), 460.]에 징집되는 것에 반항하여 양심적 병역거부자가 되는 강렬한 외부지향적 부정의 경향을 행동을 통하여 보여주었던 로버트 로월(Robert Lowell)의 『인생연구』(Life Studies)를 비롯한 그의 중기의 작품들이 그 좋은 예이다.

필자는 포스트모던 문학에 나타난 이러한 부정의 신학적 경향을 비단 20세기 후반의 포스트모더니즘 시대뿐 아니라 그 이전의 현대문학 작품들, 그 중에서도 현대 시들 속에서 뚜렷하게 발견할 수 있다는 사실에 주목하고자 한다. 20세기 초의 T. S. 엘리엇의 시 속에서는 4월의 아름다움조차 부정의 대상이다. 삶에 대한 회의와 부정이 얼마나 깊었으면, 시인에게 눈부신 신록의 4월이 가장 잔인한 달이 되었을 것인가? 세계 제1차 대전을 정점으로 하는 3년 동안, 에즈라 파운드는 자기시대와의 불화 속에, 죽은 시 예술을 부활시키려 노력하였으나, 그것은 "처음부터 틀린 일(Wrong from the start)"이었다. 시대에 대한 그들의 부정과 반항은 그들이 조국을 떠남으로써 절정에 달한다.

시인이 찾아내려는 회복된 자아, 진실한 자아란 궁극적으로 무엇일까? 그것은 수천 년의 오랜 문명의 세기동안 인간의 육체적 물질적 속성에 의하여 그 본래의 순결성을 거의 상실해버린, 추악해지기 이전의, 신이 처음 창조했을 때 그 모습 그대로의 진실되고 순수한 자아일 것이다. 이 순결한 자아는 바로 신이 흙으로부터 자신의 형상대로 인간을 만들었을 때의 그 모습이며, 신의 속성이 그대로 반영된 인간의 모습이다. 이러한 관점에서 보면, 기존의 신에 대한 불완전한 언어와 개념을 부정함으로써 진정한 신에 대한 인식에 도달하려는 부정의 신학과, 기존의 인간과 사회의 불완전성을 부정함으로써 진정한 인간에 대한 인식에 도달하려는 현대문학이나 포스트모던 문학은, 근본적으로 같은 목표를 지향하고 있는 셈이다. 왜냐하면, 비록 부정의 신학이 논리적 추론의 접근방식을 사용하고 있고, 현대의 문학과 포스트모던 문학이 구체적 인간의 현실을 예술적으로 형상화시키는 접근방식을 사용하고 있지만, 이 둘의 목표는 현대의 문명 속에서 왜곡된 신의 속성의 회복인 것이 분명하기 때문이다. 더구나 신의 속성이 적나라하게 드러나는 곳이 다른 동물이나 식물의 세계가 아니라 바로 신이 자기의 형상으로 창조한 인간 속에서라는 것에 신학과 문학이 동의한다면, 감히 말해보건데, 부정의 신학과 21세기 문학의 목표는 그 근본적 의도에서, 동일하다고 말해 볼 수 있을 것이며, 이러한 의미에서 21세기 문학에 나타난 부정의 신학의 영향은 실로 놀라운 깊이와 폭과 파장을 지니고 있다고 말하지 않을 수 없을 것이기 때문이다.

우리 시대는 아직 신을 잃어버리고 싶지 않다.

2018년 7월

이 준 학

■ 차 례

제1장
포스트모던 문학의 종교성: 시론
— 알렌 긴즈버그와 로버트 로월의 경우

I

포스트모던 시대의 가장 중요한 철학자인 자크 데리다(Jacques Derrida)는 "텍스트 밖에는 아무것도 없다(Il n'y a pas dehors la texte)"고 선언함으로써 언어(word)로 쓰여진 텍스트 위에서 텍스트의 권위를 보장해주던 성스러운 언어(Word)의 존재를 단호히 부정하고 있다. 라쉬케(Carl A. Raschke)교수도 『해체론과 신학』(*Deconstruction and Theology*)에 기고한 그의 논문 "신의 해체론(the Deconstruction of God)"에서 포스트모더니즘의 중요한 무기인 "해체론(deconstruction)은 초월적 기의(transcendental signified)를 희생물로 죽이는 것"(26)이며, "신의 무덤 위에서 펼쳐지는 죽음의 춤"(28)이라고 말하였고, "신학의 내부에서의 해체론은 신의 죽음에 대한 묘비명을 쓰고 있다"(27)고 표현하고 있다. 또 포스트모더니스트들은 그들보다 앞서 신의 죽음을 선고한 니체에 대한 새로운 해석의 지평을 통하여 신에 대한 그들의 부정적 해석의 타당성을 옹위하고 있다. 사회학자인 알렝 뚜렌느(Alain Touraine)는 그의 저서 『포스트모던 산업사회』(*The Postmodern Industrial Society*)에서 춤이나 그림그리기 같이 사람들을 규제하지 않는 사적인 활동들처럼 종교는 현대에 와서 여가 활동의 일부가 되어버렸다고까지 말한다. 뚜렌느는 이러한 현상을 종교의 고립화 또는 소외라고 표현하면서, 일상의 더 중요하고 심각한 일들에 밀려 실존이나 죽음의 문제가 삶의 중심에서 쫓겨나 주변적인 충동밖에 주지 못하게 되었다고 말한다(213-214). 이러한 상황은 종교의 존재의 근거가 되는 신의 권위에 대한 부정적 도전으로 인하여 신의 존재가 의심의 대상이 되고 그 결과로 인하여 종교가 절대적 힘을 과시하던 지위에서 점차 멀어져 가고 있음을 보여준다.

이러한 포스트모던 시대에 쓰여진 문학 작품들 속에서 본고는 이 작품들의 종교적 성격을 규명해 보려한다. 이러한 시도는 엉뚱해 보이거나 시대 역행적으로 보일 수도 있다. 그러나 모든 인문적 가치의 근거인 진리가 철저히 부정되고 그것이 시대의 추세로 당연히 수용되고 있는 것으로 보이는, 인문학의 절대적 위기의, 상황에서, 이러한 정신적 추세의 근원과 정체성을 확인하고 밝히려는 노력은 매우 절박한 것으로 보이며, 포스트모던 문학의 종교적 성격에 관한 고찰은 바로 이러한 노력의 한 단계인 것이다. 아무리 신이 부정되고 종교가 고립화되는 시대 속에 살고 있을지라도, 인간의 생명은 고사하고 스스로의 운명조차 어쩌지 못하는 분명히 유한한 한계 속에 사는 연약한 인간들에게 있어 종교와 신의 문제는 그것의 존재여부나 존립의 타당성의 여부를 떠나서, 매우 중요한 문제이다. 과거에 신이나 종교의 문제가 저 높이(height)의 문제였다면 그래서 사제나 성직자에게 모든 것을 일임해버릴 수도 있는 문제였다면, 오늘날 종교나 신의 문제는 이제 우리 개개인의 실존의 경험의 심연에 닿아있는 깊이(depth)의 문제가 되어있다. 저 높은 곳에서 절대적 사랑과 선으로 인간의 세계를 규율하던 신의 권위는 세계 제1차 대전과 2차 대전을 지나오면서 슬프게도 사라졌다. 그러나 유태인의 대학살 같은 참사를 겪고도 여전히 의지할 데 없이 연약하고 유한한 인간의 실존의 고통은 더욱 견디기 어렵게 우리 곁에 존재하며 우리를 절박하게 밀어 부친다. 그것은 자주 인간의 인내의 한계를 넘어서는 것이며, 저 높은 곳의 의지처를 잃어버린 인간은 이제 스스로의 내면의 깊이에서 의지할 것, 믿을 것 곧 궁극적 신앙의 대상을 찾으려 한다. 이것이 폴 틸리히가 전쟁 중에 고백한 "신 없는 믿음(faith without God)"(Pauck 54)의 정체이다. 이제 종교는 진실로 저 높이의 미래의 문제가 아니라 이 지상의 각 개인의 현재의 정신 생활의 궁극의 문제가 되었다. 인간의 실존의 고통의 무게는 너무 크고 생생하며 절박한 것이기 때문에 인간의 내면에서 인간이 의지할 신앙의 대상은, 가질 것인가 말 것인가의 선택의 문제가 아니라, 무조건적이며 인간의 실존 속에 고통이 존재하는 한 무한히 필요한 어떤 것이다. 그래서 세계 제1차 대전동안 줄곧 전방의 최전선에서 "전지 전능하며(ommiscient and omnipotent)" 동시에 사랑이신 전통적 신에 대한 실망을 안고 돌아온, 독일의 저명한 신학자이고 목사이며 종교철학자인 폴 틸리히는 인간의 심층의 차원에서 "종교란, 가장 넓은 의미에서 그리고 이 말의 가장 근본적 의미에서 인간의 궁극적 관심"(Tillich 1959, 7-8)이라고 말한다.

포스트모던 시대에 있어 이제 종교의 문제는 어떤 특정한 신을 믿느냐 믿지 않느냐, 어떤 특정한 종교를 갖느냐 갖지 않느냐의 문제가 아니라 어렵고 아픈 실존의 현실을 사는 모든 개별적 인간의 궁극적 관심의 문제가 되었다. (틸리히가 말한 이 "궁극적 관심"의 성격이나 내용이 무엇인가에 관하여 신학이나 종교철학의 분야에서는 수많은 논의가 진행되어 왔고 그것이 한권의 책 — *Ultimate Concern: Tillich in Dialogue.* (Edited by) D. Mackenzie Brown (1965) — 으로 나올 만큼의 학술 토론회가 폴 틸리히 교수를 초빙한 가운데 진행되기도 하였으나, 틸리히 교수 스스로도 대단히 넓고 포괄적 의미로 이 말을 사용하고 있기 때문에 그것에 대하여 짧게 요약하기는 어렵다. 그러나 본고에서는 앞에서 이야기한 의미의 맥락 곧 포스트모던 시대를 사는 현대의 인간들에게 본인의 자유로운 의지와는 무관하게 무조건적으로 무한하게 중요한 근본적 관심의 의미로서의 종교의 맥락에서 이 논문에 적용하려 한다.) 이러한 관점에서 보면 인간의 삶과 관련하여 진지한 의도에서 씌어진 작품이라면 어떠한 작품도 직접적으로나 간접적으로 이 "궁극적 관심"으로부터 자유로울 수 없는 것으로 보이며, 포스트모던시대에 씌어진 문학작품 속에 나타난 종교적 성격을 규명해 보려는 필자의 시도는 바로 이러한 생각의 연장선상에서 출발하고 있는 것이다.

종교를 지금까지의 정통적이고 권위주의적인 신에 대한 믿음이 아니라 인간의 심층의 깊이에서의 궁극적 관심이라고 말한 폴 틸리히의 종교에 대한 획기적 정의는 근본적으로 기존의 신이나 종교에 대한 회의와 부정에 근거하고 있는데,[1] 포스트 모더니즘 또한 서구의 전통적 형이상학의 기초를 이루고 있는 이성에 근거한 합리주의에 대한 회의와 부정에서 시작되고 있으며, 독선적 진리나 신, 권력과 담합한 지식, 오류를 부정하는 권위주의적인 제도 등에 대한 강렬한 부정에서 그 활력과 정당성을 부여받고 있다. 이러한 포스트모더니즘의 부정의 정신에 착안하여 본고는 포스트모던 시대에 씌어진 문학작품 중에서 직접적으로나 또는 간접적으로 이 부정의 정신을 두드러지게 드러내 보이는 알렌 긴즈버그(Allen Ginsberg)와 로버트 로웰(Robert Lowell)을 중심으로 논의를 전개해 보려한다. 이 두 사람을 택한 것은 그들이 그들의 정신과 육체에 가해지는 압박과 고통에도 불구하고 과감하게, 작품을 통하여서 뿐 아니라 양심에 근거한 행동을 통하여, 그들이 불신하는 권위나 제도에 대하여 단호한 부정의 태도를 보였기 때문이다. 지식인의 말과 행동의 괴리에 대한 세상의 차가운 시선 앞에서 그들은 문학 형식의 가장 순수한 표현인 시를 통하여 문학정신의 궁극적 높이의 일단을 보여주었던 것이다. 또 다른 한 가지 이유는 그들의 종교적 배경과 관련된 것이다. 긴즈버그는 친구인 슈나이더(Gary Snyder)나 구도적인 인도 방문 그리고 인도의 고승들과의 만남의 영향으로 동양의 선불교에 심취하게 되고 깨달음의 결과를 삶의 현장에서 실천하려는 진지한 노력을 시속직으로 보여줌으로써 젊은 시절의 그의 반항이 일시적 충동의 결과가 아님을 증명해 주고 있으며, 로웰은 청교도 정신을 배경으로 시를 썼던 엘리엇(T. S. Eliot)과 같은 모더니스트 시인들처럼 가문의 청교도적 분위기를 배경으로 시 쓰기를 시작하였고 그 영향은 특히 그의 초기의 작품들 속에 잘 드러나고 있다. 신이 창조한 우주나 기독교적 경험들에 대한 명상은 그의 초기시들 속에 깊은 흔적을 남기고 있으며, 인간의 삶의 목적에 대한 탐구는 초기시

뿐 아니라 후기시에 조차도, 표현의 방식을 바꾸어, 변화된 지적 문화적 상황을 배경으로 지속되고 있는 것이다(Mazzaro 84). 그러나 그는 지상의 교회 속에서 보다 '승리한 천상의 교회(Church Triumphant)'에서 더 평안을 느끼는 이단적 열광자를 연상시키는 캐톨릭 개종자였다(Jarrell 22).

그들의 문학에 대한 논의에 앞서 필자는 먼저 독일의 현대 작곡가인 아놀드 쇤베르그(Arnold Schöenberg)의 음악에서 잠시 논의를 위한 활력을 얻으려 한다. 소리를 통하여 보이지 않고 들리지 않는 초자연의 신비를 드러내려는 커다란 야심을 지녔던 그는, 그의 최고의 순간에, 인간이 표현할 수 없는 신성의 영역 앞에서 마침내 침묵함으로써, 투철한 음악 정신을 지닌 작곡가로서, 신적 존재에 대한 항의와 부정의 정신을 뚜렷하게 보여준다. 그의 부정은, 어떤 의미에서, 인간의 궁극의 문제에 대한 진정한 해답이 되는 '표현'을 찾아내지 못함으로써 야기된 포스트모더니즘과 포스트모던 문학의 부정의 정신과 직접 닿아 있는 것이다.

II

아놀드 쇤베르그는 평생동안 신성(the divine)이 그 뒤로 정체를 숨기는 초자연의 베일을 벗겨내고 싶은 야망을 지니고 있었다. 그의 모든 음악 경력을 통하여 그는 형식(form)과 무형식, 말과 침묵, 보이는 것과 보이지 않는 것, 형상과 형상화 될 수 없는 것, 이름과 이름 붙일 수 없는 것 사이의 관계에 대하여 항상 궁금증을 가지고 있었으며, 스스로의 힘으로 소리를 이용하여 침묵으로

하여금 말하게 하려는 불가능한 작업에 스스로를 던졌다. 그가 “하모니엘레부르(Harmonielebre)”를 작곡했던 젊은 시절부터 그는 찰스 로센(Charles Rosen)이 “반음의 포만(chromatic saturation)”이라고 표현한 그리고 다니엘 올브라이트(Daniel Albright)가 “협화음에 대한 새로운 정의”라고 설명한 것을 창조하려고 노력하였다. “우리의 귀는 모자란 소리를 채우는 것에서 어떤 만족을 느낀다. 반음의 몽롱한 소리의 움직임, 동시에 연주된 십이음의 탄주음, 이 백색(白色)에 대응될 수 있는 음악 소리를 듣는데서 우리의 귀는 어떤 만족을 느낀다”고 올브라이트는 설명한다. 이 흰 빛에 비유된 ‘반음의 포만’은 우리로 하여금 보여질 수 없는 것(the Invisible)의 침묵을 듣게 해 주는 “포만된 소리(plenum of sound)”를 강조하기 위하여 의도된 것이었다(Taylor, 151-152).

보이지 않는 형상, 들을 수 없는 침묵을 소리로 드러내기 위하여 온 정신을 바쳐 온 쇤베르그였지만, 그는 표현할 수 없는 것(the unrepresentable)을 표현할 수 있는 인간의 능력에 대하여 항상 회의를 가지고 있었다.[2] 이 표현 할 수 있는 것과 표현 할 수 없는 것 사이의 긴장이 가장 첨예하게 드러난 작품이 바로 그 유명한 『모세와 아론』(*Moses and Aron*)이다. 이 오페라는 불타는 숲(the burning bush)가에서 모세가 “유일자이며 만물의 근원이고, 만유에 편재하며, 드러날 수 없으며, 인간의 힘으로 표현 할 수 없는 신이여!”라고 외침으로서 시작된다. 전달될 수 없는 메시지를 전달하도록 선택 된 모세는 타자(the other)인 신의 부름에 저항하지만, 이 타자는 피할 수 있는 존재가 아니다. 모세는 피할 수 없는 것을 말하기 위해 싸우고 실패하도록 운명지어져 있는 것이다. 모세의 딜레마는 바로 쇤베르그 자신의 그리고 진지한 예술가 자신의 딜레마이다. 침묵을 소리로 표현하려는 그의 모든 노력 속에서 그가 발견하는 것은 우상이 된 황금의 송아지일 뿐이다. 작곡가는 그에게 주어진 작업의 부정할 수 없는 불가능성에 직면하지 않을 수 없게 되며, 쇤베르그를 대신하여 모세는 이렇게 말한다.

> "저는 하나의 형상을 스스로 만들었습니다만, 인간이 만든 형상이 그럴 수밖에 없는 것처럼, 그릇된 형상일 뿐입니다! 그래서 저는 패배하였나이다. 제가 생각해 온 모든 것은 미친 짓이었으며, 말해질 수도, 말해져서도 안 되는 것이었습니다. 오 말씀이여, 그대 말씀이시여, 저에겐 그것이 부족합니다!" (Taylor 152에서 재인용)

명명할 수 없는 것에 이름을 붙이려는 욕망에 사로잡혔을 때, 우리가 말할 수 있는 유일한 방법은 말하지 않는 것, 침묵하는 것(152) 이라고 테일러 교수는 말하였는데, 이 오페라의 마지막 제3막을 종결지어 줄 것으로 기대되던 말들은 제자리에 있지 못하고 제2막의 끝너머 공중에 매달려 있다고 데이빗 제스퍼 교수는 말한다(Jasper xiii). 이 오페라의 제3막의 음악은 쇤베르그에 의해 결코 작곡되지 않았으며, 텍스트는 있으나 말해지지 않은 채로 남아있다.[3)]

그러나 모든 인간이 『모세와 아론』 속에서처럼 침묵할 수 있는 것은 아니다. 이 작품 속에 나타난 제3막의 소리의 침묵은, 표현할 수 없는 것을 표현하려고 노력해 온 인간의 말하는 방식의 한 극단적 상징을 보여주는 것일 뿐 해답은 아니다. 현재까지 말하여지고 표현된 것 그리고 그것에 기초하여 세워진 기존의 문화나 문명 그리고 사회의 모든 제도 등이 인간에게 만족을 주지 못하고, 사회 구성원의 대다수가 더 이상 인내 할 수 없는 분노의 꼭 지점에 이르렀을 때 그리고 아무리 기다려도 그 동안 말해지지 않은 새로운 말은 들리지 않을 때, 사람들은 기존의 제도와 그 제도를 지탱해 온 정신들을 향하여 강하게 'NO'를 말하게 되며 그것이 행동으로 드러날 때 그것은 1968년의 파리의 학생운동이 보여주는 것과 같은 폭력적 부정으로까지 비화하게 된다. 『모세와 아론』 속에 나타난 쇤베르그의 침묵은 극 속에서 말이나 소리 보다 더 무거운 외침이다. 그러나 그의 후배들인 포스트 모더니스트들은 침묵보다는 말, 말보다는 글(writing) — 글은 비틀어 조이는 것(wrenching)이라고 데리다가 특징 지운데로 문자의 폭력을 행동화시키는 것이다(Altizer 15) — 을 무기로 선택하여 매섭게 잘못된 기존의 제도와 권력 그리고 그 제도와 권력을 뒷받침 해 온 이성 중심의 가치들에 대하여 맹렬한 공격을 감행함으로써 명백한 부정의 의사를 만천하에 드러내었다.

인간은 인간의 정신의 재생을 의미하는 16세기의 르네상스 이후 오랫동안 근대정신의 근간을 이루어 온 데카르트 이래의 이성과 합리적 과학정신에 의지하여 그 삶을 지탱시켜 왔다. 세계 제1차 대전을 겪은 20세기 초반의 소위 모더니즘의 시대에도 기존의 가치에 대한 회의와 부정이 팽배하였으며 그로 인한 허무와 설방이 한 시대를 풍미하였지만 20세기 후반의 소위 포스트모던 시대처럼 이성에 근거한 모든 기존의 중심가치들이 철저하고 치밀하게 문화의 모든 측면에서 전복되고 거부된 적이 없었다. 이러한 경향은 아무리 참고 기다려도 이성에 근거하여 확립된 기존의 가치체제와 그것에 바탕을 두고 오랫동안 구축된 기존의 권력이 인간들이 원하는 바르고 공정한 삶을 제공해 주지 못할 것이라는 심각한 결단에서 유래된 것이다. 그들은 모더니티를 구축하고 있던 정신의 기둥들 곧 진리나, 이성, 도덕성, 신, 전통이나 역사 같은 소위 거대담론(Grand Narratives)이나 거대 관념(Big Ideas)들을 분석적으로 세밀하게 부정하였으며, 과학이나 종교, 마르크시즘 같은 절대적 진리의 개념으로 주장된 세계관들을 그 본성에 있어 전체주의적(totalitarian) 성격을 지닌 인위적 구조물로 폄하하였다 (Sardar 8). 포스트모더니즘은 비록 기존의 이성중심의 가치를 대체 할 새로운 가치의 대안을 제시하지는 못하였으나 기존의 가치에 대한 부정의 정신은 확고한 것이었다. 그들이 부정하는 가치에 대한 대안(代案)을 분명하게 제시할 수 없었다는 것은 포스트모더니스트들의 치명적 약점이지만, 그렇게 빈틈없어 보이는 치밀하고 정직한 정신을 가지고도 스스로 부정한 가치에 대한 대안을 마련할 수 없었다는 것은, 포스트모던 시대까지의 인간의 장구한 역사 속에서 그동안 말하여지지 않은, 표현되지 못한 것을 찾아내는 일이 얼마나 지난(至難)의 작업인가를 웅변적으로 보여준다.

그렇다면 포스트모더니즘의 대안없는 부정은 결실없는 부정, 부정을 위한 부정으로 끝나는 것인가? 물론 그렇지 않다. 포스트모더니즘의 부정은 먼저 이성에 기초한 기존의 가치와 문명에 대하여 역사상 그 유례가 없는 철저한 회의와 반성의 기회를 제공하였으며, 이것은 아무도 부정할 수 없는 분명한 사실이다. 그러나 어떤 의미에서 이보다 더 중요한 사실은 포스트모더니즘이 그 확고한 부정의 정신을 통하여 기존의 가치들에 대한 대안을 제시할 수 있는 보이지 않는 한 단계를 마련하고 있다는 것이다. 보이지 않는다고 말하는 것은 아직 그 결과가 드러나지 않았기 때문이다. 그러나 필자는 분명히 포스트모더니즘이 기존의 가치에 대한 대안을 마련하기 위한 한 단계를 마련하였다고 말하였다. 이러한 주장의 근거는 우리가 기존의 어떤 대상을 철저하게 부정할 때 우리는 그 대상에 대한 어느 한 순간의 불신이나 증오만으로 충동적으로 그러한 부정을 하지 않는다는 데 있다. 우리가 어떤 것을 철저하게 부정할 정도의 단계에 이를 때까지 그 대상은 아주 오랫동안 우리의 마음 속에서 수백 번 부정되고 의식적으로 무시되어 그 대상의 가치의 서열은 우리의 정신 속에서 최하위의 저 지하의 구석에 내팽개쳐진 망각의 서열 속에나 있는 것으로 치부된다. 그러나 우리가 아무리 무시하려고 해도 그 대상의 의미나 상대적 가치 때문에 그것을 억누르는 상태로만 방치할 수는 없고 철저하게 부정해야 하는 단계에 이르는 순간, 저 지하의 망각의 구석에 무리하게 내팽개쳐졌던 그 대상은 갑작스럽게 밝은 빛 아래 반사적으로 그 실체를 드러내게 된다. 철저한 부정이 진행되는 동안 그 대상은 심판의 대상으로서 올바른 판단을 위하여 만인의 눈 앞에 보여지지 않을 수 없기 때문이다. 인류가 20세기의 후기 산업사회에 진입한 이후 포스트 모더니즘이 철저하게 부정한 진리나 신, 이성이나 전통 그리고 중심가치 등에 비추어진 반사적 빛은 짧은 기간동안 비춰진 것이 아니었다. 반사적으로 얻은 빛 속에서 오랫동안 불신되고 무시되어 잊혀졌던 이 거대 담론들은 역설적으로 찬란한 역사의 조명을 받고 있었던 것이다.

부정의 대상은 부정되는 순간 다시 기억에 떠오르고 기억 속에서 반추된 후 말이나 글쓰기를 통하여 부정의 수사와 함께 우리 앞에 다시 드러난다. 수사법에서는 부정의 부정은 긍정이며 그것도 강력한 긍정의 효과를 나타낸다. 20세기 후반의 중요한 포스트모던 신학자인 마크 테일러 교수는 "아닌 것(the not)을 부정하기 위해 고안된 전략들은 다양하였지만 그 전략들은 항상 그 '아닌 것'을 통제하고 조절할 수 있는 어떤 것으로 변환시키려는 노력을 동반하고 있다"(Taylor 1)고 말하고 있는데, 방법론적으로 보면 '아닌 것' 곧 부정의 대상을 단순한 부정이 아니라 강력하고 철저하게 부정하는 것은, 그 부정이 의식하였건 의식하지 못하였건 간에 결과적으로 그 부정의 대상이 우리의 의식 안에서 대단히 중요한 의미를 갖고 있기 때문에 그 대상을 우리의 삶의 통제의 범위 안에 순기능으로 포괄하고 싶은 — 그러나 표면상으로는 드러나지 않은 — 심리적 의도를 간접적으로 드러내고 있다고 말해볼 수 있는 것이다.

테일러 교수는 "부정의 문제는 가장 먼저 종교적이고 신학적"이라고 말한다. 왜냐하면 "신과 자아(self) 그리고 세계는 부정으로 표현된 차이에 매어있기 때문이다. 신은 자아나 세계가 아닌 것이며, 자아나 세계는 신이 아닌 것이다."(2) 따라서 "신을 생각한다는 것은 자아나 세계를 생각하지 않는 것인 것이다. 그러나 엄격하게 신을 사유(思惟)하려는 가장 지속적인 연구들은 이 '아닌 것'을 부정하려는 경향을 보여왔다. 신의 존재에 대한 존재론적 논의를 고전적으로 형식화한 안셀름(Anselm)으로부터 이 논의를 자신의 체계적 철학 속에서 재검토한 헤겔(Hegel)에 이르기까지, 이 부정은 안셀름의 신에 대한 존재론적 논의나 헤겔의 철학체계에서 피할 수 없는 오점(flaw)이긴 하지만, 이 오점이 그들에게 결함(shortcoming)이나 실패(failure)가 되기는커녕 부정의 신학(the negative theology)을 재고할 수 있는 가능성을 여는 시발점을 제공하게 되었다."(2)

'부정의 신학'은 "신적인 것이 아닌 것(what God is not)을 말함으로써 신에 대하여 말하는 신학"(Borgman 104-105)이다. 더 간결하게 말하면 신을 부정함으로써 신의 존재를 강조하는 신학이다. 부정의 신학은 물론 신의 부재를 증명하려는 신학은 아니다. 부정의 신학은 신의 숨어 있음, 더 적절하게 말하면, 네덜란드의 신학자 미스코트(Kornelis Heiko Miskotte)가 표현한 것처럼, "부재의 현전으로서의 신의 현전(God's presence as the presence of an absence)"(48)에 대하여, '존재하지 않는 존재로서의 현전'에 대하여 말하는 신학이다. 부정의 신학은 신을 강하고 철저하게 부정함으로서 반사적으로 신의 존재를 드러내려는 신학이다.

테일러 교수는 20세기 후반에 포스트 모더니즘의 중심철학인 포스트 구조주의가 출현하면서 소위 '부정의 신학'의 부활에 불이 당겨졌다고 말한다. 테일러 교수는 포스트 구조주의의 가장 중요한 철학자인 데리다가 해체론이 부정의 신학이 아니라고 계속 주장하지만, 비평가나 지지자들은 계속 데리다의 비평전략을 부정의 신학과 비교하는 시도를 하고 있으며, 데리다의 비평적 논의를 세밀하게 분석해 보면 부정의 신학과의 관계가 단순히 부정적인 것만이 아닌 것이 은연중에 드러난다고 주장한다. 고전적 부정의 신학이 철저하게 존재론에 머물러 있다고 주장하면서도, 데리다의 해체론적 분석은, 신을 생각하지 않는 것을 거절하지 않음으로써 곧 신을 부정함으로써 다른 방식으로 신을 생각할 수 있는 가능성을 열어주는, 부정의 신학의 대안적 읽기를 암시하고 있다는 것이다(3).

유명한 포스트 모던 철학자이며 펜실베니아의 빌라노바(Villanova) 대학의 교수인 존 카푸토(John D. Caputo)도 그의 역저 『자크 데리다의 기도와 눈물: 종교 없는 종교』(*The Prayers and Tears of Jacques Derrida: Religion without Religion*)에서 포스트 모더니즘의 신의 부정이 신의 존재에 대한 깊은 갈망의 역설적 표현이거나 아니면 부정을 통하여 신의 존재를 강조하는 부정의 신학의 측면을 초기에서부터 계속 지녀왔다고 주장한다(Caputo xxiv). 카푸토의 이 역저에 적극적으로 호응하여 쓰여진 10여명의 학자들의 논문을 모아 『종교 있는/없는 종교 : 존 D. 카푸토의 기도와 눈물』(*Religion with/out Religion : The Prayers and Tears of John Caputo*)이라는 편저를 내놓고 있는 올두이즈(James H. Olthuis)교수도, 비평가들에 의하여 허무적이고 상대적이며 주관적이고 반종교적인 것으로 알려진 데리다의 해체론이 카푸토의 『자크 데리다의 기도와 눈물』을 통하여 온전히 다른 것으로 바뀌어 버렸다고 말한다(i). "해체론을 종교적 신앙에 도움이 되게 해석하는 방법"을 보여줌으로써 데리다의 관점에서 인간의 존재의 익명성 — 스스로가 누구인지를 모르는 — 의 문제를 다루려 했던 카푸토 교수의 이 저서에 대하여 데리다는 '자기가 읽혀지기를 바라는 방식으로 카푸토 교수가 자기를 읽었다'는 반응을 보였다. 데리다의 이러한 반응에 대하여 카푸토는 데리다가 자신의 해체론이 긍정적으로 읽혀지는 것을 평가하고 있다고 해석하면서, "데리다는 해체론이 부도덕한 상대주의나 무정부주의가 아니라는 것을 명백하게 밝히기를 원하고 있다"고 부언하고 있다("존 D. 카푸토와의 인터뷰," Olthuis 150-179).

해체론과 데리다 그리고 부정의 신학과의 관계에 대한 이러한 분석은 포스트모더니즘과 신학, 포스트모더니즘과 종교와의 관계에 대하여, 그리고 포스트 모더니즘의 정신의 영향을 의식적으로 또는 무의식적으로, 직접적으로 또는 간접적으로 받으면서 창조된 포스트모던 시대에 씌어진 문학과 종교의 관계에 대하여 많은 것을 시사해 준다. 기존의 이성에 근거한 중심가치나 권위화된 제도에 대한, 더 물러설 수 없는 강력한 부정의 정신을 지닌 포스트모더니즘 시대에 씌어진 문학은, 데리다의 포스트 구조주의가 지닌 '부정의 신학'의 사고의 경향을 반영하지 않을 수 없으리라는 것이다. 곧 진부하고 경직화되어 인간들에게 아무런 의미를 주지 못하는 신이나 도덕성, 진리, 이성 등을 강력하고 철두철미하게 부정함으로써 인간이 바라는 바대로의 순결한 진리, 권위화되지 않은 순결한 신, 인간의 무지를 깨우쳐 주던 부작용 없는 이성을 반사적으로 강조하여 다시 우리가 원하는 모습으로 재생시키고 싶은 정신의 성격이나 사고의 경향을 작품의 밑바닥에 깔고 있지 않을 수 없으리라는 것이다. 결국 이러한 부정의 사고의 경향에 대한 생각은 포스트모던 시대의 문학의 "궁극적 관심"이 어떤 형식의 것일지를 짐작하게 해주는 한 단서를 제공하며, "종교란 가장 넓은 의미에서 그리고 가장 기본적으로 궁극적 관심"이라는 폴 틸리히의 정의를 우리가 받아들인다면, 우리는 곧 포스트모던 문학의 종교적 성격이 어떤 것일지를 미루어 유추해 볼 수 있게 되는 것이다.

기존의 제도나 중심가치, 그리고 그것에 기반을 두고 확립되고 강제되는 '진리'나, 이 진리에 강제적인 권위나 힘을 실어주기 위해 교묘하게 조작된 신 등을 철저하고 강력하게 부인하면서도, 궁극적으로는 진정한 의미의 가치나 진리에 대한 절실한 갈망을 포스트모던 문학은 지니고 있다는 것이다. 윌리암 제임스(William James)가 백 여년 전에 에딘버러에서 기포드(Gifford)강연을 통하여 말한 "홀로 있을 때 개별적 인간들이 무엇이건 신성한 것(the divine)과 관련되어 있다고 이해한 느낌이나 행동 그리고 경험" (James 31)으로서의 종교, 다른 말로 하면 신학이나 철학 또는 종교의 조직들이 거기서 부차적으로 생겨나게 되는 원초적 종교나 그러한 종교가 느끼고 경험하는 원초적 신에 대한, 도저히 참고 기다릴 수 없는 강렬한 갈망과 궁극적 관심을 포스트모던 시대의 진정한 문학작품들은 갖고 있으리라는 것이다. 그리고 이것이 바로 포스트모던 문학의 종교적 특질이 되는 것이다. 포스트모던 문학의 이러한 종교적 성격은 작품들의 표면에 직접적으로 또는 표면에 드러나지 않게 간접적으로 배어있는 기존의 지배적 가치나 제도, 종교 등의 엄청난 권위에 대한 용감한 저항과 극렬한 부정 속에 적나라하고 끈질기게 드러나고 있는 것으로 보인다.

III

미국의 문학에서 포스트모더니즘을 최초로 거명한 사람은 1950년대 후반 투사시(projective verse) 이론의 주창자였던 찰스 올슨(Charles Olson)이라고 한다(Bertens 123). 20세기 후반의 포스트모더니즘 이론과 같은 정교하고 복잡한 논리를 지닌 것은 아니었고, 올슨 자신도 적절한 정의(definition)를 가지고 사용한 것은 아니었지만, 스마이스(Smyth) 교수는 알렌(Donald Allen)과 버터릭(George Butterick)의 해석에 의존하여 올슨이 대체로 "궁극적으로 순간순간 삶의 리얼리티에 참여하는 것"(Allen and Butterick 11)의 의미로 사용하였다고 한다(Bertens 125). 매순간 삶의 리얼리티에 참여한다는 것은, 여러 가지 해석이 가능하겠지만, 지금 그리고 여기의 (here and now) 삶을 포용하되 감춤이나 위선, 비겁함이나 물러섬없이 있는 그대로의 삶에 적극적으로 대응하며 살아간다는 것을 의미한다고 해석하여 (올슨이 의미한)이 말의 핵심에서 크게 어긋나는 것은 아닐 것이다. 거짓과 위선, 더 많이 갖기 위한 전쟁이 수단과 방법을 가림 없이 치열하게 전개되고 있는 현대의 실존의 상황에서 전통이나 역사, 이성이나 종교에 의지하지 않고 올곧게 "삶의 리얼리티"만에 기대어 살아간다는 것은 어려운 일이다. 더구나 어느것이 가치있고 의미있는 일인지 분간하기 어려운 가치혼돈의 시대에서는 더욱 더 어려운 일일 것이며, 그래서 올슨은 아마 1950년대에 포스트모더니즘이란 말을 되풀이하여 자주 썼으면서도(125), 분명한 정의를 내리지 못한 체로 사용한 것으로 보인다.

올슨이나 어빙 하우(Irving Howe) 등이 사용한 포스트모더니즘은 외면적으로는 윌리암 카를로스 윌리암스 계열의 시의 연장선상에서 예술과 생활이 분리되는 것에 반발하고, 어떤 경험의 영역이 지나치게 지성화 되거나 아니면 무시되는 것에 반대하는 반형식주의 계열의, 오늘의 눈으로 보면 반모더니스트적 성격을 지닌 것이었다. 블랙 마운틴(Black Mountain) 계열의 시인들이나 비트 시인들(the Beats) 그리고 뉴욕파(New York School)의 시인들은 주로 올슨의 시로부터 영향을 받고 있었으며(126), 이들 시인들 중 가장 뚜렷한 명성을 얻고 지속적으로 시를 써 온 시인은 알렌 긴즈버그(Allen Ginsberg)이다. 올슨의 시와 시이론의 영향을 받으면서 반모더니즘적 성격을 지녔다는 것은 포스트모더니즘적 성격의 출발의 기초적 요소를 지닌 것을 의미하며, 이러한 맥락에서 그리고 그의 시작품들이 보여주는 부정적 성격의 관점에서 알렌 긴즈버그를 최초의 포스트모던 시인이라고 부르는 것은 별 무리가 없는 일일 것이다.

긴즈버그는 컬럼비아 대학시절 기숙사 유리창에 음란한 내용을 썼다는 이유로 학교에서 퇴학 처분을 받았으며(Merrill 9) — 3년 후에 복학이 허락되어 총평점 A⁻의 성적으로 졸업하였다 — 스물세 살의 나이에 우연히 범죄행위에 연루되어 감옥대신 8개월동안 뉴욕의 주립병원에 감금되어 정신치료를 받았으며, 1972년에는 마이애미의 공화당 전국대회 때 "무저항주의 데모(passive resistance demonstration)"에 참가한 죄로 체포된 바 있으며, 1978년 콜로라도의 록키 프렛(Rocky Flats)에서는 반핵데모에 참가한 죄목으로 체포되기도 하였다. 그는 동성애에 빠졌으며, 페루의 정글에서 마약을 복용하였고, 보통사람들과 다른 장발에 맨발로, 많은 일화를 남기며 여행을 하기도 하였다. 1955년 노동절에 폭풍전야의 체코의 프라하에 나타나 오월의 왕으로 추대되었는가 하면 곧바로 런던으로 추방되기도 하였다. 그야말로 그는 삶의 순간순간을 '삶의 리얼리티에 참여하면서' 도망치지 않고 상황들이 주는 고통에 정면으로 대응하며 살아온 사람이다.

그는 그가 겪은 긴 고통과 짧은 환희로 점철된 삶의 내용들을 바로 자신의 삶의 실질로 그대로 수용했을 뿐 아니라, 그 고통과 환희의 순간이 그의 정신에 남긴 상처와 아픔들을 감동적이며 자극적인 시 속에 쏟아내었다. 그의 시는 물론 동시대의 이단적인 다른 시인들의 글이 그렇듯이 논리 정연한 담론의 형태를 보여주는 글은 아니다. 때로 그의 시들은 거친 어구나 추상적인 시적 아름다움만을 추구한 의미없는 이미지들, 시의 창조적 자유를 그야말로 자유분방하게 구사한 공격적이고 무책임하며 충동적이고 무절제한 내용들, 자신 외에는 아무도 그 정확한 의미를 알 수 없는 사적 언어들로 가득하다. 그가 스스로 고백한대로 시를 쓴다는 느낌으로 쓴 것이 아니라 두려움 없이, 스스로의 상상력이 가는대로, 아무것도 감춤없이, 진정한 마음에서 우러나는 마술같은 시행들을 거침없이 쏟아낸 것이다(Merrill 54). 그는 한 잡지와의 인터뷰에서 "누구에게 보여주기 위해서 쓴 것이 아니라, 자신의 영혼의 귀와 소수의 황금의 귀를 가진 자들만이 들을 수 있는 어떤 것"(54)을 썼다고 말하였던 것이다.

비트파 시인이나 작가들(the Beat writers)의 영적 체험은 널리 알려진 사실이다. 그들이 어느 특정한 종교에 함께 빠져든 것은 아니다. 잭 케루악(Jack Kerouac)은 "사물을(things) 위하여, 십자가를 위하여 말하며 이스라엘의 별(the Star of Israel) 곧 다윗(David)을 위하여, 독일의 바하(Bach)를 위하여 말하며, 모하멧(Mohammed)을 위하여, 부처(Buddha)를 위하여 노자(Lao-tse)나 장자(Chuang-tse)를 위하여 말한다"(4)고 공공연하게 선언하였고, 게리 슈나이더(Gary Snyder)는 신비주의에 대한 체계적 이론을 세우고 있을 뿐 아니라 사랑과 휘트만(Whitman), 평화주의와 무정부주의 그리고 수행과 심미주의를 숭상한 수행시인이었고, 긴즈비그 자신은 슈나이더의 영향으로 불교의 신비주의에 심취하였고, 1961년에는 극동으로 날아가 마틴 부버(Martin Buber)와 동양의 신비주의의 현자들을 만나기도 하였다. 신비주의란 어떤 이상한 신비스런 존재와 만나는 환상적 사고가 아니라 기본적으로 기존의 종교에 실망한 사람들이 종교의 가르침을 떠나 직접 신과 만나려 하는 정신에서 출발하는 사상이다. 따라서 그것은 근본에 있어 기존의 제도적 종교에 대한 부정과 거부에 기초하고 있다.

그러므로 비트 작가들이 지닌 자유로운 형태의 종교적 신비주의는 잘못된 전통에 대한 순응의, 자포자기적 정신이 아니라, 비록 얻기 어려우나 반드시 존재하며, 언어로 표현할 수 없다 할지라도, 어떤 형태로든 반드시 존재하리라고 믿는 어떤 궁극의 대상에 대한 절망적이며 동시에 전투적인 관심과 관련된 것이다. 따라서 긴즈버그가 지녔던 궁극적 관심은 어떤 의미에서, 폴 틸리히가 종교를 가리켜 말한 "궁극적 관심" 보다 더 행동적이며 적극적인 형태의 종교성을 띄고 있다고 말해볼 수도 있을 것이다. 왜냐하면 긴즈버그가 보여주는 궁극적인 것에 대한 관심은 좀더 간결한 형태이긴 하지만 틸리히가 보여주는 이론적 존재론적 관심과 함께, 인간의 자유롭고 순결한 육체와 정신이 감각하고 느끼며 반응하는 모든 형태의 욕망과 그 욕망에 따른 행동 그리고 그러한 행동에 대한 사회의 저항에 구체적으로 대응하면서 생성되는 관심이기 때문이다. 그것은 깨어지고 쓰러지고 다시 일어서기를 수 없이 반복하면서, 어떤 의미에서, 무조건 앞으로 나아가야 하는, 목숨을 건 관심이다. 이러한 그의 종교적 정신은 그의 작품 속에 그리고 그의 작품에 드러나는 계산 없는 순결한 부정의 정신 아래 깊이 숨어 있다.

리차드 에버하트(Richard Eberhart)는 긴즈버그의 최초의 성공작 『울부짖음』(*Howl*)을 처음 읽고 이 시가 파괴적 폭력에 근거하고 있다고 느꼈다. 그것은 온 인간의 정신을 죽이는 기계적 문명의 모든 것에 대항하는 울부짖음이었고, 더 크게 소리칠수록 다른 사람들이 더 많이 들으리라고 생각하는 마지막 같은 외침이었으며, 고통과 정신적 투쟁을 적나라하게 드러내고 있는 외침이었다 (Hyde 25). 로젠달(M. L. Rosenthal)에게 『울부짖음』 속의 긴즈버그는 모든 것을 내던질 뿐 아니라 저주하고 있었다. 긴즈버그는 그의 기억 속에 있는 미국의 생활과 문화의 지하에 숨어있는 혼돈되고 더러우며 굴욕적인 삶의 실존과 정치적, 성적 고백들, 이러한 현실에 대한 문학적 인유와 반항들, 이러한 상황 앞에서 느끼는 초조함과 혐오감을 드러내는 속어들을 마구 뱉아내고 있었던 것이다. 그러나 이러한 말들이 너무 쉽게 뱉아낸 맥빠진 부정의 언어들은 아니었다. 그것은 영혼의 상처를 입은 연인이나 아이의 분노를 드러내고 있었다. 그것은 자유로운 사상의 탐구에 대한 욕구를 드러내고 있었고, 지적 왜곡에 의하여 오랫동안 억압된 인간들의 다른 인간들을 향한 자유로운 마음의 반응에 대한 욕구들이 드러나고 있었다(Hyde 29-30).

로젠달의 서평에서 한가지 중요한 것은, 긴즈버그의 시집의 힘이 그가 표현 한 모든 기본적 욕구들에 대한 불만을 소화되지 않은 채로(undigested) 쏟아내는 방식에 있었다(30)는 지적이다. 긴즈버그의 시가 그의 분노를 송두리째 드러내는 부정의 울부짖음의 방식으로 표현되지 않았더라면 그의 시는 오늘 날 우리가 느끼는 특징있는 포스트 모던작품이 아니라 맥없고 두서 없는 넋두리로 읽혀졌을 것이라는 것이다. 왜냐하면 그가 시들 속에 드러낸 분노의 내용들은 수많은 다른 사람들에 의하여, 술자리에서, 저녁식탁 앞에서, 길거리에서 잡다한 양식으로 내뱉어질 수 있는 것들이었기 때문이다. 중요한 것은 그가 그의 분노를 드러내는 독특한 방식이며, 그가 사용한 부정의 방식의 효과이다.

그의 대표작인 『울부짖음』은 월트 휘트만의 『자아의 노래』(*Song of Myself*)처럼 대명사 “I”로 시작된다.

> 나는 우리시대의 최선의 지성들이 광기에 의하여 망가지는 것을 보았다.

발작적으로 나체가 되어 굶주리며
새벽에 검둥이들의 거리를 성난 환각주사를 찾아
몸을 질질 끌며.
천사의 머리를 한 비트족들은 고대의 천상의 사귐을 애타하여 밤의 장치 속에 빛나는 별들의 발전기를 향한다.
가난하고 남루한 텅빈 눈을 하고 높이 앉아 째즈를 음미하며 도시의 높은 곳을 떠 흐르는 찬 물여울의 초자연적 어둠 속에서 담배 피우고 있던 그대들이여,
뇌를 고가철도 아래 천국에 벗어놓고 반짝이는 셋집 지붕 위에서 비틀거리는 모하멧의 천사들을 본 그대들이여
다투는 학자들 사이에서 광채나는 냉정한 눈으로 알칸사와 브레이크 (Blake) 빛을 띤 비극의 환각을 일으키는 대학을 통과한 그대들이여,
해골의 유리창에 미친 외설 시를 써 공표했다고 아카데미에서 추방된 그대들이여
더러운 방에 속옷 차림으로 웅크리고 앉아, 쓰레기통에 지폐를 태우며 벽을 통하여 공포(Terror)를 듣고 있던 그대들이여
마리화나를 지니고 뉴욕에 가려고 라레도를 거쳐 돌아오다 공공연히 대들어 체포되었던 그대들이여 . . .

I saw the best minds of my generation destroyed by madness, starving hysterical naked,
dragging themselves through the negro streets at dawn looking for an angry fix,
angelheaded hipsters burning for the ancient heavenly connection to the starry dynamo in the machinery of night,
who poverty and tatters and hollow-eyed and high sat up smoking in the supernatural darkness of cold-water flats floating across the tops of cities contemplating jazz,
who bared their brains to Heaven under the El and saw

Mohammedan angels sraggering on tenement roofs illuminated,
who passed through universities with radiant cool eyes hallucinating
Arkansas and Blake-light tragedy among the scholars of war,
who were expelled from the academies for crazy & publishing
obscene odes on the windows of the skull,
who cowered in unshaven rooms in underwear, burning their money
in wastebaskets and listening to the Terror through the wall,
who got busted in their pubic beards returning through Laredo
with a belt of marijuana for New York . . .

시인이 관찰자가 되어 자기세대의 최선의 사람들의 파멸의 증인으로서 내던지는 어둡고 침울하며 환각적인, 그러면서도 현실의 사건에 바탕을 두고 비틀어 쓴 것으로 보이는 이미지나 일련의 사건들 그리고 상황들은, 그 두드러진 어둠의 색조 때문에 독자에게 무거운 느낌을 준다. 1981년 콜롬비아의 맥밀린(McMillin) 극장에서 긴즈버그가 이 시를 읽었을 때는 청중들이 분노보다는 즐거움에서 같이 웃었다고 하며(Carrol 90), 긴즈버그 자신도 부분적으로 시가 주는 정신적 타격(blow)을 부드럽게 하기 위하여 코메디의 요소를 섞어 이 시를 썼다고 하지만(Merrill 53), 이보다 26년전 — 1955년 10월 13일 밤(Miles 195) — 무명의 긴즈버그가 샌프란시스코의 식스 갤러리(Six Gallery)에서 이 시를 처음 낭독했을 때 청중들의 반응은 전혀 달랐다. 긴즈버그 자신도 후에 "이 시가 거창하고 긴 시임에도 불구하고 모든 사람들이 이해하고 동시에 공감하는 것 같았기 때문에 매우 놀랐다"(Kramer 48)고 표현하였고, 잭 케루악은 이 시가 긴즈버그를 샌프란시스코에서 유명하게 만들 것이라고 말하였으며, 렉스로스(Kenneth Rexroth)는

"아니야 이 시는 다리에서 다리를 건너 너를 유명하게 만들거야" 라고 말했다. 긴즈버그는 "이 말이 과장처럼 들렸으나 적어도 그 날 밤은 그를 유명하게 만들었다고 생각했다"(48)고 고백하였다. 그들은 긴즈버그의 낭독을 통하여 전달되는 그 시대의 문명의 광기(madness)에 대하여, 동시대의 최선의 사람들을 파멸시킨 적대적인 문명의 상황들에 대하여 꼭같이 슬퍼하며 분노하고 아파하며 샌프란시스코의 하늘 아래서 같이 울부짖었다. 끝없이 이어질 것 같은 이 시의 제1부의 어두운 상황들처럼 그들이 공감한 고통과 쓰라림에 대한 분노의 울부짖음도 끝이 없을 것 같았다. 낭독회가 끝난 뒤에도 사람들은 놀란채로 한동안 그 자리에 서 있었으며 곧 헤어지지 못하고 같이 몰려가 차를 마시며 또는 술을 마시며 공감을 나누었다. 이 끝없어 보이는 공감의 핵심은 무엇인가? 그것은 바로 그들의 시대에 대한 분노와 부정의 정신이었다.

이 시의 첫 행에서 시인이 언급한 파멸의 광기(madness)는 그 파멸의 전제(專制)아래 수많은 정신의 순교자들을 해친 문명의 상태를 표현하고 있었다(Merrill 59). 이 광기를 부정하고 증오하는 청중이나 독자들은 이 광기에 대한 자신의 가감없는 정직한 부정의 울부짖음이 자신의 내부에서 커다란 반향을 일으키며 스스로를 흔들고 소리치며 광란하게 한 뒤, 어느 정도의 시간의 경과 후에 자신에게 다시 돌아오는 어떤 역(逆)의 반향이나 순환을 느끼게 될 것이다. 이 반향은 이 시의 어두운 음조나 색조에 의하여 간접적으로 불러 일으켜져 마음껏 발산된 분노나 부정의 울부짖음의 효과음이라고 표현할 수 있을 것이다. 이 효과음은 이 시를 처음 들었을 때나 읽었을 때와는 사뭇 다른 것일 것이다. 마음껏 부정된 이 모든 부정의 대상들에 대한 울부짖음 뒤에 돌아오는 반향의 다른 효과음은, 예기하지 못한 허전함과 막연한 불안의 느낌이다. 지금까지 불만인 채로 의지하고 기대었던 어떤 커다란 실체가 사라진 뒤의 공허가 불러일으키는 당혹감이다. 이것은 곧 사라지는 느낌이 아니라 새롭게 의지할 것을 찾을 때까지 간헐적으로 찾아와 우리의 존재를 뒤흔드는 느낌이다. 이러한 느낌은 정신의 공허를 채워줄 새로운 가치를 발견할 때까지 계속되며, 강렬하게 부정했던 가치에 대한 새로운 대안이 발견되지 않을 경우 점차 회복하기 어려운 허무감으로 발전하게 된다. 그리고 이 허무야말로, 니체의 관점에서 보면 종교와 불가분의(inseparable) 관계에 있는 것이다(Taylor 57).

마크 테일러 교수는 "부정의 포착하기 어려운 복합성은 부정의 반향이 스스로에게 돌아올 때만 생각되어 질 수 있는 것" 이라고 말한다. "완전한 반향을 보내도록 의도된 이 내적 방향전환을 통하여, 사고(thought)는 무심결에 스스로를 드러내며, 이러한 결과는 사고가 미리 이해할 수 없는 어떤 것을 간접적으로 요구함으로써 얻어지는 것이다." (1) 테일러 교수의 이러한 진단을 근거로 하여 긴즈버그의 「울부짖음」을 음미하여 보면, 이 시가 독자의 감정 속에 불러 일으키는 간접적인 분노와 부정의 울부짖음에 대한 반향이 독자가 미리 예견하거나 이해할 수 없는 방향으로 독자의 내부 속에서 변화되어 돌아오는 원리나 이유를 짐작해 볼 수 있을 것이다. 테일러 교수는 "부정의 문제가 신학이나 철학 그리고 예술보다 오래 전에 존재하였다"(1)고 말하면서 "이 부정의 사고 없이는 생각하는 것이 불가능하다"고까지 말한다. 테일러 교수의 부정(the not)은 헤겔의 사유의 방법론을 통하여 유명해진 변증법의 정반합(正反合)의 반(反)에 해당되는 것이다. 우리는 긴즈버그의 시에 대한 새로운 포스트모던적 읽기를 통하여, 이 반(反) 곧 부정이 주는 사고의 반향과 효과를 가늠해볼 수 있을 것이다.

이 부정의 정신은. 그 부정의 대상이 의미 있는 것일수록, 현실에서 그 대상의 정당한 존립의 여지가 희미할수록 때로는 의식적으로 우리의 내부의 가치의 서열에서 최하위의 상태로 밀려나 망각의 지경에 있을수록, 우리의 예상을 훨씬 넘어서는, 순순환(純循環)의 반향을 불러 일으킨다. 현대인은 진정으로 가치 있는 것으로 여기는 원초적 진리나 종교 그리고 신에 대하여 강렬한 그리움을 품고 있으나, 실존의 궁핍한 물질과 정신의 상황 속에서 이 그리움은 점차 희미해지고 후에는 점차 생각하지 않으려고 뒤로 밀어내게 되는 의식의 왜곡을 경험하고 있다. 긴즈버그는 『울부짖음』에 간접적으로 드러난 철저한 부정을 통하여 이 왜곡을 바로 잡으려 한다. 그는 이 시의 제2부에서, 제1부에 표출된 단테의 『신곡』에 나타난 것 같은 지옥을 방황하는 어두운 영혼의 이미지들과, 양같은 비범한 젊은이들의 수많은 애증을 통하여 노래한 아메리카의 속죄양에 대한 탄식에서 벗어나, 인간의 본성과 최선의 사람들의 최선의 정신을 파괴하는 현대사회의 모든 요소들을 고발한다. 이 현대사회의 부정의 요소들은 긴즈버그의 말대로 "속죄양들을 잡아먹는 정신병적 의식의 괴물들"(Ginsberg 1959, 29)이며 시 속에서 몰록(Moloch)으로 불리우는 사회적 악의 상징들이다.

> 몰록! 몰록! 몰록의 악몽이여! 몰록 사랑없는 자!
> 　　　　　　정신이상의 몰록이여! 몰록 인간에 대한 무서운 심판자!
> 몰록 이해할 수 없는 감옥이여! 몰록 뼈가 교차되는

영혼없는 교도소 슬픔의 의회(議會)여!
몰록 그의 건물은 심판! 몰록 거대한
전쟁의 돌! 몰록 기절초풍한 정부(政府)!
몰록 그대의 정신은 순결한 기계! 몰록 그대의 피는 돈을
돌리고 있다! 몰록 그대의 손가락은 열 개의 군단!
몰록 그대 가슴은 육식동물의 발전기!
몰록 그대의 귀는 연기나는 무덤!

Moloch! Moloch! Nightmare of Moloch! Moloch the loveless!
Mental Moloch! Moloch the heavy judger of men!
Moloch the incomprehensible prison! Moloch the crossbone
soulless jailhouse and Congress of sorrows! Moloch
whose buildings are judgment! Moloch the vast stone
of war! Moloch the stunned governments!
Moloch whose mind is pure machinery! Moloch whose blood is
running money! Moloch whose fingers are ten armies!
Moloch whose breast is a cannibal dynamo! Moloch
whose ear is a smoking tomb!

은유를 통한 이러한 사회적 악에 대한 고발은 제1부에 드러난 악몽늘보다는 훨씬 직접적으로 공격의 대상을 적시하며 더욱 전투적인 내용을 담고 있다. 그러나 중요한 것은 이러한 강렬한 사회악에 대한 부정이 부정 뒤의 순환의 반향으로 돌아올 때 역설적으로 악이 해소된 사회에 대한 그리움과 희망을 불러일으키는 원인이 된다는 것이다. 부정 뒤의 긍정적 효과음은 그의 시 "울부짖음에 대한 주석(Footnote to Howl)"에 그대로 반향 되어 나타난다. 긴즈버그는 사회악 곧 몰록에 대한 치료책을 이 시에 담고 있으며, 그 효과를 위하여 『울부짖음』의 제2부와 "울부짖음에 대한

주석"의 시의 구조는 평행(parallel)을 이루도록 배려되어 있을 뿐 아니라, "울부짖음에 대한 주석"에 사용 된 "Holy"라는 단어 또한 『울부짖음』의 제2부에 나타난 "Moloch"이라는 단어와 대칭적으로 같은 방식으로 사용되고 있다.

이러한 현상은 긴즈버그가 『울부짖음』을 쓸 때 그가 강력한 부정의 심리적 효과를 온전히 이해하고 시를 썼을 뿐 아니라, 그의 정신 자체도 이 심리적 효과를 실제로 경험하고 있었다는 것을 확연하게 보여준다. 결과적으로 긴즈버그의 삶의 여정은 기존의 가치와 진리, 잘못된 권위와 제도, 이성의 모순 등에 대한 강력한 항의와 부정을 통하여 더 넓은 이해와 포용으로 나아가는 긍정에 이르는 한 전형을 보여준다. 젊은 시절의 끈질기고 강력한 부정과 중년과 장년기의 선불교 등의 종교에 대한 심취 그리고 노년에 도달한 평화주의에 근거한 핵확산 및 전쟁 반대 운동으로 이어지는 그의 삶이 바로 그 증거이다. 그에게 있어 선불교의 영향은 "사물의 조화와 일치, 연합의 강조이며 동시에 자유로운 정신에 근거한 초월적 사상의 허용, 성을 죄악시하지 않을 뿐 아니라 악조차도 적이 아닌 삶의 필연적 동반자로 여기는 점"(김성곤 350) 등에 쏠려있다. 동양과 서양이 만나는 곳, 그곳이 바로 자신이 서 있는 곳이라고 그는 말한다(350). 그리고 이러한 정신의 균형감각이 그의 초기 시 『울부짖음』과 "울부짖음에 대한 주석"의 구조 속에 이미 분명하게 드러나 있는 것을 우리는 확인하였으며, 바로 여기에 다른 포스트모던 작가와 다른 그의 시의 종교적 성격의 특질이 드러나고 있는 것이다. 궁극적인 것을 계속 추구하되 선과 악, 긍정과 부정, 폭력과 평화, 동양과 서양 사이에서 균형을 잃지 않는 것, 이것이 그의 시의 종교적 특질인 것이다. 그리고 미국의 문학사에 있어 이러한 그의 독특성은 이러한 정신의 균형감각을 가능하게 한 젊은 시절의 부정의 정신에 근거하고 있다. 그가 내셔널 북 어워드(National Book Award)를 수상한 작품의 제목이 아이러니컬하게도 1972년 출간된 시집『미국의 멸망』(*The Fall of America*)이며, 그의 노년의 관심은 여전히 미국이 무엇인가 잘못되어가고 있다는 부정적 시각에 근거하여 그 해결책을 찾는 것이었다(김성곤 352). 이 부정적 시각은 첫 시집 『울부짖음과 다른 시편들』뿐 아니라 정신질환으로 죽은 어머니를 위하여 쓴, 광기(madness)의 본질을 파헤치려 했던 『카디쉬』(*Kaddish and other Poems*), 『텅 빈 거울』(*Empty Mirror*), 『분노의 문』(*The Gates of Wrath*) 『미국의 멸망』 등에 다양한 형태로 드러나 있으며, 후에 그가 도달하게 되는 종교적 명상이나 평화주의와 날카로운 대칭을 이루고 있다.

IV

포스트모던 시대의 철학이나 정치에 대한 관심이 주로 객관적 가치나 진리, 사회구조의 모순이나 권력의 부패 등의 외적 문제에 대한 강렬한 부정을 그 특징으로 하고 있는데 반하여, 이 시대의 문학은 기존의 질서나 가치에 대한 불신에서 생기는 내적 갈등이나 공허를 인간 스스로에 대한 강렬한 부정을 통하여 해결하려는 내면 지향의 특징을 보여준다. 이러한 문학의 특질은 개인의 내면에 대한 깊은 성찰과 거기서 생기는 자신의 허상과 허위에 대한 진실한 자각에 그 근거를 두고 있는 것으로 보이며, 기성의 가치의 오염이나 사회의 타락의 원인을 인간의 외부보다는 인간의 내부에서 찾아보려는 인간의 진지한 노력의 한 측면을 보여준다. 우리가 앞에서 살펴 본 긴즈버그의 경우에 있어서도 『울부짖음』이 사회의 외적구조의 타락에 대한 강렬한 부정을 보여주고 있다면, 그의 죽은 어머니에 대한 개인적 추상을 바탕으로 씌어진 『카디쉬』를 비롯하여, 종교적 명상과 고뇌를 담은 중기와 후기의 많은 작품들은 진지한 내적 성찰을 바탕으로 한 새로운 가치 탐구의 측면을 뚜렷하게 보여주고 있는 것도 사실이다.[4)]

세계 제1차 대전 후의 서구 문명의 붕괴와 황폐화 된 정신의 허무를, 전통가치의 회복과 역사의식을 지닌 질서에 대한 관념 그리고 낭만주의적 개인적 가치가 아니라, 자아를 넘어선 고전주의적 보편적 가치를 그 구조 속에 담보할 수 있는 그릇으로서의 문학의 형식주의를 통하여 극복하려 했던 모더니즘에 그 뿌리를 두고 있으면서도, 모더니즘이 지니고 있는 이상주의의 현실적 한계를 인식하고, 현실에 직접 참여하여[5)] 스스로를 내던짐으로써 그 과정에서 얻어지는 개인적 경험의 진실에 근거하여 모더니즘의 한계를 극복하려 했던 로버트 로웰(Robert Lowell)은, 1959년 세계 제2차대전 후의 급격한 가치 부정적 포스트모더니즘의 분위기 속에서 부정의 방향을 외부보다는 개인의 내부로 전환하는 소위 고백파 시(Confessional Poetry)의 전형인 『인생연구』(*Life Studies*)를 발표함으로써 포스트모던 문학의 새로운 전기를 마련한다. 1951년 『캐바노네 물방앗간』(*The Mills of the Kavanaughs*) 출판 이후 8년의 침묵 끝에 출간 된 이 시집은 스타일에 있어서나 내용에 있어서 이전의 작품과는 판이하게 다른 작품이었다. 로웰은 후에 이 시집에 대하여 말하면서 "『인생연구』를 쓸 때 나는 혁명적 스타일로 쓰도록 강요받았고 스스로 강요하였다. 그것은 과거에 내가 겪었던 그리고 앞으로 내가 겪을 변화 중 나 자신 속에서 일어난 가장 큰 변화였다"(Witek 5)고 고백하였다. 로월이 처음부터 내부 지향의 고백파 시인이었던 것은 아니었던 것이다.

그는 보스턴의 명문 가정인 로월가에서 선택해 준 하바드 대학을 중도에 과감히 포기하고 "시가 가르쳐질 뿐 아니라 직접 씌어지고 있는 대학에서 생동감 있는 교육을 받기 위하여"(Fein 2) 남부의 캐년(Kenyon)대학으로 옮기는 결단을 내렸을 뿐 아니라, 1940년에는 물려받은(inherited) 종교인 개신교에서 카톨릭으로 개종하였고, 1943년 융단폭격과 민간인 살해 등의 무자비한 전쟁을 감행하는 미국정부의 소위 "불공정한 전쟁(unjust war)"[6]에 징집되는 것을 양심적으로 단호히 거부하는 강렬한 외부지향적 부정의 경향을 행동을 통하여 뚜렷하게 보여주었던 시인이다. 이 시절의 그의 정신의 상황을 보여주는 그의 시 "웨스트 스트릿의 추억과 렙케(Memories of West Street and Lepke)"에서 그는 2차 대전 중 양심적 전쟁 거부자로서의 그의 감옥생활의 경험을 세밀하게 다루고 있다.

일년을 선고받고,
나는 웨스트 스트릿 감옥의 지붕위를 걸었다.
우리 학교 축구장 같은 작은 울타리,
시커먼 빨래줄 같은 철조망과
표백된 카키색 셋집들 사이로
하루에 한번 나는 허드슨 강을 보았다.
산책하면서 나는 황달색의 노란 ("그건 진짜 햇볕에 탄")
아브라모위쯔(Abramowitz)와 형이상학을 중얼거렸다.

그는 프라이-웨이트급의 평화주의자,
그리고 채식주의자,
그는 밧줄 신발을 신고 있었고 떨어진 과일을 좋아했다.
그는 헐리우드의 뚜쟁이들이었던 비옵(Bioff)과 브라운(Brown)을
그의 다이어트에 끌어 들이려 했다.
털 많고 근육질이며 변두리 출신에다
이중으로 가슴을 댄 쵸코렛 수의를 입은 그들은
머리 끝까지 화가 나서 그를 멍이 들도록 두들겨 팼다.

Given a year,
I walked on the roof of the West Street Jail, a short
enclosure like my school soccer court,
and saw the Hudson River once a day
through sooty clothesline entanglements
and bleaching khaki tenements.
Strolling, I yammered metaphysics with Abramowitz,
a jaundice-yellow ("it's really tan")
and fly-weight pacifist,
so vegetarian,
he wore rope shoes and preferred fallen fruit.
He tried to convert Bioff and Brown,
the Hollywood pimps, to his diet.
Hairy, muscular, suburban,
wearing chocolate double-breasted suits,
they blew their tops and beat him black and blue.

외부 지향적인 객관적 가치 부정의 방향에서 자기 부정의 내부 지향으로 부정의 방향을 바꾸는 것은 객관적 가치에 대한 부정의 노력이나 운동이 기존의 진리나 가치에 대한 근본적 대안(代案)을

제시하지 못하고, 부정에 대한 또 다른 부정의 연속적 상승작용의 악순환 속에서, 기존의 가치를 부정하는 근본적 원인인 인간의 진정한 중심가치에 대한 욕구를 충족시키지 못하고 있기 때문이다. 이러한 상황에서 기존의 가치나 질서에 대한 치열한 부정의 정신을 지녔을 뿐 아니라 동시에 누구보다도 예민한 감성을 지닌 시인은 본능적으로 모든 추상적 논리적 외적 가치의 출발점인 인간의 내부로 눈을 돌리게 된다. 페인(Fein)교수는 로월에게 퓨리쳐(Puritzer)상을 안겨준 시집 『위어리경의 성』(*Lord Weary's Castle*)을 논하면서, 역사 종교적 관점에서 로월은 우리 현대의 호손(Hawthorne)이라고 말하고 있는데(8), 호손이 삶의 진실을 찾기 위하여 인간의 외부보다는 인간의 내부로 눈을 돌렸던 작가인 것을 감안해 본다면 로월은 포스트모던적 관점에서도 현대의 호손이라고 말해볼 수 있을 것이다. 이러한 맥락에서 보면 로월에게 내셔널 북 어워드(National Book Award)를 안겨 준 『인생연구』의 깊은 바탕은 근본적으로 에머슨의 "자기 신뢰(Self-Confidence)"에 나타난 것과 같은 인간의 내부의 자아에 대한 신뢰라고 말해 볼 수 있을 것이다. 세속화되고 타락하는 인간세계의 문화에 대항하여 인간을 지탱해 줄 마지막 발판은 결국 인간 자신의 내적 자아(inner self) 뿐인 것이다(Fein 71). 20세기의 현란한 현대 문명의 외양에 매혹되었던 인간은 이제 이 찬란한 현대 문명의 외관의 부정적 속내를 들여다보고 미혹에서 깨어나고 있으며, 마침내 한 시인을 통하여 스스로의 자아의 속내에서 새롭게 그 매혹을 발견해내고 있는 것이다(Rieff 22 & 137).

그러나 로월의 자기부정은 자아에 대한 찬사가 아니라 먼저 자신의 근본의 핵심인 아버지에 대한 부정으로부터 시작되며, 자신의 친척과 가문과 자신에 대한 부정으로 확대된다. 아버지의 약점에 대한 폭로는 그대로 되돌아와 그 자신을 약화시키고 비하시키는 것을 시인이 모를 리가 없다. 운문과 산문이 섞인 이 시집 속에서 시인은 고기도 제대로 썰 줄 모르는 아버지, 돈을 벌줄 모르는 아버지, 저축할 줄도, 골프를 제대로 칠 줄도 모르는 무능한 아버지를 적나라하게 폭로함으로써, 제임스 조이스의 『율리시즈』에 나오는 스티픈 데달러스(Stephen Daedalus)처럼 잔혹하게 아버지를 파괴한다(Fein 55). 친척들의 비리나 실수도 가감없이 폭로되며, 이러한 부친과 가문, 자신의 근원에 대한 부정적 폭로는 스스로의 허상을 낱낱이 벗김으로써 자신의 출신이나 주위의 후광에 의해 미화되거나 허구화된 자신을 마침내 드러냄으로써 홀로인 자아로 온전히 다시 태어나기 위한 치밀한 전략이다. 현실의 자아를 부끄러운 부분까지 주도 면밀하고 가차없이 발가벗기는 이 용감하고 어쩌면 처절한 자기부정은 그러나 근본적으로 아무런 장식 없이 순결한 자아에 도달하기 위한 진지한 욕망의 역설적 표현이다.

시인은 자신의 가문에 대한 직접적 부정을 통해서 뿐 아니라 외부의 다른 인물들을 그의 시 속에 끌어들이는 방식을 통하여 자신의 내면의 개인적 분노를 간접적으로 드러낸다. 제1부의 마지막 시인 "뮤니히에서 투옥된 미친 흑인 병사(A Mad Negro Soldier Confined at Munich)"에서 시인은 멋대로 굴다가, 정신병동에 갇힌 흑인병사의 눈에 비친 반항과 혼란의 병동 생활에 대한 묘사를 통하여, 감시되는 삶 속에서 개인에게 가해지는 주위의 압력에도 불구하고 자신의 정체성을 지키려는 인간의 노력의 눈물겨움을 보여준다. 물론 이 작품이 명백하게 시인 로월과 시를 연관시키고 있는 것은 아니다. 그러나 이 시를 읽는 동안 독자는 자연스럽게 이 시의 작자와 병사 사이의 깊은 유대관계를 조용히 느끼게 되며, 이 과정을 통하여 흑인 병사의 상황과 문제들이 바로 우리 자신의 상황과 문제로 느껴지게 되는 것이다.

우리는 시계탑 앞에 줄을 선다,
그리고 작은 물고기들을 상상한다, 습관의 노예,
냉방장치가 된 어항 속을 별빛처럼 달리는.
식사 시간이다. 정신박약의 구두닦이 심장이 각기
개미알 같은 먹이를 향해 뛰어가고 있다.

We file before the clock,
and fancy minnows, slaves of habit, shoot
like starlight through their air-conditioned bowl.
It's time for feeding. Each subnormal boot —
black heart is pulsing to its ant-egg dole.

명령에 따라 줄을 서며, 기계장치에 의해 조정되는 줄도 모르고 재빠르게 움직이는 작은 고기들처럼 습관적으로 움직이며, 멀리서 보면 개미알 같은 먹이를 향해 쏜살같이 달려가는, 구두닦이처럼 더럽게 된 마음을 지닌 정신병자들을 보면서 동료 인간들이 느끼는 것은, 바로 자신이 그들과 똑같은 정신병자로서 세상이라는 정신병동에 살고 있다는 자각이다. 외부의 가치체계를 부정하는 방법이 우리가 처한 이러한 상황의 원인을 객관적 세계 — 곧 기존의 가치체계와 그 체계를 구축하고 지탱하고 향유하는 외부 세계 — 에 돌리는 것이라면, 이 상황의 원인을 인간의 내부로 돌리고 각 개인에게 책임을 묻는 것은, 인간의 내면의 세계를 부정하는 방법이다. 어떤 의미에서, 외부의 사회나 정치체계 그리고 기존의 가치체계에 세계의 혼란과 인간의 타락의 책임을 묻는 것이 정치학이나 사회학 그리고 철학의 주된 방식이라면, 인간의 내면세계로 눈을 돌리고 거기서 혼란과 타락의 원인을 찾으려는 시도는 주로 문학이나 예술 쪽의 방식에 어울려 보인다. 물론 여기서 우리는 어느 분야의 학문이 어느 한쪽의 방식만을 택해야 옳다고 말하는 것은 아니다. 다만 학문의 성격에 따라 어느 쪽에 어떤 방식이 더 효과적일 것이라고 추정해 보는 것이다. 모든 분야가 외부지향이나 내부지향의 방식을, 서로 정도의 차이는 있을지라도, 병용하는 학제적 연구가 보편화되고 있는 것이 사실이기 때문이다.

앞에서 살펴본 것처럼 젊은 시절 외부 지향적 부정의 충동을 몸소 실천으로 보여준 바 있는 로월은, 『인생연구』 이후로도 외부 부정의 행동과 작품을 간헐적으로 보여주고 있는 것이 사실이다. 그러나 개인의 내부에서 인간세계의 모든 부정적 요소의 원인을 찾으려는 자아부정의 시도는 이 시집이 출간된 1959년 이전에는 두드러지지 않았고, 설사 그런 시도가 있었다 하더라도 이 시집처럼 효과적이지 못했던 것은 부인할 수 없을 것이며, 그 해의 내셔널 북 어워드가 별 이의 없이 이 시집에게 돌아간 것이 바로 그 증거이다. 그러나 여기서 무엇보다도 간과해서는 안될 것은 이러한 내면 부정의 저변에 흐르는 인간의 가장 깊은 목적은 부정자체가 아니라 부정되기 이전의 순결한 인간내면의 확인과 재생이라는 사실이다. 철저한 내면 부정을 통하여 스크린 위에 환하게 오염의 실체를 비쳐보지 않고는, 부정적 세계를 회복시키는데 필요한 감정의 에너지를 충분하게 충전할 수가 없는 것이다. 그러나 내면의 부정 이전에 우리는 우리가 회복하고 돌아가야 하는 세계에 대한 확실한 조감도를 상상으로나마 확인할 수 있어야 하며, 로월은 이 시집의 제3부에 나타난 네 사람의 작가 — Ford Madox, George Santayana, Delmore Schwartz, Hart Crane — 를 통하여 이 목적을 성취하게 한다. 그러나 놀랍게도 이 네사람을 통하여 드러나는 조감도는 밝고 평안한 그림이 아니다. 자신이 쓴 양심적 글쓰기 때문에 수난당하고 추방되며 죽음으로 쫓겨간 많은 유명, 무명의 러시아 작가들처럼, 이들이 인간의 정신의 고양과 풍요를 위해서 바친 노력과 업적에 대하여 세상이 그 대가로 주는 것은 고난과 고통이다. 한 사람은 궁핍으로 죽었고, 한 사람은 유랑 속에서 명성과 신념의 아이러니를 극적으로 보여주고 있으며, 한 사람은 스스로를 죽음으로 몰아가고 있고 한 사람은 이미 자살하고 있다. 로월은 이러한 작가들의 삶의 현실을 의식있는 작가들의 운명으로 받아들이고 있는 것으로 보인다. 이 작가들은 페인 교수의 말처럼 현대 시인들에게 피할 수 없는 유산의 한 부분인 것이다. 이 시인과 작가들의 삶을 통하여 드러나는 그들의 소외와 패배는 그들의 업적과 존재의 의미의 중요한 부분이다. 이 작가들은 앞에서 살펴본 "뮤니히에서 투옥된 미친 흑인 병사"처럼 어두운 화면을 보여주지만, 이들의 삶에서 확인되는 어둠과 추방, 소외와 절망, 희생과 죽음을 각오하거나 감수하지 않고서는, 개인의 내면의 순결의 회복은 불가능하며, 개인의 내면의 자아의 회복 없이는 외부의 세계의 회복도 불가능하다는 메시지를 로월은 이 작가들을 통하여 보여주려 하는 것으로 보인다.

1960년대에 알바레즈(Alvarez)와 가진 인터뷰에서 로월은 개인적 역사적 경험을 해석하는 자신의 방식을 "숭고한 것을 향한 전투적 탐구"(Hart xxi)라고 표현하면서, 비극적 대가를 치러야 한다는 것을 잘 알고 있으면서도 숭고한 것을 얻기 위하여 투쟁하는 미국의 예술가들에 대하여 언급하고 있다(Hart xxii). 결국 로월이 우리가 부정하는 세계의 회복을 위하여 선택하고, 선택해야 한다고 생각한 것은 "자기 마멸"의 희생정신이다. 로월 자신보다 앞서 '자기 마멸'의 희생의 모범을 보인 이 작가들은 로월이 세계를 정화하기 위해 그들과 나누어 겪어야 할 개인적 고난과 곤경의 의미를 더욱 깊게 해줄 뿐 아니라, 역설적 의미에서, 로월 자신을 지탱해 주는 힘의 원천인 것이다. 이들 또는 이들과 유사한 운명을 지닌 작가들이 없었다면 『인생연구』는 쓰여지지 못했을 것이라는 페인 교수의 말은 이러한 관점에서 의미심장하다(Fein 52).

이 시집이 간접적으로 보여주는 자기 부정의 정신을 가장 집약적으로 보여주는 "스컹크 시간(Skunk Hour)"에는 20세기의 인간의 정신의 가감없는 실체가, 서로 소외된 인물들과 상황에 대한 이미저리를 통하여 확연히 부각된다. 이 시를 통하여 시인은 이러한 세계를 만든 인간의 내부의 의지와 욕망의 결과에 대하여 간접적으로 엄청난 부정의 메시지를 전달하고 있는 것으로 보인다.

노티러스 섬의 은자인
여상속녀는 아직 스파르타식 움막에서 겨울을 나고,
그녀의 양들은 아직 바다 윗편에서 풀을 뜯고 있다.
그녀의 아들은 주교이다. 그녀의 농군은
우리 마을 최초의 행정위원이고,
그녀는 노망들어 있다.

빅토리아 여왕 시대의

상류사회의 사생활을
그리워하여,
그녀는 눈에 거슬리는
해안의 모든 것을 사버려,
퇴락하도록 버려두고 있다.

계절은 병들어 있다 —
우리는 L. L. 비인(Bean)사의 케털로그에서
막 튀어나온 듯한 여름 백만장자를
잃었다. 그의 9-노트형 작은 돛배는
경매에서 바닷가재잡이들에게 팔렸다.
붉은색 여우 얼룩이 블루 힐(Blue Hill)을 덮고 있다.

그리고 이제 동성연애자인 우리의
실내장식업자는 가을을 맞아 밝게 가계를 꾸몄다.
그의 어망은 오렌지빛, 오렌지색 코르크와
그의 신기료 장수 의자와 송곳으로 가득차 있다.
장사에서 돈이 벌리지 않으니
결혼이나 하는게 나을텐데.

Nautilus Island's hermit
heiress still lives through winter in her Spartan cottage;
her sheep still graze above the sea.
Her son's a bishop, Her farmer
is first selectman in our village;
she's in her dotage.

Thirsting for
the hierarchic privacy
of Queen Victoria's century,
she buys up all

the eyesores facing her shore,
and lets them fall.

The season's ill —
we've lost our summer millionaire,
who seemed to leap from an L. L. Bean
catalogue. His nine-knot yawl
was auctioned off to lobstermen.
A red fox stain covers Blue Hill.

And now our fairy
decorator brightens his shop for fall;
his fishnet's filled with orange cork,
orange, his cobbler's bench and awl;
there is no money in his work,
he'd rather marry.

이 시의 전반부에 나오는 인물들은 모두 삶의 진실(reality)과 유리된 인물들이다. 그리고 그들이 하는 행동은 그들의 신분과는 전혀 어울리지 않는다. 처음 연(stanza)에 나오는 부유한 상속녀는 그녀가 가진 많은 재산에도 불구하고 겨울 내내 금욕적 스파르타식 오두막에서 살고 있다. 그러나 그녀의 목적은 금욕을 통한 정신의 수양에 있는 것이 아니라 과거의 빅토리아 여왕시대의 상류사회의 사생활을 흉내내는 것에 불과하다. 그녀의 이 허황한 불모의 정신은 그녀의 눈에 거슬린다는 이유로 해변가의 모든 것을 사버려 퇴락하도록 방치하고 있는 데서 뚜렷이 드러난다. 그녀의 아들의 직업은 주교이다. 직업의 성격상 아들도 어머니처럼 은둔하며 수도해야 할 것이며 따라서 수도를 미덕으로 하는 은둔자들

끼리 서로 찾아가 만나기는 어려울 것이다. 결국 이 행이 암시하는 바는 『인생연구』 속의 다른 가족들의 관계처럼, 어머니와 아들이 멀리 떨어져, 서로 대화를 나누지 않으며 서로 보지 않는다는 것이다(Fein 65).[7] 이것은 정상적인 모자간의 관계가 아니다. 그녀의 관심은 현실이 아닌 과거의 세계 속에 있으므로, 그녀보다 그녀 집에서 일하는 농군이 더 세속의 힘을 가진 마을 최초의 행정위원이다. 이것은 주객이 전도된 인간관계이다. 부유한 상속녀는 양이나 치는 이상한 여자목동(Shepherdess)으로 변신되어 있다. 그래서 이 연(Stanza)의 결론은 그녀가 노망이 들었다는 것이다. 노망이 들었다는 것은 정상적인 삶을 살지 못하고 있다는 것을 의미한다.

이상한 것은 세 번째 연에 나오는 백만장자도 마찬가지다. 이 백만장자는 시 속에서 이름만의 백만장자일 뿐 전혀 백만장자 같지 않은 우스운 모습만 보여준다. 그는 어떤 의복 제조회사의 선전 카탈로그에서 막 튀어나온 도망자처럼 나타나, 자기 소유의 9노트짜리 요트를 경매에 부쳐 바닷가재 장수에게 팔고 사라진다. 그는 허세나 부리는 망한 과거의 백만장자이지, 근면하게 일하여 돈을 벌며 값나가는 것을 사들이는 정상적인 백만장자는 아니다.

네 번째 연에 등장하는 실내장식가도 정상적으로 보이지 않는다. 그는 가을을 맞이하여 밝게 가게를 장식해 놓고 있는 것으로 나타나 있으나 그가 장식으로 설치해 놓은 도구들은 가을 장사를 위해 가게를 밝게 보이려고 전시하는 장식물들과는 거리가 멀다. 그는 어망(fishnet)에 코르크와 구두수선용 의자 그리고 송곳들을 가득 걸어놓고 있다. 자기 직업에서 돈이 벌리지 않으니 차라리 결혼이나 하는 것이 낫겠다고 되어 있으나 이것도 비정상적인 내용이다. 결혼을 하려면 돈이 필요할 것이며, 돈을 벌려면 사업을 잘해야 한다. 그런데 사업이 되지 않으니 결혼이나 해야겠다는 것은 곧 비정상적인 결혼을 해야되겠다는 것을 의미한다. 많은 평론가들이 '스컹크 시간'의 이 비정상적인 이상한 인물들을 20세기 후반의 황무지의 주민들과 비교하여 말한다(Gilbert 74). 이들은 T. S. 엘리엇의 『황무지』에 등장하는 타이피스트나 여드름투성이의 젊은이의 현대판 인물들이며, "프루프록의 연가"에 나타나는 미켈란젤로를 이야기하며 방안을 서성이는 여인들의 현대판이다. 그들은 모두 엘리엇의 시에 등장하는 인물들처럼 고립되어 있으며 불모의 상태에 있다. 돈 많은 여상속녀는 은자이고 실내 장식업자는 아직 결혼을 하고 있지 않으며 여름의 백만장자는 자신의 것을 아무것도 남기지 않은 채 이해할 수 없이 사라져 버린다.

시에 나타난 인물들의 이러한 불모의 상태는 시의 압운체계(rhyme scheme)에도 그대로 반영되어 있다. 상속녀가 등장하는 처음 연의 마지막 행은 "She is in her dotage"로 갑작스럽고 퉁명스럽게 끝나는 것으로 들리는 데 이러한 느낌은, 앞의 행들에 나오는, 여성운이지만 거친 'cottage'와 'village'의 압운이 주는 느낌과 중첩되면서 더 강렬하게 그녀의 비정상적 성격을 소리로 느끼게 해준다. 스테이플즈(Hugh Staples)는 이 시의 각 연마다 바뀌는 압운체계를 지적하면서, 이러한 압운체계 조차도 이 시가 드러내고자 하는 비정신적 세계의 혼돈의 양상을 보여주고 있다고 말한다(Staples 82-83).

이 시의 후반의 네 개의 연 속에는 이 시의 화자의 감정이 더욱 뚜렷하게 드러나 있다.

어느 어두운 밤,
내 튜더 포드차는 언덕의 해골을 기어올랐다.
나는 연인들의 차를 유심히 보았다. 불을 끈 채로,
차들은, 몸체를 맞대고, 같이 누워 있었다.
묘지가 선반처럼 도시 위에 걸린 곳에. . . .
내가 정신이 나갔나보다.

차의 라디오가 앵앵거린다.
"사랑, 오 부주의한 사랑. . . ." 나는 내 병든 혼이
모든 혈구 속에서 흐느끼는 소리를 듣는다.
마치 내 손이 그 목에 걸린 것처럼. . . .
내 자신이 지옥이다.
여기엔 아무도 없다 —

달빛 속에서 한 입
먹을 것을 찾는, 스컹크들만이 있을 뿐.
그들은 발바닥을 끌며 메인 스트리트(Main Street)로 행진해 간다.
트리니테리안 교회의
석회처럼 말라 광택나는 첨탑아래
백색의 줄을 이루어, 실성한 붉은 눈을 하고.

나는 우리의 뒷계단의
끝에 서서 역한 공기를 들여 마신다 —
종렬을 한 새끼들을 거느린 어미 스컹크가 쓰레기통을 뒤진다.
그녀는 쉰 크림통에 쐐기 머리를 쑤셔박고
타조형 꼬리를 내린다.
그리고 아무 것도 겁내지 않을 것이다.

One dark night,
my Tudor Ford climbed the hill's skull;
I watched for love-cars. Lights turned down,

they lay together, hull to hull,
where the graveyard shelves on the town. . . .
My mind's not right.

A car radio bleats,
"Love, O careless Love. . . ." I hear
my ill-spirit sob in each blood cell,
as if my hand were at its throat. . . .
I myself am hell;
nobody's here —

only skunks, that search
in the moonlight for a bite to eat.
They march on their soles up Main Street:
white stripes, moonstruck eyes' red fire
under the chalk-dry and spar spire
of the Trinitarian Church.

I stand on top
of our back steps and breathe the rich air —
a mother skunk with her column of kittens swills the garbage pail.
She jabs her wedge-head in a cup
of sour cream, drops her ostrich tail,
and will not scare,

묘지가 선반처럼 걸린 죽음의 장소에 차량들이 불을 끈 채 몸체를 맞대고 누워 있다. 문장의 구조로 보아 다섯째 연의 4행의 'they'는 앞 행에 나오는 'love-cars'를 받고 있다. 그렇다면 이 시의 화자가 보는 장면은 차들의 섹스 장면이다. 그래서 화자는 '내가 정신이 나갔나보다'라고 말한다. 차안의 남녀들의 섹스 장면이라면 그 자체가 비정상은 아니다. 차안의 남녀의 섹스장면에 대한 연상의 연장선상에서 떠오른 장면이지만 차들의 섹스에 대한 생각은 비정상이다. 길버트(Sandra M. Gilbert) 교수는 이 시에서 사랑을 하는 것은 감각적으로 누운 러브카들 뿐이며, 스컹크들만이 정열적으로 자기 새끼들을 낳고 있다고 날카롭게 지적한다(74). 생명없는 자동차나 의미없는 동물들만이 능동적인 생명의 행위를 하고 있는 세계는 분명히 정상적인 세계가 아니며 시인이 부정하는 세계는 바로 정상적인 인간의 사랑이 없는 불모의 세계이다.

여섯 번째 연의 라디오에서 들리는 '사랑, 오 부주의한 사랑'의 노래를 들으면서 이 시의 화자가 듣는 것은 자신의 병든 영혼이 혈관의 세포 하나 하나 속에서 흐느끼는 소리이다. 진정한 사랑은 사라지고 부주의한 사랑이 정상적인 사랑으로 인식되는 세계는 무서운 세계이다. 이 살벌하고 보이지 않는, 무엇인가에 의하여 항상 감시되는 정신병동 같은 세상에서, 진정한 사랑이 주는 평안과 이해조차 받을 수 없다면, 그래서 경솔한 육체적 사랑 밖에 할 수 없다면, 우리의 정신은 어디에서 평안과 휴식을 얻을 수 있단 말인가. 아무도 진정으로 사랑하고 사랑 받을 수 없다면 이 세상은 지옥이나 마찬가지다. 그래서 시의 화자는 "나 자신이 지옥이다"라고 절규한다. 그래서 지옥을 지니고 다니는 주인공은 현대의 메피스토펠리스(Mephistopheles)이며 사탄(Satan)이라고 길버트 여사는 적시한다(Gilbert 76). 이러한 세상에서 우리는 모두 혼자다. 이 세상에 나를 사랑 할 아무도 존재하지 않는 것이다.

이제 유일하게 생명의 행위를 하며 살아있는 존재는 도시의 무덤의 그늘에서 발바닥을 끌며 나타나는 스컹크들 뿐이다. 스컹크는 이 시에 나타나는 지옥의 세계의 토템동물(totemic animals) 곧 지옥의 상징동물이다. 그들은 달 빛 속에 먹을 것을 찾아, '트리니테리안 교회의 /석회처럼 말라 광택나는 첨탑 아래로/ 실성한 붉은 눈을 하고' 나타난다. 20세기 후반의 처참한 포스트모던 시대를 살기 위해서 우리는 이 스컹크들처럼 저돌적이고 결사적이지 않으면 안되는 것이다. 시인이라고 예외는 아니다. "이 스컹크들이 먹이를 위하여 아무것도 두려워하지 않는 것처럼, 시인도 두려워하지 말아야 할 것이며, 스스로에게 정직해야 하고 살아남기 위하여 먹을 것을 찾는 장소에 충실 할 것"을 로월은 주장하고 있는 것이다(Fein 68). 살아남기 위해서 우리는 사적으로나 공식적으로 우리 삶의 상황의 저급성(meanness)과 질병을 인정하고 스컹크처럼 전투적이지 않으면 안되는 것이다. 그것은 이상적이고 비현실적이며 낭만적인 꿈의 세계를 과감히 포기하고, 삶의 리얼리티가 안고 있는 조야함과 야비성 까지를 있는 그대로 수용하는 결단을 암시한다(68).

그러나 이러한 상황이 현실이며 이러한 결단이 어쩔 수 없는, 뼈아프지만 현명한 선택이라 하더라도 인간이 바라고 원하는 궁극적 삶의 양식은 아니다. 로월은 이러한 사랑없는 무서운 부정적 삶의 진실을 보여줌으로써 역설적으로 우리가 진정으로 바라는 삶에 대한 간절한 갈망을 자극하고 일으켜 깨우려 한다. 이것이 『인생연구』에 나타나는 고뇌와 고통의 절정을 보여주는(Fein 63) 이 시가 의도하는 목표이며, 이 시를 쓴 로월의 궁극적 관심이고, 후기 산업사회를 살았던, 거룩한 높이의 세계가 사라진 시대의, 로월의 종교이다. 로월은 밀도있는 종교적 상징을 버리고 더 많은 세속적 상징을 선호하는 자신을 칭찬하는 비평가들을 나무라듯,

1961년『파리 리뷰』(Paris Review)와의 인터뷰에서, 중기의 자신의 시들에 대하여 다음과 같이 말한 바 있다.

> 내게는 중기의 시들이 여러 가지 방식으로, 그리스도와 신에 대한 상징과 참조들로 가득한 초기의 시들보다 더 종교적인 것 같다. . . . 나의 경험이 많이 변했다고 느끼지는 않으며. . . . 종교시에 들어가는 내용들이 세속의 시에 들어가는 내용들과 크게 다른 것은 아니다 — 같은 종류의 투쟁, 밝은 것과 어두운 것, 연속적으로 변하는 경험 등이 그렇다(Lowell 1987, 250).

그의 친구인 란달 자렐(Randall Jarrell)은 1946년에 출판되어 그에게 퓨리쳐 상을 안겨 준『위어리경의 성』에 관한 리뷰에서

> 이 모든 시들의 저변에는 한 가지 이야기, 단지 하나의 이야기만이 있다. . . . 이 시들은 세계를 일종의 상반된 것들의 투쟁으로 이해한다(Jarrell 19).

고 말하고 있는데, 그의 시의 다양한 전사(戰士)들은 낡은 율법이나 제국주의, 군국주의나 자본주의, 칼빈주의나 권위주의 또는 부권제도에 대항하여 이러한 이데올로기가 주는 것과 상반되는 평화와 구원을 위하여 투쟁한다. 로월의 전사들은 "자유의 영역과 율법을 대체시킨 은총의 영역 그리고 시인이 그리스도(Christ)라고 부르는 완전한 해방자의 영역"(19-20)을 그리워 한다. 그에게 있어서 구원은 자유와 은총의 영역이다. 실존의 고통 속에 있을지라도 낡은 권위나 이데올로기에 대항하여 자유와 은총의 영역에 도달하려는 인류의 목표를 잊지 않도록 사회와 국가를 그리고 특히 개인의 의식을 각성시키는 것이야 말로 그의 궁극적 관심이

며 종교인 것이다. 『인생연구』 뒤에 출판되어 그에게 볼린젠 상(Bollingen Prize)을 안겨준 『모방』(*Imitations*)이나 『죽은 연합국을 위하여』(*For the Union Dead*) 그리고 1967년에 출판된 『대양 가까이에서』(*Near the Ocean*), 1969년에 출판된 『결박된 프로메테우스』(*Prometheus Bound*) 등의 내용이나 부정의 강도(强度)가 다른 작품들을 통해 로월은 지속적으로 부정을 특징으로 하는 포스트 모던 문학의 진지한 궁극적 관심을 표출하였던 것이다. 물론 로월의 후기시들 가운데는, 부재의 현존으로서의 신이나 진리를 역설적으로 보여주기 위한 시로 보기에는 너무나 무거운 허무를 보여주는 시들이 상당히 있는 것도 사실이다. 하지만 앞에서 인용한 니체의 관점을 더 깊고 넓게 적용하여 본다면 로월이 감당하기 어려웠던 허무조차도 궁극적으로 종교와 불가분의 관계에 있음을 온전히 부정하기는 어려울 것이다.

V

그 동안 무성해 온 무신론자로서의 니체 연구에 대항하여, 일생동안 인간의 구원의 문제에 대하여 강박관념을 가지고 있던 니체[8]를 신학적 관점에서 재조명하고 있는 『니체 되살리기: 경건한 불신앙에 대하여』(*Redeeming Nietzsche: On the Piety of Unbelief*)를 저술한 자일즈 프레이저(Giles Fraser) 교수는, 니체의 그 유명한 '신의 죽음'에 관한 구절에 대하여 사람들이 자주 간과하고 있는 것은, 니체가 신의 죽음을 아주 분명하게 하나의 살인(a murder)이라고 말했다는 사실(142) 이라고 지적한다. 그의 저서 『즐거운 학문』(*The Gay Science*)속에서 니체는 광인의 입을 통하여 다음과 같이 외친다.

> '신은 어디 있는가?' . . . ' 내가 말하겠다. 우리가 그를 죽였다 — 여러분과 내가. 우리 모두가 그의 살인자요.' . . . 신은 죽었다. 신은 죽어있다. 우리가 그를 죽였다. 살인자 중의 살인자들인 우리는 어떻게 위로를 얻을 것인가? 세계가 지금까지 소유했던 모든 것 중에서 가장 거룩하고 가장 힘있는 존재가 우리의 칼 아래 피를 흘리며 죽었다. 누가 우리의 피를 씻어줄까? 어떤 물이 있어 우리를 정결하게 씻어줄 것인가? 어떤 속죄의 축제를, 어떤 신성한 경기(game)를 우리는 발명해 내야 한단 말인가? (Fraser 142에서 재인용)

프레이저 교수는 죽은 신에 대한 이러한 니체의 애도를, 슈트(Ofelia Schutte)교수의 말을 인용하여, 죽은 신에 대한 니체의 향수(Schutte 3)라고 표현한다.

여기서 우리가 알 수 있는 중요한 것은, 그가 비록 부정했으나 니체가 신으로 상징되는 거룩함이나 진리, 진정한 가치 등에 대하여 신의 죽음의 선고의 순간에 조차도 깊은 애착을 가지고 있었다는 사실이다. 신에 의하여 발현되고 인간들에 의하여 세상에 구현되는 진리나 가치의 소중함에 대하여 깊은 관심을 니체가 가지고 있었다는 것이다. 그렇다면 우리는 여기서 포스트 모더니즘이 주장하는, 기존 가치나 진리에 대한 극단적 거부자나 허무주의자로서의 니체와는 다른 니체를 만나게 된다. 니체가 부정한 것은, 깊은 의미에서 기존의 사회나 국가 그리고 종교에서 잘못 해석되고 오용된 진리였지 순결하고 진정한 가치는 아니었던 것이다. 그리고 신의 죽음의 선언 이후의 그의 노력과 저술의 목표는 어떤 의미에서 의도적으로 오염되고 악용된 진리의 회복이었으며, 그의 삶은 이 진정한 가치의 복원을 위한 피나는 투쟁이었다. 피나는 투쟁이 될 수밖에 없는 것은 그가 기존의 가치와 제도에 대한 정직한 부정을 통하여 진정한 가치를 복구하려 했기 때문일 것이다. 니체가 살았던 때와 한 세기의 거리를 둔 20세기 후반의 포스트모더니즘의 부정도, 그것이 현재의 삶의 공동체의 판을 깨뜨려 버리는 것이 아니라면, 포스트모더니즘의 비조(鼻祖)인 니체의 부정과 같은 차원의 부정일 것이다. 아니 백년 전보다 훨씬 더 오염되고 부패된 진리나 가치를 회복하기 위하여는 훨씬 더 정교하고 강도 높은 부정의 방법론을 택하여야 할 것이다. 데리다의 포스트구조주의와 해체론이 부정의 신학으로 거론되는 이유도 바로 여기에 있다.

결국 니체의 부정이나 포스트모더니즘의 부정 모두가 교묘하게 분실된 진정한 진리와 가치를 회복하기 위한 궁여지책의 몸부림이다. 19세기에 니체는 인간을 고통으로부터 영원히 구해준다는 기독교 구원론을 부정하였는데,[9] 20세기의 기독교 작가인 시몬느 베이유(Simone Weil)는 "우리는 고통을 피하거나 덜 받으려고 할 것이 아니라 고통에 의해 더럽혀지지 않도록 노력해야 한다"(73)고 말하였고, 신없어 보였던 두 번의 세계 대전을 치른 현대신학은 인간을 모든 고통으로부터 구해주는 신이 아니라 인간의 고통에 동참하여 같이 고통받는 신을 이야기하고 있다(Fiddes 16). 19세기의 부정이 20세기에 진실로 수용되고 있는 것이다. 니체가 무덤 속에서 빙그레 웃을지도 모르겠다. 진정한 진리나 가치를 얻기 위한 이러한 부정의 몸부림들은 사실 우리가 그러한 것들에 대한 향수를 버리지 못하고 어쩌면 우리도 의식하지 못하는 사이에 아니면 우리들이 스스로 그러한 사실을 부정함에도 불구하고, 그러한 것들의 회복을 우리의 내면의 저 깊은 곳에 은밀히 우리의 궁극적 관심으로 간직하고 있기 때문이 아닐까? 이러한 관점에서 보면 니체도 포스트모더니즘도 모두 인간의 궁극적 문제에 대하여 폴 틸리히가 말하는 현대적 의미의 종교적 관심을 가지고 있다고 얼마든지 말해 볼 수 있을 것이다.

우리는 지금까지 알렌 긴즈버그와 로버트 로웰의 문학작품에 대한 제한된 범위에서 나마의 고찰을 통하여, 포스트모던 문학의 종교적 성격이, 사회나 국가 그리고 자아에 대한 강력한 부정을 통하여 부정의 신학(negative theology)에서처럼 역설적으로 포스트모더니즘이 부정하는 가치나 진리, 종교나 신에 대한, 이미 죽어버린 궁극적 관심을 진정한 차원에서 부활시키려는 포스트모던 문학의 반동적이며 역동적인 성격 속에 있음을 살펴보았다. 비단 이 두 시인의 작품 속에서만 포스트모던 문학의 종교적 성격을 찾을 수 있는 것은 아니다. 씨어도어 레트케(Theodore Roethke)나 존 바스(John Barth)같은 포스트모던 문학의 대표적인 시인이나 소설가 속에서도 우리는 얼마든지 부정을 특징으로 하는 포스트모던 문학의 역설적인 종교적 성격을 확인할 수 있을 것이다. 레트케의 시는 신을 향하고 있지만, 신을 향한 명상을 통하여 그의 자아가 기독교의 원리와 일치하게 된다든가 그렇게 함으로써 구원이나 행복을 얻게 된다든가 하는 차원의 지향은 아니다. 그는 신에 대한 찬미가를 쓰지도 않았고, 그리스도의 삶과 죄에 대한 명상도, 육체와 영혼에 대한 신학적 탐구도 하지 않는다. 그럼에도 불구하고 레트케의 관심은 틸리히가 말하는 궁극적인 것에 대한 관심이며 종교적 관심이다(Foster 21-22). 표면상 그의 시는 부정적 성격을 가지고 있지 않은 것처럼 보이지만 자아에 대한 그의 끊임없는 진지한 탐구는 먼저 자신 밖의 사회나 국가 그리고 인간들에 대한 불신과 부정에서 시작되고 있다는 것을 우리는 알아야 한다. 미국의 대표적 포스트모던 소설가인 존 바스(John Barth)도 그의 대표작 『연초 도매상』(*The Sot-Weed Factor*) 등에 나타나는 역사에 대한 회의와 불신을 통하여 그의 현실에 대한 부정의 정신을 진지하게 드러내고 있으나, 그의 작품에 나타나는 기존의 가치나 제도에 대한 회의나 부정은 그 자체가 목적이 아닌 것이 분명하다. 하롤도 파월(Harold Farwell)은 『죠지아 리뷰』(*The Georgia Review*)에 발표한 논문 "존 바스의 끈질긴 긍정: "부조리하고 끝없는 사랑의 가능성"(John Barth's Tenuous Affirmation : "The Absurd, Unending Possibility of Love") 속에서 존 바스가 글을 쓰는 목적에 대한 논의의 필요성을 제안하면서, 바스의 작품에 가장 자주 등장하는 주제의 예로 사랑의 다의성을 거론하고 있는데, 그는 바스의 작품 속에서 사랑의 주제에 대한 사고의 지속성(consistency) 뿐 아니라 사랑의 가능성에 대한 점증하는 긍정을 발견하고 있다고 말하고 있다(Farwell 55-56). 바스가 작품을 쓰는 목표에 대한 이러한 평가는, 그의 작품에 나타나는 허무를 통한 부정의 성격이 인간의 지속적 궁극적 관심으로서의 사랑과 깊이 관련되어 있음을 짐작하게 해주며, 이 주제가 순수한 종교[10]의 진정한 목표임을 감안할 때, 그의 작품에 나타난 회의나 부정이 더 높은 궁극의 것에 도달하기 위한 수단이나 과정이었음을 확인할 수 있게 하는 것이다.

그러나 여기서 우리가 간과해서는 안될 것은 포스트모던 문학이 포스트모던 철학이나 포스트모던 사회학, 포스트모던 정치학,

포스트모던 페미니즘 등처럼 기존의 진리나 제도, 종교나 신에 대하여 시종여일하게 논리적으로 철저하게 부정적이지는 않다는 것이다. 왜냐하면 문학이란 근본적으로 감정의 표현이기 때문에 논리를 통해서가 아니라 인간의 정신의 현실을 은유와 상징, 일련의 사건이나 상황들의 예술적 형상화를 통하여 느끼게 함으로써 그 시대가 추구해야 할 궁극적 관심을 간접적으로 전달하기 때문이다. 이러한 문학의 성격 때문에 포스트모던 문학의 종교적 성격도 포스트모던 문학의 표면에 드러나는 부정적 사건이나 상황, 인간의 자아의 내면에서 일어나는 스스로에 대한 부정등을 통하여 간접적으로 느껴질 수 밖에 없는 성질의 것이다. 그러나 어떤 의미에서 이 간접적 성격 때문에 더 오랫동안 더 커다란 영향을 우리의 정신에 끼칠 수도 있다.

테일러 교수는 데리다가 자신의 해체론이 부정의 신학이 아니라고, 가능한 한 오래, 피할 수 없게 될 때까지 주장하리라고 말한다(39). 그러나 데리다의 부정은 그가 고백한 것처럼 그 자신이 '부정의 신학'에 항상 매혹되어 왔기 때문에(Derrida 12) 그리고 그 자신이 언젠가 직접 '부정의 신학'이 존재한다는 가정하에 '부정의 신학'에 대하여 설명해야 하리라고 말하고 있기 때문에(12), 그의 부정은 완전한 것이 되지는 못한다. 아무도 완전히 이해 할 수 없으면서도 결코 피할 수 없는 신의 존재에 대한 질문처럼 진리나 중심가치에 대한 인간의 궁극적 관심도 결코 피할 수 없는 것이기 때문이다.

제2장
현대문학에 나타난 부정의 신학의 자장

I

저명한 포스트모던 신학자인 테일러 교수는 그의 저서 『부정들』(*Nots*)의 서문에서 부정의 성격에 대하여 다음과 같이 말하고 있다.

> 부정(the not)의 문제는 신학이나 철학 또는 예술보다 훨씬 오래된 것이다. 그것은 생각자체보다도 오래된 것이다. 왜냐하면 '생각하지 않음'이 이미 있지 않았다면 '생각하는 것'은 불가능하기 때문이다. 무념은 그러나 그저 생각하지 않는 것은 아니다. 포착하기 어려운 부정의 복잡성은 생각이 스스로에게 굽어 돌아와 재귀의(reflexive) 것이 될 때 생각되어질 수 있을 뿐인 것이다. 생각이 충분히 한 바퀴를 돌아 이루어지도록 의도된, 이 내적 선회를 통하여, 사고는 그것이 이해할 수 없는 어떤 것을 간접적으로 추구함으로써 무심결에 스스로를 드러낸다. 어떤 의미에서, 부정은 생각할 수 없는 것이다. 그러나 우리는 항상 피할 수 없이 부정의 사고

> 를 한다. 그러므로 부정의 문제는 우리가 생각할 수도 생각하지 않을 수도 없는 생각할 수 없는 것의 문제이다. . . . 부정의 사고를 한다는 것은 어떤 부정을 가지고 망설이는 것이다. 이때의 부정은 결코 부정할 수는 없으나 단순히 부정적인 것만은 아니다(Taylor 1).

부정의 사고는 어떤 생각을 먼저 충분히 한 뒤에 스스로 그것을 반추하는 과정에서 생길 수 있는 성질의 사고이다. 그것은 생각하지 않으려해도 저절로 생기는 피할 수 없는 성질의 것이며, 끊임없이 반복되는 부정의 성격상 어떤 결론에 도달할 수 없다는 의미에서 '생각할 수 없는(unthinkable)' 것이기도 하다. 그러나 부정의 가장 중요한 성격은, 그것이 단순히 부정적인 것만이 아니기 때문에 부정으로 끝내버릴 수가 없다는 것이다. 부정의 신학에서 신학자들은 유한한 인간의 언어로 적절하게 표현될 수 없는 신의 존재성을 불변적, 불가분적, 불측량적, 불멸적, 비육체적, 비가시적, 비의존적 등의 부정적 형용사로 표현하고 있는데, 이러한 신의 존재의 부정적 성격은, 단순히 부정적인 것만으로 결론지어질 수 없는 더 높고 더 깊으며 더 넓은 그러나 온전히 언어로는 표현될 수 없는 무한한 포괄성을 지니는 것이다.

'부정의 신학(negative theology)'은 "신적인 것이 아닌 것(what God is not)"을 말함으로써 신에 대하여 말하는 신학(Borgman, 104-105)이다. 더 간결하게 말하면 신을 부정적 언어로 표현함으로써 신의 존재를 강조하는 신학이다. 부정의 신학은 물론 신의 부재를 증명하려는 신학은 아니다. 부정의 신학은 신의 숨어 있음, 더 적절하게 말하면, 네덜란드의 신학자 미스코트(Kornelis Heiko Miskotte)가 표현한 것처럼, '존재하지 않는 존재로서의 신의 현전(God's presence as the presence of an absence)'(48)에 대하여 말하는 신학이다. 부정의 신학은 신을 강하고 철저하게 부정함으로써 반사적으로 신의 존재를 드러내려는 신학이다.

포스트모던 신학자인 테일러 교수는 20세기 후반에 포스트모더니즘의 중심철학인 포스트 구조주의가 출현하면서 소위 '부정의 신학'의 부활에 불이 당겨졌다고 말한다. 테일러 교수는 포스트 구조주의의 가장 중요한 철학자인 데리다가 해체론이 부정의 신학이 아니라고 계속 주장하지만, 비평가나 지지자들은 계속 데리다의 비평전략을 부정의 신학과 비교하는 시도를 하고 있으며, 데리다의 비평적 논의를 세밀하게 분석해 보면 부정의 신학과의 관계가 단순히 부정적인 것만이 아닌 것이 은연중에 드러난다고 주장한다. 고전적 부정의 신학이 철저하게 존재론에 머물러 있다고 주장하면서도, 데리다의 해체론적 분석은, 신을 생각하지 않는 것을 거절하지 않음으로써 곧 신을 부정함으로써 다른 방식으로 신을 생각할 수 있는 가능성을 열어주는, 부정의 신학의 대안적 읽기를 암시하고 있다는 것이다(3).

유명한 포스트모던 철학자이며 펜실베니아의 빌라노바(Villanova) 대학의 교수인 존 카푸토(John D. Caputo)도 그의 역저 『자크 데리다의 기도와 눈물: 종교 없는 종교』(*The Prayers and Tears of Jacques Derrida: Religion without Religion*)에서 포스트모더니즘의 신의 부정이 신의 존재에 대한 깊은 갈망의 역설적 표현이거나 아니면 부정을 통하여 신의 존재를 강조하는 부정의 신학의 측면을 초기에서부터 계속 지녀왔다고 주장한다(Caputpo xxiv). 카푸토의 이 역저에 적극적으로 호응하여 쓰인 10여 명의 학자들의 논문을 모아 『종교 있는/없는 종교: 존 D. 카푸토의 기도와 눈물』(*Religion with/out Religion: The Prayers and Tears of John Caputo*)이라는 편저를 내놓고 있는 올두이즈(James H. Olthuis) 교수도, 비평가들에 의하여 허무적이고 상대적이며 주관적이고 반종교적인 것으로 알려진 데리다의 해체론이 카푸토의 『자크 데리다의 기도와 눈물』을 통하여 온전히 다른 것으로 바뀌어 버렸다고 말한다. 카푸토 교수의 이 저서에 대하여 데리다는 '자기가 읽혀지기를 바라는 방식으로 카푸토 교수가 자기를 읽었다'는 반응을 보였다. 데리다의 이러한 반응에 대하여 카푸토는 데리다가 자신의 해체론이 긍정적으로 읽혀지는 것을 평가하고 있다고 해석하면서, "데리다는 해체론이 부도덕한 상대주의나 무정부주의가 아니라는 것을 명백하게 밝히기를 원하고 있다"고 부언하고 있다("존 D. 카푸토와의 인터뷰", Olthuis 150-179).

해체론과 데리다 그리고 부정의 신학과의 관계에 대한 이러한 분석은 현대의 포스트모더니즘과 신학, 그리고 포스트모더니즘의 정신의 영향을 직접적으로 또는 간접적으로 받으면서 창조된 포스트모던 시대에 쓰인 문학과 신학의 관계에 대하여 많은 것을 시사해 준다. 기존의 이성에 근거한 중심가치나 권위화된 제도에 대한, 더 물러설 수 없는 강력한 부정의 정신을 지닌 포스트모더니즘 시대에 쓰인 문학은, 데리다의 포스트 구조주의가 지닌 '부정의 신학'의 사고의 경향을 반영하지 않을 수 없으리라는 것이다. 곧 진부하고 경직화되어 인간들에게 아무런 의미를 주지 못하는 신이나 도덕성, 진리, 이성 등을 강력하고 철두철미하게 부정함으로써 인간이 바라는바 대로의 순결한 진리, 권위화 되지 않은 순결한 신, 인간의 무지를 깨우쳐 주던 부작용 없는 이성을 반사적으로 강조하여 다시 우리가 원하는 모습으로 재생시키고 싶은 정신의 성격이나 사고의 경향을 작품의 밑바닥에 깔고 있지 않을 수 없으리라는 것이다.

기존의 제도나 중심가치, 그리고 그것에 기반을 두고 확립되고 강제되는 '진리'나 이 진리에 강제적인 권위나 힘을 실어주기 위해 교묘하게 조작된 신 등을 철저하고 강력하게 부인하면서도, 궁극적으로는 진정한 의미의 가치나 진리에 대한 절실한 갈망을 현대의 포스트모던 문학은 지니고 있다는 것이다. 그리고 포스트모던 문학의 이러한 성격은 작품들의 표면에 직접적으로 또는 표면에 드러나지 않게 간접적으로 베어 있는 기존의 지배적 가치나 제도, 종교 등의 엄청난 권위에 대한 용감한 저항과 극렬한 부정 속에 적나라하고 끈질기게 드러나고 있는 것으로 보이는 것이다.

필자는 포스트모던 문학에 나타난 이러한 부정의 신학적 경향을 비단 20세기 후반의 포스트모더니즘 시대뿐 아니라 그 이전의 현대문학 작품들, 그 중에서도 현대 시들 속에서 뚜렷하게 발견할 수 있다는 사실에 주목하고자 한다. 20세기 초의 T. S. 엘리엇의 시 속에서는 4월의 아름다움조차 부정의 대상이다. 삶에 대한 회의와 부정이 얼마나 깊었으면, 시인에게 눈부신 신록의 4월이 가장 잔인한 달이 되었을 것인가? 세계 제1차 대전을 정점으로 하는 3년 동안, 에즈라 파운드는 자기시대와의 불화 속에, 죽은 시 예술을 부활시키려 노력하였으나, 그것은 "처음부터 틀린 일(Wrong from the start)"이었다, 시대에 대한 그들의 부정과 반항은 그들이 조국을 떠남으로써 절정에 달한다.

필자가 '부정의 신학의 자장'에 주목하는 것은 현대문학에 나타난 부정의 신학적 경향이 드러내는 강력한 부정이나 회의 그리고 절망의 저변에 흐르는 진정한 목표가, 근본적으로 작품의 표면에 나타난 부정이나 회의 그리고 절망 자체가 아니라 부정되기 이전의 순결한 인간 내면의 확인과 재생이라는 사실 때문이다. 부정의 신학적 경향을 보여주는 작가들의 저술의 목표는 어떤 의미에서 의도적으로 오염되고 악용된 진리의 회복이었으며, 그들의 삶은 이 진정한 가치의 복원을 위한 피나는 투쟁이었던 것이다.

필자는 이러한 포스트모던 문학이나 현대문학에 나타난 '부정의 신학'의 정신을 확인하기 위하여, 부정의 신학의 방법론을 긍정적으로 확대하여, '부정의 신학'이란 말을, 기존의 정치, 경제, 사회, 문화의 개념이나 가치 또는 신조에 대하여 비판하고 반항하며, 그것들의 정당성에 대하여 의문을 제기하고 그것들의 부당성이나 오류를 폭로함으로써, 결과적으로 더 진정하고 순수한 개념이나 가치를 탐구하려는 정신의 경향이나 지향을 포괄적으로 의미하는 일반적인 말로 사용하려 한다. 따라서 '부정의 신학의 자장'이란 말은 부정의 신학의 정신의 경향이나 지향의 힘이 작용하는 범위를 의미하며, 이 논문은 바로 이 범위에 포함되는 문학작품에 대한 고찰을 통하여, 현대문학에 나타난 부정의 신학의 간접적 영향을 조명해 보려하는 것이다.

II

T. S. 엘리엇의 시와 시극의 비밀을 푸는 열쇠로서, 일관되게 엘리엇의 시작품을 관통하고 있는 '부정의 방법(negative way)'에 착안하여, 독특한 방식으로 엘리엇의 시와 시극을 해석해 낸 헤이(Eloise Knapp Hay) 교수는, "엘리엇이야말로 시의 새로운 영역으로서 부정(negativity)의 황무지를 개척한 최초의 영국시인이었다"

(Hay 11)고 말하고 있는데, 1920년에 단테에 관하여 쓴 엘리엇의 논문은 엘리엇이 최초로 단테에게 강하게 매료된 것은 이 가장 긍정적인 시인이 가지고 있는 부정적 측면 — 예를 들면 신곡에 나타난 부정적 감정들을 질서지우는 힘 — 이었다는 것을 보여주고 있다(11-12). 헤이 교수는 엘리엇이 이 부정의 '더 끈질긴' 호소력 때문에, 더 새로운 시안들의 영향아래 시 쓰기를 시작했다고 말하면서, 그 증거로서 1951년에 엘리엇이 단테에 관하여 마지막으로 쓴 논문의 일부를 인용하고 있다.

> 주르 라포르그(Jules Larforgue)는 . . . 나에게 내 자신의 언어의 어법의 시적 가능성을 가르쳐 준 최초의 시인이었다. . . . 보들레르로 부터는, 내 모국어로 시를 쓴 어떤 시인도 개발한 적이 없는, 현대의 대도시의 더 추악한 현상들의 시적 가능성이나, 사실적인 것과 주마등같은 환영(幻影) 사이의 혼융의 가능성 등의 선례를 배웠다. . . . 라포르그에게서와 마찬가지로 그에게서 나는, 한 젊은이가 가지는 종류의 경험, 내가 산업도시에서 가졌던 종류의 경험이 시의 소재가 될 수 있으리라는 것을 배웠다. 그리고 새로운 시의 근원은 지금까지 시의 소재로써 불가능한 것, 불모의 것, 다루기 어렵게 비시적인 것으로 여겨져 왔던 것들 속에서 발견될 수 있으리라는 것을 배웠다(Eliot 1965, 126).

'현대의 대도시의 추악한 현상들,' 공장들이 빽빽이 들어선 산업도시에서 젊은이들이 가지는 부정적이거나 삭막한 경험들은, 실제의 삶에서는 여러 사람 앞에서 공개적으로 말하기 어려운, 말했을 경우 질책같은 부정적 반응을 받을 수밖에 없는 내용들이다. 그리고 그러한 내용들이 시로 대표되는 글로 씌어졌을 경우, 두고두고 비난의 표적이 될 수밖에 없는, 사회적으로는 표현금지의 딱지가 붙는 내용들이다. 이러한, 시의 소재로서는 불가능한 것, 비시적인 것들 속에서 새로운 시의 근원을 찾을 수밖에 없으리라는 결론 속에는, 과거의 소재들 곧 아름답고 우아하며 달콤한 긍정적 언어들 속에서 시가 추구하는 아름다움을 찾아낼 수밖에 없었던 시인 엘리엇의 예술적 고뇌가 깔려있다.

비평가들은 엘리엇 이전의 미국의 작가들이, 그들이 미국인이라는 바로 그 조건 때문에, '파괴적으로,' '부정적으로,' 글을 쓰는 경향이 있었다고 말하는 데, 밀러(J. Hillis Miller)는 이러한 경향이 인간의 구조와 제도를 공격하는 구약성서(Old Testament)로부터 물려받은 청교도 유산의 표시라고 말한다(Hay 2). 그러나 이러한 경향은 더 가깝게는 진부한 제도와 관습에 찌든 구대륙을 박차고 뛰쳐나와 신대륙 아메리카에 둥지를 튼 지식인들의 일반적 경향으로 해석해 볼 수도 있을 것이다. 고답적인 전통과 문화 속에서 순치되고 다듬어져 사회적으로 무리없이 수용되는 긍정적 언어들은 그 진부성 때문에 예술의 아름다움의 중요한 요소인 새로움이나 경이의 느낌을 자아낼 수 없는 것이다.

부정으로 기운 엘리엇의 사고를 끌어가는 또 하나의 힘은 하버드대학 시절 그의 연구에 영향을 준 독일의 철학적 전통이다. 이 전통은 에머슨으로 시작되는 미국의 문학유산에 영향을 끼쳐왔었다. 엘리엇보다 11년 뒤에 태어났던 하이데거(Martin Heidegger)는 독일 관념론이 실재(Being)를 항상 초월적인 것으로 보고, 부정(negation)이 신의 실재 속에서 파악되어지는 것으로 생각하는 유일한 현대철학이라고 믿었다.[1] 그는 일찍이 가톨릭 신학에 대한 믿음을 포기하였는데, 그것은 그가 실재에 대한 긍정적 개념을 이해하기를 주장하는 형이상학을 거절하고, 그가 "무(無) 속의 실재

(Being in Nothing)"[2]에 대한 경험이라고 기술한 형이상학적 관점으로 돌아섰기 때문이었다. 우리들 자신의 시대를 포함하여 역사의 여러 시기에서 느껴지는 "실재의 철수(withdrawal of Being)"에 의해 야기된 공포와 불안을 설명하면서, 하이데거는 무에 직면하여 나타나는 불안의 현상은, 기독교 신학자들 특히 성 어거스틴(St. Augustine)이나 루터(Luther), 파스칼(Pascal) 그리고 키르케고어(Kierkegaard) 속에서 먼저 중심적 관심이 되었었다고 언급하고 있다. 엘리엇과 하이데거는, 하이데거가 "[무의] 심연에 대한 공포에 우리를 조율시키는 소리없는 목소리"[3]라고 부른 것을 들으면서 그들의 주요작품을 시작하고 있었다(Hay 3-4).

더구나 미국인이었던 엘리엇은 미국인이라는 그 조건 때문에 관념론을 포함한 모든 학문체계에 대하여 유달리 회의적인 접근을 하고 있었다. 에머슨처럼, 다른 사람들의 학문체계가 주는 압력을 느끼면서, 엘리엇은 자기 자신의 체계를 만들려 하지 않았다. 체계가 없는 자아는 모든 방향에서 자아의 절멸(annihilation)을 추구한다. 왜냐하면 모든 개체는 개체 혼자만으로는 무의미하게 되기 때문이다. 바로 여기서 엘리엇은 브래들리(F. H. Bradley)에 대한 그의 박사학위 논문에 등장하는 자아를 발견하게 되며, 그가 철학 속에서 자신의 딜레마를 분석하기를 그만두고, 결연히 시 속에 그 딜레마를 표출하기 시작하는 것도 바로 이 지점이다(Hay 16).

'무의 심연에 대한 공포'와 불안에 쌓인, 논리정연한 사고의 체계를 거부한 자아의 딜레마는 그의 초기시 '프루프록의 연가(The Love Song of J. Alfred Prufrock)' 속에 효과적으로 드러나 있다. 이 시는 첫 부분부터 부정의 이미지들로 가득 차 있다. '에테르로 마취된 환자', '반쯤 인적이 끊긴 거리', '헐직한 일박여관', '잠 못 이루는 밤', '굴껍질과 톱밥이 흩어진 식당', '음흉한 의도에서 나오는 진저리나는 시비처럼 내닫는 거리' 등의 이미지는 처음부터 이 시가 부정의 정서 속에서 쓰인 시임을 알 수 있게 한다. 안개의 이미지를 통하여 간접적으로 표출된 이 시의 주인공의 정신의 행보는 이 시가 부정의 정신에서 시작되고 끝나리라는 중요한 단서를 제공한다.

유리창에 등을 비비는 노오란 안개,
유리창에 주둥이를 비비는 연기는,
저녁의 구석구석을 혓바닥으로 핥고는,
수채에 괴인 웅덩이에서 서성이다가,
굴뚝에서 떨어지는 검뎅이를 등에 쓰고,
테라스로 미끄러 내려와 훌쩍 뛰어내려,
폭신한 시월달 밤인 줄 알고는
한바퀴 집을 돌고는, 잠이 들었다.

The yellow fog that rubs its back upon the window-panes,
The yellow smoke that rubs its muzzle on the window-panes,
Licked its tongue into the corners of the evening,
Lingered upon the pools that stand in drains,
Let fall upon its back the soot that falls from chimneys,
Slipped by the terrace, made a sudden leap,
And seeing that it was a soft October night,
Curled once about the house, and fell asleep.

이 시가 실제의 삶의 풍경이 아니라 주인공의 환영 속에 나타나는 의식의 풍경이라는 사실은 안개의 이미지 앞에 붙은 형용사

'yellow'를 통하여 뚜렷이 드러난다. 실제의 안개의 색깔과는 다른 노란색은 어떤 뚜렷한 지향이 없이 세상의 바람에 따라 자신을 맡기고 있는 주인공의 몽롱한 의식 세계를 보여주기에 적합한 색깔이다. 주인공의 의식은 유리 창문에 등을 비비다가 어두운 저녁의 구석구석을 혀로 핥다가, 수채 속에 괴인 웅덩이 위를 서성거리다가 굴뚝에서 떨어진 검댕이를 뒤집어쓰고 미끌어 내려가 잠에 떨어진다. 안개나 연기가 훑고 지나가는 '저녁의 구석구석'이나 '수채 속에 괴인 웅덩이' 또는 '굴뚝에서 떨어진 검댕이' 등의 부정의 이미지들은 이 시의 주인공의 의식이 통과하고 있는 어둡고 더러우며 그래서 두려운 느낌을 주는 세계를 암시해주고 있다. 이 작품의 주인공의 의식은 걷힌 안개 속에 깨어나는 것이 아니라, 집 둘레 곧 자신의 의식의 둘레를 한바퀴 돌아, 잠이 들어버린다. 이 시의 마지막에서 주인공은 그의 백일몽 속에서 그에게 생기를 주는 바다처녀들의 방에서 유영하다가 인간의 목소리에 깨어, 환상과 환영의 세계가 아닌 메마른 현실의 세계 속에 익사하고 만다. 이 시의 주인공은 현실의 실제의 삶을 견딜 수 없다. 그래서 항상 안개의 이미지가 상징하는 몽롱한 환영 속에서만 안전하다. 그러나 인간이 항상 환영이나 백일몽 속에서만 살 수는 없는 것이다. 그는 항상 삶의 엄연한 현실 속으로 돌아와야 한다. 하지만 실제의 삶의 현실은 이 시와 주인공에겐 죽음과 같다. 항상 백일몽 속에 빠져있을 수도 없고, 그렇다고 자신없는 삶의 현실 속에 돌아오기는 너무나 두려운 주인공의 딜레마는, 자신에게 설레이는 사랑의 감정을 불러일으키는 여인들의 방 — 이 방은 이 시의 주인공에겐 삶의 현실이다 — 에 가고 싶으나, 자신이 없어 계속 두려워하며 망설이고 있는 중년의 주인공을 통하여 효과적으로 드러난다.

주인공 프루푸록의 가장 두드러진 특질은 망설임이다. 그의 의식은 감히 우주를 뒤흔들어 볼까하는 거대한 야심에 사로잡히기도 하고, 선지자 세례 요한처럼 자신의 모든 것을 던져 왕의 잘못을 질타하며 나라의 정의를 바로 세우려할 만큼 강직하기도 하고, 햄릿왕자처럼 죽은 부친의 원한을 풀어주기 위하여 죽느냐 사느냐의 고뇌에 사로잡히기도 하지만, 대부분의 순간 그는 '자신의 인생을 커피스푼으로 되질할' 만큼 소심한 삶을 사는 평범한 인간이다. 그는 삶의 시소한 도덕적, 사회적 관습이나 규정에 매어, 마치 핀에 꽂혀 벽에서 퍼덕거리는 벌레처럼 허우적이기도 하고, 여성의 옷에서 풍겨나는 향수에 취하여 정신이 혼미해지기도 하며, 임금님의 행차를 흥청거리게 하기 위하여 한 두 장면에 나타나 광대노릇을 하며 우스갯거리가 되는 실없는 바보이다. 그는 인간이 보여줄 수 있는 모든 위대함과 사소함 사이에서 끝없이 흔들리며 방황하고 망설인다. 그의 망설임의 주된 원인은 모든 일에 그가 자신이 없기 때문이다. 그는 인간의 의식이 허락하는, 인간에게 가능한 모든 일을 경험하였고 그러한 일들의 경중을 일일이 가늠해 보았으나, 실패와 성공의 모든 과정을 거친 뒤에, 어느 순간, 어떤 일의 가치를 판단하는 기준에 혼란을 느끼고, 그 순간 모든 일에 자신감을 상실한 것이다. 그 순간, 잘 알고 있는지 확인할 수 없는 위대한 예술가 미켈란젤로를 들먹이며 스스로의 허영을 채우고 있는 여인네들을 방문하는 일로 상징되는 사소한 일들조차도 그에겐 압도적인 문제(overwhelming question)가 되어 그의 의식을 압박하고 혼란시키기 때문에 그는 자신감을 잃고 계속 '감히 해 볼까?'를 되풀이하며 망설일 수밖에 없는 것이다. 그의 의식이 이렇게 망설일 수밖에 없는 이유를 짐작할 수 있다 해도 이 작품의 주인공의 망설임은 정상의 상태를 넘어서는 과잉의 상태를 보여준다. 이것은 그가 자신의 근본을 흔들어버리는 무섭고 떨리는 경험, 하이데거가 경험했던 '무의 심연'을 들여다보았거나, '실재(Being)의 철수' 곧 인간의 정신의 흔들림을 중심에서 지탱해 주던 자신의 신을 잃어버리는 중대한 경험을 그가 치러냈다는 것을 의미한다. 이러한 경험 뒤에 인간이 갖게 되는 것은 설명하기 어려운 공포와 두려움이다. 그래서 주인공은 "요컨대, 나는 두려웠다(And in short. I was afraid)"고 고백하고 있다. 이러한 의식의 절망을 경험한 인간에게 '압도적인 문제'를 풀 고비(crisis)를 넘길 무슨 힘이 남아있겠는가? 자신을 회복하기 위해 울고 금식하고, 울고 기도한다 해도, 주인공은 이제 예언자가 될 힘을 다시 찾을 수 없으며, 그래서 그는 이제 자조적으로, 자신이 예언자가 못 된다 해도 아무 문제가 없다고 중얼거리기까지 한다.

> 차와 과자와 얼음을 먹은 다음,
> 내가 그 순간을 위기로 몰아붙일 힘이 있을까?
> 하지만 나는 울고 금식하고, 울고 기도했지만,
> (약간 벗겨진) 내 머리가 쟁반 위에 놓여 들어오는 것을 보았지만,
> 나는 예언자가 아니다 — 그게 어떻단 말인가.
> 나는 내 위대한 순간이 가물거림을 보았고,
> 영원한 하인이 내 코트를 잡고, 킬킬거리는 것을 보았지만,
> 결국 나는 두려웠던 것이다.

> Should I, after tea and cakes and ices,
> Have the strength to force the moment to its crisis?
> But though I have wept and fasted. wept and prayed,

Though I have seen my head(grown slightly bald) brought in upon
    a platter,
I am no prophet — and here's no great matter;
I have seen the moment of my greatness flicker,
And I have seen the eternal Footman hold my coat, and snicker,
And in short, I was afraid.

어떤 가치를 추구하거나 가슴 속에 어떤 이상을 품고 있을 때, 우리는 같은 가치나 이상을 지닌 동료 인간들과 가슴을 열어놓고 열정을 다하여 대화를 나눌 수 있으며 서로 사이에 공감을 만끽할 수 있다. 그러나 그러한 모든 것들을 잃어버린 절망의 시대에 서로를 연결하고 묶어 줄 대화는 불가능하다. 이제 이 작품의 주인공이 할 수 있는 일은 유행에 따라 바지의 밑단을 걷어 올리거나 머리를 뒤에서 갈라보는 일 정도일 뿐이다. 그는 이제 셔츠바람으로 창가에 기대서서 파이프 연기를 피어올리고 있는 외로운 사내일 뿐인 것이다. 그가 외롭지 않고 행복할 수 있는 순간은 실제의 삶의 현실 속에 있는 것이 아니고, 그를 향해 노래하리라고는 생각할 수 없는 인어들의 노래를 듣는 순간이며, 백일몽 속에서 해초를 몸에 두른 바다소녀들과 노니는 순간 뿐이다.

이러한 주인공의 의식의 상황은, 행복하거나 불행한 실존의 현장에서 기쁘거나 또는 슬프게 또는 이 두 감정을 함께 가슴속에 어우르며 살아야 할 정상적인 인간의 삶의 기준에서 보면, 긍정적인 것은 아니다. 그것은 아무리 눈을 감고 보아도 부정적인 의식의 상황이다. 우리는 아무도 그러한 의식의 상황 속에 살고 싶지 않다. 이러한 상황은, 그러나, 우리의 삶의 진실의 일단을 보여주고 있으며, 시인이 어렴프시 그러나 절실한 느낌을 갖도록 보여준이 세계는 우리의 의식 속에 공감과 함께 오래 남아 동일한 의식의 세계를 사는 동료인간에 대한 동정을 갖게 하며, 이 동정은 우리가 서로를 사랑해야 되겠다고 생각하게 하는 힘의 무의식적 바탕이 된다. 시인은 부정적 의식의 상황을 통하여 더욱 끈질기게 우리의 감정을 사로잡고, 과거에 긍정적 이미지와 상황을 통하여 인간을 감동시킴으로써 자극했던 인간의 사랑의 감정을 유발시키고 있는 것이다.

'어느 부인의 초상(Portrait of a Lady)'에서도 엘리엇은 계속 서로 어긋나는 감정을 토로하는 나이 든 여인과 청년과의 대화에 대한 묘사를 통하여 부정적인 인간관계를 표출하고 있다. 어둑한 방에 네 개의 촛불까지 켜고 여인이 청년을 위해 마련한 어느 12월 오후의 안개 낀 오후의 분위기는, 이러한 자리를 마련한 여인의 의도를 짐작하기에 부족함이 없다. 그러나 이 시의 첫 부분에 나타난 '줄리엣의 무덤의 분위기(an atmosphere of Juliet's tomb)'라는 표현이 불러일으키는 복합적 감정은 두 사람의 관계가 긍정적으로 이해되기 어려운 상황 속에 있음을 보여준다. 여인의 입장에서 '줄리엣의 무덤의 분위기'가 의미하는 것은 셰익스피어의 로미오와 줄리엣(*Romeo and Juliet*) 속에서 로미오를 위하여는 목숨의 위험까지도 기꺼이 감수하는 줄리엣의 뜨거운 사랑의 감정의 암시일 수 있다. 그러나 다른 한편 이 장면은 약의 효과에 의해 잠시 죽은 것 같은 상태에 있을 뿐인 줄리엣의 깊은 수면상태를 실제의 죽음으로 착각하고 스스로 목숨을 끊는 로미오와, 죽음 같은 긴 잠에서 깨어나 로미오가 죽은 것을 보고 절망하여 로미오가 자살한 칼로 자신의 가슴을 찔러 죽는 줄리엣 사이의 치명적인 오해를 상기시킴으로써, 이 작품 속의 여인과 청년 사이의 관계의 부정적인 결말에 대한 암시로 읽힐 수도 있는 것이다.

감상적인 쇼팽의 음악이 흐르는 가운데, '우정을 살리는 미덕을 지니고 있으며 그것을 남에게 주는 친구'라는 암시를 통하여 청년에 대한 호감을 드러내는 여인의 목소리는 청년에게는 '제 멋대로 올려대는 둔한 목소리'이며 '변덕스럽고 단조로운, 최소한 분명히 틀린 곡조'일 뿐이다. 그러나 청년의 마음이 온전히 평안한 것만은 아니다. 이 시의 두 번째 부분의 말미에서 '피아노가 되풀이 하는 낡은 유행가와, 히아신스꽃의 향기를 통해 다른 사람들이 갈망하는 욕망을 회상하는 순간' 그는 자신의 태도가 바른지 그른 지에 대하여 의문을 갖게 되며, 해외여행을 빌미로 그녀와 작별하기 위한 방문의 시간에는, 그녀의 집요하고 끈질긴 애정의 표현에 당황하여, 곰이나 앵무새 또는 원숭이 등의 동물의 가면 속에 자신의 감정을 감추려 한다. 그녀가 죽었을 때를 상상하는 마지막 장면에서 두 사람 사이의 팽팽한 긴장은, 청년이 지금까지와는 달리 자신의 행동과 감정에 대하여 회의를 드러내면서, 두 사람 중 누가 현명하고 유리한 지에 대한 결말을 유보한 채로 끝이 나지만, 독자들이 분명히 알 수 있는 것은, '친구들 모두가 잘 어울리리라 생각한' 두 남녀의 관계가 긍정적 상황으로 발전되지 못하고, 서로 어긋나는 감정의 평행선 속에 부정적 결말로 끝이 나고 있다는 것이다.

'프루프록의 연가'를 비롯한 엘리엇의 초기시들은 '더러운 쓰레기조각들', '김빠진 맥주의 희미한 냄새', '죽은 제라늄', '공장마당의 부서진 용수', '지하실 부엌들', '하녀들의 습습한 영혼들' 등의 부정적 이미지들로 가득하며, 이러한 부정적 이미지들은 다양한 부정적 상황들로 확대되면서 그의 초기 시의 부정적 분위기를 형성한다. 이러한 분위기는 '게런티언(Gerontion)'이나 '황무지(The Waste Land)', '텅 빈 사람들(The Hollow Men)' 같은 더 심화된 부정적 정황을 다룬 시들로 확대되며, '성회 수요일(The Ash Wednesday)'과 '네 개의 사중주(Four Quartets)' 같은 종교적 시들을 통하여 그 깊이와 강도를 더하면서 후기의 시극에 이른다.

기독교 신비주의의 '부정의 방법'을 극단으로 실천하고 있는 주인공들을 통하여 문학 속에서 삶의 부정의 방식의 극치를 보여주는 엘리엇의 시국들은, 삶 속에서 개인의 평안과 행복을 추구하는 보통의 삶의 방식과는 전혀 다른 자기부정과 자기방기 곧 자기회생의 방식이 궁극적으로는 인간이 지상에서 끝내 획득하지 못하는 진정한 행복을 얻기 위한 중요한 방법임을 우리에게 보여준다. "신이 아닌 모든 것들에 대한 사랑으로 부터 영혼을 분리시킴으로써 신에 도달할 수 있을 것"(C. Smith 157) 이라는 믿음에 기초를 둔 기독교 신비주의의 부정의 방법은 『칵테일 파티』(*The Cocktail Party*)에 등장하는 의사 라일리(Reilly)에 의하여 사랑의 두 번째 방법으로써 다음과 같이 제시된다.

> 첫 번째 방법은 내가 친숙한 말로 성명할 수 있었습니다.
> 왜냐하면 우리가 모두 보았듯이, 당신도 그것을 보았고,
> 우리 주변의 사람들의 삶 속에, 다소, 설명되어 있기 때문입니다.
> 두 번째 방법은 알려져 있지 않습니다. 그래서 신앙을 요구하죠 —
> 절망에서 우러나오는 종류의 신앙말입니다.
> 종착점은 설명할 수 없습니다.
> 당신이 거기에 도착할 때까지는 잘 모를 것입니다.
> 당신은 모르는 채로 여행할 것입니다. 그러나 그 길은 당신이
> 잘못된 곳에서 찾아온 것을 소유하도록 이끌어 갈 것입니다.

The first I could describe in familiar terms.
Because you have seen it, as we all have seen it,
Illustrated, more or less, in lives of those about us.
The second is unknown, and so requires faith —
The kind of faith that issues from despair.
The destination cannot be described;
You will know very little until you get there;
You wil journey blind. But the way leads towards possession
Of what you have sought for in the wrong place.

앞부분에서 언급된 첫 번째 방법은 '긍정의 방법(affirmative way)'으로서 『칵테일 파티』 속에서 "일상의 규범에 따라 스스로를 관리하며 /과대하게 기대하지 않는 것을 배우며/자신과 남에 대하여 관대해지며/보통의 행위 속에서 줄 것과 받을 것을/주고 받으며, 후회하지 않는"(2막) 삶의 방식으로 설명된다. 이 방법은 불완전한 것을 부정할 뿐 아니라 그것들과의 단절을 목표로 하는 '부정의 방법'과는 상반되는, 삶의 부정적 측면까지를 불평없이 받아들이는 방식이다. 한편 부정의 방법은 현실의 있는 그대로의 삶에 대하여 절망하고 또 절망한 뒤에, 그 절망이 힘이 되어 생겨난 삶의 방식이다. 물론 이 방법도 삶에서 구하려던 것을 얻으려는 방식이다. 그러나 부정의 방식에 의한 삶은 일상의 규범을 그대로 받아들이는 삶과는 전혀 다른, 그래서 스스로가 종착점에 도달할 때까지는 잘 알 수 없는 방식이다. 하지만 그릇된 곳에서 그릇된 방식으로 찾으려 했던 것을 찾게 해주는 방법이다.

엘리엇의 첫 번째 장막시극인 『대성상의 살인』(*Murder in the Cathedral*)에서 주인공 토마스 베켓은 왕이 임명했던 대법관으로서 세속의 권력과 영광을 마음껏 누린 인물이다. 그러나 그가 대주교에 임명되어 신의 법을 다스리는 임무를 갖게 되자 과감히 세속의 지배자인 왕권에 맞서 교황을 수장으로 한 교회와 신의 법의 우월성을 주장하다 추방된다. 7년 간의 추방 뒤에 신의 양떼들에 대한 목자로서의 사명감을 절감하고 생명의 위험을 무릅쓰고 귀국하는 장면에서부터 이 극은 시작되며, 왕의 사자들이 제시하는 온갖 회유와 협박 그리고 유혹에도 불구하고 결국 그는 권력과 환락이 있는 일상의 삶의 영광을 받아들이지 않고, 신의 목자로서 자기 희생의 길을 택한다. 이 길은 네 번째 유혹자가 제시한 순교의 영광까지도, 그것이 신이나 신의 양들을 위한 것이 아니라, 권력의 영광에 대한 인간의 탐욕의 연장선상에 있는 꿈이기 때문에 그는 거절한다. 그는 자신의 영광을 위해서가 아니라 초자연적인 신의 섭리를 증거하기 위한 신의 도구로서 순교할 것을 결심한다. 이러한 그의 생각은 1막과 2막 사이의 막간의 베켓의 크리스마스 아침의 설교 속에 이렇게 묘사되어 있다.

> 기독교의 순교는 결코 우연한 일이 아닙니다. 왜냐하면 성자들은 우연히 만들어진 것이 아니기 때문입니다. 인간은 인간의 의지나 노력으로 왕이 될 수 있지만 기독교의 순교는 순교자가 되고자 하는 의지의 결과로 이루어지는 것은 아닙니다. 순교는 항상 신의 계획입니다, 왜냐하면 신의 인간에 대한 사랑이 인간들을 훈계하고 이끌어 신의 길로 그들을 되돌아가게 하기 때문입니다. 순교는 결코 인간의 의도는 아닙니다. 왜냐하면 진정한 순교자란 신의 도구가 되어 신 안에서 자신의 뜻을 잃어버린, 아무것도 심지어는 순교자가 되는 영광조차도 자신을 위해서는 바라지 않는 사람인 것입니다.

A Christian martyrdom is never an accident, for Saints are not made by accident. Still less is a Christian martyrdom the effect of a man's will to become a Saint. as a man by willing and contriving may become a ruler of men. A martyrdom is always the design of God. for His love of men, to warn them and to lead them, to bring them back to His ways. It is never the design of men; for the true martyr is he who has become the instrument of God. who has lost his will in the will of God. and who no longer desires anything for himself. not even the glory of being a martyr.

베켓은 신의 섭리와 의지에 따라, 스스로를 위하여는 아무것도 바라지 않고, 신의 도구로서 신의 뜻에 순종한다고 말하지만, 마지막 선택은 결국 지상에서의 자기생명의 주관자인 인간 스스로의 의지에 따라 이루어지는 것이다. 베켓은 권력과 영광을 누리며 살 수 있는 평안한 길을 스스로 포기하고, 그의 교구민들과 신의 사랑의 실현을 위하여 스스로의 목숨을 바치는 부정의 길을 택한다. 죽음은 최고의 고통이며 공포의 대상이다. 그가 이 공포를 극복하고 죽음을 선택하는 것은, 세상에서 실천할 수 있는 긍정의 방법으로는, 그가 간절히 원하는 신의 사랑을 세상에 실현시킬 수 없기 때문이다. 그는 사제들의 만류를 뿌리치고 죽음의 자리에 나아가면서 '고통을 받는 것이 승리의 첩경'이라고 말하며, '우리는 고통을 통해서만 정복할 수 있을 뿐'이라고 외친다.

엘리엇이 그의 후기시 『네 개의 사중주』(Four Quartets)에서 인간의 궁극의 문제에 대한 해답으로 제시하고 있는 것으로 보이는 사랑은 토마스 베켓의 그 가장 고귀한 실천의 행위 속에서 조차도, 그 실체는 죽음이라는 최고의 고통이었다. 수많은 현대의 베켓은 온통 자기를 버리는 사랑의 댓가로 받는 이 고통에 의해 끝없이 죽어간다. 엘리엇의 두 번째 장막시극인 『가족의 재회』(The Family Reunion)의 주인공 헤리(Harry)도 유수한 가문의 장남으로서의 유족하고 평안한 삶 대신에 가족 — 이 가족은 '인간가족'을 상징한다 — 에 내린 저주를 풀기 위하여 속죄를 위한 고행의 길을 떠난다. 그는 '자신이 아직 더렵혀진 채로 있으며', '이 더러움을 벗어나는 유일한 길은 궁극적으로 화합이라는 것'을 안다고 말한다. 더러움은 타락의 결과이며 원죄의 결과이고, 원죄는 본질로부터의 이탈과 소외이며, 이 소외로부터 본질로의 재결합(reunion)이 곧 화합인 것이다. 엘리엇과 동시대의 저명한 종교철학자인 폴 틸리히는 "분리된 것의 재결합을 위한 노력으로서의 사랑은 소외의 반대이며, 이 사랑과 신앙 속에서 죄는 정복된다. 왜냐하면 재결합에 의해 소외는 극복되기 때문이다"(Tillich 1957, 55-56)라고 말하였는데, 이 재결합이야말로 헤리가 극 속에서 말하는 조화의 회복인 '화합'인 것이며, 이 화합이야말로 이 극의 가족이 다시 진정으로 모이는 "the family reunion"이 상징하는 바인 것이다. 바로 이 진정한 화합 곧 사랑을 위하여 헤리는 고통을 정면으로 받아들이는 부정의 길을 선택하는 것이다. 이것은 희생의 길이다. 이 길을 택하는 사람들은 그 과정에서 끊임없이 '표범에게 자기다리와 가슴과 간을 먹힘'('Ash Wednesday', II)으로써 더 큰 우주적 생명을 위하여 자기부정의 모범을 보여준다. 죽음의 전선 속에서 신부복을 입고 죽은 자들의 머리 위에 십자가를 그으며 절망적으로 헤매었던 샤르뎅(Teilhard de Chardin)은 이러한 인간상황을 더욱 포괄적으로 다음과 같이 표현하고 있다.

> 현존하는 우주 속에서는 아무것도 절대적으로 저항할 수는 없습니다. 모든 것은 조만간에 죽음의 힘에 굴복하지 않을 수 없는 것입니다. 우리의 생명에 대한 사랑은 건강하고 위대한 힘입니다. 우리는 우리의 삶의 고통을 견디도록 도와주는 저항의 정신을 육체가 파괴될 때까지 방심하지 말고 지켜야 합니다. . . . 모든 힘을 다해 우리는 죽음에 대항해서 싸워야 합니다. 왜냐하면 그것은 살아있는 생명체로서의 우리의 기본적 의무이기 때문입니다. 그러나 자연의 순리(의심의 여지없이 무상하지만. 필연적으로 세계의 확장과 연결되어진)에 의해 죽음이 우리를 데려갈 때, 우리는 격렬한, 생명에 대한 신앙의 감정을 경험하지 않을 수 없는 것입니다. 그러나 이 신앙이 우리로 하여금 더 큰 생명에 의한 퇴락을 받아들이듯이, 죽음을 향하여 우리를 내던질 수 있게 해줄 것입니다. 생명을 끔찍이 사랑하므로, 그것을 완전히 신뢰하므로, 우리는 생명을 신봉하고 죽음 속에서조차도 우리는 우리 자신을 생명 속으로 내던집니다. — 이것이야말로 우리를 평안하게 하고 강인하게 해줄 수 있는 유일한 태도입니다. 우리 자신보다 더 큰 것을 사랑하는 태도 말입니다. 모든 융합, 특히 어떤 더 큰 힘과의 융합은 일종의 자아의 죽음을 포괄하는 것입니다. 죽음은 오직 그것이 어떤 통일을 향한 육체의 필연적 통로, 곧 변용의 필요조건일 때만, 수용될 수 있는 것입니다(Chardin 1974. 57-58).

엘리엇의 세 번째 장막시극 『칵테일 파티』의 여주인공 실리아(Celia)가 선택하는 부정의 길은 더욱 슬프다. 그녀가 완전한 사랑의 대상이라고 생각했던 유부남 에드워드(Edward)로부터 '고맙다'는 차가운 인사와 함께 버림받은 실리아는 그녀가 원했던 것이 인간의 현실 속에서는 영원히 존재할 수 없는 어떤 꿈의 덩어리였다는 것 그리고 에드워드는 그 꿈의 불완전한 그림자에 불과하였다는 것을 깨닫는다. 그녀는 꿈의 실상(reality)이 아닌 마네킹에 자꾸 그녀의 꿈이 시키는 대로 무한대의 화장을 덧붙여 자신의 환상을 만족시키려 애썼던 것이다. 결국 에드워드는 그녀가 이용한 마네킹에 불과하였으며 그래서 그녀는 에드워드에게 용서해달라고 말한다. 여기서 중요한 것은 그녀의 "희망의 죽음"(C. Smith 178)을 통해 그녀가 "사랑에의 꿈"으로부터 갑자기 분리되어 버렸다는 사실이며, 이 분리의 상태가 암시하는 바는, 이 작품 속에 등장하는 심령의 의사 라일리가 설명하는, 에드워드의 '본질로부터 실존으로의 분리'의 상태가 암시하는 바와 같은 것이다. 에드워드도 부인 라비니아(Lavinia)가 쪽지만을 남기고 예고도 없이 집을 나가버렸을 때, 실리아가 에드워드로부터 작별의 말을 들었을 때와 같은 정신의 상태에 빠졌었던 것이다.

그녀는 '단순히 어떤 관계의 종말'이나 생에 대한 환멸의 감정과는 다른, '인간이 항상 혼자'라는 근원적 외로움의 감정에 사로잡히게 되었으며, 이제 사람들이 진실로 대화를 한다던가, 서로를 이해한다고 생각하는 것들이 모두 망상이라고 말한다. 그녀는 의사 라일리에게 죄의식을 느낀다고 말하는 데, 그녀는 이 죄의식이 부도덕한 행위를 했을 때 느끼는 그런 감정과는 다르다고 말한다. 자신은 라비니아의 남편을 사랑하기는 했지만 그녀를 해친 적도 그녀에게서 무엇을 빼앗은 적도 없으므로, 그 행위 때문에 죄의식을 느끼는 것은 아니라고 말한다. 실리아가 느끼는 죄의식은, 세상에 존재하지 않는 보물을 숲 속에서 찾겠다는 허황된 환상이 깨졌을 때의 자신에 대한 무안감과 부끄러움에서 생긴 감정과 유사한 것으로 설명되며, 그녀가 속죄해야 되겠다는 느낌은 바로 그녀가 지상에 실재하지 않는 사랑을 실재하는 것으로 착각하고 찾아 헤맨 것에 대한 부끄러움과 죄의식에 대한 속죄의 감정과 유사한 것이다. 인간은 '아담의 타락'의 상징을 통해 드러난 것처럼 선이며 사랑이고 평화의 상태인, 신화에서는 '황금시대 또는 낙원'이라는 말로 상징되고 있는 본질(essence)[4]로부터 이탈함으로써 악과 죄의 고통 속에 살도록 운명지어진 존재이다.[5] 그러나 그녀는 세상에서 진정한 사랑을 찾으려 함으로써 이러한 인간의 실존적 운영을 거역하고 사랑이 있는 세계로 도피하려 했던 것이며, 이 도피의 시도가 실패하자 비로소 그녀는 '본질로부터의 소외'의 상태인 인간 실존의 상황을 절감하고 있는 것이다. 그녀는 이러한 감정을 '나 자신의 외부의 어떤 사람이나 어떤 것에 대한 공허감이나 실패감'(the feeling of emptiness, of failure/Toward someone, or something, outside of myself)[6]이라고 표현하고 있다. 이것이 실리아가 느끼는 죄의식의 정체이며 그녀가 느끼는 속죄의식은 이탈의 상태에서 다시 원래의 상태 곧 본질과의 합일(合一)의 상태로 돌아가고 싶은 인간의식의 자연스런 표출이다. 가족의 재회의 주인공 헤리가 소외와 이탈의 상태로부터 원래의 상태로의 재결합(reunion)을 위해 속죄의 길을 떠나듯 그녀도 모든 존재의 근원인 신과의 결합을 위해 속죄의 길을 떠난다. 이에 대하여 그로버 스미스는 다음과 같이 말하고 있다.

> 죄의 확신에 대한 . . . 치료책은 참회입니다. 행동과 고통을 통해 실리아는 속죄함을 얻는 것입니다. 속죄한다는 것은 "하나됨에" 도달하는 것; 그것은 또한 신비주의자의 목표이기도 합니다 (G. Smith 225).[7]

실리아는 속죄의 길을 위하여, 에드워드 부처가 택한 '긍정의 방법'에 대하여는 부정적인 태도를 보인다. 삶을 불완전한 것까지를 포함하여 있는 그대로 받아들인다는 것은 그녀에겐 포기이며 배반으로 보인다. 실리아는 라일리가 제시한 사랑의 두 번째 방법 곧 '부정의 방법'을 선택한다. 이 두 번째 사랑의 방법이 인도하는 길은 '기억과 욕망이 섞인 허망한 환상의 세계 속의 마지막 허망한 고독감'을 피하게 해주는 길이다. 그녀는 허망한 고독함이 그녀가 살아 온 '지옥'이라고 말한다. 실리아가 지속적으로 추구한 것은 '완전한 사랑'이다. 지상에 존재하지 않는 이 사랑을 위하여 그녀는 무서운 고난을 감수해야 하는 부정의 방식을 택하여 결국 킨칸자(Kinkanja)라는 곳에 파송되어 간호의 일에 종사하던 중, 그 곳에서 일어난 원숭이를 숭배하는 이교도들의 폭동 때 그들에게 잡혀 살해되었다. 유럽인들이 옮겨 온 각종 전염병과 역병이 창궐하는 그 곳에서 그녀는 도망칠 수 있었으나 그녀는 피하지 않았다. 죽어가는 비참한 원주민 환자들이 그녀의 마음을 붙들었던 것이다. 신비주의자들은 궁극적 실체와의 직접적인 합일을 위한 상승의 길의 안내자인 '사랑'의 성질에 대하여 다음과 같이 말하고 있다.

> 사랑은 가장 깊은 의미에서 그리고 가장 완전한 의미에서 이해되어져야 한다. 자아의 가장 생생한 성향의 궁극적 표현으로서 . . . 근원을 향한 영혼의 깊숙한 욕망과 의도로서 . . . 사랑은 신비주의자에겐 절대자를 향한 의지와 욕망의 능동적 표현이며 또한 절대자를 향한 그의 내적 경향이기도 합니다.[8)]

그녀는 '완전한 사랑'을 위해서 일상의 삶을 거부하고 부정하는 길을 스스로 선택하였고, 불쌍한 원주민 환자들을 위해 목숨을 바치는 치료행위를 통하여 마침내 그것을 성취한 것이다.

III

장로교보다는 가톨릭에 더 매력을 느꼈었고 기독교도가 되었다면 가톨릭 교도가 되었을 것이라고 말한 바 있으나(Pound 1970, 189), 기독교보다는 다신적인 이교에 더 마음이 끌렸던 에즈라 파운드가 엘리엇처럼 기존의 제도적인 종교에 헌신했으리라고 생각하기는 어렵다. 다만 우려가 "종교란 가장 넓은 의미에서 그리고 가장 근본적으로 인간의 궁극적 관심(ultimate concern)" (Tillich 1964. 7-8)이라는 폴 틸리히와 현대적 정의를 받아들인다면, 그가 예술이라는 종교를 가진 '예술종교인'이라고는 말해볼 수 있을 것이다. "파운드에게 있어 어떤 문명의 가치를 알기 위한 유일한 지준은 항상 그 문명이 예술을 어느 정도 가능하게 하였느냐 하는 것이었다(Baym 1771)."

1908년 그가 가르치던 대학에서 사소한 이유로 해고당한 뒤, 미국에는 자신 뿐 아니라 예술을 위한 자리가 없다고 확신하고(Baym 1769) 미국을 떠난 파운드는, 그 이후 파리를 거쳐 1920년까지 영국의 런던에 머물렀으나, 1920년에 이미 영국은 10년 전의 미국처럼 문화적으로 뒤떨어진 나라가 되었다고 판단하고 런던을 떠난다(Perkins 1771). 엘리엇에 의하여 "한 시대의 증서" 또는 "인생의 비평"(Sullivan 109)으로 높이 평가된 파운드의 *Hugh Selwyn Mauberley*(1920)는 그 동안의 자신의 문학활동에 대한 회한과 시대에 대한 환멸을 담은 부정의 시이다. 1908년 이후 그의 활동무대였던 런던에 대한 고별사로 읽히는 이 시는 먼저 삶의 숭고성을 유지하기 위하여, 시대를 거슬러 죽어버린 예술을 살리려 했던 그의 노력을 수포로 돌아가게 한 시대에 대한 통렬한 부정으로 시작하고 있다.

> 삼년 동안, 시대와 동떨어져
> 그는 시라는 죽은 예술을 소생시키려
> 분투하였다. 오래된 의미의 "숭고성"을
> 유지하려고, 처음부터 잘못된 일 —
>
> 아니, 그렇지 않다. 시대에 뒤떨어져,
> 반야만국에서 태어났던 것을 생각한다면,
> 상수리에서 백합을 피우려고 결연히 매달린,
> 카파네우스, 가짜 미끼에 걸린 송어,
>
> Four three years, out of key with his time,
> He strove to resuscitate the dead art
> Of poetry: to maintain "the sublime"
> In old sense. Wrong from the start —
>
> No hardly, but seeing he had been born
> In a half savage country, out of date;
> Bent resolutely on wringing lilies from the acorn;
> Capaneus, trout for factitious bait;

파운드에게 예술은 그의 영혼과 생명을 바쳐 세상에 소생시켜 꽃피우고 싶은 세상에서 가장 귀중한 그의 궁극적 관심이며 종교였다. 그리고 이 종교의 핵심은, 오랜 예술과 문화의 전통 속에서 만들어지고 보존되고 온 정성을 다하여 받들어져 온 '숭고성'이다. 여러 해 동안 그것을 조야한 풍토 속에서 되살리려 노력하였으나, 시인은 그것이 애초부터 틀린 일이라고 자조적으로 한탄한다. 오랜 노력 뒤에 시인은 그것이 아예 이룰 수 없었던 일이라는 것을 절실히 깨닫는 것이다. 그의 궁극적 관심의 실현, 그의 종교인 예술의 실현이 세상에서 불가능한 일이라는 것을 마침내 인식하고 그것을 표현한다는 것은, 그 불가능의 풍토를 만들고 있는 세상에 대한 시인의 엄청난 회의와 부정의 표출이다. 더구나 반야만국 — 미국을 말한다 — 에서 태어난 자신의 출신을 고려한다면, 자신은 상수리에서 백합을 피우려는 어리석은 일을 시도한 셈이다. 그러한 행동이 마치 감히 제우스의 권위에 도전하다 제우스가 내리친 벼락에 맞아 죽은 무모한 카파네우스의 행동과 같은 시도를 한 셈이라는 시인의 슬픈 자각은, 독자로 하여금 이러한 좌절을 안겨준 사회와 세계에 대한 시인의 뼈아픈 회한과 실망을 충분히 짐작하게 해준다. 일차대전 동안의 서구문명의 죽음과 모든 예술적 목표의 무모성과 무용성을 묘사하고 있는 이 작품의 특징 중의 하나는 그것이 연결이 가능한 어떤 일관성을 지닌 내용을 기술하는 것이 아니라, 서로 분리된 단편들의 모음이라는 것이다. 파운드는 단편들의 이러한 연결의 불가능성이 적절한 시의 이론의 부재나 부족한 기교 때문이 아니라 근본적으로 이러한 시들이 씌어지는 사회 자체의 일관성의 상실에서 유래하는 것이라고 믿었다 (Baym 1770). 시인은 정직하게 말해서 사회에 존재하지 않는 일관성을 만들어 낼 능력이 없다. 그래서 파운드는 런던을 떠난 뒤 시의 혁명보다는 사회의 혁명 쪽으로 마음을 기울이게 되는 것이다.

이 시의 부정적 성격은 제1부의 다섯 번째 단편에도 잘 드러난다. 시인은

> 거기서 무수한 사람들이 죽었다.

그들 중, 최선의 사람들이,
이빨 빠진 늙은 창부들을 위하여
누더기 문명을 위하여,

There died a myriad,
And of the best, among them,
for an old bitch gone in the teeth
For a botched civilization,

라고 애통해 하는데, 알렌 긴즈버그(Allen Ginsberg)의 울부짖음(*Howl*)의 첫 구절 '나는 우리 시대의 최선의 지성들이 광기에 의하여 망가지는 것을 보았다(I saw the best minds of my generation destroyed by madness)'를 연상시키는 이 시행에서 시인은 최선의 사람들의 예술을 살리기 위한 노력을 좌절시키는 현대의 누더기 문명을 '이빨 빠진 늙은 창부'에 비유하고 있다. 늙은 창부같은 썩은 문명 속에서 인간의 숭고성을 유지하려는 허망한 꿈을 지닌 순수한 영혼이 어떻게 온전하게 존재할 수 있을 것인가? 이 시의 주인공의 아픈 최후는 이 시의 제2부 네 번째 단편의 끝에 이렇게 기록되어 있다.

태평한 항해의 쪽배,
예측할 수 없는 해변,
그리고 한 자루의 노위에
이렇게 적혀있다.

"나는 있었다
그리고 이제는 있지 않다.
한 쾌락주의자가

여기 표류했었다.”

Coracle of Pacific voyages,
The unforecasted beach;
Then on an oar
Read this:

“1 was
And I no more exist;
Here drifted
An hedonist.”

예술에 대하여 적대적인 세상에 대한 그의 부정의 정신은 그가 1908년 유럽으로 떠나기 전 자신이 느꼈던 좌절감을 담은 ‘남은 사람들(The Rest)’ 속에도 여과없이 드러나 있다.

오, 모국에 남은 소수의 무력자들
오, 노예가 된 남은 자들!

모국에 맞서다 좌절한 예술가들,
실을 살봇 늘어 마을에서 방황하고,
불신 받고 구설수에 오른다. . . .

보다 섬세한 감각의 그대들
그릇된 지식에 맞서다 부서진다.
직접으로 알 수 있는 그대들,
증오받고, 폐쇄당하고, 불신받는다.

O helpless few in my country,
O remnant enslaved!

Artists broken against her,
A-stray, lost in the villages,
Mistrusted, spoken-against . . .

You of the finer sense,
Broken against false knowledge,
You who can know at first hand,
Hated, shut in, mistrusted:

그러나 이러한 시들 속에 표출된 부정이 파운드를 세상으로 부터, 오랜 문화 속에 있는 '숭고성'에 대한 믿음으로부터 스스로를 떠나게 한 것은 아니다. 이들 시 속에 나타난 부정은 그의 종교인 예술의 부활에 대한 간절한 갈망의 역설적 표현이며, 이 강렬한 갈망은, 그의 삶의 여러 우여곡절에도 불구하고, 죽음에 이르기까지 중단없이 지속되어, 그의 필생의 대작 시편(*The Cantos*) 속에 웅변적으로 드러나 있는 것이다.

예이츠(W. B. Yeats)의 시 '제2의 강림(The Second Coming)'에도 퇴락한 문명과 재생의 가망이 없는 세계에 대한 강력한 부정이 섬뜩할 정도의 무서운 이미지들을 통하여 형상화되어 있다. 매부리(falconer)의 통제를 벗어나 점차 넓어지는 원을 그리며 빙빙 돌고 있는 신비한 매의 이미지로 시작되는 이 시의 첫 부분은 이제 인간의 지혜나 인간의 능력으로는 어찌해 볼 수 없이 되어버린 세계에 대한 시인의 절망적 부정을 강렬하게 표출하고 있다.

넓어지는 원을 그리며 빙빙 돌면서
매는 매부리의 소리를 들을 수 없다.
사물들은 붕괴되고, 중심은 지탱될 수 없다.

순전한 무정부가 세상을 덮치고
핏빛으로 희미해진 조수가 퍼져있으며, 모든 곳에서
순수의 의식이 침몰하고 있다.
최선의 사람들은 온전한 확신이 부족하고, 최악의 사람들은
강렬한 열정으로 충만해 있다.

Turning and turning in the widening gyre
The falcon cannot hear the falconer:
Things fall apart: the center cannot hold:
Mere anarchy is loosed upon the world,
The blood-dimmed tide is loosed, and everywhere
The ceremony of innocence is drowned:
The best lack all conviction, while the worst
Are full of passionate intensity.

성장과 원숙 그리고 전복(overthrow)의 주기를 가진 역사와 문명을 상징하는 'gyre'의 이미지는, 이 시 제3행에 나타난 '사물들이 붕괴된다'는 시행을 통하여 시인이 언급하고 있는 현실의 세계가 붕괴의 단계에 와있음을 암시한다. 이 단계에 있는 세계는 모든 곳에 '핏빛으로 희미해진 조수가 피지고', '이디서나 순수한 의식들이 침몰하고 있는' 아비규환의 세계이다. '매부리의 말을 들을 수 없다'는 시행으로 암시된 구심력을 잃어버린 세계는 아무도 모든 것들의 흩어짐을 막을 수 없이 중심이 지탱되지 않는 질서의 진공의 상태를 의미한다. 이러한 무질서의 세계 속에서 사회와 붕괴를 막을 수 있는 최선의 사람들은 현재와 미래의 세계에 대하여, 아무런 전망이나 비전을 가지고 있지 않기 때문에 무정부 상태를 구하기 위해 행동에 나설 때 지녀야 하는 온전한 정신의 확

신을 결여하고 있으며, 혼란을 통하여 자신의 더 큰 이익을 축적하려는 최악의 사람들은 사악한 열정에 가득 차 있다. 이러한 상황에서 최선의 무리와 최악의 무리 사이의 싸움의 결과는 불을 보듯 뻔한 것이다. 이제 우리가 바랄 수 있는 최상의 것은 인간세계를 구할 수 있는 어떤 특별한 종교적 계시이다. 이 시의 두 번째 부분은 이 계시를 더욱 구체적으로 확산시켜 기독교에서 말하는 예수의 '재림'과 관련시킨다. 하지만 이 부정의 시에서 불길하게 예감되는 재림은 성경에 예언된 방식의 희망의 재림이 아니라 사자의 몸과 인간의 머리를 가진 스핑크스 같은 불가사의한 형상의 재림이다. 이 형상은 태양처럼 공허하고 잔혹한 눈빛을 가지고, 주위에 분노한 사막의 새의 그림자를 거느리고 어기적거리며 다가온다. 어떤 거친 짐승이 때가 되어 베들레헴에 태어날지 시인은 몹시 불안해하고 있다. 1917년의 러시아 혁명이나 파시스트 정권의 출현 같은 불길한 사건을 예감하며 쓴 것으로 알려져 있는 이 시는, 그러나 현대의 문명과 그 문명을 탄생시켜 안고 있는 세계에 대한 통렬한 부정으로 읽힐 수 있다. 이 강렬한 부정을 통하여 예이츠는 중심이 온전히 지탱되며 선의의 통제와 질서의 유지가 가능한 평화로운 세계에 대한 절박한 갈망을 역설적으로 드러내고 있다. 예이츠의 부친은 종교에 대하여 회의적이었으나 '예술의 종교'에 대한 신앙은 가지고 있었다고 한다. 종교적 기질을 타고 났으나 기독교의 정통성을 믿을 수 없었던 예이츠는, 잃어버린 종교를 찾아 평생동안 여러 종류의 신비주의와 민간전승, 신지학과 강신술 그리고 신플라톤철학 까지를 연구하면서 정신의 공백을 메우려 하였다. 중년에 그는 다양한 자료에 근거하여 자신의 정교한 상징체계를 구축하였고 그것이 그의 시적 이미저리에 어떤 양식과 일관성을 부여할 수 있게 하였다. 그러나 유동적이며 복잡한 인간정신의 세계적 혼돈 속에서 그것들을 모두 꿰뚫는 확고한 예술의 종교를 그가 발견하였는지는 확인할 수 없다. 다만 그가 낭만주의 시인으로 출발하여 현대의 상징주의에 이르는 모든 현대시의 변화를 예민한 감각의 촉수로 감지하고 그것을 자신의 시 속에 체질화시키는 과정을 성공적으로 보여 주었다는 것을 고려한다면, 그는 항상 자신의 현실 앞에서 과거와 현재의 부정적인 삶의 요소들에 맞서 과감하게 자신의 감정을 드러냄으로써, 시에 나타난 부정의 노골성에도 불구하고, 역설적으로 부정적 세계 속에서 새로운 삶의 전기를 마련하는 정신의 토대를 구축하려 하였음을 짐작해 볼 수 있는 것이다.

오든(W. H. Auden)의 작품 '미술관(Musée des Beaux Arts)'은 얼핏 보기에 인간이 겪는 고통이나 비극적 사건들이 평범한 인간의 일상사의 한 부분일 뿐 그 이상도 이하도 아니라는 냉정한 사실을 평이한 언어로 잘 묘사해 놓은 시처럼 보인다. 그러나 세밀하게 분석하며 읽기 시작하면, 이 시는, 이 아이러니의 기법을 이용하여, 다른 사람들의 고통에 대한 인간들의 일반적 무관심을 통렬하게 비판하기 위하여 쓰여진, 일반적 인간성에 대한 강렬한 부정의 시임을 곧 알 수 있게 된다.

> 고통에 대하여 그들은 결코 틀린 적이 없었다.
> 저 대가들은, 고통의 인간적 위치를 얼마나 잘
> 이해하고 있었던가; 다른 사람들이 먹거나
> 창문을 열거나 혹은 생각없이 걷고 있는 동안 어떻게
> 고통이 발생하는 지를,
> 노인들이 경건하게, 열성으로

기적적인 탄생을 고대하는 동안 어떻게
숲가의 연못에서 얼음을 지치면서, 별로
그 일이 일어나기를 원하지 않았던 아이들이 항상 있을 수 있는 지를,
그들은 결코 잊지 않았다.
무서운 순교조차도 어떻게든 한 구석에서,
개들이 개처럼 살아가며 고문자들의 말이 천진난만한 엉덩이를
나무에 비벼대는, 어떤 불결한 장소에서라도 일어난다는 것을.
예컨대, 브뤼겔의 이카루스, 어떻게 모든 것이 그 재난을
정말 태연하게 외면할 수 있는가.
농부는 아마 첨벙 소리와 버림받은 외마디 소리를 들었으리라.
그러나 그에게 그것은 중요한 실패가 아니었다.

태양은 평소처럼 푸른 물 속으로 사라지는 흰 두 다리를 비추었고,
뭔가 놀라운 일, 하늘에서 떨어지는 소년을
틀림없이 보았을 비싼 호화선은
어디론가 가야할 곳이 있어 조용히 항해를 계속했다.

About suffering they were never wrong.
The old Masters: how well they understood
Its human position: how it takes place
While someone else is eating or opening a window or just walking
  dully along;
How, when the aged are reverently, passionately waiting
For the miraculous birth, there always must be
Children who did not specially want it to happen, skating
On a pond at the edge of the wood;
They never forgot
That even the dreadful martyrdom must run its course
Anyhow in a corner, some untidy spot
Where the dogs go on with their doggy life and the torturer's horse

Scratches its innocent behind on a tree.
In Brueghel's Icarus, for instance; how everything turns away
Quite leisurely from the disaster; the ploughman may
Have heard the splash, the forsaken cry,
But for him it was not an important failure; the sun shone
As it had to on the white legs disappearing into the green
Water; and the expensive delicate ship that must have seen
Something amazing, a boy falling out of the sky,
Had somewhere to get to and sailed calmly on.

다른 시들에서 오든은 난해한 고어(archaic)들을 자주 사용하지만 이 시에서 그는 의도적으로 아주 평이한 어휘들을 사용하고 있다. 그러나 이 평이한 어휘가 그의 아이러니를 푸는 열쇠이다. 예수의 탄생을 암시하는 '기적적인 탄생(miraculous birth)'의 순간에 아이들은 스케이트 타는 일에 몰두에 있으며, 그 사건이 일어나기를 특별히 원하지도 않았다(did not specially want it to happen). 'especially'라는 단어보다 'specially'를 사용한 것은 'specially'가 아이들이 쓰는 어휘이기 때문인데, 이 단어의 사용은 '기적적 탄생'과 관련하여 시인이 느끼는 심각한 떨림과는 어울리지 않는 순진무구의 분위기를 도출하고 있다. 기적적 탄생이 일어난 옛 팔레스타인에서의 스케이팅에 대한 언급조차도 이 분위기에 맞지 않는 명백한 시대착오이다. 그리고 이 엄청난 탄생의 사건에 비하여 너무 가벼운 문체도, 무엇인가 매우 잘못된 일에 독자의 주의를 환기시키기 위해 시인에 의해 의도적으로 고안된 불일치(incongruity)의 예이다. 서로 어긋나고 있는 이러한 불일치의 상황을 통하여 시인은 이 부분에서 묘사하고 있는 내용이 무엇인가 분명히 잘못된 일임을 독자에게 암시하고 있다.

시의 첫 부분의 말미에서도 십자가에 못 박히는 "무서운 순교(dreadful martyrdom)"의 사건의 의미가, 곁에 있는 개들의 '개같은 삶(doggy life)'이라는 말에 의해서, 어긋나게 퇴색된다. 'doggy'라는 형용사는 아이들이 쓰는 어휘인 것이다. 그리고 문법적으로 적절한 'lives'라는 단어 대신에 의도적으로 'life'라는 문법에 맞지 않는 조악한 표현을 쓴 것도, 이 분위기에서 시인을 반발하게 하는 어긋난 태도의 반영이다. 또 예수가 죽음에 이르는 고통을 받고 있는 동안 사형집행인의 말이 조용히 엉덩이를 나무에 비벼대고 있다던가, 어린이들이 쓰는 완곡어법인 'behind'같은 단어를 시인이 이 심각한 상황에서 사용한 것 등은, 이 시의 첫 부분에서 일어나고 있는 일들이 무엇인가 분명히 잘못된 일임을 암시하기 위한 것이다.

이 시의 두 번째 부분은 '이카루스(Icarus)의 추락'이라는 비극적 파국을 '하늘에서 떨어지는 소년'이라는 소박한 구절로 단순화시켜. 농부나 태양이나 여객선이 이카루스의 추락과 아무 상관없는 듯 제 할 일을 계속하는 모습을 묘사함으로써 성취한 무관심의 효과를 배증시킨다. 시인은 또 조롱조로, 주위에 더 의미있는 중요한 단어들이 있음에도 불구하고 그리고 그 단어들이 생각의 구조적 단위의 끝이 아님에도 불구하고 'green'과 'seen'이라는 단어로 end-rhyme을 만드는 어긋난 시작법을 구사하고 있다(Magill 1430-1432). 이러한 어긋난 상황들을 통하여 시인은 이 시의 평이한 내용 속에 일어나는 일들이 분명히 잘못된 것임을 강렬하게 암시한다.

브뤼셀에서 프랑드르의 화가 피터 브뤼겔(Pieter Bruegel)의 작품 “이카루스의 추락(The Fall of Icarus)”을 보고 썼다는 이 작품은 스페인 내란에서 왕당파가 패하고 파시즘 정권이 수립된 것에 대한 유럽의 침묵 때문에 그가 우울에 빠져있던 1939년에 쓰여졌다. 이러한 배경은 이 시가 타인들의 고통이나 비극에 대한 일반인의 지나친 무관심을 그가 깊은 슬픔 속에서 통렬하게 비판하고 있는 부정의 시임을 확연하게 증거해 준다. 그러나 이 시에 암시된 부정은 다른 사람의 고통이나 슬픔 그리고 비극에 대한 일반적 무관심의 잘못을 독자들에게 환기시킴으로써 역설적으로 타인의 고통에 대한 동정이나 공감으로 독자를 이끌어가는 긍정적 효과를 연출해 내고 있다.

Ⅳ

부정의 신학에 대한 유명한 저서인 『미지의 신: 플라톤적 전통 속에서의 부정의 신학: 플라톤으로부터 에리우지나까지』(“*The Unknown God: Negative Theology in the Platonic Tradition: Plato to Eriugena*)” 의 저자인 데어드르 케러바인(Deirdre Carabine)은, “정신이 통일된 신성을 추구하는 과정에서 상징의 보호막을 벗어버리고 순수한 신성 속으로 들어가는 지점에서, 정신이 부정(negation)을 통하여 상승을 시작하는 순간이 온다(292)”고 말하면서 이러한 ‘부정을 통한 상승’의 원인을 다음과 같이 설명한다.

> 신은 지성을 통해서는 파악될 수 없기 때문에, 궁극적으로 모든 개념적 한계를 파괴하는 것만이 신의 실체를 인간적 형식의 사고

> 와의 관련으로부터 해방시키는 길일 것이다. 디오니시우스 — 위디오니시우스(Pseudo-Dionysius)[9]—에게 있어 부정의 역할은 어떤 신인동형동성설적 또는 신에 대한 지성적 표현에 대처하는 최초의 중요하고 바른 수단이며, 그래서 긍정의 방법보다 선호된다. 신비신학(Mystical Theology)의 4장과 5장에 나타난 부정에 대한 찬사는 모든 개념의 타당성, 가장 낮은 개념으로부터 가장 높은 개념까지의 타당성을 모두 부인한다. 가장 높은 이름과 칭호들까지도 이 가장 급진적인 부정의 행위 속에서 거부되는데, 지혜, 단일성, 신성, 선 그리고 정신, 부성(父性), 아들의 신분(sonship), 삼위일체의 구분된 이름들조차도 부인된다. 왜냐하면 신은 전적으로 언어의 영역을 넘어서 있기 때문이다(292).

인간의 언어로는 '말로 표현할 수도, 이름을 붙일 수도, 알 수도 없는 신'과 인간, 인간과 유일자(One) 사이의 거리를 좁히는 단 하나의 방법은, 모든 인식의 기반인 주체와 객체의 모든 전형적인 인식론적 점주를 파괴하고 부정하는 것이다(325). 부정의 신학은 카타파시스(Kataphasis)적 추론 곧 이성적이고 개념적인 추론을 통하여 신을 인식하려는 것이 아니라 개념적 추론에 의하여 인식된 초월적 신에 대한 기존의 인간의 언어나 개념을 해체하는 부정의 방법 곧 아포파시스(apophasis)적 방식으로 신에 접근한다. 카타파시스적 신학자는 신은 '존재의 충만'이라는 전형적인 서구의 주장에 의존하는 반면에 아포파시스적 신학자는 신은 비존재(non-being)의 관점에서 가장 잘 이해된다고 주장한다(Carabine 3). 그러나 우리가 여기서 간과해서는 안 되는 것은, 부정의 신학의 출발이 근본적으로 신의 속성을 부정하기 위해서가 아니라는 것이다. 부정의 신학은 알 수 없는 신의 속성에 근접하기 위하여 기독교 전통 속에서 제2세기 전부터 이용되어 온 지적인 접근 방식이다(7-8). 부정의 신학의 방식은 마치 조각가들이 돌 속에 숨어있는 순결한 미(美)의 형상을 드러내기 위하여 방해가 되는 모든 다른 부분들을 조각용 끌로 깎아내는 것처럼, 신의 순수한 속성을 이해하는 데 장애가 되는 기존의 모든 것을 부정하는 방식이다 (Pseudo-Dionysius 138).

그러나 부정의 신학의 이러한 기도는 근본적인 한계를 지니고 있다. 왜냐하면 앞에서 살펴본 것처럼 부정의 신학은 "부재의 현전으로서의 신의 현전", 다시 말하면 존재하지 않는 존재로서의 신의 현전에 대하여 말하고 있기 때문이다. 보이지 않는, 과학적으로 증명될 수 없는 존재의 현전을 인간의 감정 속에 존재하게 하려는 시도는 그 노력의 결과조차도 눈에 보이거나 논리적으로 증명될 수 있는 것이 아니기 때문에 처음부터 분명한 한계를 지니고 있다. 그러나 부정의 신학의 방법이 문학작품을 통하여 다양한 이미지나 은유의 모습으로 드러날 때, 앞에서 살펴 본 여러 문학작품에서 우리가 체험하였듯이, 신의 속성을 드러내려는 부정신학적 시도의 효과는 추상적 신학의 이론의 효과보다 더 두드러진 것으로 보인다. 물론 이러한 효과가 눈에 보이는 가시적인 것은 아니다. 그러나 우리는 우리의 가슴에 느껴지는 감정의 영향을 통하여 그것을 짐작해 볼 수 있는 것이다.

현대문학 뿐 아니라 포스트모던 시대의 문학작품 속에도 부정의 신학의 자장을 느끼게 하는 작품들이 적지 않다. 컬럼비아 대학 시절 기숙사 유리창에 음란한 내용을 썼다는 죄목으로 퇴학처분을 받았으며 — 3년 후 복학하였다 — 스물 셋의 나이에 뉴욕의 주립병원에 감금되어 정신치료를 받았고, "무저항주의 데모"에 참가한 죄로 체포된 바 있으며, 반핵데모에 참가한 죄목으로도 체포된 경력이 있는 반항과 부정의 시인인 알렌 긴즈버그(Allen Ginsberg)의 『울부짖음』(*Howl*)을 비롯한 여러 편의 시작품과, 보스턴의 명문 가정에서 태어났으나 물려받은 종교인 개신교를 거부하고 가톨릭으로 개종하였고, 1943년 융단폭격과 민간인 살해 등의 무자비한 전쟁을 감행하는 미국정부의 소위 "불공정한 전쟁(unjust war)"[See the symposium "In Clay's Corner" *Partisan Review*, ⅩⅩⅩⅣ(Summer, 1967), 460.]에 징집되는 것에 반항하여 양심적 병역거부자가 되는 강렬한 외부지향적 부정의 경향을 행동을 통하여 보여주었던 로버트 로웰(Robert Lowell)의 『인생연구』(*Life Studies*)를 비롯한 그의 중기의 작품들이 그 좋은 예이다.[10)]

알렌 긴즈버그의 『울부짖음』은 온 인간의 정신을 죽이는 기계적 문명의 모든 것에 대항하는 울부짖음이었고(Hyde 25), 삶의 고통과 환희의 순간이 그의 정신에 남긴 상처와 아픔들을 거침없이 쏟아낸 작품이었으며, 그의 기억 속에 있는 미국의 생활과 문화의 지하에 숨어있는 혼돈되고 더러우며 굴욕적인 삶의 실존과 정치적, 성적 고백들이 뒤섞인 부정의 분위기로 가득찬 작품이었다. 그러나 이러한 말들이 너무 쉽게 뱉어낸 맥빠진 부정의 언어들은 아니었다. 그것은 영혼의 상처를 입은 연인이나 아이의 분노를 드러내고 있었다. 그것은 자유로운 사상의 탐구에 대한 욕구를 드러내고 있었고, 지적 왜곡에 의하여 오랫동안 억압된 인간들의 다른 인간들을 향한 자유로운 마음의 반응에 대한 욕구들이 드러나고 있었다(Hyde 29-30).

알렌 긴즈버그의 작품이 사회의 외적 구조의 타락에 대한 강렬한 부정을 보여주고 있다면, 로버트 로웰의 작품 『인생연구』는 기존의 가치나 불신에서 생기는 내적 갈등이나 공허를 인간 스스로에 대한 강렬한 부정을 통하여 해결하려는 내적 지향의 특징을 보여준다. 고백의 형태로 나타나는 그의 작품의 이러한 특질은 개인의 내면에 대한 깊은 성찰과 거기서 생기는 자신의 허상과 허위에 대한 진실한 자각에 그 근거를 두고 있는 것으로 보이며, 기성의 가치의 오염이나 사회의 타락의 원인을 인간의 외부보다는 인간의 내부에서 찾아보려는 인간의 진지한 노력의 한 측면을 보여준다. 로웰의 자기부정은 그래서 자신의 근본의 핵심인 아버지에 대한 부정으로부터 시작되며 제임스 조이스(James Joyce)의 『율리시즈』에 나오는 스티픈 데달러스처럼 진혹하게 아버지를 파괴한다(Fein 55). 현실의 자아를 부끄러운 부분까지도 가차없이 발가벗기는 어쩌면 처절한 자기부정은 그러나 근본적으로 아무런 장식없이 순결한 자아에 도달하기 위한 진지한 욕망의 역설적 표현이다.

부정의 신학에 비추어 말해 본다면, 시인은 자신에 대하여 세워지고 씌워진 기존의 언어적 개념적 인식을 해체하기 위하여 철저한 아포파시스적 부정의 방법을 자아에 대하여 적용하고 있는 것이다. 알렌 긴즈버그가 사회의 외적 구조에 강렬한 아포파시스적 부정의 방법을 사용하였다면, 로웰은 자신과 자아에 대하여 이 부정의 방법을 사용하고 있는 것이다. 부정의 신학이 카타파시스적 긍정의 방법을 통하여 인식된 신에 대한 언어나 개념의 불완전성을 극복하기 위하여 아포파시스적 부정의 방법을 사용하였다면, 포스트 모던 시인들은 현대의 문명에 의하여 오염되고 왜곡된 진실한 자아를 회복하기 위하여 부정의 방법을 사용하고 있다.

시인이 찾아내려는 회복된 자아, 진실한 자아란 궁극적으로 무엇일까? 그것은 수천 년의 오랜 문명의 세기동안 인간의 육체적 물질적 속성에 의하여 그 본래의 순결성을 거의 상실해버린, 추악해지기 이전의, 신이 처음 창조했을 때 그 모습 그대로의 진실되고 순수한 자아일 것이다. 이 순결한 자아는 바로 신이 흙으로부터 자신의 형상대로 인간을 만들었을 때의 그 모습이며, 신의 속성이 그대로 반영된 인간의 모습이다. 이러한 관점에서 보면, 기존의 신에 대한 불완전한 언어와 개념을 부정함으로써 진정한 신에 대한 인식에 도달하려는 부정의 신학과, 기존의 인간과 사회의 불완전성을 부정함으로써 진정한 인간에 대한 인식에 도달하려는 현대문학은, 근본적으로 같은 목표를 지향하고 있는 셈이다. 왜냐하면, 비록 부정의 신학이 논리적 추론의 접근방식을 사용하고 있고, 현대의 문학은 구체적 인간의 현실을 예술적으로 형상화시키는 접근방식을 사용하고 있지만, 이 둘의 목표는 현대의 문명 속에서 왜곡된 신의 속성의 회복인 것이 분명하기 때문이다. 더구나 신의 속성이 적나라하게 드러나는 곳이 다른 동물이나 식물의 세계가 아니라 바로 신이 자기의 형상으로 창조한 인간 속에서라는 것에 신학과 문학이 동의한다면, 부정의 신학과 현대문학의 목표는 그 근본적 의도에서, 동일하다고 말해 볼 수 있을 것이며, 이러한 의미에서 현대문학에 나타난 부정의 신학의 자장은 실로 놀라운 깊이와 폭과 파장을 지니고 있다고 말하지 않을 수 없을 것이다.

제3장
존 단의 초기시에 나타난 사랑의 종교적 성격

I

형이상학파시의 오랜 생명의 근원은 어디에 있을까? 비록 그리어슨(Herbert Grierson) 교수가 재발견하기까지 긴 시간동안 휴면상태에 있었다고는 하나, 엘리엇(T. S. Eliot)등의 비호와 조명을 받으며 20세기 현대시의 전통의 일부로 수용되고 그 이후 지속적으로 독자의 관심을 끌게 되는 원인은 무엇인가? 구어체의 리듬과 어조를 놀라운 방식으로 시에 도입한 시의 패턴의 혁신성(Eliot 1958, 13-17) 때문인가 아니면 시에 빈번히 사용되는 통쾌한 역설과 감정과 사상의 특이한 통합으로 이루어지는 그 유명한 '형이상학적 기상'(Grierson 5) 때문인가? 아니면 16세기의 르네상스의 영향으로 사물자체보다 사물에 대한 인간 개개인의 인식이나 심리를 중요하게 생각하게 된 17세기의 인식론의 경향(Lobb 163-164)

에 반응을 보인 존 단 등이, 사물에 대한 일반적 인식보다는 시인 자신의 느낌을 더 충실히 묘사하는 과정에서 시에 드러난 "심리적 사실성(psychological realism)"(Williamson 51) 때문인가?

17세기의 사람들은 루크레티우스(Lucretius)가 에피큐러스(Epicurus)에 대해 말하면서 언급한 '부적절한 개념들로부터의 해방, 우리의 삶의 현실 속에 실제로 존재하는 것들에 닿는 새로운 느낌'이 주는 기쁨을 발견하게 되었다. 이러한 기쁨은, 권위 있는 정통적 가르침 속에 존재하는 종류의 '진리' 대신에 그들 스스로 만져보고 재어보고 조절해 볼 수 있는 종류의 진리, 베이컨(Bacon)의 말을 빌리면, '인간의 힘과 위대성의 한계를 확장시키려는' 욕망이 분출하기 시작한 이 세기의 과학적 정신과 연결되는 것이다(Willey 9-11). 존 단의 시에 지도제작술이나 항해술등의 과학적 이미지들이 자주 등장하는 것도 이와 무관한 일이 아니다. 단은 물질과학에 일어나고 있던 새로운 탐구의 경향을 그의 시를 통하여 인간 개인의 세밀한 심리탐구에 반영시키고 있었던 것이다.

17세기의 형이상학파의 시에 대한 현대의 지속적 관심의 이유에 대한 이러한 설명들은 모두 타당한 것으로 보인다. 이러한 여러 요인들이 복합적으로 작용하여 형이상 시는 끊임없이 우리의 관심을 자극해왔던 것이다. 그러나 그저 뿐인가? 위에 열거한 것들만으로 형이상 시에 대한 현대의 관심의 이유가 모두 설명되어질 수 있는 것인가? 필자는 상기한 설명들만으로는 아무래도 부족한 어떤 것을 계속 느껴왔다. 사실 형이상시의 구어체의 특질이나 기상 등은 오직 17세기의 형이상 시인들만의 전유물은 아니다. 그들만의 독창적 특질이 분명히 고전시(classical poetry)나 중세 이태리의 시들의 다른 시대의 것들과 구분되어 찬양되어질 수 있는 것은 사실이지만, 그 이전의 16세기의 영국시에도 스펜서(Edmund Spenser)나 셰익스피어 등을 통하여 다른 종류의 것이긴 하지만 활달한 구어체나 독특한 기상들이 시 속에 발현되고 있었던 것이다. 정통적이고 관념적인 사물에 대한 개념을 넘어선 개개의 인간의 느낌을 중시하는 경향도 17세기 이후의 신고전주의 전통에서는 잠시 백안시되지만 19세기의 낭만주의의 시대에는 특별히 다른 조명 속에 확대되어 그 전성기를 맞이하게 된다.

형이상 시의 인기의 여러 원인들을 수긍하면서도 필자가 계속 무엇인가 그 설명들만으로 채워지지 않는다고 느껴온 것 특히 단의 초기시의 인기와 관련하여 생각해 온 것의 정체는 바로 그 사랑의 시들의 배경에 깊게 깔려있는 종교성이다. 물론 여기서 말하는 종교는, 루돌프 오트(Rudolf Otto)가 말한, 우리의 일상의 존재들과는 다른, 위압적이며 외경스러운 힘과 비상하게 매혹시키는 힘으로 인간을 사로잡는, 일종의 다른 실재(an other reality)에 대한 믿음과(Berger 11), 그것에 근거한 교리나 신념의 체계 등을 가리키기보다는, 인류가 그 동안 믿어 온 이러한 신념의 체계가 송두리째 파괴되었던 세계 제2차 대전 이후의 정신의 황폐와 절망 속에서 새로운 생명으로 싹튼 현대의 진보 신학에 근거한 종교이다. 존 단이 21세기 속에 의미를 가지려면, 비록 역사나 정치의 상황이 변하였다 할지라도, 그가 17세기의 독자의 상상력에 미쳤던 만큼의 영향을, 비록 정도의 차이는 있다 할지라도, 21세기의 독자들에게 줄 수 있어야 하며, 그의 작품에 대한 연구가 계속 발표되고 있는 것은 바로 이러한 영향력의 웅변적 증거이다. 17세기의 존 단의 '사랑시'가 그 시대의 정치나 역사 그리고 신학과 분리될 수 없었던 것과 마찬가지로, 21세기에 있어서도 우리는 그의 작품과 오늘의 신학을 완전히 분리시켜 생각할 수는 없다. 왜냐하면 우리의 역사 속의 삶의 실존의 상황과 전혀 관련 없이 분리된 존 단은 우리에게 아무 의미도 없는 존재일 것이기 때문이다. 중요한 것은 17세기의 존 단의 시에 대한 새로운 신학에 근거한 접근이 그의 시의 해석에 새로운 지평을 마련해 줄 수 있느냐이지, 그의 시를 해석하는 도구의 시대적 일치나 불일치의 문제가 아니다.

Ⅱ

낡은 종교의 상징들을, 절망적 실존의 삶에 대한 의미 있는 긍정을 위하여, 현대인들의 이해에 조응하도록 새로운 존재의 차원으로 재해석하는 지난(至難)의 일에 몰두했던 혁명적 '철학적 종교'의 신학자인 폴 틸리히(Paul Tillich)는 종교에 대한 그의 유명한 실존적 정의에서, 기성종교에 대한 신앙의 유무에 관계없이 인간의 '궁극적 관심(ultimate concern)'이 인간에게 곧 종교라고 말한다(Tillich 1964, 7-8). 그는 "신앙이란 어떤 궁극적 관심에 사로잡힌 상태이며, 신(God)이란 이 궁극적 관심의 내용에 대한 명칭"(40)이라고 말한다. 이 궁극적 관심은 어떤 특수한 교리나 경전이 주는 표준에 따라야 하는 편파적, 조건적 관심이 아니라 다만 '궁극성(ultimacy)'이라는 표준에 의해서만 제한을 받는 무조건적이며 전체적인, 인간의 모든 유한성을 초월한 관심이다. 이러한 의미의 종교에서는 신은 이미 먼저 존재해 있어서 인간이 그것에 궁극적 관심을 갖는 것이 아니라, 무엇이든 시간과 공간을 초월해서, 무한하게 한 인간의 생명과 전 존재를 사로잡고 그것이 그의 삶을 지배하는 생명의 방향을 지시하며 그것에 대한 관심에서 생의 보람과 기쁨을 느낄 때 그것은 그에게 궁극적이 되며, 이 궁극적 관심이 곧 그에게 신이 된다(Tillich 1951, 211). 이것이 궁극적 관심의 본질인 신이 갖는 현상학적 의미이다. 따라서 이러한 의미의 종교는 어떤 특수한 집단이나 종파를 초월해서 '전인간'의 정신과 관계되는 것이다. 그러므로 누가 자기의 궁극적 관심을 성실히 추구하는 과정에서 그것에 대한 작품을 썼다면 우리는 그의 작품 앞에 '종교적'이라는 형용사를 붙일 수 있는 것이다. 우리가 존 단의 작품을 종교적이라고 말할 수 있는 이유도 여기에 있다.

그렇다면 정통적 가르침 속에 존재하는 종류의 권위주의적인 낡은 진리에 대하여 회의를 느끼고, 그것이 묻는, 사물의 인과법칙에 대한 왜(why)라는 질문이나 그 궁극적 원인에 대한 질문 대신에, 그 인과법칙이 이루어지는 세밀한 구체적 방식 곧 어떻게(how)에 대하여 더 깊은 흥미를 느꼈던 17세기의 과학적 지성(Willey 11-12)의 시대를 살았던 존 단의 궁극적 관심, 현대적 의미에서의 그의 종교는 무엇이었을까?

우리는 영국에서 반 가토릭(anti-Catholic)감정이 극에 달했던 시기에, 그가 오랜 로마 카톨릭 가정에서 태어났음을 알고 있다. 단이 불과 스물 한 살에 그의 동생 헨리(Henry)는 예수회 신부를 숨겨주었다는 죄목으로 투옥되었을 때 얻은 열병으로 죽었다(Broadbent 77). 옥스퍼드 대학에서 공부하였으나 그의 종교 때문에 단은 학위를 취득하지 못한 채, 옥스퍼드를 떠나야 하였다. 우리는 여기서 감수성이 예민하고 패기만만했던 젊은이가 겪어야 했던 깊은 슬픔과 절망, 삶에 대한 고뇌와 회의를 미루어 짐작할 수 있을 것이다.

이 무렵에 그는 신학에 대한 폭넓은 독서를 한 것으로 보인다. 카톨릭과 영국 국교(Church of England)사이에서 어떤 것이 진정한 종교인지를 결정하는 일은 그에게 더없이 중요한 일이었을 것이다. 그러나 정확하게 언제 그가 영국 국교회 쪽으로 기울게 되었는지는 명확하지 않다. 다만, 공직에도 취임하지 못하는 등의 많은 어려움에도 불구하고, 꽤 오랜 후, 깊은 연구와 고통 후에야 우리는 그가 영국 국교를 받아들인 것을 알고 있을 뿐이다. (1615년 그의 나이 마흔 넷에 그는 영국 국교의 수장인 제임스 1세에 의하여 영국 국교의 사제의 서품을 받게 된다.) 영국 국교를 수용하기까지의 고뇌와 회의가 얼마나 컸을까에 대하여 우리는 그저 짐작할 수 있을 뿐이다. 우리는 또 그가 스물 여섯에 겨우 얻은 대법관(Lord Keeper) 토마스 에거튼 경의 개인비서의 자리를, 3년 후, 열 일곱 살 연하의 에거튼 부인의 조카와의 비밀결혼으로 인하여 잃어버리고 투옥의 치욕까지 겪어야 했던 것을 알고 있다. 이 무렵 그는 비록 출판되지는 않았으나 자살의 합법성에 대한 논문—*Biathanatos*—을 집필하기까지에 이른다. 물론 이 논문의 발단이 핍박받는 예수회 신부들에 대한 동정에 있었다고는 하나(Coles 1), 그것이 그의 삶의 실존의 불행과 밀접하게 관련되어 있음을 아무도 부인하기는 어려울 것이다.

그가 긴 회의와 고통의 터널을 통과하면서 마음의 상처의 치유의 과정에서 얻게되는 지혜의 편린들은 그 당시 유행하기 시작했던 풍자시(satire)의 형식 속에 진한 흔적을 남기고 있다. 우리는 이 흔적 속에서 그의 궁극적 관심, 종교와 신에 대한 그의 생각을 엿볼 수 있다.

. . . 지혜롭게 회의하라. 낯선 방식으로
굳건히 옳은 것을 탐구하는 것은, 방황하는 것이 아니다.
잠드는 것, 그릇되이 나아가는 것이 방황하는 것. 거칠고 가파른,
높은 산 위에, 진리는 서 있나니, 진리에 도달하려는 자
길을 잃고 방황해야 하리, 방황해야 하리 . . .
어려운 행동은, 육체의 고통을 초래하며, 어려운 지식 또한
정신의 고통을 견뎌야 하리니, 신비는
태양처럼, 눈부시지만, 모두의 눈에 명백하다 . . .
어리석고 비참한 자여, 그대는 마지막 심판의 날에
그대의 영혼을 심판할 자격도 없는 인간의 법에
그대를 매어 두려는가? 오, 필립이, 그레고리가,
헤리가 아니면 마틴이 그대에게 이 법을
가르쳐주었다고 말한들 그대에게 무슨 소용이 있을 것인가? . . .[1]
한계가 지나고 나면, 권력의 성질과 이름은 변한다.
그 때 권력 앞에 몸을 낮추는 것은 우상숭배이다.
권력은 흐르는 물과 같다. 거친 물결의 조용한
머리에 피는 저 축복 받은 꽃들은, 번창하며 아름답게 핀다.
그러나 뿌리를 떠나고 나면, 그래서 물결의 포악한
광기에 스스로를 던지고 나면, 슬프게도,
물방아와, 바위들 그리고 숲들 사이를 지나면서, 마침내,
행로에서 소진되어, 바다에서는 사라지고 마는 것이다.
사람들도 그렇게 소멸할 것인데, 신 자신을 신뢰하기보다
신의 승인을 요구하는 인간의 부당한 권력을 더 선호하는구나.

—— 풍자시 Ⅲ, '종교'

. . . doubt wisely; in strange way
To stand inquiring right, is not to stray;
To sleep, or run wrong, is. On a huge hill,
Cragged and steep, Truth stands, and he that will
Reach her, about must, and about must go, . . .

Hard deeds, the body's pains; hard knowledge too
The mind's endeavors reach, and mysteries
Are like the sun, dazzling, yet plain to all eyes. . . .
Fool and wretch, will thou let the soul be tied
To man's law, by which she shall not be tried
At the last day? O, will it then boot thee
To say a Philip, or a Gregory,
A Harry, or a Martin taught thee this? . . .
Those passed, her nature and name is changed; to be
Then humble to her is idolatry.
As streams are, power is; those blest flowers that dwell
At the rough stream's calm head, thrive and do well,
But having left their roots, and themselves given
To the stream's tyrannous rage, alas, are driven
Through mills, and rocks, and woods, and at last, almost
Consumed in going, in the sea are lost.
So perish souls, which more choose men's unjust
Power from God claimed, than God himself to trust.

—— Satire Ⅲ, 'Religion'

단의 시의 많은 부분이 손으로 필사되어 가까운 사람들 사이에서 윤독되었다는 사실 때문에 이 작품의 제작 년대가 확실히 밝혀져 있지는 않으나 작품의 내용으로 보아 세상과 종교에 대한 그의 회의와 고통 그리고 방황이 어느 정도 정리된 상태에서 씌어진 이 작품은, 그가 자신의 종교 때문에 받은 엄청난 피해와 충격에도 불구하고 허무에 빠지거나 절망하고 있지만은 않았다는 것을 말해준다. 그리고 110행에 이르는 이 시 전체를 통하여 과거의 원한에 사무쳐 어떤 사람이나 관습을 맹렬하게 공격하고 있는 것도 아니다. 그는 이 시 전체를 통하여 종교에 대한 쉬운 해답을 추구하고 있지도 않다. 이 시는 현실의 종교에 대하여, 개인의 실존적 경험을 바탕으로 진지하게 고민하며 치열하게 회의하는 작가의 정신을 날카로운 지적 능력을 통하여 보여준다.

이 작품의 화자는 종교에 대하여 지혜롭게 회의하라고 말한다. 존 단처럼, 스스로 선택한 것도 아닌, 물려받은 종교 때문에, 공직 취임에서의 철저한 차별과 학위취득의 거절 그리고 가족의 죽음에 이르는 어려움을 겪게 되는 경우, 대부분의 사람들은, 물려받은 종교를 저주하거나 부모를 원망할 수 있으며, 아니면 이와 반대로 자신의 종교를 핍박하고 억압하는 힘 곧 영국국교나 국가를 원망하고 저주하며 스스로 파멸의 길을 걸을 수도 있다. 그러나 단은 이 시의 화자의 말을 통하여 지혜롭게 회의하라고 말한다. 원래 로마 가톨릭으로부터의 영국국교의 분리가, 16세기의 종교개혁의 열정에 의하여 이루어진 것이 아니고, 국왕 헨리 8세의 왕조계승의 적자(legitimate son)를 얻기 위한 재혼문제로 교황과의 사이에 생긴 다툼에서 비롯된 것인 만큼, 카톨릭과 영국 국교 사이에서 우위를 가리거나 어느 한 쪽을 선택하는 일은 존 단 같이 낭시 최고의 지성을 가진 양심적인 지식인에게도 쉽지 않은 문제였을 것이다. 자신과 가족을 억압했다고 하여 영국국교를 배척하는 일은 감정에 치우친 결단이 되었을 것이며, 물려받은 종교인 로마 카톨릭을 자신에게 손해를 입혔다는 이유만으로 배척할 수도 없었을 것이다. 두 종교의 다른 점은 당시로서는 표면상 교회의 수장(Supreme Head)이 교황과 영국의 국왕으로 구분되어 있는 것 뿐, 신앙의 대상이나 교리가 크게 다르지는 않았던 것이다. 개인의 양심에 비추어 결정해야 하는 두 종교 사이에서의 어느 한 쪽으로의 결단은 그래서 어려웠을 것이며, 존 단의 결단이 오랜 시일을 요하게 되는 것도 이와 무관하지 않았을 것이다.

더구나 단은 이 시의 전반부에 드러나 있는 것처럼, 종교에 대한 그의 회의의 과정에서 그에게 현안이 되었던 카톨릭과 영국국교만을 그의 탐구의 대상으로 한정하지 않고 있다. 그는 "Crantz"나 "Graius" 그리고 "Phrygius"와 "Graccus" 같은 상상적 등장인물을 통하여 각기 칼빈이 주도한 제네바의 장로회(Presbyterian), 국가가 실증하는 어떤 종교라도 믿는 이레스티안(Erastian), 회의주의자 그리고 만민은 결국 모두 구원된다는 보편구원론자(Universalist)를 대변하게 함으로써, 신학과 종교에 대한 탐험에서 그가 당시에 섭렵할 수 있는 모든 신학과 종교의 분파들을 탐구의 대상으로 분석하고 검토하였음을 보여준다. 여기서 우리는 그가 종교의 문제에 대하여 얼마나 신중하고 현명하게 접근하였는지 그리고 그것이 얼마나 신뢰할만한 것인지를 짐작해 볼 수 있을 것이다. 그러나 그는 이 시에서 어느 종교가 더 우월한지에 대한 명확한 판단을 드러내지 않고 있다. 사실, 고대철학에서 회의(doubt)라는 것은, 엿보다(auspähen), 정확하게 살피다(genau nachsehen), 구하다(suchen), 탐구하다(untersuchen)등을 뜻하는 말이다(Löwith 28). 그래서 회의하는 탐구자는 자신의 회의를 의심의 여지없이 씻어주는 것이 발견될 때까지는 탐구를 멈추지 않는다. 존 단은 성급하게 어떤 결론을 내리려하지 않고 진지하게 그의 탐구를 계속한다. 이러한 그의 회의의 관점에서 보면 그의 회의는 의심이 아니라 진리 탐구다. 그의 회의가 추구하는 것은 끝없이 꼬리를 무는 회의가 아니라 진리다. 그래서 그는 다음 구절에서 '진리에 도달하려고 하는 자는 방황해야 한다'고 말한다. 추호의 의심도 없는 진리를 찾기 위해서는 이 곳 저 곳, 여기저기를 육체와 정신의 고통을 감수하며 계속 방황하고 헤매어야 한다는 것이다. 진리가 있는 험하고 높은 산에 언제 어떻게 도달할 수 있을 지는 아무도 모른다. 우리는 그것을 다만 탐구하며 나아갈 수 있을 뿐이다.

그러나 한 가지 분명한 것이 있다. 그것은 진리라는 것이 인간이 만든 법칙에 매어있는 것은 아니라는 것이다. 그러므로 진리에 대한 자신의 선택이나 결단이, 이 시의 화자가 말하고 있는 것처럼, 어느 세속의 왕이나 권력자, 교황이나 개혁가의 의견에 따른 것이므로 잘못이 없다고 주장하는 것은 어리석은 일이다. 그러한 주장들은 각기 제 나름의 정당성을 가지고 있을 것이다. 그러나 그들의 교리나 주장은 모두 어느 시대나 장소라는 역사적 배경의 산물이다. 시대나 장소가 변하면 또 새로운 진리라고 외쳐대는 주장이 어느 누군가에 의하여 다시 선포될 것이다. 그러나 그러한 주장들은 잠시 '거센 물결의 조용한 머리에 핀 아름다운 물보라의 꽃처럼' 흘러가는 동안 희미해지고 흩어져서 마침내 스러져, 넓은 진리의 바다에서는 소멸되고 마는 것이다. 그러나 인간들은 영원히 소멸되지 않는 진리 곧 우리가 영원히 신뢰할 수 있는 진리인 진정한 신보다는, 결국 신이 그 진리의 신뢰성을 판단해 주어야 하는, 인간이 만든 세상의 법칙들에 더 미혹되며 그것들을 더 선호하고 있다고 이 시의 화자는 말하고 있다.

이러한 이 시의 결론은, 수많은 우수한 젊은 실업자들이 넘치고, 사회의 각 계급과 계층사이의 반목이 심화되고 환멸과 회의가 일반적 사회정서를 특징 지우던 소위 "제임스 1세 시대의 우울(Jacobean melancholy)" (Abrams Ⅰ, 1095)을 대변한다. 그러나 이러한 시대의 우울증 의하여 촉발된 '회의'와 '환멸'이 예민한 지성에 의하여 통어될 때에는 존 단의 '현명한 회의'에서 처럼 진리를 찾는 유용한 도구가 될 수도 있는 것이다.

우리는 지금까지 살펴 본 단의 시구에서 어렴프시나마 자코비앙 시대의 우울 속에 있던 존 단의 진정한 종교에 대한 단서를 유추해 볼 수 있다. 그 첫 번째 단서는, 당시에 일반인들이 믿고 있던 종교를 그가 크게 부정하고 있지 않다는 것이다. 이것은 그가 당시의 여러 종교의 주장들을 비난하거나 비평하는 입장에 서기보다는 그러한 종교의 교리나 주장이 각기 제 나름의 의미를 갖고 있음을 인정하고 있는 데서 확인되고 있다. 둘째는 그럼에도 불구하고 그가 인간이 만든 그러한 종교들 중의 어느 한 편에 서지 않고 시대와 장소에 따라 영원히 변하지 않으며, 모든 종교나 주장들을 더 높은 곳에서 판단해 주는 신, 인간이 진정으로 신뢰할 수 있는 신을 그의 궁극의 관심의 대상으로 상정하고 있다는 것이다. 물론 이러한 그의 궁극적 관심의 대상인 신의 구체적 성격에 대한 것은 제대로 시 속에 설명되어 있지 않다. 그러나 시 속에 드러난 내용을 토대로 하여 우리가 분명하게 알 수 있는 것은 그의 종교 곧 그의 궁극적 관심인 신은 어느 유한한 시대나 장소에 의하여 제한을 받지 않는 무제약적인 무한한 존재라는 것이다. 또 다른 한 가지는 그 신이 삶의 어떤 조건들에 의하여 수시로 변하는 가변적 존재가 아니라, 그러한 가변적 조건들을 넘어서는 존재라는 것이다. 그리고 단의 신은 세상의 인간들이 만들고 주장하는 여러 신들 위에서 그 신들의 주장을 판단해 주는 '신위의 신'이라는 것이다.

그런데 존 단의 궁극적 관심 곧 그의 종교와 신에 대한 생각은 현대의 폴 틸리히의 신에 대한 존재론적 개념과 놀랍도록 유사하다. 틸리히는 사람들이 그 동안 믿어 온 전지전능하며 동시에 자비로운 정통적 신에 대한 믿음이 사라진 세계대전 후의 세계의 정신의 공황 앞에서, 신을, 현대인들이 이해할 수 있는 철학의 존재론적 개념으로 바꾸어 정의하고 있는데 그는 신을, 모든 존재가운데 한 존재가 아니라 모든 존재를 가능하게 하는 "존재 자체" (Tillich 1951, 164 & 188-189) 라고 정의하고 있다. '존재 자체'란 무엇인가? '존재 자체'는 하나의 존재라는 말이 아니다. '존재 자체'는 모든 존재를 초월하며, '모든 존재의 총체'를 초월하는 개념이다. 틸리히는 '존재자체'의 성격을 그의 유명한 「조직신학(*Systematic Theology*)」의 제1권에서 이렇게 밝히고 있다.

> 존재자체는 유한과 무한을 초월한다. 그렇지 않다면 존재자체가 그것 외에 다른 것에 의하여 조건 지워질 것이다. 존재의 진정한 능력은 존재와 존재를 조건 지어주는 것을 넘어서 존재하는 데 있다(237).

틸리히는 또 그의 베스트 셀러 중의 한 권인 「존재에의 용기」(Courage To Be)에서 "존재에의 용기는 의심의 불안 속에서 신이 사라졌을 때 나타나는 신 속에 뿌리를 두고 있다(186)"고 말하였는데, 이 말은 그의 "신위의 신론(God above the God of theism)" (Wheat 1)으로 명명되어 그의 신학의 특질로 널리 알려져 있다. 틸리히의 '신위의 신' 이론은 앞에서 단(Donne)이 언급한 가톨릭이나 영국교도, 장로교 등의 모든 인간이 만든 종교 위에서 그 종교들을 판단하는 신의 개념과 그 기본정신에 있어 너무도 유사하다. 틸리히가 말한 '의심의 불안 속의 신'은 인간들의 관심의 대상이 되면서 동시에 각 종교 특유의 교리들을 가지고 인간들을 불안하게 만드는 세상의 무수한 종교의 신들을 가리킨다. 단이 언급한 이러한 신들 위에서 그들을 판단하는 신은 바로 틸리히가 의미하는 '신위의 신'과 근본에 있어 같은 것이다.

Ⅲ

그렇다면 이러한 추상적이면서 동시에 실존적인 존 단의 종교에 대한 이해는 틸리히의 종교와 관련하여 단의 시대와 우리의 시대의 실존에 어떤 의미와 의의를 지니는 것인가? 필자는 틸리히의 신으로부터의 인간의 소외의 신학과 사랑에 대한 그의 독특한 이론을 단의 초기의 사랑의 시와의 비교를 통하여 고찰함으로서 이것을 설명해 보려 한다.

오랫동안 서양인들의 정신을 지배해 온 기독교에서 원죄에 관한 교리는 근대에 들어오면서 과학의 발달과 이성에 근거를 둔 철학의 검토 그리고 기독교 자체 내의 합리적 경향의 비판을 받아 점차 그 구속력이 약화되어 왔다. 20세기의 현대신학은, 창세기 제 3장의 아담의 타락의 서사에 대한 지나친 축어적 해석으로 인하여 생긴 원죄의 교리가 오히려 기독교에 해를 끼쳤다고 보고 있다(Tillich 1957, 38). 극단적으로 보수적인 일부 교파를 제외한 대부분의 현대 기독교 신학자들은 이제 창세기의 이야기를 "보편적 인간상황에 대한 상징"(29)으로 해석하고 있는 것으로 보인다. 폴 틸리히는 '아담의 타락'의 상징의 보편적 의미를 설명하기 위하여 타락(fall)이라는 표현 대신에 '본질에서 실존으로의 전이(transition from essence to existence)'라는 말을 사용하고 있다. 이 때 'essence'는 타락이전의 '인간의 본질적 성질을 나타내는 말이며, 신화에서는 황금시대 또는 낙원이라는 말로 상징되고 있는 인간의 실존 이전의 상태를 상징하는 말이다. 이 상태는 가능성의 상태이지 실제의 상태는 아니며, 어떤 장소와 시간을 초월한 초역사적 상태이다. 'Existence'는, 인간이 본래 속해있던 'essence'의 상태에서 분리되어 삶의 현실을 경험하고 그 경험의 결과에 대한 책임감과 도덕적 죄책감을 느끼게 되는 상태를 상징한다. 따라서 '본질에서 실존으로의 전이'라는 말은 인간이 본래 속해 있던 무구한 존재의 상태에서 소외되어(isolated) 죄악감을 느끼는 상태로 분리되는 상황을 의미하는 것이며, 성경 속의 타락이 상징하는 바는 바로 이러한 '보편적인 인간 상황'인 것이다. 만일 아담의 죄가 축어적 해석에 따라 그 이후의 모든 인류에게 미쳐 모든 인간의 죄의 근원이 된다면, 우리는 인간의 시조인 아담에게서, 신과 인간이 구별되는 저 운명적 특질 곧 '인간의 생명과 자유의 한계성'을 제거해 버리는 셈이 된다. 왜냐하면 인간은 자기 삶의 시간과 한계를 초월해서 누구나 무엇의 근원이 될 수는 없기 때문이다. 모든 정신적 육체적 존재의 근원이 될 수 있는 것은 오직 신 뿐인 것이다. 그러므로 아담의 죄가 모든 인류의 죄의 근원이 된다면 아담은 인간이 아니고 신이 되는 셈이다. 아담은 인간이며 인간의 한계를 벗어날 수 없다. 그는 'essence' 상태의 인간 곧 본질적 인간(essential man)으로 이해되어야 하며, 본질에서 실존으로의 전이의 상징으로 이해되어야 한다. 따라서 원죄는 유전되는 죄의 원인이 되는 죄이거나 유전되는 죄가 아니며, '본질에서 실존으로의 이탈' 또는 소외라는 모든 인간에게 관련된 공통운명의 상징이다(29-56).

하지만 실존의 상태는 본질로부터의 소외의 상태이다. 실존의 상태에서의 인간은 존재의 근원인 신으로부터, 다른 존재들로부터 그리고 자기자신으로부터 분리된다. 본질에서 분리된 인간은 깊은 죄책감에 사로잡히게 되며, 소외상태 속의 인간은 죽음과 같은 고독과 끝없는 방황 속에 빠지게 된다(39-45). 그러므로 인간 실존의 가장 절실한 욕구는 이러한 분리상태 곧 소외를 극복하고 자신의 개체적 생명을 초월해서 분리된 것과 재결합하려는 욕구이다. 이 "재결합의 욕망은 모든 사랑의 필수 불가결한 요소이다"(Tillich 1951, 280). 그래서 프롬(Erich Fromm)은 분리된 것의 융합의 달성 곧 사랑을 인간 실존의 문제에 대한 해답으로 제시한다(7). 존 단의 초기 시는 분리되어진 소외의 상태를 그의 시대의 다른 어떤 시인보다 절실하게 느낌으로써 시작하여, 이 소외를 극복해주는 결합과 화합의 힘으로써의 사랑을 깊이 인식하는 창작의 과정을 통하여 점차 원숙한 경지로 나아가는 것으로 보인다.

존 단의 초기의 '사랑시'는 엘리자베스 시대의 사랑시와는 여러 가지 점에서 상당히 다르다. 물론 사랑을 표현하는 방식에 있어서도 현저하게 다르지만, 가장 두드러지게 다른 점은 존 단의 시가 끊임없이 그리고 거의 예외 없이 상대와의 결합을 직접 또는 간접으로 절실히 추구하는 주제를 다루고 있다는 것이다. 정신과 육체의 동시적 결합은 그의 모든 사랑시를 관통하는 대주제이며, 그러한 주제를 다루지 않는 시라 하더라도 최소한 육체와 정신 중 어느 한 쪽의 결합이 시의 주제로 암시되거나 시의 표면에 드러나 있다. 셰익스피어의 쏘네트를 비롯한 엘리자베스 시대의 사랑시 뿐 아니라 같은 시대의 엔드류 마블(Andrew Marvell)조차도 사랑하는 대상의 육체의 아름다움에 대하여 고도로 장식된 언어를 통하여 찬양을 아끼지 않는 상황에서도, 단은 거의 그러한 시를 쓰지 않고 있다. '동 틈(Break of Day)'같은 노골적인 구애의 시에 있어서 조차 그는 남녀 사이의 육체의 결합을 방해한다는 이유로 남성의 일까지도 사랑을 그르치는 가장 나쁜 병으로 지적하고 있다.

'별똥을 잡아라(Go and Catch a Falling Star)'에서 결합에의 갈망은 '정숙하면서도 아름다운 여자는 없다'는 억지 속에 깊이 숨어있다. 아름다우면서도 정절을 지키는 일은, 그 일이 설사 미인에게 추근대는 남자들 때문에 어렵다 할지라도 얼마든지 있을 수 있는 일이다. 그러나 시 속의 화자가 그런 여자란 굳이 있을 수 없다고 기발한 유추를 동원하여 부정하는 것은, 아름다우면서도 정절을 지키는 여자와의 결합을 그가 간절히 원하고 있음을 반증하는 동시에, 그가 '아름다움(fair)'을 통해 암시하는 '남녀의 육체적 결합' 없는 사랑은 온전한 것이 될 수 없음을 강하게 암시하는 것이다. 물론 이 때의 결합은 '정절(true)'에 의해 암시되는 정신의 결합을 전제로 하는 것이다.

'벼룩(The Flea)'에서 화자가, 벼룩이 빨아 마신 작은 피 한 방울을, 정교하면서도 교묘한 방식으로 사랑하는 남녀의 완전한 결합의 증거로 제시하는 이유는 무엇인가? 그것은 화자가 과장되었으나 하찮은 증거를 통해서라도 상대와의 완전한 결합을 이룬 것을 오차 없이 확인하고 싶기 때문이다. 벼룩이 빨아먹은 피 한 방울은 상대방이나 화자의 몸 속에서 아무 것도 아닌, 있어도 없어도 무방한 의미 없는 것이다. 그것은 언제든지 부정될 수 있는 우스개 거리에 불과할 수도 있다. 그러나 그것을 통해서라도 화자는 자신이 상대방과 결합되는 것을 간절히 소망하고 있는 것이다. 이 결합에의 열망이 바로 이 시의 핵심이다. 그것은 절망적인 사랑에의 갈망이다.

'새 아침(The Good Morrow)'에서 사랑으로 인하여 생긴 결합은, 그것 없이는 화자의 삶이 철이 없는 어린아이의 삶이 되거나, 187년간이나 의식 없이 잠들어 있던 동굴 속의 젊은이들처럼 되고 마는, 그래서 그의 삶의 무게와 질을 보증해 주는 끔직이 중요한 어떤 것이다. 이 완전한 결합만 있다면 두 연인이 있는 작은 방은 온 세계가 되고 신세계의 탐험이 주는 명예와 부는 화자에게 없어도 무방한 것이다. 서로 동등하게 사랑하여 하나로 결합될 수만 있다면 두 사람은 약해지거나 죽지도 않을 귀한 힘을 갖게 된다고 화자는 믿고 있는 것이다. 이 때 두 사람은 서로에게 추위도 어둠도 주지 않는 최상의 반구(hemisphere)가 된다. 이렇게 완전한 결합은 화자에게 확실한 의미에서 세상의 무엇과도 바꿀 수 없는 강렬한 희망의 대상이다.

그의 가장 많이 읽히는 쏘네트 '내 가슴을 치소서(Batter My Heart)'도 깨어지고 날려가고 태워지더라도 신과 하나가 되어 새로워지고 싶어하는 화자의 욕망을 열정적으로 묘사하고 있다. 시의 주인공은 죄의 사슬로부터 이혼 당하고 풀려나 깨어져 신의 사랑의 감옥에 투옥되고 싶다. 신과 결합할 수만 있다면 자유를 박탈당하고 그래서 노예가 되고 능욕 당할지라도 화자는 개의치 않을 것이다. 신과의 결합의 이러한 절실한 욕구는 그가 신을 지독히도 사랑하기 때문이다. 신과의 결합만이 그를 순수하게 정화시킨다고 화자는 믿고 있다. 이 시는 세속의 차원과는 다른 신과의 결합에의 갈망을 표시하고 있으나, 본질로부터 소외된 인간은 자신도 의식하지 못하는 사이에 본질인 신과의 강렬한 결합을 소망하게됨을 강렬하게 암시한다. 그러나 이러한 희망은 결합 후의 어떤 이득이나 영광을 바라는 계산된 결합이 아니다. 그것은 소외된 자의 근원을 향한 본능적 지향성의 결과이다.

'떠오르는 태양(The Sun Rising)'에서도, 여성인 대상과의 결합의 상징인 방의 침대는 온 세상의 권력과 영광 그리고 명예가 모두 집결되어 있는 전 세계이다. 그녀와 비교하면 세상의 모든 명예도 모방에 불과하며 모든 부도 모조품에 불과하다. 태양이 지닌 행복도 두 사람의 결합이 주는 행복에 비하면 그 절반에 불과하다. 온 세상을 덥혀야 하는 태양의 임무는 두 사람을 덥히는 것으로 완성된다. 왜냐하면 두 사람의 결합의 장소가 바로 온 세계의 축도이기 때문이다. 그녀는 화자의 전 세계이고 둘의 결합의 장소인 침대는 태양의 궤도의 중심이고, 이 침대가 있는 방의 벽은 바로 태양의 경계이다. 화자가 이러한 생각을 가질 수 있는 것은 두 사람의 결합이 상징하는 사랑이 이 세상의 어느 가치보다 우위에 있다고 생각하기 때문이다. 그리고 이 사랑은 분리된 것의 본질에의 통합의 절실한 욕구와 깊이 상관되어 있다.

그렇다면 존 단의 시에 나타나는 결합에의 강렬한 갈망은 어디서 비롯되는 것일까? 그의 아버지는 그의 나이 불과 네 살에 세상을 떠났다. 어머니가 생존해 있었지만 아버지가 주는 무게만큼의 정서적 안정감이나 평안을 모두 주기에는 충분하지 못했을 것이다. 그리고 그가 믿었던 가톨릭의 당시의 영국 국교에 대한 상대적 연약성이 주는 불안감, 동생의 죽음이 주는 커다란 상실감, 투옥의 경험이 안겨 주었을 지독한 소외감, 나이 어린 신부와 큰 재산도 없이 직장에서 쫓겨났을 때의 적막감, 점차 늘어나는 아이들을 홀로 보살펴야 하는 무거운 책임이 주는 중압감, 아마 이러한 것들이 그에게 심한 소외감을 안겨 준 원인들로 작동했음을 짐작해 볼 수 있을 것이다. 다른 한 편 어려운 정신의 상황에서 그가 읽었던 신학이나 의학 그리고 고전의 지식들이 인간의 근원적 외로움에 대한 그의 인식을 더 심화시킴으로써, 외적으로 드러난 전기적 사실들이 보여주는 물리적 심리적 소외감과 어울려 인간의 본질적 소외감에 대한 그의 감수성을 더욱 예민하게 세련시켰을 수도 있다. 그러나 분명한 것은 그의 '사랑시' 속에 남녀간의 결합에의 욕구가 절실하게 드러나 있다는 것이며 이러한 경향은 그의 대표적인 '사랑시'인 '황홀(The Ecstasy)'이나 '고별시, 슬퍼함을 금함(A Valediction: Forbidding Mourning)' 또는 '성 루시일의 야상곡, 연중 가장 짧은 날(A Nocturnal upon St. Lucy's Day, Being the Shortest Day)' 속에도 뚜렷이 드러나고 있다.

'황홀'에 나타난, 남녀간의 사랑에 있어 영혼과 육체의 동시적 결합의 필연성에 대한 논증(argument)은 영시의 역사에 전례가 없는 치밀성을 보여주고 있다. 인간은 영혼과 육체의 합으로 이루어져 있기 때문에, 영혼만의 결합이 아무리 식물을 접붙인 것처럼 빈틈없고 온전하다 하더라도 그리고 그 결합으로 인하여 두 영혼이 '더 능력 있는 영혼(abler soul)'으로 거듭난다 할지라도 그것은 절반의 성공밖에 되지 못한다. 육체보다 영혼의 결합을 중시하는 것은 고금동서의 인간의 역사에서 모두 공통된 현상이다. 그러나 영혼만의 결합은 눈에 보이지 않는다. 적어도 남녀간의 손의 맞잡음, 입술의 접촉 등의 육체의 만남이 없으면 아무도 영혼의 결합을 완전하게 증명할 수 없다. 그래서 이 시의 화자는 육체를 '영혼 속에 생긴 사랑의 신비가 기록되는 책'이라고 말한다. 기독교에서 말하는 성령(Holy Spirit)의 활동도 그것이 인간의 실존의 구체적 삶 속에 활동한 기독교의 경전 곧 성서의 기록이 없다면 아무도 그것에 관하여 설득력 있는 증명을 할 수가 없을 것이다. 그래서 이 시의 화자는 사랑하는 남녀의 영혼의 결합을 지켜 본 사람조차 더 순수한 '승화물(concoction)'을 얻어가도록 정화시키는 두 영혼의 온전한 불변의 결합에 대하여 이야기 한 뒤, 놀란 듯 다음과 같이 말한다.

> 하지만 오, 왜 이렇게 오랫동안 이렇게 멀리
> 　우리는 우리의 육체를 버려두었단 말인가?
> 육체는, 비록 우리는 아니지만 우리의 것이다.
> 　우리는 천사이고 육체는 천사가 사는 천계(天界)이다.

> But, O alas! so long, so far
> 　Our bodies why do we forbear?
> They are ours, Though not we; we are
> 　Th'intelligences, they are sphere.

'We'는 영혼에 의해 그 정체성을 갖는, 생각하는 우리이며, 육체는 이 생각하는 우리의 소유이다. 영혼과 육체의 관계는, 영혼이 천사라면 육체는 천사가 사는 천상의 영역이 되는 필연적 관계이다. 천사가 없이 천계가 있을 수 없으며 천계가 없이 천사가 존재할 수 없는 것은 당연한 이치이다. 영혼과 육체는 이렇게 서로를 지탱해 주는, 어느 한 쪽이 없이는 다른 한 쪽도 존재할 수 없는 필연적 관계 속에 있다. 이들이 동등하게 결합되지 않는다면 인간의 생명은 없을 것이다. 그러므로 영혼과 떨어진 육체는 끊임없이 온전한 존재를 위해 영혼과 다시 결합되기를 갈망하며, 육체와 동떨어진 영혼은 육체와 다시 결합되기를 간절히 소망한다. 이러한 영혼과 육체의 관계는, 어떤 의미에서, 폴 틸리히의 소외의 신학에서 말하는 본질인 'essence'와 본질로부터 이탈되어 분리된 실존 곧 'existence'의 관계와 유사하다. 본래 하나로 있었기 때문에, 서로 분리된 상태에서는, 의식하지 못하는 상태에서도 분리되기 전의 본래의 상태로 재결합하기를 갈망하는 것이다. 왜냐하면 이 결합이 없이는 영혼과 육체는 모두, 결핍의 상태 속에서, 온전한 역할을 수행할 수 없기 때문이다. 그래서 이 시의 화자는 다음과 같이 노래한다.

우리들의 피가, 할 수 있는 한,
    영혼같은 정신을 낳으려고 노력하듯,
왜냐하면 그 손가락이, 우리를 인간으로 만드는
    교묘한 매듭을 짜야하기 때문에.

그렇게 순수한 연인들의 영혼은
    감각이 닿아 이해할 수 있는
감정과 행동으로 내려가야 한다
    그렇지 않다면 위대한 왕이 감옥에 갇힌 셈.

As our blood labours to beget
    Spirits, as like souls as it can,
Because such fingers need to knit
    That subtle knot which makes us man:

So must pure lover's souls descend
    To affections and to faculties,
Which sense may reach and apprehend
    Else a great prince in prison lies.

당시의 의학은 피가 정신(spirits)을 만들고, 정신은 영혼과 육체를 결합시킨다고 생각하였다(Willy 28). 그렇게 함으로써 우리는 온전한 생명을 지닌 인간이 되는 것이다. 정신이 영혼과 육체를 결합시켜 완전한 인간을 만들기 때문에 눈에 보이는 물리적인 피가 어쩔 수 없이 보이지 않는 정신을 만드는 것처럼, 보이지 않는 우리의 영혼은 영혼이 온전하게 활동할 수 있도록 눈에 보이는 애정의 감정이나 애정의 행동이 드러나는 육체 속으로 들어가야 한다. 영혼이 육체를 통제하는 경우, 영혼은 감옥에 갇힌 왕처럼 아무 것도 할 수 없는 존재가 된다. 그러므로 서로 분리된 영혼과 육체는 본능적으로 간절히 결합을 원하며, 이 결합에의 욕망은 바로 사랑의 필수 불가결한 요소인 것이다.

'고별시'는 단이 그렇게 깊이 갈망했던 사랑의 이상적인 형태를 보여준다.

그러므로, 하나인, 우리들의 두 영혼은
  비록 내가 가야할지라도, 아직은
단절이 아니라 확장을 겪게되오,
  공기처럼 엷게 두들겨진 금박처럼.

Our two souls therefore, which are one,
  Though I must go, endure not yet
A breach, but an expansion
  Like gold to airy thinness beat.

진실로 사랑하는 사람들의 영혼은 설사 육체적으로 잠시 헤어진다 할지라도, 죽기 전에는, 서로 갈라져 관계가 단절되는 것이 아니라, 마치 엷게 두들겨진 금박처럼 깨어지지 않고 더 넓게 퍼

져나갈 뿐이다. 금은 순수할수록 더 엷게 펴지는 전성(malleability)을 가지고 있다. 두들겨 진다는 것은 시련을 당하는 것을 상징한다. 그리고 공기는 아무리 떼어놓으려 해도 저절로 다시 화합하는 성질을 가지고 있다. 단이 이 시의 화자의 입을 통하여 희망하는 진정한 사랑은 아무리 시련을 당하여도, 시련을 당할수록 깨어지지 않고 더 넓어져서, 마치 공기처럼 무엇의 힘으로도 분리할 수 없이 결속되는 사랑이다. 떼어놓을 때마다 그 본래의 성질에 의하여 곧 다시 재결합하는 불가분의 사랑이 이 시의 화자가 역설하는 진정한 사랑이다.

다음에 곧 이어지는 콤파스의 두 다리의 비유는 더욱 정교하고 세밀하게 사랑을 과학적 치밀성과 밀도를 가지고 깊이 조명해 주고 있다.

그리고 그것이 비록 중심에 위치하지만
　다른 다리가 멀리 방황할 때면
그것은 몸을 기울여 다른 다리를 향해 귀 기울이며
　그것이 집으로 돌아올 때, 곧게 선다.

당신도 나에게 이와 같으리, 다른 다리처럼
　비스듬히 달려야 하는 내게.
당신의 확고함은 나의 원을 바르게 만들며
　내가 시작한 곳에서 끝나도록 해준다.

And though it in the center sit,
　Yet when the other far doth roam,
It leans, and hearkens after it,
　And grows erect as that comes home.

Such wilt thou to me, who must
　Like the other foot, obliquely run;
The firmness makes my circle just,
　And makes me end where I begun.

콤파스의 두 다리는 비록 겉으로는 딱딱해 보이지만 두 다리의 작용을 주의 깊게 관찰해 보면, 깊이 서로 배려하는 두 연인 사이의 관계를 너무도 훌륭하게 구현해주고 있다. 여성을 상징하는 중심에 있는 안쪽 다리는 다른 다리가 멀리 방황하며 헤맬 때, 가운데 가만히 부동의 자세로 있는 것이 아니라, 정숙한 여성의 몸가짐처럼 조용히 그 쪽을 향하여 마음과 몸을 기울이며, 배회하는 다른 다리를 향해 귀를 기울인다. 그리고 다른 다리가 방황을 끝내고 돌아올 때는 똑같이 돌아와 곧게 선다. 이 때 중심에 위치한 다리의 움직임의 속도는 항상 밖의 다리가 움직이는 속도에 정확하게 비례한다. 이보다 더 절묘한 사랑의 논증이 어느 나라의 시에 있었던가. '새 아침'의 마지막 부분에 묘사된 것처럼, 서로 사랑하는 두 사람이 똑같은 비례로 사랑한다면 두 사람은 약해지거나 죽는 일이 없다고 그 시대의 사람들은 믿었다. 이러한 사랑은 서로 사랑하는 두 사람에게 그 사랑으로 인하여 영원성을 획득하게 하는 사랑이다. 안 쪽의 중심에 있는 다리가 확고하게 버티고 있으므로 밖의 다리가 만드는 원은 바르게 그려질 수 있으며, 바로 시작한 곳에서 끝나게 함으로써, 바른 원으로 상징되는, 처음과 끝이 같은 완전하고 영원한 사랑을 이루게 한다. 이러한 사랑을 하는 두사람은 서로에게 삶의 안정의 근원이 되어준다. 이 시를 읽으면서 우리가 느끼는 것은, 이 시의 작자인 단이 얼마나 깊이 온전한 사랑의 중심, 영원히 변하지 않는 존재의 본질을 갈망하였는지에 대한 절실한 공감적 이해이다. 그리고 이러한 갈망이 오직 단만의 것이 아니라, 이 시를 읽거나 읽지 않는 모든 인간의 진지한 갈망이라는 깊은 동정이다.

'성 루시일의 야상시'에는 결합에 대한 강렬한 갈망이, 사랑을 잃었을 때의 연인의 마음의 절망을 묘사하는 가운데 역설적으로 뚜렷이 드러나고 있다.

> 모든 다른 것들은, 모든 것으로부터, 이로운 것을 뽑아낸다.
> 거기서 그들의 존재가 생겨나는, 생명이나 영혼, 형태나 정신을;
> 　나는, 사랑의 증류기에 의해, 무(無)인 모든 것의
> 　무덤이 되었다.

> All others, from all things, draw all that's good,
> Life, soul, form, spirit, whence they being have;
> 　I, by love's limbeck, am the grave
> 　Of all that's nothing

나 이외의 다른 모든 것들은 그것들의 존재를 구성해 주는 생명이나 영혼, 몸의 형태나 정신등 이로운 것들을 모든 사물들로부터 끌어내어 스스로를 개체적 생명으로 갖추어 가지만, 연인이 죽어버린 나는 모든 허무와 무(無)가 잠들어 있는 무덤처럼 아무 것도 할 수 없는 존재가 되어버렸다. 이것은 지독한 자기 정체와 존재의 부인이다. 생명 있는 것들의 무덤이 아니라, 모든 무(nothing)인 것들의 무덤이 되었다는 것은 사랑을 잃은 화자의 끝간데 없는 절망의 깊이를 이중으로 강조하고 있다. 화자는 사랑하는 사람을 잃은 자신을 '태양조차 거기서 다시 소생하지 못할 무'로 표현

했다. 태양은 모든 생명과 에너지의 근원이다. 태양조차 소생할 수 없다는 것은 생명의 에너지가 모두 소진되었다는 것을 의미한다. 화자가 자신이 사랑의 증류기에 의하여 그렇게 되었다고 말하는 것은 사랑에서 삶의 가장 귀중한 것을 얻을 것으로 확신하고 사랑의 진수를 찾기 위하여 계속 노력하였으나, 사랑의 대상이 세상에서 사라짐으로써 스스로 무가 죽어 묻히는 어두운 무덤이 되어버렸음을 암시하는 것이다. 화자는 더 교묘한 수사를 동원하여 사랑을 잃어버린 절망의 상태를 묘사한다.

그러나 나는 그녀의 죽음 때문에 (이 말은 그녀에게 그릇되지만)
첫 번째 무의 핵심이 되었다;
  내가 인간이라면, 나는 내가 인간이라는 것을
  알아야 하는데; 내가 만일 어떤 짐승이라면
    어떤 목적이나 어떤 수단을
선택해야 하며; 그래 식물을, 또는 돌을 싫어하거나
사랑해야 한다; 모든 것은 모든 것에 어떤 특성을 부여한다;
만일 내가 그림자처럼 어떤 일상의 무라면,
여기서 어떤 빛과 형체가 있어야 한다.

But I am by her death, (which word wrongs her)
Of the first nothing, the Elixer grown;
  Were I a man, that I were one,
  I needs must know; I should prefer,
    If I were any beast,
Some ends, some means; Yea plants, yea stones detest,
And love; All, all some properties invest;
If I am ordinary nothing were,
As shadows, a light and body must be here.

물론 화자의 마음 속에는 아직 그녀에 대한 추상이 생생히 살아있어 그녀를 죽었다고 말하는 것은 잘못된 것이지만, 하여튼 그녀는 죽어 눈에 보이지 않으므로, 내 마음은 무중에서도 가장 무기력한 첫 번째 무의 상태로 되고, 그 중에서도 그 첫 번째 무의 핵심이 되는 무가 되는 절망의 상태 속에 있다. 스스로가 인간이라면 자신이 인간이라는 것을 인식할 수 있어야 하는데, 그녀의 죽음으로 타격을 받아 화자는 스스로가 인간인 것을 인식조차 못하고 있다. 만일 또 어떤 짐승이기라도 한다면 생명으로 살아나갈 어떤 목적이나 수단을 선택하며, 무엇을 싫어하거나 좋아하며 살아가야 할텐데 현재의 자신에게는 그러한 선택의 의지나, 무엇을 싫어하고 좋아할 의식조차 없다. 모든 것들은 모두에게 부여된 저 나름의 특성이 있다. 화자가 그림자 같은 무라해도 그 그림자는 그림자를 만들어 내는 특성인 빛과 형태가 있어야 한다. 그러나 지금 화자에게는 그것조차 없다. 사랑에 너무 많은 것을, 생명을, 의지를, 모든 활기를 걸었었기 때문에 사랑이 사라진 지금 화자에겐 어떤 의식의 편린조차 남아 있지 않다. 이러한 화자의 마음의 상태는 주인공이 얼마나 많고 높고 큰 것을 사랑에 의지하였는지를 너무도 확연하게 보여준다. 이러한 사실은 이 시의 화자가 지닌 사랑에의 깊고 끈질긴 천착과 기대를 분명하게 우리에게 보여준다. 존 단이 이렇게 깊게 사랑에 천착하는 것은 그가, 우리의 실존에서 사랑이 얼마나 의미심장하고 소중한 것인지를 깊이 인식하고 있었다는 증거이다. 그렇지 않다면 지금까지 우리가 고찰해온 시작품들 속에 드러나는 결합과 화합에의 갈망 곧 융합에의 강렬한 집착이, 그렇게 교묘하고 심각한 문맥과 시적 상황 속에 포착되지 않았을 것이다.

Ⅳ

지금까지 우리는 인간의 실존의 절실한 소외를 극복해 줄 힘으로써의 사랑의 주제를 계속해서 추구해 온 존 단의 초기의 사랑시를 고찰하였다. 이 과정에서 우리는 그의 사랑시의 독창적 성격이, 서로 성이 다른 남녀의 결합이나 영혼과 육체의 결합에의 진지한 갈망을 넘어선, 본질(essence)에서 분리된 실존(existence)의 본능적이고 불가항력적인 본질과의 재결합에의 갈망의 속성을 지니고 있음을 이해하게 되었다. 우리는 이것을 폴 틸리히의 소외의 신학과 관련시켜 단의 사랑시의 종교적 성격이라고 규정해보려 한다. 이러한 규정이 타당성을 가질 수 있는 것은 단이 그의 시에서 보여준 상반되는 성으로서의 남성과 여성, 서로 다른 영혼과 육체의 결합 곧 사랑이 단의 실존에 있어서 그의 궁극적 관심이 되고 있는 것이 그의 시에 대한 고찰에서 뚜렷하게 드러나고 있기 때문이다.

단의 사랑시의 종교성에 대한 이러한 탐색이 우리에게 의미를 갖는 것은, 화해할 수 없이 상충되는 이해들이 서로 끊임없이 반목하며, 서로의 관계가 질서 있게 정리되지 못한 다양한 가치들이 서로 마찰하고 충돌하며 인간과 인간, 계층과 계층 사이에 해결할 수 없는 불화를 양산하고 있는 21세기의 혼란의 와중에서, 그것을 해결할 수 있는 해답이, 모든 조건들을 철회하고 자신의 가치들을 희생함으로써만 이루어지는, 무조건적인 결합 곧 사랑에만 있음을 우리가 거듭거듭 확인하고 있기 때문이다. 비록 읽기가 쉽지는 않으나 존 단의 '사랑시'는 오늘의 독자에게도 매력과 흥미가 있으며 재미있게 읽히고 있다. 이러한 그의 시를 읽음에 있어 우리가 이 글에서 고찰한 '사랑시의 종교성'을 염두에 두고 읽을 수 있다면, 우리는 서로 충돌하는 다문화(multiculture)시대인 21세기에 있어서도, 17세기에 씌어진 시로부터, 현대의 실존의 고통을 견뎌낼 수 있는 힘을 얻어낼 수 있는 것이다.

21세기의 복잡한 후기 산업사회에서 모두가 갑자기 서로 사랑하는 것을 기대할 수는 없다. 아무래도 인간들은 그리고 인간들이 모여 만드는 제도는 완전할 수 없고 그래서 서로 불만을 가질 수밖에 없으므로 완전한 사랑이란 불가능하거나 기대할 필요조차 없다고 말하는 회의론자들도 있을 것이다. 더구나 모두가 같이 서로 사랑하도록 노력하자는 말은 허공에 울리는 메아리일 수밖에 없다고 생각할 수도 있을 것이다. 그러나 "밀턴이 그린, 아담과 이브가 만드는 사회에 대한 묘사가 확연하게 보여주는 것처럼, 남자와 여자 사이의 관계는 인간 사회의 기본단위를 구성한다" (Guibbory 26). 우리 각기의 남자와 여자가 세상의 화해와 융합을 위하여 서로 먼저 자신이 가진 것을 주고 사랑하기로 한다면, 세계의 사랑은 이미 시작된 것이다.

제4장
조지 허버트의 종교시에 나타난 보편적 의식

I

조지 허버트(George Herbert)가 시를 쓰던 시기는 르네상스적 인본주의의 전통과 종교개혁의 신학이 합류하는, 문학사상 아주 중요한 순간이었다. 창조적 지성이 활짝 날개를 편 이 시기는 무엇에나 질문을 던질 수 있는 특별한 분위기를 형성하고 있었으며, 그래서 성스러운 담론의 권위에 대하여 뿐 아니라, 시 자체의 타당성에 대하여도 의문이 제기되던 시대였다. 1530년대에 영국에서 처음으로 히브리어나 그리스어로 된 성경을 영어로 번역했던 윌리암 틴달(William Tyndale)조차도 시인이란 말을 욕으로 사용할 정도로, 종교개혁의 신학자들은 문학에 대하여 적대적이었고, '인간이 언어의 껍질(husk)에 사로잡히면 진리의 핵심(kernel)을 놓칠 수 있다'는 생각이 상류사회를 지배하고 있었다(Clarke 1).

그리고 문학의 언어는 바로 이 표피적 언어의 대명사였다. 허버트의 시가 그의 사후에 출판된 것도 이러한 사회의 분위기와 전혀 무관하지는 않을 것이다.

그래서 허버트의 선배 시인이었던 필립 시드니(Philip Sidney)는 그의 유명한 『시를 위한 변명(*An Apology for Poetry*)』에서 시에 대한 청교도들의 공격에 대항하여 그때까지 축적된 모든 학문의 지식을 동원하여 시의 역사적, 철학적, 도덕적 당위성을 증명하려고 온 힘을 다하여야 했으며,[1] 허버트는, 결과적으로, "'선량한 사람들'이 품고 있던, 시가 '악마의 언어나 창조물'이라는 생각을 바꾸게 한 시인들 중의 한 사람"(Clarke 7-8)이 되는 일을 해야 했다.

문학이 그 시대의 도덕이나 철학 또는 특별히 종교와의 관계에서 대립적인 이항(異項)이 되어 핍박의 대상이 되는 경우를 우리는 플라톤 이래의 서양의 문학사를 통하여 익히 알고 있으나, 허버트의 경우처럼 사제로서 진지한 종교시를 씀으로써 시에 대한 일반 종교인들의 평가를 우호적인 방향으로 교정하였을 뿐 아니라, 그 시가 편향적인 종교의 울타리를 뛰어넘어 일반성과 보편성을 획득함으로써, 비판적 논리가 아니라 순화된 감성을 통하여 문학과 종교의 거리를 단축시킨 시인을 별로 알지 못하고 있다. 어쩌면 그의 시를 통하여 17세기는 문학과 종교가 그 본질에 있어 대립되는 이항이 아니라, 인간이 오랜 역사를 통하여 지속적으로 추구해 온 인간의 궁극의 문제에 대한 관심의 다른 표현에 불과한 것임을 어렴프시나마 깨닫게 되는 것이다. 그래서 20세기의 T. S. 엘리엇은 허버트의 시집 『성전(*The Temple*)』을 단(Donne)의 종교적 시들을 모두 합한 것보다 더 중요하다고 말했던 것이다(Clarke 20). 그의 놀라운 성취의 핵심은 그의 시가 지니는 보편적 의식이다. 그의 시의 보편성에 대한 발견이 없었더라면 그의 시는 특별히 제한된 종교의식의 산물로 평가되어 일종의 이류(二流)시에 머물게 되었을 것이다.

이러한 관점에서 본고는 허버트의 종교시에 나타난 일반적 의식을 엘리엇의 허버트에 대한 논문을 참고로 하여, 개별적 시작품들을 통하여 고찰해 보려한다.

II

엘리엇은 그의 유명한 논문 "종교와 문학(Religion and Literature)"에서 일상에서 '종교문학(religious literature)'이라고 말하고 있는 용어의 세 가지 의미에 대하여 설명하고 있는데, 그 첫째는 우리가 '역사문학' 또는 '과학문학(scientific literature)'이라고 말할 때와 같은 맥락에서 쓰이는 '종교문학'으로써, '종교에 관하여 잘 쓴 글'을 가리키는 것이며, 둘째는 '종교시' 또는 '신앙시'라는 말이 표출하고 있는 의미 곧 특별하게 제한된 의식(awareness), 다시 말하면, '어떤 특별한 종교적 의식의 산물'로서의 문학을 가리키는 것으로 이런 의미에서의 종교시는 일종의 이류시(minor poetry)이다. 세 번째는 종교의 대의(cause)를 전파할 목적으로 씌어진 선전이라는 제목에 해당되는 문학이다(Eliot 1976, 389-391). 이 세 가지 범주에 드는 종교문학은, 어떤 의미에서, 엘리엇이 말한 대로 "종교와 문학이 관련되지 않는다고 생각되는 세계 속에서의 의식작용의 결과물"(392)로써, 이러한 의미의 종교문학에서는 문학작품이 특별히 의식적이고 제한된 종교의 테두리 속에 갇히고 만다. 본고에서 다루려고 하는 종교시는 이렇게 의식적으로 분리된 상태 속의 종교문학이 아니다. 세속의 세계와 종교의 세계의 구분이 온전한 것이 아니듯이, 문학과 종교의 구분도 온전한 것이 아니기 때문이다.

실존적 관점에서 보면, "종교란," 폴 틸리히가 말한 것처럼, "가장 넓은 의미에서 그리고 근본적으로," 세속이나 세속과 유리된 종교를 넘어서는, "궁극적 관심(ultimate concern)" (Tillich 1964, 7-8)이다. 궁극적 관심이란 그 성질상 어느 특별한 영역이나 장소, 시간에 의해 제한되지 않는 것이기 때문에 인간의 궁극적 관심 속에 세속의 영역과 종교의 영역의 구별이 있을 수 없는 것이다.[2] 틸리히가 말하는 종교는 스스로를 세속과 구별하여 인간 자신이 스스로 신이 되고 선민(選民)이 되어 칩거하고 있는 성역 속의 전통적, 세속적 종교가 아니라, 종교와 세속을 구별하지 않는 신이 우주와 인간의 주인이 되는 종교이다. "우주는," 세속문화의 영역이나 인간이 만든 종교의 영역이 아니라, "신의 영역(God's sanctuary)"(41)이다. "근본적으로 종교적인 것이나 세속적인 것은 구분된 영역이 아니라 서로의 안에 있는 영역인 것이다"(41). 종교인만이 궁극적 진리를 추구하고 세속인들은 진리를 추구하지 않는 것이 아니다. 우주 안에서 인간은 모두 진리를 추구하며 살고 있다.

이렇게 종교적인 것과 세속적인 것이 구분되지 않는 서로의 안에 있는 영역인 것을 우리가 수용한다면, 세속의 인간의 이야기를 다루는 문학과 신의 이야기를 다루는 종교는 자연스럽게 구별되지 않고 서로의 영역 속에 포괄된다. 더구나 문학이 "허구적 이야기를 전달하거나 혹은 창조적 상상력을 동원하여 인간에게 즐거움을 주는 것"(Daiches 4-5)의 한계를 넘어 인간의 '궁극적 관심'

의 문제에 사로잡히게 될 때, 그것은 문학이면서 동시에 종교적 차원을 획득한다고 말하지 않을 수 없을 것이다. 20세기 후반에 문학과 종교의 관계에 대한 중요한 연구서들을 발표한 가일즈 건(Giles Gunn)은 "모든 문학작품 속에는 실체에 대한 궁극적 종교적 경험과 유사한 어떤 것이 있다(28)"고 말하고 있으며, 엘리엇은 "종교적 판단과 문학적 판단의 분리는 . . . 결코 완전하지 못하며 또 완전히 될 수도 없다(392)"고 말한 바 있다 엘리엇은 "문학의 위대성은 문학적 기준 만으로 결정될 수 없는 것"이라고 말하면서도 "그 작품이 문학이냐 아니냐 하는 것은 문학적 기준에 의해서만 결정될 수 있는 것"(388)이라고 말함으로써 문학과 종교의 관계에 대한 절묘한 균형감각을 보여준다.

III

조지 허버트의 시는 일견 앞에서 엘리엇이 분류한 종교시의 두 번째 형태인 특별한 종교의식의 산물처럼 보인다. 그의 시가 대부분 신을 향한 다양한 형태의 기도의 형식을 취하고 있기 때문이다. 그래서 엘리엇도 "종교와 문학"을 발표한 1935년에는 그를 헨리 본(Henry Vaughan)이나 로버트 사우즈웰(Robert Southwell), 리차드 크레쇼(Richard Crashaw), 조지 홉킨스(George Hopkins) 등과 함께 제한된 주제만을 취급하는 이류시인으로 평가하였다. 그러나 몇 년 후 『웰쉬 리뷰(The Welsh Review)』에 "이류시란 무엇인가(What is Minor Poetry?)"라는 제목으로 발표된 논문에서 그는 조지 허버트를 일류시인(major poet)으로 격상시켰다(Eliot

1976, 391). 그 이유는 엘리엇이 이류시인들에게 결여되어 있다고 특별히 언급한 "일반적 의식"(391)을 허버트의 시가 가지고 있음을 후에 그가 발견하였기 때문일 것이다. 소위 "단의 유파(the school of Donne)"에 속해 있다고 분류해 볼 수 있는 시인들 중 허버트만이 유일하게 자신의 종교적 신앙을 영감의 원천으로 하여 시를 썼는데(Eliot 1962, 18), 어떻게 그가 제한된 주제만을 다루지 않은 일류시인으로 평가될 수 있었던 것인가? 허버트의 시의 어떤 부분에서 엘리엇은 '일류시인에게서 기대할 수 있는 일반적 의식' 곧 모든 사람에게 공감을 줄 수 있는 보편성을 발견한 것인가?

엘리엇은 "셰익스피어를 이해하기 위해서는 그의 모든 희곡작품에 정통하지 않으면 안된다. 따라서 허버트를 이해하기 위해서도 허버트의 모든 작품이 담긴 『성전(*The Temple*)』에 정통하지 않으면 안된다"고 말하고 곧이어 "물론 허버트는 셰익스피어보다는 훨씬 약한 시인이지만 그럼에도 불구하고 그는 정당하게 일류시인이라고 부를 수 있을 것"(15)이라고 말하고 있는데, 여기서 우리가 알 수 있는 두 가지는 첫째로 허버트가 분명히 셰익스피어 같은 영문학사상 최대의 시인은 아니라는 것이며, 두 번째로는, 그럼에도 불구하고 그의 시가 셰익스피어의 작품이 보여주는 의미의 위대성의 어떤 부분을, 영문학사상 적어도 '위대하다'고 말할 만큼은 분명하게 지니고 있다는 것이다. 엘리엇은 이 위대한 부분이 어떤 것이라고 확연하게 지적하고 있지는 않으나, 그가 일류시인에게 필수적 요소라고 생각한 '일반적 의식'과 관련하여 우리는 엘리엇의 논문에서 몇 가지를 지적하여 허버트의 시의 보편성의 실체를 고찰해 볼 수 있을 것이다.

그는 먼저 허버트의 시가 단지 기독교인들에게만 가치 있는 시는 아니라고 강조하면서 다음과 같이 말한다.

> 그러나 허버트의 시작품들이 단지 기독교인들에게만 가치 있을 것이라고 짐작하는 것은 완전히 잘못된 것일 것이다 — 또 훨씬 범위를 좁혀, 허버트의 교회에 다니는 사람들에게만 귀중한 것이라고 생각하는 것도 잘못이다. . . . 내가 허버트를 영국시를 사랑하는 모든 사람들이 그 작품을 읽고 연구해야 할 시인들 중의 한 사람으로 추천할 때, 내가 생각하는 것은 그의 뛰어난 기교나 운율의 탁월성 또는 언어의 묘기가 아니라, 『성전』을 이루고 있는 시작품들의 내용이다.
>
> 그의 시들은 그의 정신의 투쟁의 기록으로써, 종교적 신앙을 가지고 있지 않아서 종교적 감정에 의해 동요되지 않는 독자들의 감정을 자극하고 그들의 이해의 영역을 넓혀준다(Eliot 1962, 19).

여기서 중요한 것은 정신의 투쟁으로서의 허버트의 시가 기독교라는 제한된 울타리를 넘어, 종교적 신앙이나 정서를 갖지 못한 독자들의 정서를 자극하고 끌어 올린다는 것이다. 이류시로서의 종교시는 제한된 종교의 주제만을 취급하여 그 시가 다루는 종교의 영역 밖에 있는 사람들에게는 전혀 감동을 주지 못하기 때문에, 시가 전달하는 감동의 영역이 동시에 제한되는, 그래서 일반적 보편성을 결여하고 있는 시이다. 그러나 허버트의 시는 종교라는 제한된 주제를 다루고 있는 것처럼 보이지만 그의 시의 내용이 미치는 영향의 범위는 그 제한을 뛰어넘어 일반성을 회득하고 있는 것이다.

허버트의 시 "도르래(The Pulley)"는 그의 정신의 아픈 투쟁과 치열한 갈등을 통하여 그가 마침내 도달하게 된 신과 인간의 관계에 대한 깊은 통찰력을 보여주는 작품으로써, 특정한 종교에 대한 신앙을 갖지 않은 사람들의 감정조차도 놀라움과 경이로 자극하여 신과 인간의 관계에 대한 본질적 깨달음에 이르게 하는 탁월한 작품이다. 작품의 서두에서 허버트는 인간을 창조하는 과정에서 신이 인간에게 베푸는 무한한 축복에 관하여 노래하기 위하여 신비한 유리잔을 등장시킨다. 이 잔의 은유 속에는 종교를 가지고 있지 않은 사람들조차도 충분히 수긍하고 인정할 수 있는, 신이라는 추상적 존재가 가지고 있으리라고 기대되는 너그러운 사랑과 풍요가 자연스럽게 담겨있다. 그리고 누구도 부자연스럽게 느끼지 않을 목소리로 신은 "우리가 할 수 있는 모든 것을 인간에게 부어주자(Let us pour on him all we can)"고 말한다. 이러한 신의 말에 거부감을 느낄 독자는 아무도 없을 것이다. 여기에 덧붙여 신은 말한다.

> 흩어져 있는 세상의 부를
> 한 뼘 안에 축약시켜 주자
>
> Let the world's riches, which dispersed lie
> Contracted into a span.

이 첨언은 한 뼘 밖에 안 되는 작고 작은 인간에 대한 신의 따뜻한 애정을 웅변적으로 보여준다. '웅변적'이라고 표현하는 이유는 이 시구 속에, 인간이 아주 비록 작지만, 아무리 작더라도 그리고 작고 약해 보이기 때문에 오히려 인간을 더욱 사랑하고 있는 신의 마음의 모습이 너무도 뚜렷하게 드러나기 때문이다.

사랑이 충만할 때 잔은 넘치게 되며 신의 선물은 자연스럽게 인간에게 흘러내려 온다. 다음 연(stanza)은 힘(strength)으로부터 아름다움(beauty), 지혜(wisdom), 명예(honour) 그리고 즐거움(pleasure)이 차례로 인간에게 부어지는 장면을 연출한다. 아무리 종교적 감정으로부터 먼 사람이라 할지라도 이 장면에서 기쁨과 행복을 느끼지 않을 독자는 없을 것이다. 그리고 거의 모든 선물이 무상으로 인간에게 부어지다가 신이 잠시 멈출 때 깜짝 놀라지 않을 독자는 또한 없을 것이다. 왜 멈추었을까? 신의 마음이 변한 것은 아닐까? 그리고 다음 순간, 신의 보물이 모두 인간에게 부어지고 맨 밑바닥에 남은 단 하나, 휴식(rest)이라는 보물만이 남은 것을 알고 나면, 더 큰 의문 때문에 마음을 졸이게 된다. 그리고 이 순간은 독자가 휴식도 보물이라는 것을, 그것도, 아주 귀중한 보물이라는 것을 깨닫는 순간이다. 동시에 이 순간은 잠시 망설이는 신과 함께 인간도 자신도 모르게 숨을 죽이는, 신과 인간의 무의식적 공감의 순간이기도 하다. 신과 인간이 하나가 된 것이다. 이 순간은 이 시를 읽는 모든 독자가, 종교인이건 비종교인이건 구별 없이 모두 한 마음이 되어버리는 일치의 순간인 것이다. 왜 신은 휴식이라는 보물을 두고 망설이는 것일까? 시인은 이 궁금증을 통하여 아무 무리 없이 모든 일반의 인간을 사이좋게 신 앞에 모아놓고 있다. 다음 연에서 궁금증의 일부가 풀린다. 물론 궁금증이 모두 풀리는 것은 아니다. 이 장면에서 시인은 독자를 한 마음 안에 붙들어 두고 잠시 즐거워하고 있는 것처럼 보인다. 시를 매개로 하여 시인은 신앙인과 비신앙인을 부담 없이 하나로 묶어 놓고 있는 것이다.

신의 의중이 몹시 궁금한 독자에게 시인은 다음 연에서 신의 마음의 일단을 슬며시 보여준다.

(그는 말하였다) 나의 피조물에게
이 보물마저 내가 주어 버린다면,
인간은 나보다 내 선물을 더 좋아하여,
자연의 하느님이 아니라 자연 속에서 쉴 것이며,
그러면 우리는 둘 다 잃은 자가 될 것이다.

For if I should (said he)
Bestow this jewel also on My creature,
He would adore My gifts instead of me,
And rest in Nature, not the God of Nature:
So both should losers be.

시인은 신 자신도 마지막 남은 보물을 두고 인간처럼 매우 초조해하며, 그것을 줄 것인가 말 것인가에 대하여 몹시 주저하고 있음을 보여줌으로써, 신도, 그 속성에 있어 인간과 크게 다르지 않음을 보여주려고 한다. 신은 인간과의 유대를 끊고 싶지 않다. 이유는 명백하다. 그는 자기의 피조물인 인간을 사랑하고 있기 때문이다. 그러나 그가 잔 안에 갖고 있는 마지막 보물까지 다 주어 버리면 그 순간부터 인간은 그 보물에만 정신이 팔려 그를 잊어버릴지도 모른다. 인간을 창조한 신은 인간의 속성을 깊이 꿰뚫고 있기 때문에 이러한 가능성을 충분히 예견할 수 있었던 것이다. 어떻게 할 것인가? 이 시를 읽는 독자는 초조한 마음으로 신의 얼굴을 응시하지 않을 수 없으며, 이 순간 신과 인간은 한 치의 오차도 없이 정면으로 마주친다. 자기의 피조물에게 자신이 가진 것을 모두 주었을 때 그가 자신을 떠날 것이 분명한데, 마지막 남은 것조차 주어 버릴 수 있는 존재가 누구인가? 그런 인간이 있다면 그는 바보이다. 하지만 신은 인간이 아니다. 신은 인간을 넘어서는, 인간의 수학방정식으로는 풀 수 없는 미지의 존재이다. 신은 인간이 자신을 떠날 수 있다는 것을 예견하지만 그에게 남은 마지막 보물인 휴식까지도 인간에게 부어주기로 결심한다. 시인은 신의 이러한 결단을 통하여 인간에 대한 신의 무한한 사랑을 보여주려 한다. 그것은 어쩌면 시인이기 전에 한 작은 인간인 그가 신으로부터 무상으로 받는 축복들에 대한 간접적인 고백일 수도 있으며, 신이 그래 주기를 바라는 그의 소망의 표현일 수도 있다. 그러나 여기서 분명한 것은 시인이 신의 속성의 핵심을 인간에 대한 사랑으로 정의하려하며 그렇게 믿고 있다는 것이다. 그리고 이 시를 읽는 독자는 무의식중에 저절로 그의 생각에 동조하여 고개를 끄덕이게 되며, 사랑을 싫어하는 인간은 아무도 없기 때문에 이러한 신을 무의식중에, 적어도 이 시를 읽는 순간만은, 자기의 신으로 수용하게 되는 것이다. 이러한 수용은 이 시를 읽는 독자의 신에 대한 신앙의 유무에 관계없이 자연스럽게 독자의 마음속에서 이루어지는 수용이다. 그리고 이러한, 종교의 유무에 관계없는, 무의식적 수용이야말로 허버트의 시의 보편성의 명확한 증거인 것이다.

그러나 인간에게 나머지를 갖게 하자.
하지만 그것을 초조한 불안과 함께 갖게 하자.
인간을 부유하면서 권태롭게 하자. 그래서 최소한,
그가 행복하지 않을 때, 권태가
그를 나의 가슴에 던져 올리도록.

Yet let him keep the rest,
But keep them with repining restlessness:

Let him rich and weary, that at least,
If goodness lead him not, yet weariness
May toss him to my breast.

신의 무한한 사랑은 그의 축복의 잔에 담긴 마지막 보물까지를, 신과 인간 모두가 잃은 자가 되는 두려움에도 불구하고 인간에게 부어주지만, 그것을 초조한 불안과 함께 준다. 이것은, 신이 부어준 모든 보물을 갖고도 인간이 행복하지 못할 때는 저절로 신에게 돌아갈 수 있도록 하기 위한 세밀한 배려이다. 어린 아이가 주위에 아무도 없을 때 불안하고 두려워 엄마를 찾듯이, 인간은 자신의 일상의 의무를 내려놓고 쉬게 되었을 때, 얼마 지나지 않아 자기도 모르는 막연한 불안에 사로잡히게 되며, 인간의 이 존재론적 불안이 인간으로 하여금 자연스럽게 신을 찾도록 인간을 끌어간다. 인간의 속성을 잘 알고 있는 창조자인 신은 홀로 있는 휴식의 때에 인간의 마음에 피어오르게 될 불안을 예감할 수 있었으며 그래서 신은 마지막 남은 보물인 휴식까지도 인간에게 주어버릴 수 있었던 것은 아닐까? 그러나 아직 실존의 상황에서의 인간을 실험해 본 적이 없기 때문에 신도 불안하지 않았을까? 그러나 인간에 대한 신의 사랑은, 이러한 불안에도 불구하고, 휴식 속에서의 인간의 귀환의 불안한 가능성만을 전제로 그의 마지막 보물을 인간에게 부어주게 만든다. 이러한 해석은 물론 시 속에 나타난 신의 입장에서의 해석이다. 인간의 입장에서 보면, 신이 부어준 모든 축복을 다 받은 순간 인간은 넘치는 풍요 속에서 나태해지고 자만해져서 마침내 신이 인간에게 준 자신의 의무까지도 방기하고 한없이 휴식만을 취하려 들것이다. 그러나 무위도식의 휴식은 어느 순간 인간을 알 수 없는 불안에 빠지게 한다. 이 불안을 견디기 위하여 인간은 술이나 섹스 또는 도박에 빠지기도 한다. 그러나 이러한 무절제한 탐닉은 그 탐닉에서 깨어나는 순간 인간을 더욱 불안하게 만들어 어느 순간 자신도 모르는 사이에 인간은, 인간의 나약한 속성의 한계를 극복해 줄 지고한 존재를 찾아 방황하게 되며, 이 방황의 고통에 짓눌려 절망하는 어느 순간, 인간은 자기를 사로잡고 있는 불안이 신이 자신에게 내린 축복임을 문득 깨닫게 된다. 이 시는 바로 이러한 놀라운 각성의 순간에 씌어진 감사의 시이다. 이러한 통찰은 종교의 유무에 관계없이, 신의 사랑에 대한 인간의 이해의 영역을 확장시켜 주며, 이러한 이해의 영역의 확장은 허버트의 시의 보편적 의식의 중요한 증거이다.

허버트의 시의 보편성을 증명해주는 두 번째 증거는, 그의 시가, 실존의 어려운 상황 속에서도 자신에게 주어진 일을 완수하기 위하여 온갖 고통을 감수하는 동료 인간들을 이해하는 데 도움을 줄 수 있다는 데 있다. 엘리엇은 이것을 다음과 같이 말하고 있다.

> 여기서 내가 말하고자 하는 요점은 『성전』이 단순히 시작품들의 모음으로 여겨져서는 안되며, (내가 언급한 것처럼) 지적 힘과 정서적 강렬성을 지니고 있을 뿐 아니라, 자신의 시를 완성시키기 위해 많은 노력을 기울인 투쟁의 기록으로 간주되어야 한다는 것이다. 그래서 그의 시집은 동료 인간들을 이해하고 싶어 하는 사람들 모두에게 흥미 있는 기록일 것이다(Eliot 1962, 20).

우리가 간과해서는 안되는 것은, 그의 시집 『성전』에 기록된 시들이 '동료 종교인들'을 이해하고 싶어 하는 사람들에게만 흥미 있는 작품이 아니라, 동료 기독교인들을 포함하여 종교를 갖지 않은 모든 '동료 인간들'을 이해하고 싶어 하는 사람들에게도 흥미있는 작품이라는 것이다. 어떤 신을 섬기기 위해 모인 사람들이 만든 교리나 도그마에 대한 믿음과, 특정의식을 지닌 특정의 제한된 종교인들을 넘어서서, 지상에서 자신의 삶을 완성하기 위하여 애쓰는 모든 사람들을 동시에 같이 이해하게 해주는 보편적 인식이 그의 시를 관통하고 있지 않다면, 그의 시가 동료 인간들의 실존의 고통에 공감하게 해주는 힘을 가지고 있다고 말할 수는 도저히 없을 것이다. 여기서 우리는 앞에서 던진, 허버트의 시가 왜 일반성을 회득하는가하는 질문에 대한 해답의 일부를 얻게 된다. 그것은 그의 시가 동료 인간들을, 제한된 틀이나 계층, 빈부의 차이, 언어나 문화의 차이에 관계없이, 동등하게 이해하고 싶어 하는 모든 사람들에게 흥미를 느끼게 하기 때문이라는 것이다.

그러한 흥미를 느끼게 하는 작품으로 우리는 "고통(Affliction)" 연작시(Ⅰ)을 읽어 볼 수 있을 것이다. 이 작품은 엘리엇이 앞에서 언급한 것처럼 '지적 힘과 정서적 강렬성을 지니고 있을 뿐 아니라, 자신의 시를 완성시키기 위해 많은 노력을 기울인 한 인간의 정신의 투쟁의 기록'이면서 동시에 이러한 노력을 기울여온 수많은 인간들의 정신의 투쟁의 기록의 한 전형을 보여주고 있다는 점에서 허버트의 시의 보편성을 증거 해주는 중요한 작품이기도 하다.

6행으로 된 11개의 연으로 구성되어 있는 이 작품의 4번째 연의 4행까지에서 시인은, 그의 마음을 신이 유혹하고 설득하여 그가 이 유혹과 설득을 받아들였던 순간의 지극한 기쁨과 환희, 슬픔과 두려움이 없는 희망의 순간을 감동적으로 기록하고 있다. 그에게 매일은 꽃들과 행복으로 덮여 있었고 모든 날들은 일 년 중 가장 아름다운 5월 뿐 이었다. 이러한 순간들은 한 인간이 자신이 원하고 갈망하던 존재와 하나가 된 순간이나, 이러한 순간으로 암시될 수 있는, 원하던 직업이나 일을 마침내 갖게 되었을 때의 뛸 듯한 기쁨의 순간을 상징한다. 인간에게는 누구에게나 일생에 한 번은 이러한 순간이 찾아온다. 그리고 기쁨의 색깔은 조금씩 다를 것이지만 근본에 있어서는 유사한 것이다. 그러나 세월이 흐르면서 시인에게 걱정과 슬픔의 때가 찾아온다.

그러나 세월이 흐르면서 슬픔이 비틀고 꼬이게 하며,
무의식중에 비애의 도당을 만든다.

But with my years sorrow did twist and grow,
And made a party unawares for woe.

이러한 환멸과 비애의 순간은, 환희와 기쁨의 세월 뒤에 누구에게나 찾아오는 예기치 못한 방문객이다. 시인은 이 고통을 더욱 구체적으로 다음과 같이 묘사하고 있다.

나의 육체는 내 영혼에게 고통을 내뱉기 시작하고,
 병이 나의 뼈 속을 파고든다.
소모적 열병이 모든 정맥 속에 퍼지고
 나의 호흡을 신음에 맞춘다.
나의 영혼은 온통 슬픔이 되고, 비애가 기운차게
나에게 말할 때까지는 나는 내가 살았다는 것을 믿을 수 없었다.

My flesh began unto my soul in pain
 Sickness cleave my bones;
Consuming agues dwell in my vein,

And tune my breath to groans.
Sorrow was all soul; I scarce believed,
Till grief did tell me roundly, that I lived.

시인이 살아있음을 증명해주는 것은 역설적으로 슬픔이다. 슬픔을 느낄 수 있다는 것이 그가 살아있는 증거가 되는 삶은 얼마나 고통스러운 삶일 것인가.

다음 연에서 시인은 그가 건강했을 때도 신은 자기의 삶을 빼앗아 갔었다고 말한다. 자전적 요소가 강하다는 이 시에 대한 허버트 연구가들에 기대어 말해본다면, 이 부분은 그가 성직자가 되기 전 젊은 시절의 꿈과 좌절에 관련된 것으로 보인다. 스물 세 살의 나이에 그가 졸업한 캠브리지 대학교의 트리니티 칼리지(Trinity College)의 펠로우(Fellow)로 임명되어 그리스어 문법과 수사학을 가르쳤던 그는 얼마 후 이 대학의 공식대변인(Public Orator)의 지위에 올라 정부와 궁정의 고관들 뿐 아니라 제임스 1세와도 교분을 갖게 되었으나, 명문이었던 허버트가의 일원으로서 당연직으로 얻게 된 몽고메리(Montgomery) 지역의 국회의원이 된 것 이외에는 공직의 세계에서 더 이상 성공하지 못하였다. 더구나 이 무렵 그를 후원하던 두 사람의 고위 귀족의 죽음과 그 일 년 후의 제임스 1세의 죽음은 속세에서의 그의 야망을 좌절시키는 커다란 사건이었다. "어린 시절부터 영국 국교의 독실한 신자였으나 서른 한 살이 되기 전까지는 사제직에 대하여 강한 소명감을 갖지 못했던"(Eliot 1962, 10) 그는, 이 무렵부터, 그가 깊이 사랑하고 크게 영향을 받아왔으며, 시인 존 단의 오랜 후원자였던 어머니 막달렌(Magdalen Herbert)과, 이미 성직자가 되어있던 연장자 존 단, 엔드루즈(Bishop Andrewes) 그리고 리틀 기딩(Little Gidding)의 사제로 있던 그의 친구 페라(Nicholas Ferrar) 등과의 깊은 교류의 과정을 통하여 사제로서의 길을 걷게 될 결심을 하게 되었던 것으로 보인다. 그러나 사실 그 당시로서는 허버트처럼 명문가 출신이면서 그 정도의 사회적 지위를 가진 사람이 성직을 받고, 조그만 시골 교구의 사제가 되는 경우는 드문 일이었다(11). 여기서 우리는 시골교구의 사제로서 그가 겪었을 수많은 난관과 고난 그리고 원래 병약했던 그가 맞붙들고 싸워야 했던 자신의 육체와의 힘든 싸움을 짐작해 볼 수 있을 것이다. 이러한 삶의 과정에서 그가 견뎌야했던 육체와 정신의 고통들이 이 시편 속에 아프게 그리고 감동적으로 형상화되어 있다.

내가 건강했을 때, 당신은 나의 삶과, 그리고
　더 많은 것을 앗아 갔다. 내 친구들이 죽었으므로.
나의 기쁨과 날카로움도 사라졌다. 차라리 무딘 칼이
　나보다 더 쓸모가 있었다.
그렇게 울타리도 친구도 없이 여위고 깡마른 나는,
모든 폭풍과 모든 바람에 휘말렸다.

When I got health, then took'st away my life,
　And more; for my friends die:
My mirth and edge was lost: a blunted knife
　Was of more use than I.
Thus thin and lean without a fence or friend,
I was blown through with every storm and wind.

다음 연에서 시인은 더욱 자세하게 자신의 실제의 삶의 여정과 거기서 연유된 고통의 자초지종을 자포자기한 듯 털어놓는다. 자신의 출생과 기질은 오히려 세속의 길을 택하였으나 신은 자신을 학문의 길에 매어두어, 스스로 자신의 삶을 변화시킬 수 있는 힘을 갖기도 전에, 스스로의 기질과 신의 강요 사이에서 그가 얼마나 고통스러웠으며, 자신의 시대에 아첨하지 않고 세속적인 것들의 포위로부터 절박하게 벗어나고 싶을 때는 학문적 성취를 통하여 어떻게 신이 자신의 세속의 것에 대한 분노를 녹여주고 해소해 주었는지를 냉소적으로 회상한다. 그는 스스로 이제 자신이 신으로부터 떠날 수도 그렇다고 계속 선에게 머물 수도 없는 진퇴양난의 상황에 빠지게 되었다는 것을 어느 순간 확연하게 깨닫게 된다. 더구나 그는 자신이 이 진퇴양난의 불행에 익숙해져 무기력해지지 못하도록, 신이 자신을 정화시키는 수단으로 음식을 택하여, 많이 먹지 못하여 병(病)속에 떨어지도록 했으며, 그렇게 함으로써 신의 힘은 자신의 의지를 꺾어, 신이 내린 자신의 재능이 훌륭하게 사용되는 것을 막았으며 결국 자신의 삶의 길을 망쳐버렸다고 한탄한다. 이제 그는 자신이 연마한 학문을 통해서도 신이 자신을 어떻게 처분할지 알 수 없는 채로 무기력하게 신 앞에 서 있다. '차라리 열매를 맺고 그늘을 만들어 주는 나무라도 되었더라면, 최소한 새들이라도 날아와 자신의 가지 속에 새의 식솔이라도 맡길 수 있었을 텐데, 그랬더라면 세상에서의 자신의 생존이 조금이라도 정당화 될 수 있었을 텐데'라고 그는 나무를 부러워하기 까지 한다. 하지만 그가 배운 것은, 신이 자신을 아무리 괴롭히더라도 자신은 항상 온유해야 하며, 연약한 중에 있더라도 튼튼해야 한다는 것이다. 이러한 모순을 이제 그는 더 이상 견딜 수 없다. 이 시의 마지막 연에서 시인은 마침내 오래 참고 참았던 분노를 터뜨린다.

그래, 내 이제 받들 분을 바꾸리라, 가서
　어떤 다른 주인을 찾아내리라.

Well, I will change the service, and go seek
　Some other master out.

자신의 기질과 다른 성직의 일을 끈질기게 강요하여 어쩔 수 없이 따라가야 했지만, 육체의 건강도 정신의 평화도 온전히 주지 못하는 신에 대항하여 그는 이제 더 이상 신에 대한 자신의 감정을 절제하지 않기로 결심한다. 이제 이 두 가지를 다 주거나 최소한 어느 한 쪽이라도 주는 대상을 그는 찾고 싶다. 그의 이 반항과 원망의 외침은 어떤 의미에서 오랜 감정의 억압과 인내 그리고 망설임 다음에, 자신도 모르는 사이에 터져 나온 절규이다. 그러나 시인은 바로 다음 행에서 힘없이 신 앞으로 돌아와 버린다.

아, 사랑하는 하느님! 제가 완전히 잊혀 진다 해도
당신을 사랑하지 않게 해 주소서, 당신을 사랑하고 있진 않지만.

Ah, my dear God! though I am clean forgot,
Let me not love thee, if I love thee not.

이 마지막 두 행에서 시인은 모순 속에 있는 자신을 무겁고 침통한 마음으로 가감 없이 드러낸다. 그는 "내가 당신을 사랑하고 있지는 않지만"이라고 말하면서, 그런 "당신을 사랑하지 않게 해 달라"고 간구한다. 이것은 분명한 모순이다. 그러고도 부족하여 그는 또 "자신은 깨끗이 잊혀 져도 좋지만"이라고 덧붙임으로써 모순을 강화시킨다. 사랑하지도 않으면서 그런 대상을 사랑하지 않게 해달라고 기도하는 것은 무슨 까닭이며, 그런 대상으로부터 잊혀 져도 좋다고 추임말까지 덧붙이는 것은 무슨 까닭인가? 이것은 대상에 대한 자신의 사랑의 '어쩔 수 없음', '불거역성'의 강력한 표출이다. 완전히 잊고 싶은 감정은 강렬하지만, '그럼에도 불구하고(in spite of)' 마음은 대상으로부터 도저히 분리될 수 없는 상태를, 시인은 이중의 부정을 통하여, 간접적으로 강렬하게 우리에게 전달한다. 모든 깊고 지고하며 의미 있는 인간 행위의 근저에는 항상 '그럼에도 불구하고'라는 불가피한 수용의 조건이 깔려있다. 폴 틸리히는 그의 유병한 『존재에의 용기(Courage To Be)』에서 불의한 힘들이 인간의 세계를 거침없이 파괴하고 있는 부조리한 현대의 세계 속에서 우리가 살아남으려면 존재에의 용기가 필요하다고 말하는데, 이 "존재에의 용기란 본질적인 자아 긍정과 대립되는 실존적 요소들이 있음에도 불구하고 인간이 자기 자신의 존재를 긍정하려고 하는 윤리적인 행위"(Tillich 1952, 15)라고 그는 정의한다. 지고한 사랑의 행위 속에서도 가장 어려우면서도 필수적인 조건은 바로 '그럼에도 불구하고'라는 조건이다. '미움에도 불구하고', '믿을 수 없음에도 불구하고', '떠나야 함에도 불구하고', '나에게 아무런 이익이 없음에도 불구하고' 대상을 버릴 수 없을 때, 진실한 사랑은 비로소 시작되는 것이다. 지상의 인간에 대한 사랑 뿐 아니라 초월적 존재에 대한 사랑의 조건도 마찬가지다. 유대인들은 세계 제2차 대전에서 그들의 신 야훼(YHWH)가 보여준, 6백만 유태인의 학살에 대한 무서운 무관심에도 불구하고 아직도 그를 경배하며, 더욱 큰 예배당을 세계 곳곳에 세우고 있다. 허버트의 신에 대한 사랑의 고백은 이와 같은 성질의 것이다. 신이 자신의 기질과 소질을 도외시하고 그를 성직의 길로 계속 끌어들였으며, 행복이나 평화의 순간보다도 불행과 고통의 순간이 더 많았음이 시를 통하여 분명하게 드러나고 있음에도 불구하고, 시인은 신에게 돌아가고 있는 것이다. 왜 다른 '섬길 대상'을 찾겠다고 결단했음에도 불구하고 시인은 다시 신에게로 돌아가는 것일까? 왜 인간은 자신이 그토록 사랑하는 대상에 대하여 실망하면서도 그 대상에 대한 사랑을 포기할 수 없는 것일까? 여러 가지 대답이 여러 방식으로 가능하겠지만, 모든 것을 다 감안하여 가장 현실적인 대답은 인간이 그 대상 외에 다른 대상을 그 대상만큼 사랑할 수 없기 때문이다. 지상에 여러 종류의 종교가 존재하고 있으며, 수억만의 인간들이 존재하지만 어떤 신에게로, 어떤 인간에게로 누구의 감정이, 여러 가지 미움의 조건에도 불구하고, 향하는 것은 다른 신에게서, 다른 대상에게서, 자신이 믿었던 신이나 인간이 주는 만큼의 위로와 평안 그리고 기쁨을 발견하지 못하기 때문이다. 그리고 이러한 상황이나 사랑의 조건은 세계의 모든 인간에게, 깊고 지고한 사랑의 조건으로, 일반적으로 공통되는 요소이다. 따라서 허버트의 시 "고통(Ⅰ)"은 허버트 개인의 자신의 신에 대한 사적인 기도이면서 동시에 보통의 일반 인간에게 모두 적용될 수 있는 감정의 내용을 전달하고 있다고 말할 수 있을 것이며, 이 시의 보편성의 근거는 바로 여기에 있는 것이다.

허버트의 시에 나타난 보편적 의식을 짐작하게 해주는 세 번째 요소는, 허버트의 『성전』을 "단지 충실한 종교인의 헌신적인 명상교본"으로 여기지 않고 "자신의 연약함과 실패를 깊이 의식하는 인간, 의(righteousness)에 주리고 목마른, 지성과 감성을 동시에 지닌 한 인간의 개인적 기록"(Eliot 1962, 21)으로 인식하고 있는 나이츠씨(Mr. Knights)의 증언 — *Exploration: Essays in Literary Criticism* (1946) — 속에 잘 나타나 있다. 엘리엇이 환기(喚起)시켜 주는 나이츠씨의 증언 속에 두드러지게 드러나는 것은 허버트의 시의 내용의 구체성과 그의 시의 보편적 인식의 공공성 또는 정당성의 성격이다. 허버트의 시가 '연약함과 실패를 깊이 의식하는 인간의 기록'이라는 표현 속에서 우리가 읽을 수 있는 것은, 그의 시가 개인의 사적인 성취나 지상에서 그가 누린 기쁨이나 자랑 또는 그가 믿는 신에 대한 예배와 찬양의 기록이 아니라, 약하고 부족하여 끈임 없이 실패한 순간들의 적나라한 기록이라는 것이다. 종교시가 특정 종교의 신에 대한 의식적 찬양의 수준을 뛰어넘어 일반의 인간들이 실존의 삶에서 겪는 투쟁의 기록이 될 때 그 종교시는 제한된 특정 의식을 초월하여 위대한 시인들에게 기대되는 일반적 의식을 획득하게 된다.

엘리엇은 "단의 시 속에서는 사고가 감성을 통제하고 있는 것처럼 보이며, 허버트의 시 속에서는 감성이 사고를 통제하고 있는 것처럼 보인다"(17)고 말하고 있는 데, 이 말 속에서 엘리엇이 의미하려고 하는 바는 단이나 허버트의 시 속에서의 사고나 감성의 어느 한 부분의 결여가 아니라, 두 사람의 시 속에서의 지성과 감성의 조화의 서로 다른 특질이다. 감성이 지성을 통어하고 있는 듯한 특징을 지닌 허버트의 시를 이야기하면서 우리는 자칫 그의 지성을 간과할 수도 있다. 그 만큼 그의 시는 우리의 감성을 더 깊이 자극하기 때문이다. 그러나 그의 시 전체를 관통하고 있는, 단의 지성을 초과하여 보이지 않게 흐르는 허버트의 높은 지성이 있다면, 그 핵심은 바로 나이츠씨의 증거를 통하여 엘리엇이 환기시켜 준, '자기의 연약함과 실패를 깊이 의식하는 인간의, 의를 향한 허기와 목마름'이다. 그것은 지적인 언어로 시 속에 분명하게 표출되어 있지 않고 그의 뛰어난 감성의 언어 속에 녹아 흐르고 있기 때문에 그것은 '감성의 지성'이다. 허버트의 시는 지성을 최대한으로 억제하지만 감성의 언어 속에 그것을 용해시켜 감성을 고양시킨다.

허버트의 시중에서도 가장 널리 읽혀지는 시 "사랑(Love)" 연작시 중 (3)은 이러한 시의 대표적인 예로 읽힐 수 있을 것이다. 이 시의 화자는 '사랑'으로 의인화된 그리스도의 집에 찾아온다. 그가 특별히 초대된 손님이라는 단서는 시 속에 나타나지 않는다. 그리스도는 모든 인간들을 아무 조건 없이 항상 환영하고 있기 때문이다. 모든 인간은 그에게서 항상 초대받고 있다고 생각할 수도 있다. 그러나 모두 초대했다는 것은 동시에 아무도 특별하게는 초대하지 않았다는 의미이다. 모두를 초대했으니까 특별히 초청에 응하지 않아도 되겠다고 생각할 수도 있다. 그러나 모두를 항상 초대한다는 말의 중요한 의미는 아무나 찾아가고 싶은 사람은 찾아가도 된다는 무언의 허락에 있다. 찾아가고 싶은 이유나 의지가 있으면 이 무언의 허락에 의지하여 초대된 곳을 방문해도 되는 것이다. 그러나 사람들은 특별히 초대되지 않은 곳에는 선뜻 가려하지 않는다. 특별히 초대되지 않은 곳을 방문하는 경우는 특별한 이유나 의지가 있는 경우이다. 그리스도인 '사랑'의 신의 집을 특별히 찾아오는 사람은 어떤 사람인가? 어떤 형태로든 실존의 삶에서 실패하여 스스로의 연약함을 절실하게 깨달은 사람들이다. 물론 더 큰 부나 명예 또는 권력을 구하여 찾아오는 사람들도 있을 것이다. 그러나 그런 사람들은 신을 잘못 찾아 온 사람들이다. 적어도 이 시에서 시인이 마련한 그리스도의 집은 그런 집이 아니다. 이 시의 화자인 나는 실패한 사람, 연약한 사람, 그래서 신 앞에 부끄러워 감히 그 앞에 나타나는 것이 두려운 사람이다. 그러나 달리 갈 곳이 전혀 없는 사람이다. 인간은 대부분 삶의 어느 시점에서 견디기 어려운 상황에 처할 경우 종교를 생각하는 경우가 있으며, 그러한 경우 인간이 찾는 신은, 비록 자신이 낙오자이며 힘이 없는 존재일지라도 자신을 아무 조건 없이 수용하고 자신의 고통을 위로해 주는, 무한한 사랑을 베푸는 초월적 존재이다. 이 시의 주인공이 방문한 그리스도는 바로 그런 존재이다. 특별한 점은 이 시의 주인공이 자신의 실패와 연약함, 자신의 과오나 죄에 대하여 몹시 자책하는 순결한 양심을 지닌 사람이라는 것이다. 자신의 잘못이나 실패에 대한 사람들의 태도는 사뭇 다르다. 그것에 대하여 별 의식이 없는 사람도 있을 것이며, 적당한 정도의 자책감을 지니는 사람도 있을 것이며, 이 작품의 주인공처럼 각별한 의식을 갖는 사람도 있을 것이다. 우리가 짐작해 볼 수 있는 것은 자신의 잘못에 대하여 각별한 의식을 갖는 사람이 별 의식이 없는 사람보다는 더 양심적이며, 책임감이 강하고 그래서 마음의 자책을 상쇄시킬 수 있는 선하거나 의로운 행위를 할 수 있는 기회가 있다면 훨씬 더 능동적으로 그 행위에 참여할 사람이라는 것이다. 바꾸어 말해 본다면, 자신의 죄에 대한 의식이 강한 사람이 그렇지 못한 사람보다는 의를 행하는 일에 훨씬 더 적극적 태도를 갖고 있으리라는 것이다. 왜냐하면 자신의 잘못에 대하여 남과 다른 강한 의식과 책임감을 느끼는 사람은, 자연히 그 의식으로부터 벗어나고 싶은 욕망을 다른 사람보다 훨씬 더 크게 가질 것이기 때문이다.

이 작품의 초반에서 주인공은 '사랑'으로부터 환영을 받으나,

자신의 더러움과 죄에 대한 가책 때문에 들어오는 순간부터 머무적거린다. 처음부터 이것을 눈치 챈 '사랑'은 그에게 다가와 무엇이 부족한지를 묻는다. 이 질문에 대하여 주인공은 아래와 같이 대답하며 두 사람 사이의 대화는 자연스럽게 이루어진다.

> "여기 있을 만한," 난 대답했다, "자격이 있는지"
>   사랑은, "바로 네가 그다"
> "불친절하고, 감사를 모르는, 제가요, 아, 친애하는 분,
>   저는 감히 당신을 바라볼 수도 없습니다."
> 사랑은 나의 손을 잡고, 미소 지으며 대답하였다.
>   "나 아니고 누가 눈을 만들었지?"

> "A guest," I answer'd, "Worthy to be here";
>   Love said, "You shall be he."
> "I, the unkind, ungrateful? Ah, my dear,
>   I can not look on Thee."
> Love took my hand, and smiling did reply,
>   "Who made the eyes but I?"

그리스도인 '사랑'이 그를 만날 자격이 있다고 인정하는 사람은 바로, 자신의 불친절과 배은망덕함에 대하여 뉘우치며 그것 때문에 신을 감히 바라보지도 못하는 연약하고 가냘픈 인간들이다. 자신의 잘못 때문에 감히 신을 마주 보지도 못하는 순결한 눈을 지닌 사람 앞에 신은 홀연히 나타나며, 그러한 인간의 눈을 신이 만들었음을 확인해주며, 두려움 없이 자신을 바라보기를 허락한다. 이 작품의 주인공은 신의 용서와 위로에 감사를 느끼지만 그가 느끼는 죄책감은 이 감사의 마음보다 더 크다. 그는 자신이 신이

창조해 준 눈을 망쳤다고 진실하게 고백하며, 자신이 그에 대한 벌을 받아야 합당하다고 한다. 이에 대하여 '사랑'은 주인공의 죄 곧 인간의 죄에 대하여 책임을 지는 존재가 바로 자신인 것을 밝힘으로써 주인공의 부끄러움을 자신의 부끄러움으로 치환시키며 주인공으로 하여금 자발적인 섬김의 마음으로 그 앞에 무릎 꿇게 한다. 이러한 내용은 이 시가 그리스도교에서 가르치는 그리스도와 인간 사이의 죄의 뉘우침과, 그리스도의 무조건적인 사랑 그리고 그리스도의 용서의 은총을 시로 형상화시킨 작품임을 알게 해 준다. 뉘우치는 자에게 신은 무한히 너그럽다 그리스도인 '사랑'은 그래서 이렇게 말한다.

> "앉아야지," 사랑이 말한다, 그리고 "나의 살을 맛보라"
> 그래서 나는 앉아 먹었다.

> "You must sit down," says Love, "and taste my meat,"
> So I did sit and eat.

여기서 그리스도의 살을 맛보고 먹는다는 것은 단순히 고기를 먹는다는 차원을 훨씬 넘어서는 행위이다. 그리스도의 살을 먹는다는 것은, 기독교인이면 누구나 아는 것이지만, 신의 아들인 그리스도가 육화되어 인간의 몸을 하고 세상의 온갖 고난을 무릅쓰고 의로운 사랑의 삶을 산 것처럼, 자신도 그렇게 살겠다는 의지를 그리스도가 주는 고기를 먹는 행위를 통하여 표명하는 것이다. 이러한 행위는 삶 속에서 선하고 의로운 행위를 끈임 없이 갈망하고 꿈꾸어 온 인간이 아니고는 갑자기 되어지는 일이 아니다. 작품 속에서 주인공은 분명히 이러한 행위를 지속적으로 꿈꾸어 온 자이다. 그렇지 않다면 앉아 먹으라는 행위가 의미하는 바를 알면서 그렇게 바로 그리스도의 말에 순복할 수는 없는 것이다. 이러한 행위의 자연스러움을 위하여 시인은 이 시의 처음부터 자신의 죄에 대하여 수줍지만 강렬한 의식을 지닌 주인공을 등장시키며, 그리스도 앞에 던지는 거듭되는 뉘우침의 고백을 통하여 그가 지닌 순결한 마음을 거듭 재확인하고 있다. 이 시가 시인 허버트의 자전적 삶의 어떤 순간을 기록한 것이라면, 이 시는 이 순간에 의하여 표상되는, 엘리엇이 환기시킨 것처럼 '자신의 연약함과 실패를 깊이 의식하는', '의에 주리고 목마른 인간의 기록'이며, 동시에 순수한 양심을 지키려고 애쓰며, 조그만 자신의 잘못에도 크게 상심하며, 이러한 노력과 상심 속에서 무의식적으로 자신의 잘못을 상쇄시킬 수 있는 선과 의를 행하고자 하는 욕망을 지닌, 대부분의 평범하고 선량한 인간들의 일반적인 마음의 기록이다. 허버트는 이러한 평범한 대부분의 사람들의 마음의 예술적 형상화를 통하여 그의 시의 보편성을 차분하게 독자에게 느끼게 해준다.

허버트의 시의 보편성을 이해하게 해주는 네 번째 요소는 엘리엇이 종교시를 쓰려고 하는 시인들에게 경고하는 위험 속에 드러나고 있다. 그는 종교 시인이 "자기가 실제로 느끼는 것을 충실하게 표현하려고 하기보다 그가 느끼기를 바라는 것을 기록하려고 할 때"(Eliot 1962, 24) 바로 큰 위기가 온다고 말한다. 어떤 종교에 대한 특정의 의식을 가지고 시를 쓰는 종교 시인은 대부분 막연하게나마 그가 도달하거나 느끼고 싶은 어떤 높은 경지를 의식적으로 상정하고 있기 때문에, 대부분의 경우 그 상태에 도달하지 못한 상황에서 그 상태에 대하여 막연하게 추상적으로 묘사하고 있을 뿐인 경우가 많다. 실제로 그 상태에 도달하지 못한 상태에서 쓰기 때문에 대부분의 종교시는 화려하고 경건하지만 어떤 의미에서 상투적인 미사여구나 진지성이 결여된 꾸밈말의 조화로 이루어진 경우가 많다. 이 경우 종교시는 일종의 주문이 되거나, 특정의식을 지닌 사람들 외에게는 아무런 감동을 주지 못하는 형식적인 기도시나 찬미시의 형태로 남아있게 된다. 이러한 의미의 종교시가 '보편성'을 결여하고 있다는 사실은 논의의 여지가 없다. 그러나 시인이 '개인이 실제로 느낀 것'을 표현하게 되는 순간 그 종교시는 동질의 삶을 사는 동질의 인간의 감정의 기록이 되며, 이 동질성을 통하여 그가 쓰는 시는 동질의 인간들 속에 일반적인 호소력을 지니게 된다. 그리고 이 호소력을 통하여 그의 시는 동질의 다른 인간들의 공감을 자아내게 되고 이 공감을 통하여 그 시는 보편성을 획득하게 된다. 시인이 '개인이 실제로 느낀 것'을 표현하려는 의지를 갖게 되는 순간, 시인은 종교의 전형적인 특정의식으로부터 탈출하는 것이며, 이 탈출을 통하여 시인은 일반적 의식의 영역 속에 편입될 기회를 얻게 된다. 허버트는 1629년 서른일곱의 나이에 결혼하여 사십의 나이로 죽을 때까지 윌트셔(Wiltshire)의 비머튼(Bemerton) 교구의 사제로 일하는 동한 항상 종교의 영역 속에서 생활하였으나 그의 의식은 끊임없이 제한된 종교의 영역을 탈출하여 개인적이며, 동시에, 역설적이지만, 보편적인 의식 속으로 옮겨 갔다. 그리고 이 보편적 의식 속에서 그는 찬양과 예배 뿐 아니라 원망과 분노, 회의와 고통, 좌절과 비판까지도 모두 수용해 주는, 헤르만 헷세의 『싯달타(Siddhartha)』의 강과 같은 신을 만난다. 이 신 앞에서 자신의 연약함과 아픔, 자신이 겪은 성공과 실패, 회의와 원망을 모두 진실하게 털어 놓음으로써, 그는 자신의 개별성을 회복하고 이 개별성의 좁은 수로를 통하여 일반적 보편성을 포괄하는 넓은 강으로 나아가는 길을 찾게 되는 것이다.

허버트의 시 "목고리(The Collar)"는 개별성에서 출발하여 일반적 보편성을 회득한 그의 대표적 시의 하나로 읽힐 수 있을 것이다. 그는 이 시에서 신앙인으로서 그가 느끼기를 바라거나 아니면 다른 사람들이, 사제가 느꼈거나 느껴야 하리라고 유추하는 것을 기록하고 있지 않다. 이 시가 기록하고 있는 것은 신에 대한 불만과 원망, 반항과 회의, 고통과 두려움 그리고 화자의 연약함과 모순된 감정의 기록이다. 경건하고 신실한 사제가 느꼈으리라고는 상상하기 어려운 감정들이 에둘러서가 아니라 직설적으로 표출되어 있다. 이 시를 읽는 동안 독자는 처음에는 시인의 솔직함과 신성모독적인 발언에 놀라움을 느끼지만 곧 시인의 감정에 공감하며 마음의 짐이 조금은 가벼워지는 느낌을 갖게 된다. 왜냐하면 제도적인 종교에 대한 신앙의 유무에 관계없이 인간은 모두 세상의 현실적인 도덕과 법을 넘어서는 어떤 초월적 존재를 어렴프시나마 자기 속에 지니고 있으며, 의식적 또는 무의식적으로 이 존재가 암시하는 도덕을 초월한 도덕, 법을 초월한 법에 의하여 지배를 받으며 살고 있다. 사람들은 이 존재를 양심이라고 부르기도 하고 에머슨(Emerson)처럼 자연에 빗대어 "투명한 안구(transparent eyeball)"(Gilman 188)라고 부르거나 "내면의 신(God Within)"이라 부르기도 한다. 에머슨은 "최고의 계시는 신이 모든 사람 속에 있다는 것"(Miller 26)이라고 말했던 것이다.[3] 사람들은 모두 이 초월적 힘을 지닌 내면의 존재의 지배를 받으며 살고 있으면서도 항상 그 존재로부터 탈출하고 싶은 욕망을 가진 모순된 존재이다. 대부분의 인간들은 겉으로는 양심을 외치면서도 내면으로는 끊임없이 양심의 명령에 저항한다. 왜냐하면 내면의 신의 명령대로 사는 것은 바보짓이라고 세상은 끊임없이 가르치고 있기 때문이다. 그래서 종교에 대한 신앙의 유무에 관계없이 신에 대한 허버트의 용감한 결별선언은 모든 사람에게 통쾌하고 시원한 느낌을 줌으로써 일반적인 공감을 불러일으킨다.

> 나는 재단을 내리치며 외쳤다 "더는 안돼,
>   나는 나갈거야!
> 뭐야? 항상 한숨이나 짓고 여위라는 거야?
> 나의 운명과 삶은 자유로워, 길처럼 자유롭고,
>   바람같이 느슨하고, 창고처럼 풍요롭다.
>   내가 항상 시중이나 들어야 하는가?

> I struck the board and cried, "No more;
>   I will abroad;
> What? Shall I ever sigh and pine?
> My lines and life are free; free as the road,
>   Loose as the wind, as large as store.
>   Shall I be still in suit?

시인은 신이 가리키는 길을 따라 사는 것이, 아무 수확도 없이, 가시에 찔려 항상 피를 흘리면서도, 불평 없이 복종하며 사는 삶이었다고 분노하며, 용감하게 신을 떠나겠다고 선언한다. 신을 따라 살며 흘린 선혈은 보상된 적이 없으며, 그의 인내의 잔은 이미 말라버렸다. 고난과 피의 대가로 받아 쓸 월계관도, 받아 안을 꽃다발도 없다. 모두 말라 시들어버렸다. 그러므로 이제 그가 기대할 수 있는 것은 옳고 그른 것을 분별하는 차가운 양심의 짐을 내려놓고 세상이 주는 쾌락을 두 배로 얻어 잃어버린 세월을 보상받는 것이다. 시의 화자인 시인은 자신에게 그가 갇힌 새장 속에서 나오라고 명령한다. 그를 행복하게 해 주지 못하는 모래 같은 신의 속박의 밧줄을 버리라고 재촉하며, 그의 율법이 되어 그를 구속하고 있는 강한 밧줄(good cable)같은 교회의 가르침도 과감히 버리라고 명령한다. 그 동안 그는 그 밧줄에 목이 메어 세상의 기쁨에 대하여 눈을 감고 보려고도 하지 않았던 것이다.

> 비켜라! 잘 보아라.
> 나는 떠난다.
> 저기 너의 죽음의 해골을 치워라, 공포를 묶어두라.
> 　　자기의 필요에 맞추어 (스스로를 위해)
> 　　봉사하기를 그만 둔 사람은
> 　　당연히 자기 짐을 져야지."

> Away! take heed;
> I will abroad.
> Call in thy death's head there, tie up thy fears.
> 　　He that forbears
> 　　To suit and serve his need
> 　　Deserves his load."

'죽음의 해골'은 17세기 당시에 "다가오는 죽음의 슬픔을 상기시키는 의미로"(Abrams 1349) 그리고 "죽은 후의 영원한 가치(eternal values)"(Broadbent 152)를 상기하여 살고 있는 동안 세속의 유혹으로부터 스스로를 경계하기 위하여, 신앙인들이 책상 위에 얹어두던 마른 해골이다. 그런 것은 죽은 후에 지옥에 추락할 것에 대한 두려움과 죽은 후의 영생에 대한 턱없는 욕심 때문에 살아있는 동안 생생한 삶 속에서의 즐거움을 강제로 억제시키는 주물(呪物)일 뿐이다. 영원한 것이란 없는 것이다. 그러므로 살아있는 동안, 죽은 후의 삶에나 집착하여, 이승에서 자신이 원하고 필요로 하는 일을 억제하며 포기한 사람들은, 인간의 고통을 외면하고 삶의 고난에 대하여 보상할 줄 모르는 신에게 봉사하며 사는 헛된 자기 짐을 져서 마땅하다고 시인은 매섭게 냉소하고 있다. 이 냉소는 뒤집어 보면 사실은 다른 사람에게가 아니라 바로 자신에 대한 냉소이다. 시인은 이러한 냉소를 받을 만큼 오랫동안 신과 교회의 가르침에 맹목적으로 순종해 왔으며. 어느 날 문득 그러한 자신에 대하여 그리고 그러한 자신에게 무관심한 것으로 보이는 신에게 무서운 분노를 터뜨리고 있는 것이다. 이러한 분노는 대단히 독신(瀆神)적이며 불경스러운 것으로 느껴지지만 사실은 제도적 종교의 신을 믿는 사람이나, 내면에 자기 나름의 신을 지닌 모든 사람이, 삶의 어려움에 직면했을 때 문득 느끼는 감정들이다. 그래서 이 시를 읽는 독자는 이 시인이 토로한 솔직한 내면의 풍경 속에 자신의 감정을 투사시켜 같이 분노하고 같이 원망하며 같이 만용을 부려보는 가운데, 시인과 깊은 공감을 느끼며 이 보편적 공감을 통하여 어쩌면 신에 대한 불만과 회의를 누그러뜨린다. 그리고 유사한 고통의 짐을 진 다른 인간들과 동기가 된 느낌 때문에 이웃에 대하여 너그러운 마음을 갖게 될 수도 있을 것이다. 다른 한편으로는 신에 대한 자신의 원망과 분노를 쏟아놓는 행위를 통하여 내면에 쌓인 포화상태의 해로운 감정을 정화시킴으로써, 어쩌면 이 시의 마지막 부분처럼 신이 부르는 목소리를 다시 들을 수 있는 마음의 평화를 회복할 수도 있을 것이다.

그러나 내가 고함치며, 하는 말마다
　더욱 사납고 거칠어질 때,
마음속에서 나를 부르는 소리를 들었다, "얘야 !"
　그래서 나는 대답하였다, "오 주여."

But as I raved, and grew more fierce and wild
　At every word,
Methought I heard one calling, "Child";
　And I replied, "My Lord."

신을 향하여 신성모독적인 폭언을 마구 쏟아놓은 뒤에 곧 신의 부름에 응하여 무릎을 꿇는 모습은 언뜻 보기에 대단히 모순된 행동으로 보인다. 그러나 이러한 모습이 바로 인간의 모습이다. 『구약성서』의 「욥기(Job)」의 마지막 부분에서, 그 때까지 죄 없는 자신에게 재앙을 내린 신의 행위의 부당성에 대하여 거세게 항의하던 욥이, 신의 질책이 떨어지자 한마디의 항변도 없이 신의 전능함을 인정하고 온 몸을 숙이는 행위도 바로 이와 같은 모순된 인간의 모습의 한 단면이다. 인간은 얼마나 변덕스러운 존재인가. 금방 원망하다가도 만나면 악수를 하고 웃음을 교환하며, 금방 친한 척 하다가도 돌아서면 원수가 되기도 한다. 순수할수록 인간은 더욱 더 쉽게 변한다. 어린 아이들을 보라. 금방 할퀴고 싸우다가도 돌아서면 잊어버리고 다시 소꿉질하며 친구가 된다. 어른이 되면 자아의식이 강해져서 분노와 원망을 기억하는 시간이 길어질 뿐이다. 이러한 기억의 시간이 짧은 사람은 원만한 사람, 너그러운 사람, 덕인(德人)이 된다. 시인의 감정은 보통의 사람들보다 순수하기 때문에 보통의 사람보다 솔직할 수밖에 없다. 그래서 허버트는 신 앞에서 조차도 자신이 느낀 바를 감추지 못하고 있는 그대로 드러내며 이 진솔함을 통하여 유사한 감정을 지닌 다른 사람들의 공감을 획득하고 있다. 시인의 이러한 진솔함은 이 시의 마지막 부분에서처럼 독자의 오해를 유발할 수도 있다. 그러나 분노를 모두 쏟아놓고 나면 인간은 마음이 풀어지고 너그러워지며, 분노의 대상까지도 화를 내기 이전의 감정과는 상반되는 화해의 감정으로 바라볼 수 있게 되는 것이다. 때로는 인간의 자존심이 이 분노의 감정을 인위적으로 연장시키도록 충동하는 경우도 있다. 그러나 이것은 자연스러운 감정이 아니다. 우리는 부모에게 오랫동안 쌓인 불만을 분노와 함께 쏟아 놓을 수도 있다. 그러나 보통의 사람은 부모가 아무 대항 없이 그 불만을 수용하고 분노를 이해해 준 경우 대부분 곧 부모에게 용서를 빌고 다시 예전의 상태로 돌아간다. 신 앞에서 인간도 마찬가지다. 더구나, 짧았지만, 나머지 인생을 신에게 바치기로 한 사제인 허버트에게 신은 부모와 같은 존재이다. 오래 쌓인 원망과 분노를 마구 털어놓고 어쩌면 그는 신이 자신을 외면할까 한동안 두렵고 무섭지 않았을까? 그런 상태에서 신의 부름은 얼마나 고맙고 반가운 일일 것인가? 허버트의 매혹은 바로 이 시의 마지막에 표출된 그의 진솔함이며, 이 진솔함이, 자신이 느끼고 싶은 바가 아니라 자신이 느낀 바를 그대로 드러내게 함으로써, 이류시가 되는 위험으로부터 그의 시를 구해내고 있는 것이다. 왜냐하면 독자가 시를 통하여 감동을 받는 것은 오직 시인 자신이 스스로 체험한 진실을 통해서이기 때문이다. 이 진실을 통하여 허버트의 시는, 비록 그것이 신에 대한 개인의 기도의 형식을 취하고 있음에도 불구하고 특수한 종교적 의식의 제한성을 뛰어넘어, 종교를 갖지 않은 사람들의 공감까지도 자아내는 일반적 보편성을 획득하고 있는 것이다.

IV

지금까지 우리는 엘리엇이 허버트를 일류시인으로 평가하게 되었던 중요한 근거인 허버트의 시의 내용에 나타난 '보편적 의식' 곧 허버트의 시의 내용의 보편성에 초점을 맞추어, 엘리엇이 쓴 허버트의 시에 관한 비평을 토대로, 허버트의 몇 개의 시작품들의 구체적인 내용을 면밀히 살펴보았다. 사실 허버트의 시는 기독교인으로서의 그의 신앙이나 잉글랜드의 한 교구의 사제로서의 경험이 아주 긴밀히 얽혀 있기 때문에, 유사한 신앙적 체험을 갖지 않은 채로 그의 시를 읽는 사람들이 그의 시에서 특별히 기독교적 가치와 구별되는 보편의 인간적 가치를 찾아내는 데는 상당한 유추를 필요로 한다. 그러나 그의 시에서 보편적인 인간의 가치를 찾아내려는 시도를 비평가들이 하는 이유는 통상적인 평가에서 인식되는 것보다 훨씬 더 많은 것이, 신앙인 뿐 아니라, 모든 종류의 독자들에게 의미 있는 것들이, 허버트의 시 속에 들어있다는 확신이 있기 때문이다. 그는 시인이지 단순한 봉헌시의 작가만은 아니라는 기존의 주장 속에는, 그의 시가 종교의 테두리를 넘어 상당히 광범위한 호소력을 지니고 있다는 암시가 들어있다 (Knights 242). 그의 작품의 내용들이 드러내고 있는 사고의 폭이, 그의 사적인 종교의 제한된 범위를 넘어서서 대부분의 인간들이 충분히 공감할 수 있는 일반적인 보편성을 충실하게 반영해 주고 있기 때문이다. 허버트는 그의 신앙생활의 과정에서 스스로 느낀 회의와 절망, 분노와 좌절, 원망과 고통들을 진솔하게 표현함으로써 삶에 대한 그의 '일반적 의식'을 독자에게 전달하고 있는데, 이것을 위하여 그는 고통에 대한 자신의 정신의 다양한 반응들을 짧은 형식 속에 단순하면서도 효과적으로 극화시키고 있는 것이다.

그의 시 속에는, 인간과 신 사이의 갈등 뿐 아니라, 세속의 야망을 버리지 못한 인간과 신에게 봉사해야하는 사제 사이의 투쟁이 그 위에 겹쳐져, 그의 시의 인간적 성격을 증폭시킴으로써 그의 시가 제한된 종교의 영역을 넘어설 소지를 확대시킨다. 어떤 의미에서, 그가 마음속에서 끝까지 버릴 수 없었던 세속적 야망과 실패 뒤의 실의, 젊었을 때부터 사제가 된 뒤까지 그의 야망을 좌절시키는 큰 원인이었던 육체의 병 등은, 그의 시가 지니는 보편적 가치의 배경으로 보이며, 실의와 절망의 와중에서도 멈추지 않고 신에게 던진 작고 큰 숱한 인간적 질문 속에 그것들은 용해되어 있다. 그의 시속에는 신에게 바치는 그의 순정한 신뢰의 기도와, 사라지지 않는 인간의 야망에서 기원하는 인간적 질문이 우위를 가릴 수 없이 충돌하고 또는 화해하며 섞여 있다.

인간의 욕망의 자초지종의 표현인 문학과, 신에 대한 갈망의 표현인 종교가 그의 시에 잘 조화되어 있다고 말할 수 있다면, 이 조화의 진실은 어쩌면 신이 그에게 부과했다고 생각한 사제의 일에 대한 순결한 소명감과, 한편으로는 그 소명에 온 힘을 다하여 충실하면서, 한편으로는 그 소명에 끈임 없이 무의식적으로 저항하는 인간적 야망 사이의 균형 곧 충성과 저항 사이의 소위 중용(moderation) 속에 있는 것으로 보인다. 그러나 이 중용은 소명에 대한 충성과 저항이 완전한 균형을 이루어 동작이 정지된 부동의 중용이 아니라, 충성과 반항이 그의 작품과 그것을 읽는 독자의 정신 속에서 과불급(過不及)에 의해 끈임 없이 움직이는 동적균형(dynamic equilibrium)이다. 그의 시가 종교시이면서 일반적 보편성을 지녔다는 것은, 그의 시가 신에게 드리는 기원 곧 신에 대한 충성의 표현이면서 동시에 신에 대한 반항의 표현이며, 인간의 욕망에 대한 충성의 표시이면서 동시에 그것에 대한 반항의 표시라는 의미이다. 신에 대한 충성과 인간의 야망 사이의 '동적균형', 이것이 허버트의 시의 종교성과 보편성의 조화의 성격의 핵심이며 동시에 문학과 종교 사이의 균형과 조화의 성격의 핵심인 것이다. 왜냐하면 그의 종교시의 일반적 보편성은 인간적 가치나 욕망과의 더 많은 교감 속에 존재하며 이 교감 속에서 그 타당성을 인정받는 성질의 것이기 때문이다. 허버트는 니코라스 페라(Nicholas Ferrar)에게 자기 시집 —『성전』— 을 전해주기를 부탁하는 메시지에서, 이 시집이 "신과 자신의 영혼 사이의 수많은 정신적 갈등의 모습"임을 솔직하게 밝히고, "이 시집이 낙담한 가엾은 영혼들에게 도움이 된다고 생각되면 출판하게 해주시고, 그렇지 않다면 태워 달라(if . . . it may turn to the advantage of any dejected poor soul, let it be made public; if not let him burn it;)" (Walton 26H)고 쓰고 있는데, 이 짧은 편지 속에서 가장 절실하게 느껴지는 것은 '신과 허버트 사이의 정신적 갈등'으로 표현된 신과 인간 사이의 교감과, 시인과 낙담한 영혼들 사이에 전개될, 먼저 고통을 겪은 자와 지금 고통을 겪고 있는 인간 사이의 강렬한 교감이다. 허버트의 시집을 통하여 이루어지는 이 교감은 특수한 종교에서 생긴 특별한 의식을 공유한 사람들 사이에서만 발생하는 교감이 아니고, 실존의 삶 속에서 낙담하여 고통 받는 일반의 모든 인간과 시인 사이에 이루어지는 일반적 보편성을 지닌 교감인 것이다.

제5장
사랑과 고통의 변증법의 세 가지 양상 : 호손의 「주홍글자」

In an organism as vast as the universe any amount of goodwill and countless resources remain unused, and a host of failures is the price that has to be paid for a few successes. The obscure, the useless, the failures, should take joy in the superiority of the others whose triumph they lend support to or pay for.

— Pierre Teillhard de Chardin, *On Suffering*

I

테렌스 마틴(Terence Martin)은 "나다니엘 호손(Nathaniel Hawthorne)의 『주홍글자』(*The Scarlet Letter*)에 나타난 업적의 특이성은 그가 만든 허구의 세계와 그 구성요소들의 실질적인 이중성(duality) 혹은 양가성(ambivalence)에 있다"(119)고 말하면서, 이 작품의 주인공들인 “헤스터(Hester)나 딤즈데일(Dimmesdale) 그리고 칠링워즈(Chillingworth)나 주홍글자 자체가 모두 한 가지 이상의 것을 의미하고 있어서 모두 한 가지 방식 이상으로 고찰되어야 한다”(119)고 주장하였다. 호손이 만든 허구의 세계의 이러한 이중성이나 양가성 사이에서의 그의 곡예가 일견 단조로움에 빠질 수도 있는 ‘청교도 사회에서의 간음한 여인과 목사의 이야기’를 인간의 소외(isolation)와 사랑 그리고 죄와 벌에 대한 더욱 보편적이고 영원한 차원의 이야기로 승화시키는 묘기를 연출해내고 있는 것은 이 작품을 깊이 읽은 독자라면 모두 느끼지 않을 수 없는 사실이다.

필자는 이 작품의 이러한 이중성과 양가성을 이 작품의 숨은 주제의 하나인 고통의 이중성과 관련하여 생각하면서 이 작품의 주인공들이 사랑 때문에 겪어야 했던 고통의 세 가지 양상에 대하여 고찰해보려 한다. 루시앙 리차드(Lucien Richard) 교수는 그의 저서 『고통의 신학에 대하여 사람들은 무엇이라고 말하는가?』(*What Are They Saying About the Theology of Suffering?*)의 서문에서 고통의 이중성에 대하여 다음과 같이 말한다.

> 고통은 인간에게 보편적이며 가장 일반적인 경험이다. 아무도 그것을 피할 수 없으며 그래서 고통은 모든 인간의 공통분모이다. 그러나 고통은 보편적이고 일반적이면서 동시에 가장 사적이고 실존적인 경험이기도 하다. 고통은 자신에 대하여 근본적인 질문을 던지게 한다. 왜 내가 고통을 겪어야 하는가? 왜 내 삶에서 일들은 항상 잘못되기만 하는가? 왜 살아야 하는가? 보편적이고 일반적이면서도 고통은 고통을 받는 자에게 소외의 감정을 불러 일으킨다(1).

우리는 인생을 고해(苦海)라고 말하며 고통 없는 삶이란 없다고 말한다. 이러한 말들을 통하여 우리는 우리의 실존의 삶이 모두에게 고통스러운 공통의 운명이라는 것을 인정하고 불평없이 받아들이는 견인의 태도를 보여준다. 그러나 이러한 일반적인 태도에 대한 저항없는 수용의 자세는, 관념으로는 보편적이라고 당연히 받아들였던 고통이 자신의 것이 되는 순간 완전히 달라진다. 고통이 보편의 차원에서 내려와 사적인 자신의 것이 되었을 때 우리는 '왜 하필 내가 이런 고통을 받아야 하는가?', '왜 내겐 제대로 되는 일이 없고 만사가 꼬이기만 하는가?', '이런 고통을 견디면서까지도 굳이 살아야 하는 것인가?' 라는 절실하며 실존적인 질문을 스스로에게 그리고 온 세상에게 소리쳐 외치게 된다. 그러나 다음 순간 우리는 이러한 원망만으로 자신이 구원될 수 없다는 것을 깨닫게 되며, 고통의 일반성과 보편성에 대한 자각과 반추를 통하여 위로를 얻게 된다. 이러한 순간은 다음 순간 또 다시 원망의 차원으로 바뀔 수 있는 것이지만, 고통의 서로 상반되는 이중성에 대한 사고의 반복을 통하여 우리는 어느 순간 우리의 고통과 삶에 대하여 더 넓고 깊으며 높은 차원의 인식에 도달하게 된다.

헤스터는 비록 남편과 나이의 차이가 많고 2년 동안 떨어져 있었지만 엄연한 유부녀이다. 이러한 신분의 그녀가 아버지의 이름을 밝힐 수 없는 아이를 가졌다는 사실만으로도 그녀는 음란하고 사악한 여인으로 보이기에 충분하다. 더구나 그녀는 뉘우치는 빛을 보이기는커녕 고개를 곧게 세우고 뉘우침 없는 오만한 태도를 보이고 있다. 그러나 다음 순간, 자신의 아이를 순결하게 지키려는 어머니로서의 충실한 정신과, 비록 조롱과 비난을 받으면서도 가난하고 불행한 이웃들을 도우며, 자신이 받는 치욕의 고통을 통하여 자신의 영혼이 언젠가는 순결을 회복하게 되리라는 소박하면서도 굳센 의지를 버리지 않는 그녀 앞에서 우리는 음행한 여인과는 전혀 다른 식민지 개척시대의 용감하고 끈질긴 아름다운 영혼과 마주하게 된다. 이러한 이중성과 양가성 속에서 우리는 항상 혼란에 빠지지만 서로 상반되는 외관이나 정신 또는 태도의 근원이 되는 주인공들의 마음의 깊은 행로의 자초지종에 대한 고찰과 이해를 통하여 우리는 어느 순간 동료인간과 인간의 심성에 대한 더 넓고 깊은 앎에 도달하게 되는 것이다.

필자는 호손이 『주홍글자』를 통하여 보여주는 주인공들의 행동이나 태도의 이중성과 양가성 그리고 호손이 창조해 보여주는 허구의 세계 속에서 그들이 견뎌야 했던 끔찍한 고통의 이중성에 대한 이해를 바탕으로 그들이 자신의 인간성과 온 삶을 걸고 성취하려 했던 사랑의 시작과 끝을 살펴보려 한다. 이 과정을 통하여 우리는 이 작품의 서두에 작가가 잠시 보여준 아름다운 찔레꽃 더미 아래 보이지 않게 박혀 있던 날카로운 가시가 주는 고통을 발견하게 될 것이며, '사랑과 고통의 변증법적 과정'에서 주인공들이 적나라하게 보여주는 고통의 세 가지 양상을 추적해 볼 수 있게 될 것이다.

II

튀빙겐 대학의 교수였던 쥐르겐 몰트만(Jürgen Moltmann)은 "자기 자신조차도 더 이상 사랑할 수 없는 사람은 더 이상 고통받지도 않는다. 왜냐하면 그런 사람은 슬픔도 감정도 없으며 모든 것에 무관심하기 때문이다"(253) 라고 말하였는데, 루시앵 리차드 교수는 이 말과 관련하여 "고통의 실체는 우리의 사랑의 능력과 직접 관련되어 있다"고 말하며, "고통의 힘은 고통에 대한 저항 속에만 있는 것이 아니라 고통의 근본적 이유가 사랑이라는 사실 속에 있다"(Richard 44)고 부언하고 있다. 여기서 우리가 확인할 수 있는 것은 인간의 고통의 근본적 원인이 인간이 다른 대상을, 다른 세계를 사랑한다는 데 있다는 것이다. 왜 인간은 다른 존재를 사랑하는가? 그것은 인간이 본질적으로 동료인간이나 동물 또는 사물 그리고 이런 것들이 모여 이루어지는 세계를 사랑하지 않고는 살 수 없는 존재이기 때문이다. 왜 사랑하지 않고는 살 수 없는가? 이 질문에 대하여는 철학적, 신학적, 사회학적 그리고 심리학적인 여러 가지 대답이 있을 수 있겠으나, 우리에게 가장 절실한 대답은 우리가 다른 대상과의 관계없이는 삶을 오래 견딜 수 없다는 실존적 응답이다. 왜 그럴 수밖에 없는가?

히틀러의 나치즘에 저항하다 미국으로 망명할 수밖에 없었던 독일의 신학자이며, 유니온 신학대학과 하바드 대학에서 종교철학을 강의했던 폴 틸리히(Paul Tillich)는 인간은 유한한 자유 — 생명의 나무의 열매를 따먹어서는 안 된다는 신의 명령 속에 상징적으로 드러나 있다 — 속에 스며드는 존재론적 불안 때문에 악마의 유혹에 굴복하여 유한한 자유를 깨트리고 본질에서 분리된다. 다시 말하면 본질에서 실존으로의 전이가 일어나는 것이다.[1] 실존의 상태는 소외의 상태로서 이 상태에서의 인간은 존재의 근원인 신으로부터, 다른 존재들로부터 그리고 자기 자신으로부터 분리된다. 본질에서 분리된 인간은 깊은 죄책감에 사로잡히게 되며, 소외상태 속의 인간은 죽음과 같은 고독과 끝없는 방황 속에 빠지게 된다(Tillich 1957, 39-45). 그러므로 인간 실존의 가장 절실한 욕구는 이러한 분리 상태 즉 소외를 극복하고, 자신의 개체적 생명을 초월해서 분리된 것과 재결합하려는 욕구이다. 이 "융합의 욕망은 사랑의 필수불가결한 요소이다"(Tillich 1951, 280). 그래서 프롬(Erich Fromm)은 분리된 것의 융합의 달성 즉 사랑을 인간실존의 문제에 대한 해답으로 제시한다(7).

신은 인간의 조상 아담(Adam)과 이브(Eve)에게 '지혜의 나무(tree of knowledge)'의 열매를 따먹으면 죽으리라고 언명하였으나 죽이지 않고, 이브에게는 해산의 고통과 아담에게는 "얼굴에 땀을 흘려 종신토록 수고하여야 그 소산을 먹으리라(*Genesis* 3:17~19)"는 벌을 내렸다. 두 사람이 받은 형벌의 핵심은 인간의 생명을 유지하고 자손을 번식시키며 살기 위해서는 반드시 '고통'을 수용하고 그것을 견뎌야 한다는 것이다. 그래서 고통은 인간실존의 운명이 된다. 인간실존의 사랑과 고통의 근원에 대한 이러한 성찰은 17세기의 청교도들의 삶을 배경으로 씌어진 『주홍글자』의 주인공들의 사랑과 고통의 원인에 대하여 가냘픈 실마리를 제공해 준다. 필자가 '가냘픈'이라는 형용사를 쓴 것은, 이 작품의 구체적 상황 속에서 우리가 만나게 되는 주인공들의 사랑과 고통의 정황이 신학이나 종교에서 설명하는 것처럼 그렇게 단순하고 명확하지 않기 때문이다.

III

인간은 부나 권력 또는 높은 명예를 가지고도 외로움으로부터 벗어나지 못하며, 이 외로움으로부터 자유를 얻기 위하여 인간은 사랑의 대상을 찾는 짧고 긴 여행을 멈추지 못한다. 그러나 부단의 노력을 통하여 사랑을 얻고도 인간은 에덴동산의 아담이나 이브처럼 행복하지 못하다. 왜냐하면 에덴에서 추방된 이후 인간의 실존의 상황은 너무도 복잡하고 예측하기 어려운 요인을 포괄하게 되었으며, 명쾌하게 분류하거나 속단하기 어려운 인간의 속성의 다양성과 난해성은 인간이 얻은 사랑을 어느 순간 어떻게 상실할지 모르는 수많은 위험을 자체 속에 내포하고 있기 때문이다. 이러한 실존의 상황 속에서 인간이 온갖 어려움 끝에 얻어낸 사랑은 많은 경우 행복의 원천이기 보다는 끊임없이 인간을 불안하게 하는 고통의 원천이 되어가고 있다. 그래서 메티이슨(F. O. Matthiessen)은 그의 엘리엇(T. S. Eliot)에 관한 저서에서 "사랑은 본질적으로 해방이 아니라 고통"(191)이라고 쓰고 있다.

『주홍글자』의 주인공 헤스터와 딤즈데일 그리고 칠링워즈는 그들이 얻었다고 행복해 했던 사랑으로 인하여 오히려 고통 받는 불행한 인간들의 전형이다. 헤스터는 '사랑하지 않았으며, 그런 척도 전혀 한 적이 없는' 남자와 결혼하였고, 남편보다 미국에 먼저 옮겨와 일 년 이상 홀로 살았던 여인이다. 자초지종은 작품 속에 기록되어 있지 않지만 새로운 이주지에서 그녀는 목사 딤즈데일을 만났으며 예상하지 못한 순간에 사랑에 빠졌고, 다른 사람들의 눈을 피해가며 사랑을 나누게 된다. 남자는 성직자의 신분이었고 여인은 유부녀의 신분이었기 때문에 서로의 사랑에 대하여 그들은 얼마나 놀랍고 당황스러웠을까? 서로 피하려 했을 것이며 작품에 나타난 그들의 교양으로 보아 서로 많이 자제하려 하였을 것이다. 그러나 그들은 마침내 피할 수 없었으며 몸과 마음을 함께 나누는 사이가 되었을 것이다. 금지된 사랑은 두려움과 걱정 그리고 무서움 때문에 만나는 순간 더 강렬하게 타오르는 것이다. 헤스터에게 이 사랑이 얼마나 위험하고 조심스러웠을지 우리는 짐작할 수 있다. 그래서 그를 만나는 순간만은 그녀는 다른 어떤 연인보다 더 밀도 있고 깊은 행복에 빠졌을 것이며, 온 세상을 얻은 것 같은 환희를 느꼈을 것이다. 그러나 이러한 사랑과 행복의 순간은 너무나 짧았다. 육체의 외면에 아이를 가진 것이 드러나기 시작한 순간 그녀의 행복은 끝이 난다. 그녀가 처음 독자들 앞에 나타나는 것은 감옥 문 앞, 형리에 끌려 낳은 지 삼 개월 된 아기를 품에 안은 모습으로이다. 가슴에는 간음한 여인을 상징하는 주홍글자 "A"를 단, 기품 있어 보이지만 아픈 모습으로이다. 교회의 처마 밑에 세워진 교수대를 향하여 그 순간 그녀는 그 이후 7년간 겪게 될 무서운 치욕의 첫 걸음을 내딛게 되는 것이다. 짧은 기간의 사랑의 행복 뒤에 그녀는 평생 그녀를 따라다니게 될 '간음한 여자의 치욕'을 그 대가로 받는다.

딤즈데일은 젊고 순결한 성직자로서 장래가 촉망되는 목사였다. 신도들의 신뢰를 한 몸에 받고 있으나, 성직자의 삶은 신뢰받는 꼭 그 만큼 인간으로서는 힘들고 외로운 것이다. 억제하며 그의 내부 속에 가두어 두어야 할 인간적 욕망들이 얼마나 그의 안에서 그를 두렵고 무섭게 만들었을까? 젊고 아름답고 순결한 모습의 여인의 사랑을 얻는 순간 그는 얼마나 흥분하고 기뻤을 것인가. 그 여인을 만나는 순간마다 그는 가두어 둔 욕망으로부터 자유로웠을 것이며, 이 자유를 통하여 그의 순결한 영혼은 더욱 고양되었을 것이다. 그러나 성직자라는 신분은 어쩌면 여인이 느끼는 두려움보다 더 큰 두려움을 그녀와의 사랑 속에서 느끼게 했을 것이며, 금지된 그녀와의 사랑이 신 앞에서 그리고 청교도 사회 속에서 죄인 것을 확연히 깨닫고 있었기 때문에 그가 느끼는 두려움은 더욱 컸을 것이다. 그러나 그 역시 헤스터처럼 이 두려움 때문에 더 뜨거워진 열정에 스스로를 불태웠을 것이다. 그러나 그에게도 헤스터에게처럼 행복은 너무 짧았다. 헤스터는 신에 거역하며 죄를 범했다고 생각하지 않았지만(Gerber 107), 딤즈데일은 그녀와의 간음이 분명히 신 앞에서 죄라고 확신하고 있었기 때문에 그의 정신의 고통은 그의 영혼을 병들게 하는 치명적 요인이 된다. 더구나 헤스터는 주민들 앞에서 공개적으로 모욕을 당하고 주홍글자 'A'를 가슴에 달고 다니는 벌을 받았으나 그는 두려움 때문에 진실을 고백하지 못함으로 인하여 더 큰 고통을 당한다. 스스로의 몸에 채찍을 가하고 금식하며 자신의 죄에 대하여 스스로 벌을 내림으로써 그는 자신의 죄책감으로부터 벗어나려 하지만, 그가 다른 사람들 앞에서 자기 죄를 고백하지 못하는 한 그는 결코 이 죄책감으로부터 자유로울 수 없다. 더구나 그 스스로 고백한 대로 자신은 '참회와 고행(penance)은 많이 했으나 회개(penitence)는 하지 못하고 있다.' 크루즈(Frederick C. Crews) 교수는 딤즈데일의 이 말에 대한 해석에서, "그가 아직 그로 하여금 죄를 짓게 한 육욕의 충동을 극복하지 못했다"(96)고 말하면서, '회개'라는 말을 '다시는 죄를 짓지 않겠다는 결단'이라고 설명한다. 이 해석에 따르면 딤즈데일은 스스로 이 결단을 하지 못했다고 고백하고 있는 것이다. 딤즈데일의 이러한 마음의 실상은 그의 정신의 균형을 위태롭게 하며, 그의 가슴에 견디기 어려운 불안을 조성하여, 항상 자신도 모르는 사이에 자신의 가슴에 손을 얹게 하고 있다. 마지막으로 처형대에 올라가 자신의 잘못을 고백할 때까지, 살아있는 동안 그의 마음은 그의 지옥의 현장이다.

칠링워즈는 어쩌면 파우스트 박사처럼, 자신의 지식에 대한 욕구를 채우기 위하여 젊은 시절을 도서관에만 박혀 책에 매달렸던 책벌레였다. 낳을 때부터 불구자였던 그는 늦은 나이에 젊고 아름다운 여인과 결혼하여 자신의 육체적 결함을 스스로 쌓아온 지성으로 보충하며 행복할 수 있으리라는 환상을 가졌다. 결혼 후 얼마동안 그는 아마 이러한 꿈에 부풀어 홀로 행복한 순간을 맛봤을 것이다. 상대 여성의 마음이야 그의 벅찬 꿈에 가려 눈에 들어오지 않았을 것이다. 그 만큼 결혼 전의 그는 불행했었던 것이다. 감옥에서 그가 헤스터에게 하는 고백은 과거의 그의 마음의 외로움과 소박한 꿈을 잘 보여준다.

> 결혼할 때까지 내 삶은 허망한 것이었소. 세계는 항상 기쁨이라곤 없는 곳이었으니까. 내 가슴은 많은 손님을 초대할 자리를 가지고 있었으나 불 없는 집처럼 항상 외롭고 서늘했소. 나는 무엇인가에 불을 붙여 보고 싶었소. 그것이 그렇게 헛된 꿈은 아닌 것 같았소. 늙고 우울하고 불구였지만, 세상 모든 사람이 붙잡을 수 있게 멀고 넓게 흩어져 있는 그 소박한 축복이 내 것일 수도 있다는 것이 말이오. 그래서 나는 당신을 내 마음 속, 가장 깊숙한 곳에 맞아들이고 당신이 거기 있음으로 인하여 생기는 내 마음의 온기로 당신을 덥히고 싶었소(NC 57).

그러나 헤스터는 그에게 사랑을 주지 않았고 그러한 그녀의 마음조차 숨기려 하지 않았다. 그의 가슴에 가득 끓어오르던 사랑의 꿈은 어느 순간 조금씩 깨어지고, 늙어 마지막으로 걸었던 희망의 거품이 사라지는 것을 보면서 그는 얼마나 저리고 고통스러웠을까. 신대륙으로 그녀를 먼저 보내고 뒤쫓아 오던 그의 가슴 속엔 새로운 땅 새로운 환경에서 그의 꺼져가는 꿈을 되살려 보려는 안타까운 기대가 가득 차 있지 않았을까. 그러나 갖은 고난 끝에 새 땅에서 처음 보는 그녀는 이름이 밝혀지지 않은 다른 남자의 아이를 임신한 채로 모든 사람이 보고 있는 처형대 위에 죄인의 몸으로 서있는 것이다. 객관적으로는 아니라 할지라도 스스로의 마음속에 온전히 홀로 쌓았던 꿈같은 행복이었지만, 그 신기루조차도 너무도 짧은 순간 절망의 태풍 속으로 사라져버린 것이다. 그의 정신이 온전하기를 기대하는 것은 무리가 아닐까. 감옥에서 자칭 의사로서 그녀를 만난 뒤로 그의 마음은 오직 한 곳, 자신의 마지막 가냘픈 희망을 짓밟아버린 낯모를 남자를 향해서만, 그의 학자로서의 자존심과 행복의 꿈을 무참히 짓밟아버린 남자에 대한 증오를 향해서만 나아간다. 얼마나 가엾고 무서운 불행인가. 헤스터를 감옥에서 만난 이후의 그의 삶은 어쩌면 죽는 날까지 일상의 보통의 사람들의 삶과는 동떨어진, 고통이 그 양식이 되는 비통한 세월이 되고 마는 것이다.

Ⅳ

사랑이 오히려 고통의 원인이 되고 만 세 사람의 주인공의 삶은, 그러나 서로 대단히 다르다. 세 사람의 삶이 그들이 그토록 갈망했던 사랑으로 인하여 깊은 불행과 고통에 이르게 되지만 그들이 그 고통을 견디는 방식은 서로 판이하게 다르다.

한 편에 인간이 온 생을 바쳐 추구하여서라도 얻고 싶은 간절한 욕망의 대상인 사랑이 있다면, 다른 한 편에는 인간이 가능하다면 항상 피하고 싶은 고통이 자리하고 있다. 이 둘은 어떤 의미에서, 인간이 서로의 결합과 분리로 인하여 생명을 잉태하고 서로의 존재를 가능하게 하며, 의미 있거나 의미 없는 삶을 향유하게 하는 상보적 존재인 한, 어느 한 쪽이 다른 한 편을 항상 그리워하거나, 아니면 정반대로 경원하게 되는 필연적 관계를 지닌다. 고통 받는 인간에게 사랑이 항상 갈망의 대상이듯, 사랑에 빠져 있는 인간에게 고통은 항상 멀리하고 싶지만 어느 순간 끌어들이고 싶은 대상이다. 왜냐하면 고통은 인간을 불행하게 하지만 때로 진부해진 사랑이나 깨어진 사랑을 일으켜 세우는 묘약이기 때문이다. 이것이 또 다른 고통의 이중성이다. 사랑으로 인하여 오히려 인간의 삶을 쓰라리게 만드는 고통은, 인간이 늘상 갈망하고 그리워하는 대상인 사랑과 서로 상반되는 변증법의 이항(異項)을 이루며, 호손의 『주홍글자』 속에서 서로 다른 이 두 이항은 사랑으로 인하여 고통을 견디게 되는 주인공들이 그들에게 결과된 고통을 견디는 방식에 따라 판이하게 다른 합(合)에 도달하게 된다.

헤스터는 다른 주인공들과는 달리 그녀가 속한 청교도 사회에 의하여 공공연하게 고통을 당하는 유일한 인물이다. 딤즈데일이나 칠링워즈는 스스로의 내면속에서 고통을 겪지만, 헤스터는 그녀의 죄가 먼저 육체를 통하여 숨길 수 없이 표면에 드러남으로써 공개적으로 고발되고 그녀의 임신에 대하여 심문을 받고 아이의 아버지가 누구인지 추궁당하며 마침내 가슴에 간음죄의 표시인 주홍글자 'A'를 달고 다녀야 한다는 심판을 받는다. 그녀는 어쩔 수 없이 이 심판을 받아들이지만, 심판관들의 말처럼 자신이 신 앞에 잘못을 저질렀다거나 그녀가 속한 청교도 사회에 대하여 죄를 지었다고는 생각하지 않는다. 여기에 그녀의 첫 번째 이중성이 있다. 다른 사람들과 심판관 앞에서 그녀는 죄를 인정하는 불쌍한 여인이다. 그러나 그녀는 마음속으로는 전혀 그것을 인정하지 않고 있다. 그녀의 이러한 이중성은 이 소설이 단순히 간음한 여인에 관한 이야기가 아니라는 것을 독자에게 보여준다. 이 이중성은 근본적으로 인간의 외면과 내면이 다를 수 있음을 보여줄 뿐 아니라, 이 소설의 경우 헤스터의 외면과 내면 중 어느 것이 옳은 지에 대하여 독자를 당혹스럽게 만든다. 외면과 내면의 옳고 그름의 차이가 분명한 경우보다 헤스터의 경우처럼 그것이 모호할 경우 독자는 당황하지만,[2] 이 소설 속에서 독자는 17세기 미국의 보스턴의 청교주의의 윤리와 자유로운 인간의 양심 사이에서 삶의 진실에 더 가까이 접근하게 되는 기회를 얻게 된다. 콜(Samuel Chase Coal)은 "호손의 파라독스는 해결되지 않는 영적 전투를 초래하며, 이것이 오히려 침체와 진부를 극복하는 미국 문화와 문학의 생명력"(215)이라고 말한다.

헤스터는 그녀가 속한 청교도 사회에서 죄를 지은 것으로 심판이 내려졌기 때문에 그곳에서 지상의 벌을 받아야 한다고 생각하며, 그곳으로부터 도망치지 않으면 날마다 겪게 될 치욕의 고통이 마침내는 자신의 영혼을 깨끗이 정화해줄 것이며, 그래서 그녀가 잃었던 것과는 다른, 더욱 성자 같은 순결을 갖게 되리라고 생각한다. 왜냐하면 그녀는 사랑의 순교를 당하였다고 생각하였기 때문이다(NC 62). 그녀는 훌륭한 바느질 솜씨로 조금씩 모은 돈으로 가난하고 불행한 사람들을 도우며 산다. 물론 그들이 그녀의 도움에 대하여 고마워하기보다 조롱을 돌려주고 자선을 베풀려는 그녀의 손길에 침을 뱉는 경우가 많았으나 그녀는 강한 인내심을 발휘하여 상한 감정을 달래곤 한다. 그러나 그녀는 성자는 아니었으므로 친절과 도움을 악담으로 갚는 사람들을 위하여 기도하지는 못한다. 용서의 기도를 하고 싶었으나 아무리 참는다하여도 혹시 자신의 축복의 말이 저주의 말로 변할까 두려웠기 때문이다.

> 끊임없이 그녀는 청교도 법정이 그녀를 벌주기 위하여 고안해 낸, 사라지지 않고 계속 그녀를 괴롭힐 수많은 고통의 맥박을 느꼈다. 목사들이 길에서 그녀를 만나 그녀에게 설교를 늘어놓으면 이 불쌍하고 죄 많은 여인의 둘레에 사람들이 모여들어 이를 드러내며 웃거나 얼굴을 찡그리곤 하였다. 우주의 아버지인 신의 안식일의 미소를 나누어 받고 싶어 그녀가 교회를 방문했을 때는 종종 그녀 자신의 불행이 설교의 주제가 되어 있곤 하였다. 그녀는 아이들이 무서워졌다. 왜냐하면 아이들은 그들의 부모로부터, 아이 하나만 데리고, 결코 다른 친구와 같이 오는 법 없이, 시내로 조용히 들어오는 이 쓸쓸한 여인에 대하여 막연한 공포심 같은 것을 물려받았기 때문이었다(NC 65).

그러나 헤스터 프린은 이 모든 고통과 수모, 그리고 두려움을 이겨내며 그녀에게 주어지는 그녀의 죄에 대한 대가를 당당하게 치른다.

그러나 청교도 사회의 법에 순종하는 그녀의 외면과 다른 그녀의 내면의 진심은 그녀가 숲 속에서 딤즈데일 목사를 만났을 때 확연히 드러난다. 자신도 모르는 사이에 칠링워즈에 의해 영혼과 육체를 파괴당하고 있는 딤즈데일을 구하기 위하여 그를 만난 헤스터의 말을 통하여 우리는 7년 동안 그녀에게 가해진 공공연한 치욕도 그녀가 과거에 그와 함께 한 행동에 대한 그녀의 생각을 전혀 변하게 하지 못했다는 것을 알게 된다. 그녀는 딤즈데일 목사에게 "우리가 했던 일은 그 자체의 신성을 가지고 있었어요. 우리는 진정으로 그렇게 느꼈고 서로에게 그렇게 말하지 않았던가요? 당신은 벌써 그것을 잊었나요?(NC 140)" 라고 묻고 있는 것이다. 이 말 속에서 우리가 느끼게 되는 것은 그녀가 딤즈데일과의 관계에서 느낀 사랑이 세상의 속된 인간관계에서는 그녀가 느껴본 적이 없는, 세상을 넘어선 더 높은 차원의 것 곧 신의 차원에 속하는 성스러운 감정이었다는 것이다. 딤즈데일은 이 감정을 잊지않고 있었다고 대답한다. 그러나 이 신성한 감정이 육체의 행동으로 옮겨진 후에, 두 사람의 이 행위에 대한 대응은 판이하게 달라져버린 것이다. 인간이 어떤 감정을 신성하다고 느낄 때 그 감정의 핵심은 아마 더럽혀지지 않은 티 없는 순수함이다. 이 순수성은 바로 신 앞에 죄가 없는 감정이다. 불순한 목적이 개입됨이 없이 저절로 우러나 인간을 한없이 기쁘게 하는 환희와 희열의 감정, 인간의 실존의 고통의 상황에서는 전혀 짐작조차 해보지 못한 이 지순의 감정, 이러한 감정 앞에서 인간은 자기도 모르는 사이에 이러한 감정을 내려준 지고의 존재에게 막연하게나마 어떤 감사의 마음이 솟아오르지 않을까? 이러한 절대순수의 감정을 경험한 뒤에 인간은 저절로 정화되며 새로운 차원의 삶에 대한 꿈을 꾸게 된다. 헤스터는 이 꿈을 잊지 않고 소중하게 오래 간직한 여인이다. 순결한 꿈을 오래 간직하는 것이 죄인가? 이것은 아마 헤스터가 오랫동안 스스로에게 그리고 어쩌면 신에게 물어 온 간절한 질문일 것이며, 그녀의 대답은 단호하게 '아니오'이다. 그래서 그녀는 어쩌면 덜 어렵게, 영혼의 상처를 입지 않은 채 청교도 사회가 그녀에게 내린 벌을 꿋꿋하게 견디며 고통을 이겨낼 수 있었을 것이다.

거버(Gerber) 교수는 이러한 그녀의 마음의 상황을 신과 그녀가 속한 공동체 그리고 그녀의 본성과 관련지어 설명한다. 앞에서 살펴 본 것처럼 그녀는 신 앞에서 죄를 지었다고 느끼지 않는다. 부분적으로는 그녀의 삶 속에 신이 절실한 실재로 존재한 적이 결코 없었기 때문이기도 하지만, 중요한 것은 그녀가 그녀의 간음의 결과로 신으로부터 어떤 새삼스런 소외(estrangement)를 경험하지 않았기 때문이다. 그래서 그녀는 '안식일에 만물의 아버지의 미소를 나누어 받고 싶어' 교회에 가기까지 한다. 그녀의 간음의 이야기가 설교의 주제로 되어 있는 일이 없었다면 그녀는 계속 교회의 예배에 참석했을 것이다. 아름다운 그녀의 딸 펄(Pearl)의 존재는 신이 자신의 사랑의 관계를 죄로 여기지 않는다는 증거이다. 물론 펄의 존재는 그녀가 지은 죄를 계속 뉘우치게 하기 위해 그녀에게 신이 내려준 존재로 생각될 수도 있다. 그녀의 마음 속에서 상황에 따라 이 두 가지 생각이 교차되지만, 생명은 신의 창조물이므로 신성한 것이며, 그래서 신성한 생명인 펄의 존재는, 그들의 사랑의 신성성을 생생하게 증거해 주는 신의 보증일 것이라고 그녀는 생각하려 한다.

두 번째로 그녀는 딤즈데일과의 관계를 통하여 그녀 자신의 본성의 법칙을 깨트렸다고 생각하지 않는다. 그녀는 천성적으로 애성이 깊고 열정적인 성격을 가지고 있다. 딤즈데일과의 사랑의 시작과 끝은 바로 이러한 그녀의 본성의 발로이며 결과일 뿐 그녀의 본성에 반하는 것이 아니다. 그녀에게 끔찍한 벌을 가하고 있는 보스톤을 그녀는 언제든지 떠날 수도 있다. 그러나 그녀는 자신의 영혼을 정화시키기 위해 이곳에 계속 남아 있는 것이라고 말한다. 그러나 이러한 결심은 결국은 그녀의 애정 깊은 성격 탓이다. 그녀가 신성한 경험을 함께 나눈 딤즈데일이 있는 땅을 그녀는 쉽게 버릴 수가 없는 것이다. 하지만 소설의 뒷부분에서 그녀는 딤즈데일이 같이 보스톤을 떠나겠다고 대답하자 미련 없이 대륙으로의 배편에 자신과 펄을 실으려 한다.

세 번째로 그녀는 그녀가 속한 공동사회에 대하여 죄를 지었다고 생각하지 않는다. 이러한 그녀의 마음은 첫 장면에서 그녀가 감옥에서 나올 때 입었던, 유행을 따른 화려한 옷과 이 옷에 잘 어울리도록 빨간 금실로 섬세하게 수를 놓아 정교한 무늬로 테를 두른 주홍글자 'A'에 잘 반영되어 있다. 무서운 죄의 표지로 달도록 강요된 'A'자의 이 화려한 모양은 사회의 유죄선고에 대한 그녀의 무언의 반항의 표시이다. 그녀는 외면으로는 어쩔 수 없이 청교도 사회의 '정죄'에 복종하지만 그녀의 마음은 그것에 조금도 동요되거나 흔들리지 않고 있다. 그녀의 죄의 상징인 펄에게도 그녀는 우중충한 죄의 빛을 띈 색깔의 옷 대신 가장 화려한 색깔의 옷을 만들어 입힌다. 그녀는 앞에서 말한 것처럼 '사랑의 순교자'로서 참고 인내하고 있을 뿐이다. 그녀가 사회에 죄를 지었다고 생각하지 않기 때문에 사회는 근본적으로 그녀에게 벌을 내릴 권리가 없는 것이다. 그러므로 사회가 그녀에게 가시적으로 할 수 있는 유일한 일은, 개인적으로나 또는 정신적으로 그녀를 그들의 이웃으로부터 격리시키는 일 뿐이다.

그녀가 어겼다고 스스로 생각한 법은 질서의 법이다. 정통적 의미의 죄인이라고 의식하지는 않으면서도 그녀는 그와 딤즈데일이 질서정연한 우주에 무질서의 행위를 저질렀다는 것을 쓰라리게 의식하고 있다. 그래서 그녀는 사회로부터의 격리는 당연한 것이라는 것을 인식하고 있다. 그러나 이러한 격리가 사회에 의해 강제적으로 그들에게 부과되어야 한다는 사실의 논리성에 대하여는 마음속으로 분개하고 있다(Gerber 107-108).

헤스터의 내면의 심리에 대한 이러한 분석의 정당성은, 이 작품의 표면을 지배적으로 덮고 있는 간음의 죄와 그에 대한 정당한 벌의 집행과 죄지은 자의 복종이라는 외면구조와 대립되며 이 작품의 이중성의 한 축을 이룬다. 청교도 사회의 윤리의 정당성은 그 시대의 정신의 정당성을 담보하는 것이므로 적어도 그 시대에 헤스터가 그녀의 죄에 대하여 받는 벌은 당연한 것이다. 진실한 사랑은 죄가 아니라는 생각에 공감하면서도 우리는 또 어느 순간 간음은 죄라는 생각에 공감하기도 한다. 그래서 호손의 이중성이나 양가성은 어쩌면 우리 독자 자신의 이중성이나 양가성과 크게 다르지 않아 보인다. 그리고 이 이중성은 고통의 이중성과 그 성격에 있어 크게 다르지 않다. 왜냐하면 고통이 보편적이면서, 동시에, 사적인 성격을 갖고 있다는 것은, 호손이 보여주는 가치의 이중성에 대하여 우리가 보편적으로 긍정하면서 동시에 사적으로는 그 이중성의 개별적 내용에 대하여 자신의 상황이나 처한 입장에 따라 각기 다른 생각을 하는 것과 크게 다르지 않기 때문이다. 문제는 우리의 생각과 판단이 항상 일관성을 가지고 있지 못하다는 것이다. 이것은 인간의 모순이다. 호손이 이 작품에서 보여주는 것은 이 모순에 대한 작가자신의 고민이면서 동시에 독자의 모순에 대한 성찰의 요구이다.

헤스터는 개인적 불만과 반항의 욕구에도 불구하고 그것을 적절한 수준에서 소화하며, 사회의 요구와 그녀의 내면의 요구 사이에 적절한 균형을 유지한다. 헤스터의 입장에서 사회의 요구는 종교와 정치가 일치해 있던 당시 보스톤의 신정사회의 세속화된 요구이며, 내면의 요구는 그녀와 딤즈데일의 사랑에 신성한 느낌을 주었던 그녀의 내면 속의 보이지 않는 어떤 신성한 존재의 요구이다. 이런 의미에서 보면 헤스터는 신약의 마가복음에서 그리스도가 말한 "카이사의 것은 카이사에게, 하느님의 것은 하느님에게 바치라(12장 17절)"는 계명을 무의식중에 적절하게 실천하고 있는 셈이다. 그녀는 세상의 것은 세상에 주고 신성한 것은 마음속에 있는 신성한 존재에게 바치는 의식을 철저하게 실천하는 방식으로 간음한 여인이 받아야 되는 고통을 숭고한 차원으로 승화시키고 있는 것이다. 이러한 헤스터에게 아이의 아버지인 딤즈데일에 대한 원망 같은 것은 발붙일 곳이 없다.

딤즈데일은 한 순간의 열정으로 인하여 한 여인과 그가 오랫동안 믿고 지켜온 계율을 깨트린 사람이다. 그는 그가 처한 사회적 지위와 목사라는 신분 때문에 자신의 죄를 감히 많은 사람들 앞에서 공공연하게 드러내지 못하고, 이 사실 때문에 더욱 큰 괴로움을 겪고 있는 인물이다. 그는 마음 속의 고통을 견디기 어려워 자신의 육체에 고통을 가한다.

> 딤즈데일 목사의 벽장 속에는 피 묻은 채찍이 쇠로 잠겨져 있다. 개신교도이면서 청교도인 그는 자기 어깨에다 마구 채찍을 가했고, 채찍질을 하며 자신을 쓰디쓰게 비웃었으며 그 비웃음 때문에 더 모질게 채찍을 가했다. 신앙심이 깊은 다른 청교도들처럼 그도 단식을 하는 습관이 있었다. 그러나 다른 청교도들처럼 육신을 정화시켜 하늘의 광명을 받는 매체가 되게 하기 위해서가 아니라, 참회의 행위로 무릎이 덜덜 떨릴 때까지 행하는 가혹한 단식이었다. 그는 또 거의 밤마다 밤을 새워 기도를 올렸다. 때로는 칠흙 같은 어둠 속에서 때로는 희끄무레한 등불 아래서 때로는 거울 속에 아주 밝은 빛을 비춰놓고 그 속에 비치는 자신의 얼굴을 들여다보며 철야기도를 하였다. 이렇게 끝없는 자기성찰이 그의 일과가 되었으나 그것이 그의 육체를 괴롭힐 수는 있었을지라도 정화할 수는 없었다(106).

숲 속에서 만난 헤스터가 '평화를 찾았느냐'고 물었을 때 그는 다음과 같이 대답한다.

> "아니오! – 절망 뿐이오! 나 같이 사는 사람이 절망 외에 무엇을 찾을 수 있겠소. 내가 무신론자였거나– 양심도 없고– 추악하고 짐승 같은 본능을 가진 사람이라면– 진작 마음이 안정되었을지도 모르죠. 아니 애당초 마음의 안정을 잃지도 않았을 것이오. 하지만 내 영혼이 이 지경이 되고 보니 원래 내 안에 있었던 훌륭한 능력이, 신이 골라주셨던 모든 최고의 선물이 이제 내 정신을 괴롭히는 도구가 되어버렸소. 헤스터, 난 가장 불행한 인간이오(NC 137)!"

헤스터가 '당신의 죄는 오래 전에 사라졌고 과거의 것이 되었으며, 현재의 생활은 다른 사람들이 보듯이 신성한 것'이라고 설득하여도, 딤즈데일은 그것을 단호하게 부정하며 앞에서 살펴 본 것처럼 "나는 충분히 고행을 하였소! 그러나 회개는 한 적이 없소(Of penance I have had enough! Of penitence there has been none)"라고 고백한다. 그는 자신이 범한 죄에 대하여 있는 그대로 대중 앞에 고백하지 못하였으나, 헤스터와는 달리 신 앞에 그리고 그가 속한 공동체 앞에 자신이 죄지은 것을 인정하기 때문에, 자신의 육체에 스스로 응분의 처벌을 가한다. 그러나 그럼에도 불구하고 가슴 속에 있는 자신의 열정으로부터 완전히 자유롭지 못하다. 그리하여 끊임없는 뉘우침에도 불구하고 다시는 그러한 죄를 짓지 않겠다는 확연한 결단이 그의 마음속에 이루어지지 않고 있는 것이다. (만일 이러한 결단이 이루어져 그가 온전히 회개하였다면 스스로 말한 대로 그는 신성을 조롱하고 있는 자기가 입고 있는 목사의 옷을 벗고 최후의 심판의 자리에 자신이 나타날 때와 같은 모습으로 사람들 앞에 설 수 있었을 것이다. 그리하였다면 당시의 엄격한 청교도 사회의 율법에 따라 지상의 삶과 그의 인연은 그것으로 끝이 났을지도 모른다.)

온전히 회개하지 못한 채로 살아있는 딤즈데일의 심리의 상태에 대하여 크루즈(Crews) 교수는 그가 "병적인 회한(morbid remorse)의 상태" (96) 속에 있었다고 말한다. 크루즈교수는 회한과 회개(repentance)를 구분하여 설명하면서 다음과 같이 말한다.

> 회한과 회개의 두 마음의 상태 속에서 죄된 행동은 도덕적으로 정죄를 받게 되지만, 엄격한 회개의 상태 속에서 인간의 영혼은 죄를 버리고 더 거룩한 사고를 향하여 돌아선다. 다른 한편 딤즈데일과 같은 회한의 상태에서는 영혼이 끊임없이 환상 속에서 다시 죄를 범하게 되며 그래서 끊임없이 죄에 대한 자기처벌의 필요성이 마음속에 제기되는 것이다(124-125).

딤즈데일이 그가 믿는 신 앞에서 자신의 죄를 인정하면서도 자살하지 않고 살아 있을 수 있는 한 가지 이유는 그가 자신의 죄에 대해 끊임없이 처벌의 필요성을 느끼고 스스로 계속하여 자신의 죄에 대하여 고행의 방식으로 처벌을 하고 있기 때문이다.

딤즈데일의 영혼이 자신의 열정으로부터 온전히 벗어나고 있지 못한 증거는, 그가 숲에서 헤스터를 만났을 때, 헤스터가 독일이나 프랑스 또는 이탈리아로 떠나자는 제안했을 때, 처음에는 단호히 거절하지만 마침내 그 제안을 받아들이고 '기쁨의 싹이 모두 죽은 줄 알았는데 다시 이런 기쁨을 맛볼 수 있다니!'라며 즐거워하는 장면 속에 압축적으로 집약되어 있다. 그가 진정으로 회개하였다면 그는 단호하게 끝까지 이 제안을 거절하고 헤스터의 죄를 상기시키며 그녀를 책망하였을 것이다. 그러나 그 대신 그는 '내 속의 모든 것이 다시 살아나 자비로운, 신의 영광을 찬미하는 새 힘이 솟아나는 것 같다'고 말한다.

딤즈데일을 신과 청교도 사회 앞에 살아남을 수 있도록 버티게 해주는 또 다른 힘은, 작품의 표면에는 뚜렷하게 드러나지 않은 그의 자부심(pride)이다. 매일의 생활 속에서 자신을 정죄하고 스스로를 부정하고 혐오하면서도 그에겐 자신의 가슴 깊이 숨겨놓고 있는 큰 위로가 있다. 그것은 그의 설교에 대하여 청중들이 바치는 깊은 존경과 찬사이다. 그가 스스로의 죄를 참회하고 그 참회의 마음과 참회의 고통을 담아 진실하게 던지는 설교는 그것이 더 진실할수록 청중을 감화하고 감동시킨다. 처음에 그는 이러한 반응에 대하여 당황했을 것이지만 차츰 그것에 익숙해지면서, 세상에 존재할 자신의 가치의 근거를 거기서 발견하게 되어가는 것이다. 자신의 죄에 대한 지나친 자책으로 인하여 "자아의 과잉(excess of self)"(Martin 124)의 상태에 빠져 허우적이던 그에게 자신의 존재가치에 대한 발견은 그에게 큰 위로가 됨과 동시에 점차 그가 자신의 삶에 대하여 자신을 갖고 조금씩 자부심을 회복하는 계기로 작용할 수 있었을 것이다. 죄가 자비로운 결과를 가져올 수도 있다는 생각은 『주홍글자』 보다는 그가 다른 작품 『목양신』(*The Marble Faun*)의 주제에 더 중심적으로 작용하지만, 『주홍글자』의 주인공 딤즈데일에게 그의 참회의 설교가 청중에게 미치는 감동의 힘은 그로 하여금 '신의 영광에 대한 열정이 강렬하다면 설사 죄인이라 할지라도 죄 속에서 살아남아 수행해야 할 임무를 가질 수 있지 않을까' 하는 생각을 하는 데까지 이르게 한다(Martin 124). 그리고 이러한 정신의 맥락에서 생긴 교만이 그의 마음속에서 청중들이 그에 대하여 가진 이미지를 희생시키기를 거부하게 만들며, 이러한 마음이 바탕이 되어 7년 동안 완전한 회개에 이르지 못하고 참회의 고행만을 거듭하게 되는 삶을 이어가게 만드는 것이다. 그러나 그의 열정과 자부심이 지탱시켜온 그의 위험한 삶은 숲에서 헤스터를 만난 순간, 환하게 짧은 불꽃처럼 피어 올랐다가 마침내 스러지고 만다. 청교도의 목사가 지닌 죄의식이 지상의 기쁨을 오래 허락하지 않았기 때문이다. 사랑과 고통의 변증법적 과정에서 딤즈데일은 자신의 사랑과 열정의 결과인 죄에 대하여 지나치게 자신을 학대하고 그 원인을 자신의 내면으로만 집중, 확대시키는 방법을 통하여, 자신에게 주어진 고통을 스스로의 생명의 점진적 파괴로 이끌어간 폐쇄적 인물이었다.

이 작품에 나타난 딤즈데일의 이중성은 이 작품의 이중성의 핵심을 이룬다. 그의 이중성은 대략 세 가지의 다른 층위를 가지고 있다. 첫째는 그가 간음의 죄를 범한 죄인이면서도 이 작품의 마지막 장면에서 그가 처형대 위에 쓰러질 때까지 그는 가장 거룩하고 신심 깊으며 존경받는 설교자로 일관되어 나타나고 있다는 것이다. 한 사람의 인물 속에 아름답고 거룩한 설교자와, 사랑의 열정으로 무서운 고통에 시달리다 마지막 죽음의 순간에 회개하고 그가 믿던 신에게 돌아오는 안타까운 한 탕자를 병치시켜 놓은 작가의 의도는 무엇일까?

두 번째로는 그가 끊임없이 완전히 회개해야 한다고 다짐하면서도, 여전히 참회의 고행만 실천할 뿐 완전히 회개하지 못하는 인물로 그려져 있다는 것이다. 이것은 딤즈데일의 또 다른 이중성을 보여준다. 그는 마음으로는 끊임없이 결심하지만 실천하지 못하는 인간의 연약함과 이중성을 적나라하게 보여주는 전형적 인물이다. 인간은 거대한 문명을 창조하고 역사를 지배하며 우주의 비밀을 한 겹씩 벗겨낼 수 있는 높은 지혜와 능력을 가진 존재이면서, 동시에, 동료 인간의 눈빛 하나에 밤새 잠 못 이루며, 기뻐하고 분노하며 슬퍼하고 괴로워하는 연약한 존재이다.

세 번째는 그를 사랑했던 여인인 헤스터에게 그는 그녀에 대한 열정을 잊지 못하며 그가 믿는 신 앞에 완전히 회개하지 못하는 우유부단한 연인이면서, 동시에, 예상하지 못한 순간 자신의 목숨을 버리는 결단을 통하여 영원히 그녀를 떠나버리는 잔인한 남자이다. 전혀 판이한 이 두 가지 성격은 분명히 한 인간에 의하여 세상에 드러난 인간의 이중성의 웅변적 예이다. 어느 쪽이 그의 진실이라고 우리는 말할 수 없다. 동시에 드러난 것은 아니지만 한 인간에 의하여 표면화된 두 행동은 분명히 둘 다 진실이기도 하다. 독자는 독자의 마음의 행로와 판단에 따라 두 행동 중 어느 한 쪽을 지지하거나 이해하며, 두 행동 모두를 이해하고 받아들일 수도 있고, 이러한 인간의 이중성에 분개하거나 자조할 수도 있을 것이다. 한 가지 분명한 것은, 이러한 인간의 이중성에 대한 고찰을 통하여 인간의 속성의 변화무쌍한 변덕스러움에 대하여 우리가 더 넓은 이해에 도달함과 동시에 그 변화의 결과의 불가지성 때문에 더 깊은 고뇌에 빠질 수 밖에 없다는 것이다.

사랑과 고통 사이에서 변증법적 갈등을 겪는 또 다른 인물은 헤스터의 남편이었던 칠링워즈이다. 헤스터가 처형대 위에서 모욕적인 처벌을 받는 순간 처음 나타나 자신을 숨기고, 의사의 신분으로 감옥에서 그녀를 만나며, 그의 학문과 의술로 보스턴 사회의 인정을 받고, 마침내 몸이 쇠약해진 딤즈데일 목사의 주치의가 되는 인물이다. 헤스터로부터 비록 사랑을 받지는 못했지만 그의 학식과 사랑으로 그녀를 행복하게 해줄 수 있으리라는 희망을 지녔던 그는, 그 행복에의 기대가 한 순간에 무너지자 그 행복에의 시도를 방해한 인물에 대하여 깊은 원한과 복수심을 품게 되는 불행한 존재이다.

감옥에서 그는 헤스터에게 "꽃봉오리처럼 젊은 그대를 무너져 가는 나의 삶에 그릇되고 부자연스럽게 관계시킨 내가 처음부터 잘못이었다(NC 54)"고 고백한다. 자연의 질서를 파괴시킨 뒤에는 나쁜 결과만 나오리라는 것을 그는 예감하고 있었다. 그래서 그는 "남편과 아내로서 낡은 교회의 층계를 내려오는 순간부터, 난 우리의 행로의 끝에 봉화처럼 불타는 주홍글자를 볼 수 있었어야 했다(NC 109)"고 후회한다. 한 번 자연의 질서에 어긋나는 행위를 한 사람은 또 다시 그런 행위를 저지르게 되는 것인가. 책벌레이며 학자였던 그의 교양과 관계없이 그는 헤스터에게 아이를 갖게 한 남자에게 부자연스러운 증오를 품게 되고 부자연스러운 복수심을 갖게 된다. 처형대 앞에서 헤스터를 본 순간 그는 헤스터의 남편이라는 자신의 신분을 밝히고 그가 사랑하는 그녀의 불행을 동정하여 그녀를 도울 수도 있었을 것이다. 그러나 그러한 마음은 한 번도 작품 속에 언급되고 있지 않다. 그는, 헤스터는 용서하고 해를 끼치지 않겠지만, 헤스터와 자신을 망친 그 남자는 누구냐고 심문하듯 묻는다. 그녀를 처형대에서 본 순간 그의 불행한 심성은 이미 치명적인 상처를 입어버렸던 것이다. 복수를 위하여 그는 자신의 신분을 감추고 그가 속하게 되는 사회와도 부자연스러운 관계를 맺게 된다.

9년 전 헤스터와 결혼했을 무렵의 그는 성실하고 학문적이며 사색에 잠긴 나날을 보내며, 자신의 지식을 증진시키고 인류의 행복을 증진시키는 데 충실했던 사람이었다. 다른 사람에게 인정도 베풀 줄 알고 욕심이 없었으며 친절하고 성실하며 정직하고 변함없는 애정을 지녔던 사람, 아니 헤스터의 말대로 그 이상의 사람이었다. 그러했던 그가, 사랑의 상처로 인하여 정체불명의 괴물처럼 변해버린 것이다.

> 그는 금을 찾는 광부처럼 불쌍한 목사의 가슴 속으로 파고 들어갔다. 아니 차라리 그는 시체의 가슴에 달린 보석을 찾으려고 무덤을 파헤쳤으나 다만 썩어가는 주검과 주검의 부패만을 발견했을 뿐인 무덤 파는 인부 같다고 하는 편이 더 적절할 것이다. 그가 찾는 것이 바로 그런 것이었다면 그의 영혼을 위하여 얼마나 슬픈 일인가(NC 95).

그는 마치 소중하게 간직하고 있는 보물을 훔치려고 주인이 잠든, 아니 어쩌면 완전히 깨어있는지도 모르는 방으로 몰래 들어가는 도둑과 같은 꼴이었다. 이러한 장면을 웨고너(Hyatt H. Waggoner) 교수는 다음과 같이 설명하고 있다.

> 마음은 방이다. 그 안의 완전한 어둠 속에서 목사는 밤을 밝히고 있다. 칠링워즈가 그 방에 들어갔을 때 그는 딤즈데일의 마음을 범하고 있는 것이다. 마음은 주인이 지혜롭게 불을 지키는 화덕이다(143).

그는 목사의 마음에 침범하며 마음대로 목사를 조종할 수 있었다. 목사의 심장에 고뇌의 박동을 일으키고 싶다면, 희생물은 항상 고문대 위에 있었으므로 그는 고문대의 엔진을 조종하는 용수철을 알기만 하면 되었다. 의사는 그것을 잘 알고 있었다. 목사를 갑작스럽게 공포에 떨게 하고 싶다면, 마술사가 지팡이를 휘두르는 대로 나타나는 기분 나쁜 환영(phantom)들처럼, 죽음의 환영, 치욕의 환영 등 수많은 환영들이 목사의 주위에 떼지어 몰려들어 그의 가슴에 손가락질을 해대게 만들었다. 이러한 칠링워즈에 대하여 딤즈데일은 그가 "냉혹하게 인간의 마음의 신성(sanctity of a human heart)을 범하였다(NC 140)"고 소리친다.

헤스터는 이렇게 무섭게 변해버린 칠링워즈에게 당신이 가엾다고 말하면서 그 미움을 몰아내고 다시 한번 인간다운 사람이 될 수 없느냐고 탄원하며, 딤즈데일을 위해서라기보다 두 배나 더 칠링워즈 자신을 위해서 딤즈데일을 용서하라고 간청한다. 헤스터의 간청에 대하여 노인은 다음과 같이 침울하게 대답한다.

> 내게는 용서할 권리가 없소. 나에겐 당신이 말하는 그런 힘이 없소. 오래 잊혀졌던 옛날의 내 믿음이 내게 돌아와 우리가 한 모든 일, 우리가 받은 모든 고통을 설명해 주는 구료. 잘못된 당신의 첫발이 악의 씨앗을 뿌렸소. 그러나 그 다음부터는 모든 게 어두운 필연이었소. 나를 그르친 당신들이 죄가 있다는 것은 일종의 환상일 뿐이오. 나도 악마 같은 사람이 아니오. 악마의 손에서 그의 일을 훔쳤을 뿐이오. 모든 것이 우리의 운명이오. 검은 꽃이 피면 그대로 제 마음대로 피게 놔두구려(NC 126).

그가 마지막 삶의 희망을 걸었던 사랑의 고통은 인자하고 친절한 학자였던 그를, 그 자신도 통제할 수 없는 악마의 하수인으로 전락시켜 버렸으며, 이제는 그 자신도 죽음을 상징하는 '검은 꽃(black flower)'을 어찌해 볼 수 없도록 만든 것이다.

딤즈데일이 마지막 설교를 마치고 헤스터와 펄과 함께 처형대 위에 서서, 그의 숨겨온 죄에 대하여 어렵고 힘든 참회의 고백을 마친 뒤 그 자리에서 쓰러져 버리자, 칠링워즈 노인은 "네가 나에게서 도망쳤다(NC 181)"고 몇 번이나 반복하여 소리친다. 딤즈데일이 죽은 뒤 그는 갑자기 생명력이나 지력(intellectual force)이 모두 빠져버린 사람처럼 변하고 뿌리 뽑힌 잡초처럼 시들어 말라 버려 거의 사람들의 눈에 띄지 않게 되어버린다. 그는 그의 삶의 보람을 세심하게 복수하는 일에 두었으므로, 그 일이 끝나자 그의 삶의 힘과 에너지도 모두 고갈되어 버린 것이었다. 그는 막대한 유산을 헤스터의 딸 펄에게 물려주고 죽는다.

그는 사랑의 실패로 인하여 그에게 닥쳐왔던 고통의 이유를 오직 타인에게만 투사하여 그에게 모든 잘못을 덮어 씌웠을 뿐 아니라 자신도 통제할 수 없는 악의 충동에 휘말려 스스로를 포기하고 그의 힘을 넘어선 운명에 자신을 맡겨 버림으로써 사랑의 좌절이 준 고통에 의하여 완전하게 파멸하는 인간의 한 전형을 보여준다. 딤즈데일이 비록 스스로에게 지나치게 고통의 원인을 묻고 그것 때문에 스스로 파괴되지만, 마지막에는 자신의 열정과 교만을 극복하고 진실로 회개함으로써 짧은 순간이나마 지상에서 마음의 평화를 얻는 데 성공하는 데 반하여, 칠링워즈는 자신의 증오와 고통에 굴복당하여 스스로의 신성을 조금도 회복하지 못한 채 죽는다. 그러나 헤스터의 딸 펄에게 막대한 그의 재산을 물려 준 행위는 칠링워즈에 대하여 또 다른 평가를 가능하게 하며, 한 인간 속에 뒤섞여 있는 선과 악의 이중성에 대한 새로운 경이와 함께, 사랑의 좌절로 인하여 생기는 고통이 얼마나 예기치 못한 영향을 인간에게 미칠 수 있는 것인가에 대하여 깊은 성찰에 도달하게 한다.

V

지금까지 우리는 호손의 『주홍글자』에 등장하는 세 사람의 주인공이 그들의 사랑 때문에 받게 되는 고통에 대하여 고찰하였으며, 그 과정에서 그들이 자신들에게 닥쳐온 고통에 대응하는 서로 다른 세 가지 양상에 대하여 살펴보았다. 이러한 고찰을 통하여 우리가 얻게 되는 것은 무엇인가? 하나는 우리가 동료인간의 사랑과 고통에 대하여 더 깊고 넓은 이해에 도달하는 것이며, 두 번째는 이러한 이해를 바탕으로 우리가 우리의 삶의 현장에서 동료인간에 대한 사랑 때문에 겪게되는 실존의 고통에 대하여 적절히 대응하는 양식을 배우는 일일 것이다.

우리는 딤즈데일이나 칠링워즈의 대응방식의 맹목성이나 가혹성의 원인을 이해하고 동정하면서도, 그들이 극단적으로 자신의 내부나 외부를 향하여 고통의 원인을 묻는 행위에 대하여 공감할 수 없는 것도 사실이다. 사랑의 고통에 대응하는 세 가지 양식 중 우리는 '카이사의 것'과 '하느님의 것'을 적절히 구분하여 결단함으로써 고통의 와중에서도 스스로의 정신의 균형을 유지하는 헤스터의 양식에 주목하게 된다. 그녀는 청교도 사회가 주는 치욕의 고통을 견디다 보면 언젠가는 영혼이 깨끗이 씻겨지리라고 낙관적으로 생각할 뿐, 치욕의 원인이 되는 그녀의 사랑의 대상이나 그 증거인 펄에 대하여 아무런 원망이나 미움을 갖고 있지 않다. 딤즈데일의 영혼을 범하고 있는 칠링워즈를 원망하지만 그를 미워하기보다는 그의 영혼을 가엾게 생각한다. 칠링워즈가 "자신을 악마로 만든 것이 누구냐(NC 125)"고 소리쳤을 때 그녀는 "바로 나"라고 말함으로써 칠링워즈가 주는 벌을 스스로 받겠다고 나서는 여인이며, 칠링워즈의 말처럼 "주홍글자와 같은 무거운 짐을 견뎌낼 수 없는 딤즈데일(NC 123-124)"이 칠링워즈로부터 받는 고통을 막아내겠다고 감히 나서는 여인이다.

그녀는 그녀가 속한 공동체가 가하는 치욕의 고통을 신음소리조차 내지 않고 견디는 굳센 여인이며, 딤즈데일이 받는 고통을 가능하다면 얼마든지 대신 수용할 여인이다. 고통에 대응하는 이러한 그녀의 태도는 정신적이나 육체적인 어떤 강제에 의하여 이루어지는 것이 아니다. 그것은 그녀의 자유로운 정신에서 저절로 우러나오는 사랑의 표시이다. 청교도의 죄의식이나 사랑의 실패로 인한 배신의 감정에 스스로 매어 마음의 자유를 잃어버린 딤즈데일이나 칠링워즈와는 달리, 아무리 무서운 치욕의 고통에도 구속당하지 않고 정신의 자유를 지키며, 그 자유의 힘으로 연약한 동료인간들의 고통을 향하여 손을 내미는 그녀는, 어떤 의미에서 19세기의 미국문학 작품 속에서 최초로 "고통의 자유(freedom of suffering)"를 실천하는 여인이다. 그래서 도렌(Mark Van Doren) 교수는, 호손이 뉴잉글랜드의 호머(Homer)라면 헤스터 프린은 뉴잉글랜드의 가장 영웅적 인물이라고 평가한다(131).

인간의 조상 아담과 이브는 '이 열매를 먹으면 죽으리라'는 신의 명령을 기억하고 있었으나 자신들의 호기심에 굴복하여 금단의 열매를 따먹음으로써 지상에서의 고통을 선택하였다. 오늘날에도 인간은 자신의 자유의지를 겁없이 실천함으로써 스스로에게 걱정과 불안을 자초하고 있다. 헉슬리(Aldous Huxley)의 소설 『멋진 신세계』(*The Brave New World*)의 주인공 세비지(Savage)는 쉽게 얻을 수 있는 지상의 행복을 거절하고 "고통 받을 권리(right of suffering)"(288)를 요구하기까지 한다. 고통은, 어떤 의미에서, 인간과 세계의 운명이다. 인간은 항상 무엇인가를 사랑하지 않고는 견딜 수 없는 존재이며, 인간은 이 사랑 때문에 평안보다는 고통을 얻게 된다. 삶 속에서 인간은 끊임없이 평안과 안락을 추구하는 것처럼 보이지만, 어느 순간, 망설임도 없이, 행복보다는 고통을 택하고 만다. 그래서 고통은 사랑 없이는 살 수 없는 인간의 숙명인 것이다.

『주홍글자』 속에서 우리의 여주인공 헤스터는 그녀의 마음속의 신성한 사랑에 굴복하여 불행의 가능성에 대한 앎에도 불구하고, 그녀의 사랑을 실천함으로써 '고통의 자유'를 선택한다. 그녀는 얼마든지 원망의 대상에 될 수 있는 연인 딤즈데일의 고통까지를 자신에게 끌어들이려 하며, 그의 고통을 덜어주기 위하여 대륙으로의 도피행까지 결심하지만, 결국 그 땅으로 다시 돌아와 죄의 표시인 주홍 글자 'A'를 다시 달고 아무도 원망하는 일 없이 고통 받는 비슷한 처지의 불쌍한 여인들을 돕는 일에 몸을 바친다.

헤스터가 보여주는 고통에 대한 대응의 방식을 고찰하면서 우리가 느끼는 것은, 세계에 존재하는 인간의 실존의 고통에 대하여 이제 우리는 신에게가 아니라 우리 자신에게 질문을 던져야 하겠다는 것이다. 세계 제1차 대전과 2차 대전을 겪으면서 인류는 이제 저 높은 곳에서 전지전능한 힘으로 인간을 보호해 주던 창공은 슬프게도 사라지고 없다는 것을 알게 되었다. 이제 인간은 스스로 선택한 지상에서의 고통을 겸손히 두 손으로 받아, 헤스터처럼 고통을 견디다보면 언젠가 영혼이 다시 순결해지리라는 희망을 품고, 이웃의 더 연약한 자들의 고통에 건강한 손을 내미는 삶으로 돌아가야 한다. 왜냐하면 자신의 고통에 대하여 동료 인간이나 사회구조 그리고 역사에 대하여 책임을 묻고 원망하는 일은 인간을 더욱 비참하게 만들 뿐이며, 인간이 겪는 고통의 가장 큰 원인은 무엇에 대한 사랑 없이는 결코 살 수 없는 인간의 다감한 속성에 그 근거를 두고 있기 때문이다.

제6장
'투덜거림'의 미학: T. S. 엘리엇의 『황무지』에 나타난 음악의 종교적 성격

I

T. S. 엘리엇은 대학강단과 문단 비평에서 현대문명의 불모성과 일차대전 후의 세계에 대한 한 세대의 환멸을 다루고 있는 것으로 평가되던 그의 시 『황무지』를, "단지 전적으로 무의미한 삶에 대한 개인적인 불평의 해소에 지나지 않으며, 그저 한 편의 리드미컬한 투덜거림에 불과하다"(Valerie Eliot 1)고 말하였는데, 그는 이 말을 통하여 20세기 최고의 시작품의 하나인 『황무지』가 그의 개인적 고통의 산물임을 명확히 밝히고 있는 셈이다. 물론 이 작품이 현대문명의 황폐와 불모성을 보여주고 있다든지 구원의 메시지를 간접적으로 전달하고 있다는 것도 사실이다. 그러나 이 작품의 긴 생명과 의의(意義)의 핵심은 20세기 현대문명의 현장을 진지하게 살았던 예민한 감수성을 지닌 한 시인의 투덜거림

의 진실성이다. 그러나 우리는 진실만으로 시가 되어지는 것은 아니라는 것을 안다. 키르케고어는 그의 유명한 『단상록』(*Either/Or: A Fragment of Life*)에서 "시인이란 가슴에 심각한 고통을 안고 있으면서도 탄식과 흐느낌을 마치 아름다운 노래같이 부르는 입술을 가진 불행한 인간"(Bretall xxvi)이라고 말했는데, 여기서 우리가 유추해 볼 수 있는 것은, 『황무지』가 한 시인의 불행한 가슴속에서 아름다운 노래로 변환된 탄식의 투덜거림이라는 것이다. 그리고 더욱 중요한 것은 그의 진심인 삶에 대한 투덜거림이 아름다운 노래가 되었다는 것이다. 이것이 바로 훌륭한 시가 보여주는 최고의 미학의 정체이다. 그리고 그것은 탄식과 흐느낌에서 산출되었다는 의미에서 고통의 미학이다.

지금까지 발견된 엘리엇에 대한 자전적 자료들과 『황무지』의 비교 읽기를 통하여 우리가 느낄 수 있는 것은 이 작품이, 그가 "더 이상 버틸 수 없다"고 고백한 그리고 버지니아 울프 여사가 "붕괴직전"에 있다고 생각한(Ackroyd 133) 그의 삶의 고통의 형상화의 결과물이라는 것이다. 난해한 장시(長詩)임에도 불구하고 독자를 작품의 끝까지 끌고 가는 것은 밀도 있는 긴장 속에 표출된 실존의 고통의 절박함이며, 그것은 영국에서의 안정되지 못했던 초기의 생활이나 부모의 승인을 얻지 못했던 불행한 결혼 생활 그리고 선천성 탈장(hernia) — 이 병 때문에 그는 일차대전 중 두 번이나 군복무를 지원했으나 거절당하였다(Behr 13-16) — 등으로 짐작되는 그의 실존의 상황의 긴장이나 절박성 그리고 절망과 깊이 연결되어 있다.

그러나 여기서 무엇보다도 중요한 것은 엘리엇의 실존의 고통이 아름다운 노래로 변환되었다는 사실이다. 엘리엇은 '자신 뿐 아니라 대부분의 시인들이 시를 쓸 때 소리를 위하여 기꺼이 의미를 희생시킨다'고 말하며, 심지어는 "하나의 시작품이나 시구는 그것이 언어로 표현되기 전에 먼저 어떤 특별한 리듬으로 존재할 수 있으며, 이 리듬이 시의 사상이나 이미지를 만들어낼 수도 있다"(Eliot 1957, 32)고 까지 말한다. 그리고 이러한 언급들은 시에 있어서 음악을 그가 얼마나 중요하게 생각하였는지를 단적으로 보여준다. 엘리엇은 시에서 소리(sound)들이 모여 이루는 음악이 시의 의미를 반영해 주는 역할을 해야함을 확신하고 있었다. 18세기의 신고전주의 시대에 이미 포우프(Alexander Pope)는 그의 유명한 『비평론』(*An Essay on Criticism*)에서 "소리는 의미의 반향처럼 들려야 한다(The sound must seem an echo to the sense)"고 말하였던 것이다.

그렇다면 『황무지』에서 우리가 듣게되는 음악은 어떤 음악일까? 이 질문에 대한 대답은, 이 시가 실존의 고통의 진실성에서 생겨난 것이면서, 동시에 참기 어려운 이 고통으로부터 벗어나고자 하는 자연스러운 갈망을 표현하고 있다는 점을 염두에 둘 때, 자연스럽게 종교적 음악이라고 말할 수 있을 것이다. 이 시가 들려주는 음악의 느낌을 '종교적'이라고 말하는 것은 일반적으로 종교가 인간의 삶의 고통에서 출발하면서 동시에 이 고통으로부터의 구원을 목표로 하고 있기 때문이며, 『황무지』에서 주인공의 '투덜거림'의 정황이 이와 같기 때문이다.

그렇다면 종교적 음악이란 좀 더 구체적으로 무엇인가? 더 깊은 논의의 전개를 위하여 우리는 이 질문에 대하여 심사숙고하지 않을 수 없다. 종교적 음악이란 종교에 관한 음악이란 말은 아니다. 그것은 종교를 선전하는 음악이란 말도 아니다. 그것은 종교의 궁극성을 찬양하는 음악이란 말도 아니다. 엄밀한 의미에서 그것은 제도로서의 개별적인 모든 종교에서 사용하는 음악이란 말도 아니다. 종교에서 사용하는 음악이 종교적 음악이라고 말하는 것은 너무 일반적이고 피상적이며 사전적인 정의이다. 종교적 음악은 종교적 태도를 보여주는 음악이다. 죤 듀이(John Dewey)는 '종교(religion)'와 '종교적(religious)'이란 말을 구분하면서 다음과 같이 말한다.

> 한 종교는 언제든지 특유한 신조와 행동강령을 가지고, 잘 짜여져 있든지 아니든지 일종의 체제화된 조직을 가지고 있다. 그런데 이와는 달리 "종교"를 형용사로 사용하여 "종교적"이란 말로 쓸 때는 어떤 체제라는 신앙의 체계와 같은 특별한 것을 가리켜 말하지 않는다. 그리고 이 종교 저 종교 하는 역사적 종교나 어떤 교회를 가리켜 말할 때 "종교적"이란 말을 사용하지도 않는다. "종교적"이라고 할 때 "종교"는 어떤 고립된 유아독존적인 것을 말하지도 않거니와 어떤 특수한 형태의 존재로 조직되어질 수 있는 것을 가리켜 말하지도 않는다. 여기에서 "종교"란 인간의 태도이며 인간이 관계하는 모든 대상물을 가리키며, 모든 목적과 이상을 말한다 (Dewey 9-10).

여기서 주의할 것은 '종교적'이라고 말할 때의 종교는 '인간의 태도'를 가리킨다는 말이다. 인간의 태도는 인간의 마음의 경향에 따라 겉으로 드러나는 인간의 모습이다. 그렇다면 종교적 음악이라고 말할 때의 종교적이란 말은 인간의 어떠한 마음의 경향을 드러내는 것일까? 필자는 그것을 궁극적 대상 앞에 아무 저항 없이 스스로를 무릎꿇게 하는 마음의 경향이라고 말하고자 한다. 그것은 스스로의 존재에 대하여 말로 표현할 수 없이 중요한 커다란 의미 앞에 자신도 모르는 사이에 스스로를 저항할 수 없이 송두리째 내어주는 마음의 경향이다. 이러한 마음의 경향 속에 자아는 없다. 그곳에는 설사 우리가 의식하지 못한다 할지라도 그리고 무엇인지 분명하게 표현할 수는 없다 할지라도 우리가 도달하기를 그저 갈망할 수 있을 뿐인 어떤 궁극적인 것에 대한 그리움과 두려움이 있을 뿐이다. 이 두 가지의 감정은 인간의 유한성에 대한 깊은 자각에 근거하고 있다. 종교적 의미의 그리움은 우리가 어떤 궁극적 대상에 도달하기를 간절히 원하지만 현실적으로 그것에 도달할 수 없음으로 인하여 생기는 감정이며, 두려움은 우리가 그것에 도달하기를 항상 바라면서도 너무나 부족함으로 감히 그것에 접근할 수 없다고 스스로 생각하기 때문에 생기는 마음의 경향이다. 두려우면서도 우리는 왜 늘 궁극적인 것을 그리워하는 것인가? 그것은 궁극적인 것 속에서, 궁극적인 것을 향하여 걸어가는 도정 속에서, 궁극적인 것을 향하여 우리의 심정이 나아가고 있다는 느낌 속에서 우리가 가장 깊은 평화를 느끼기 때문이다. 『황무지』의 주민들은 비록 의식 수준이 다른 여러 계층의 인물들로 구성되어 있지만, 포괄적 의미에서 다름 아닌 바로 우리 자신이다. 불모의 고통의 상황을 견디면서 구원의 평화를 갈망하는 우리들 모두이다. 이러한 의미에서 종교적 음악은, 우리가 분명히 무엇이라고 지칭할 수는 없으나, 어떤 궁극적인 것을 향하여 우리가 나아가고 있다는 느낌을 주는 음악이다. 그래서 폴 틸리히는 종교를 '궁극적 관심'(Tillich 8)이라고 정의한다. 엘리엇의 『황무지』의 음악이 종교적이라고 말할 수 있는 의미의 근거는 바로 여기에 있으며, 『황무지』의 음악의 종교적 특질의 핵심도 바로 여기에 있다. 그리고 『황무지』가 많은 기독교적 인유와 함께 다양한 종교의 가르침을 포괄하고 있으나 모든 독자에게 큰 공감을 불러일으키는 보편성의 근거도 또한 여기에 있다. 왜냐하면 궁극적인 것을 향한 인간의 그리움과 두려움 그리고 그것을 향할 때 일어나는 평안의 느낌은 모든 제도적 종파를 초월한 보편적 감정이기 때문이다. 만일 『황무지』 속에 현대문명의 불모성이나 세계에 대한 환멸 그리고 사회에 대한 비평만 묘사되어 있고 이 궁극적인 것을 향한 절실한 갈망이 작품의 저변에 깔려있지 않았더라면, 『황무지』는 그 새롭고 현란한 시적 기교에도 불구하고 오늘날 이 작품이 우리에게 주는 깊은 감동을 주지는 못했을 것이다. 왜냐하면 삶의 현실에 대한 회의와 원망이 크면 클수록, 궁극적인 것에 대한 인간의 그리움과 갈망은 그 만큼 더 절실한 것이며, 『황무지』의 음악은 이 절실한 갈망에 대한 깊은 공감을 독자들의 가슴속에 불러일으키기 때문이다.

그렇다면 엘리엇은 어떠한 방식으로 궁극적인 것에 대한 그리움과 갈망을 표현하였을까? 이것을 설명하기 위하여 필자는 먼저 이 분야에 대한 선진 연구자들의 도움을 얻어 『황무지』의 형식과 구조를 전통적 음악의 형식과 구조—주로 쏘나타 형식으로 된 교향시의 구조—와 비교하여 설명해보고, 『황무지』의 구조와 소나타 형식의 구조의 유사성에 근거하여 『황무지』에 나타난 음악의 종교적 성격을 규명해 보려한다. 이 규명의 과정에서 어떠한 방식으로 엘리엇이 궁극적인 것에 대한 그리움과 갈망을 표현하였지는 자연스럽게 드러날 것이다.

II

1920년대 이전에 엘리엇이 쓴 여러 편의 시들의 제목은 짧은 음악의 장르의 이름을 가지고 있다. '소야곡(*Nocturne*)', '유머레스크(*Humoresque*)', '노래(*Song*)' 그리고 '전주곡(*Preludes*)', '바람 부는 날의 광시곡(*Rhapsody on a Windy Night*)', '프루프록의 연가(*The Love Song of J. Alfred Prufrock*)' 등이 그러한 작품들이다.

슈미트(Kristian Smidt)는 "엘리엇의 시의 전개가 한편으로는 연극의 상태를 지향하면서, 다른 한편으로는 음악의 상태를 지향하는 몸부림을 보여준다"(97)고 말한 바 있으며, 『현대시에 나타난 음향과 형식』(*Sound and Form in Modern Poetry*)의 저자인 그로스(Harvey Gross)는 "엘리엇은 시의 시작에서부터 소리와 리듬을 특별하게 음악적인 방식으로 사용하여 왔다"(175)고 말하였다. 『황무지』가 발표된 직후에 리챠즈(I. A. Richards)는 이 시의 기교의 특질을 "관념의 음악(a music of ideas)"(233)이라고 말하였는데, 그가 여기서 음악의 성질에 대하여 구체적으로 언급하지 않은 점이 안타깝기는 하지만, 이 말은 『황무지』의 기교에 대한 매우 적절한 표현으로 많이 인용되고 있다. 그의 논문 "시의 음악"에서 엘리엇은 음악의 형식에 대한 기술적 지식을 갖고 있지 못하다고 말하고 있지만 이 논문의 말미에서 다음과 같이 말함으로써, 시인이 시 속에서 드러내고자 하는 감정의 효과적 표현을 위하여 그가 음악의 기교를 얼마나 중시하고 그것을 자신의 작품에 이용하였는지를 충분히 짐작하게 해주고 있다.

> 시인은 음악 연구로부터 많을 것을 얻을 수 있다. . . . 주제의

> 반복적 사용은 음악에서와 마찬가지로 시에서도 자연스러운 것이다. 한 주제가 다른 그룹의 악기들에 의하여 발전되는 것과 유사한 전개가 시에서도 얼마든지 가능하며, 교향곡이나 사중주의 다른 악장들에 나타난 전조(轉調)가 시작품에서도 가능하고, 작품의 주제의 대위법적 배열도 얼마든지 가능하다 (Eliot 1957, 32).

시와 음악의 다양한 형식과의 관계에 대한 엘리엇의 이러한 깊은 인식은 그가 『황무지』에서 음악의 쏘나타 형식을 시도하게 되는 동기의 정신적 바탕을 제공하는 것으로 생각할 수 있을 것이다.

후기의 시나 시극에 비하여 초기의 시들은 음악적 기교의 피상적 흡수단계를 보이고 있으며, 이 단계에서의 그의 시의 음악의 양식은 단지 리듬이나 압운(rhyme), 두운이나 의미 사이의 상호작용에 의하여 나타나는 정도에 불과하였다. 그러나 그가 음악의 형식들을 시작품에 확대 적용시킬 수 있는 가능성을 이해하기 시작하면서 음악적 인유와 당대의 구어와 노래의 리듬이 그의 시에 스며들기 시작하였으며, 『황무지』에서부터 비평가들은 주명곡 싸이클(sonata cycle)이나 단일 악장의 빠른 주명곡(sonata allegro)이 가지고 있는 심미적 내용을 탐지해낼 수 있게 되었다. 많은 엘리엇 학자들이 엘리엇의 작품에 나타나는 이러한 음악의 영향을 인정하기 시작하였으며, 마침내는 『대성당의 살인』(*Murder in the Cathedral*) 에서는 베토벤의 피아노 쏘나타의 주제나 구조와의 유사성이, 『재의 수요일』(*Ash Wednesday*)과 『네개의 사중주』(*Four Quartets*)에서는 베토벤의 후기음악 특히 작품번호 132, A단조와의 유사성이, 『황무지』에서는 와그너의 오페라, 리차드 슈트라우스(Richard Strauss)의 음시(tone poems: symphonic poem) 그리고 스트라빈스키의 발레음악의 주제와 구조와의 유사성이 주장되기에 이르렀다

(Nicolosi 196).

엘리엇은 1921년 여름 런던에서 열린 스트라빈스키(Stravinsky)의 『봄의 제전』(“*The Rite of Spring*”)연주회의 첫 회에 참석하여 연주를 듣고 그 해 가을 『다이얼』(*Dial*)지에 평론을 게재하였는데, 엘리엇은 이 평론에서 이 작품을 프레이저(Frazer)의 “『황금가지』(*The Golden Bough*)나 이와 유사한 작품을 읽은 사람에게는 누구에게나 흥미 있는 작품”(Eliot 1921, 543)이라고 쓰고 있다. 이 말은 식물제식을 다루고 있는 이 작품에 대한 엘리엇의 공감의 표시이면서 동시에 이 작품의 주제나 구조가 그가 1년 후에 발표하게 되는 『황무지』의 주제나 구조와 갖게 되는 유사성의 가능성에 대하여 많은 것을 시사하고 있다. 이 「봄의 제전」이 엘리엇에게 깊은 인상을 심어준 것은 의심의 여지가 없는 것 같다. T. S. 매슈즈(Matthews)는 이 작품이 “스트라빈스키가 음악에서 성취한 것을 언어를 통하여 성취해 보고 싶은 야망을 엘리엇에게 주었다”(70)고 말하고 있는데, 시와 음악 사이의 근본적 차이 때문에 한계가 있긴 하지만, 주제의 유사성 뿐 아니라 구조면에서도 시행이나 멜로디의 단편성, 현재와 과거 사이의 시점의 끊임없는 변화, 『황무지』와 「봄의 제전」에 나타나는 불규칙 리듬, 『황무지』에 나타나는 수많은 문학적 인유와 이에 대응되는 「봄의 제전」의 음악의 치밀한 대위법적 구조와 다성(polytonal)구조, 그리고 혼란스럽고 파편화된 사회를 상징하는 『황무지』의 복잡한 스타일과 이에 대응되는 「봄의 제전」의 불협화음과 발레 스타일의 야수성(brutality) 등이 두 작품 사이의 유사성을 더욱 두드러지게 나타내주고 있다(Nicolosi 200~201). 그러나 무엇보다도 『황무지』의 구조와 『황무지』가 가진 종교적 성격을 이해하는데 도움을 주는 이 작품의 음악의 구조나 형식에 대한 고찰은, 폴 첸슬러(Paul Chancellor)가 보여준 『황무지』의 구조와 쏘나타 형식으로 된 교향시의 구조의 유사성에 관한 언급이다. 쏘나타 형식으로 된 교향시의 구조에 대한 고찰은 『황무지』의 종교적 성격의 핵심인 궁극적 관심의 대상에 대한 그리움과 두려움을 엘리엇이 어떤 방식으로 시 속에 표출하였는지를 확연하게 보여준다.

'『황무지』의 음악'이라는 제목의 논문에서 폴 첸슬러(Paul Chancellor)는, 『황무지』의 다섯 개의 '악장'이 각 악장의 어떤 구조적 양식과 함께 『네 개의 사중주』와 비슷한 형식을 갖고 있다는 헬렌 가드너 여사의 판단에 이의를 제기하면서, 물론 그러한 유사성이 없는 것은 아니지만 스타일이나 구조의 측면에서 두 작품이 명백한 차이를 보이고 있다고 말하고, 『황무지』에서 느껴지는 엘리엇의 감수성은 18세기와 19세기에 걸친 베토벤의 감수성이 아니라 분명히 20세기의 스트라빈스키나 쇤베르그(Schoenberg)의 감수성이라고 말한다(29). 이어서 그는 『황무지』의 형식을 어떤 음악의 형식과 비교하여 유추하는 것은 대단한 모험이지만, 『황무지』의 구조는 쏘나타 형식의 교향시의 구조와 유사한 것으로 볼 수 있다고 말한다. 이 형식의 교향시에서는 그 주제로 주요상징들을 사용하며, 이 상징들과 함께 수사학적으로 크게 울리는 목소리(declaiming voice)가 섞여들어, 부분적으로 주제와 관련되면서도 조화되지 않는 주악상(leitmotifs)을 제공한다(29~30).

쏘나타는 소수의 악기에 의해 연주되도록 고안된 기악곡의 한 형식으로, 쏘나타라고 할 때 오늘날 우리가 연상하는 고전주의와 낭만주의 시대의 독주 혹은 이중주 쏘나타는 일반적으로 쏘나타 형식(또는 '제1악장 형식' — 그러나 제1악장이 아닌 악장에서도 이 형식은 쓰이고 있다 —)의 한 악장이나 두 악장 속에 편입되어 있다. 여기서 말하는 쏘나타 형식(Sonata Form)은 악곡의 이름인 쏘타나 — 바이올린 쏘나타, 피아노 쏘나타 등 — 와는 다르다. 지난 5세기를 넘는 기간 동안 쏘나타라는 명칭은 훨씬 광범위한 형식상의 또는 스타일상의 의미를 함축하게 된 것이다(Sadie 479). 고전주의 시대부터 20세기의 현대에 이르기까지 가장 전형적인 쏘나타 형식의 악장은 세 개의 주요 악절(sections)로 나누어지는 2부(two part)의 음색구조(tonal structure)로 이루어져 있다. 제1부는 첫 번째 악절과 일치하며 주제설정부(exposition)라고 불리운다. 그리고 제2부는 다음의 두 개의 악절 곧 전개부(development)와 재현부(recapitulation)로 구성된다. 주제설정부는 흔히 첫 번째 그룹과 이 그룹과 음조가 다른 두 번째 그룹으로 나누어진다. 이 두 그룹은 각기 여러 개의 다른 주제들을 표현할 수 있는데, 첫 번째 그룹에서 가장 중요한 주제는 제1주제라고 부르며 두 번째 그룹에서 가장 중요한 주제는 제2주제라고 부른다. 전개부는 주제설정부에서 시작된 소재를 발전시키는데, 하나나 또는 그 이상의 새로운 음조(keys)로 그것을 변형시키기도 한다. 전개부의 마지막 부분은 세 번째 악절인 재현부를 준비한다. 재현부는 반복주(reprise)라고도 부르는데 제1주제와 주조음으로 돌아간 다음, 제1주제의 음색으로 변조된 두 번째 그룹의 주요소재들을 반복한 뒤, 주제설정부의 종결부에 대응하는(parallelling) 주조음으로 종지부를 연주하거나 재현부에 대응하는 코다로 끝을 맺는다(Sadie 497).

이 쏘나타 형식에 맞추어 첸슬러의 설명에 따라 『황무지』의 구조를 간단히 분석해 보면, 먼저 제1부가 시작되기 전 맨 앞부분의 에피그라프는 이 시 전체의 성격과 분위기를 암시하는 음악의 조

(key)표시의 역할을 하며(Cook 35), 제1부인 '죽은 자의 매장'은 주제 설정부(exposition section)에 해당된다.

쏘나타 형식은 이 주제 설정부에 두 개의 대조되는 주제를 갖는데 제1부의 두 기본주제는 불모(sterility)와 재생에의 두려움(fear of rebirth)이다. 쏘나타 형식에서 이 두 주제는 조(調)에 있어서 서로 다를 뿐 아니라 음형상으로도 서로 다르지만 동일한 선율과 화성적 발상에서 출발한다. 소주제로서 마담 쏘소트리스의 태럿카드에 나오는 탐험기사(Quester)와 어부왕, 밸라돈나, 수레바퀴 등의 상징들이 등장한다. '허망한 도시'로 시작하는 제1부의 마지막 부분은 앞부분과 뒤에 나오는 제2부 사이에 걸린 전조(modulation) 부분으로써 제2부와 1부를 이어주는 역할을 하고 있다. 이 부분은 '재생의 두려움'의 주제를 다시 반복하면서 끝남과 동시에 런던의 군중의 풍경과 함께 황무지를 통과하는 여행의 시작을 선도하고, 제1 포에니 전쟁의 전쟁터인 마일리(Myale)에 대한 언급을 통하여 모든 전쟁은 과거나 현재나 모두 상업과 경제의 전쟁이라는 것을 암시하며, 이 암시를 통하여 수레바퀴의 주제를 처음 전개시킨다. 제1부에서 시작되는 여행은 제2부 '체스게임'과 제3부 '불의 설교' 그리고 제4부의 '수사(水死)'에 걸쳐 진행되며 쏘나타 형식의 발전부(development section)를 형성한다. 이 발전부 속에는 제1부의 태롯카드에 나왔던 소주제들이 발전되고 변형되어, 새로운 극적 외관과 다른 멜로디의 형식과 리듬 그리고 화음 속에 나타난다. 이 발전부가 제4부의 페니키아의 수부 플레버스의 죽음과 함께 조용히 끝나면 제5부 '천둥이 말한 것'의 시작과 함께 쏘나타 형식의 제3부인 재현부(recapitulation)가 시작된다. '죽은 자의 매장'에서 들렸던 주제들이 훨씬 더 강렬한 표현과 다른 화음 속에 다시 들리며 태롯카드의 소주제들의 잔음(殘音) 그리고 처음으로 충분히 들리는 교살된 남자의 잔음도 같이 들린다. 음악은 탐색기사(Quester)가 위험 성당에 도착함에 따라 긴장과 생생한 환영(hallucination)을 들려준다. 제1부의 말미에서 시작된 황무지를 통과하는 여행과 재현부는 비웃는 듯한 닭의 웃음소리로 끝나고 만다. 그리고 천둥의 처음 'DA' 소리가 시작되면서 이 쏘나타 형식의 결미(結尾)인 코다(coda)가 시작된다. 왜냐하면 이 마지막 악절(樂節)은 단순히 이 시의 제5부의 한 부분이 아니고 분명히 이 시 전체의 결구(epilogue)이기 때문이다. 이 코다는 탐색기사의 목소리에 의해 지배되고 있다는 점에서도 제5부의 앞부분과 다르다. 이 결구는 탐색기사가 최소한 어떤 구원의 가능성을 암시하는 새로운 모티브를 들고 나오면서, 더욱 억제되고 변화된 불모의 주제와 태롯카드의 주제 위로 천둥소리가 되어 크고 뚜렷이 들린다(Chancellor 30).

시와 음악의 형식 사이의 이러한 유추는 물론 불완전할 수밖에 없으며 433항이라는 장시인 『황무지』의 복잡한 구조에 대한 설명으로는 너무 간결해 보인다. 먼저 언어의 구조와 음악의 구조가 판이하게 다르다는 엄연한 벽이 존재하고 있기 때문이다. 엘리엇은 "시인이 음악적 유추에 너무 집착하여 작업을 할 수도 있겠으나 그럴 경우 너무 인위적인 결과를 가져올 수 있다"(Eliot 1957, 32)고 경고하고 있다. 그러나 시의 주요한 상징을 음악의 대주제로 설정하고, 이러한 주요상징을 세밀하고 더 구체적으로 이해할 수 있도록 고안된 작은 상징들을 소주제로 설정하는, 시의 음악의 상태를 지향하는 상징주의 이론과 방법에 근거한 이러한 발상은, 타당성 있는 시의 논리적 의미구조를 설명할 수 없는 『황무지』의

'전체적' 구조를 이해하는데 새로운 조명을 제공한다. 시의 음악의 상태를 지향하는 상징주의는 상징에서 음악이 나온다고 생각한다.

시인들은 멜로디, 리듬 그리고 하모니만으로 언어를 통하지 않고 의미를 만들어내는 음악을 부러워해 왔다. 음악을 들을 때 우리는 선율의 내용에 따라 여러 가지 생각을 떠올린다. 말라르메(Mallarmé)는 음악을 들을 때 생각이 떠오르는 것처럼 상징으로부터도 생각이 떠오른다고 생각하였다(Chancellor 25). 유명한 신학자이며 철학자인 폴 리꾀르(Paul Ricoeur)도 "상징은 준다"고 전제하고 "그러나 상징이 주는 것은 생각의 기회이며, 생각할 어떤 것"(Ricoeur 211)이라고 말한다. 그렇다면 상징과 음악은 똑같이 생각을 떠오르게 하는 것이며, 이 생각의 고리를 통하여 상징과 음악은 연결된다.

물론 음악이 주는 느낌을 제대로 느끼려면 우리는 상징에서 나오는 음악보다 직접 악기를 통하여 나오는 음악을 들어야 하며 음악이 주는 소리 속에 빠져야 한다. 그러나 언어로 된 음악의 소리는 악기의 소리의 하모니로 이루어지는 교향악이나 실내악의 소리처럼 들리지는 않는다. 하지만 우리는 교향시나 실내악 또는 성악을 들은 경험을 갖고 있다. 또 우리는 기본적으로 우리가 깨어있을 때 우리의 삶 속에서 여러 가지 소리를 듣고 느끼고 있다. 그것은 새소리, 바람소리, 물소리, 사람들이 우는 소리, 웃는 소리, 화내는 소리, 고통의 신음, 환희의 외침, 감탄의 소리, 조화로운 듣기 좋은 소리, 불협화음의 듣기 싫은 소리 등 셀 수 없이 많은 소리들이다. 그리고 우리는 이러한 소리들이 주는 느낌을 기억하고 있다. 이러한 경험들을 바탕으로 하여 우리는 무의식 중에 소리에 대한 상상력을 키워오고 있다. 이러한 "청각적 상상력(auditory imagination)"을 동원하여 우리는 『황무지』의 상징들과 시행, 그리고 시행의 모임, 구문이나 단편들이 만들어 내는 들리지 않는 음악(music unheard)을 들을 수 있다. 그래서 청각적 상상을 통하여 듣는 시의 상징들이 내는 음악소리와 그것들이 다른 언어들과 어울려 만들어내는 음악소리가, 시 속의 단어를 구성하는 모음과 자음들이 모여 내는 청각적으로 들리는 음악소리와 감각적으로 상응하여 들린다면, 우리는 엘리엇이 말한 시 속의 "소리의 음악적 형식(a musical pattern of sound)"과 "그것을 구성하는 단어들의 부수적 의미의 음악적 형식(a musical pattern of the secondary meanings of the words which composed it)" (Eliot 1957, 26)이 서로 유리되지 않고 온전히 하나로 어울리는 온전한 음악시를 듣게 되는 것이며, 이 느낌을 통하여 '의미 찾아 읽기'의 전통적 『황무지』읽기에서 아무래도 느낄 수 없던 진한 감정을 이 시로부터 받게 되는 것이며, 이 감동을 통하여 우리는 비로소 지금까지 제대로 이해되지 않던 『황무지』의 훌륭한 시로서의 가치를 인정하게 되는 것이다. 엘리엇은 이러한 음악시 듣기를 가능하게 해주는 청각적 상상력에 대하여, 『시의 효용과 비평의 효용』("*The Use of Poetry and the Use of Criticism*")에서 다음과 같이 말한 바 있다.

> 내가 청각적 상상력이라고 부르는 것은 음절과 리듬에 대한 감각이며, 생각이나 느낌의 의식의 저 밑바닥에까지 파고 들어가, 모든 단어에 생기를 주고, 가장 원시적이고 잊혀진 영역에까지 잠수하여 그것의 근원으로 되돌아가 무엇인가를 회복하여 건져 올리며, 거기서 우리의 느낌의 시작과 끝을 탐구하는 능력이다. 그것은, 분명히, 의미를 통하여 일하며, 일상적으로 우리가 뜻하는 의미 없이는 작용하지 못한다. 그것은 오래되어 망각된 것을 평범

한 것과 유행하는 것 그리고 새롭고 놀라운 것과 융합시키며, 가장 오래된 정신과 가장 문명화된 정신을 혼융시킨다(118-119).

III

클로드 레비스트로스(Claude Levis-Strauss)는 그의 저서 『날 것과 익힌 것』(*The Raw and the Cooked*)에서 "음악은 이해할 수 있는 것과 해석될 수 없는 상반되는 두가지 속성을 통합시킨다"(91)고 말하였는데, 쏘나타 형식으로 된 교향시의 구조와 『황무지』의 구조의 유사성에 관한 고찰이 『황무지』의 음악의 종교적 성격을 드러내는데 도움이 되는 부분은, 엄격한 쏘나타 형식에서 한 악장의 첫 번째와 두 번째 주제가 서로 대립되면서도 서로 관계되는 구조를 갖고 있다는 것이다(Gardner 37). 『황무지』의 작시에 이용된 쏘나타 형식의 힘은 주로, 주제설정부의 음조의 양극성(polarity)에 의해 뚜렷이 드러나는, 두 부분으로 된 구조 때문에 생겨난다. 대부분의 쏘나타 형식의 악장들은, 주제설정부의 두 번째 그룹 속에서, 서로 대립되는 소재를 통하여 이 양극성을 드러내거나, 아니면 소재를 대조적으로 취급함으로써, 이 양극성을 드러낸다(Sadie 497). 크리언스 브룩스(Cleanth Brooks)는 그의 유명한 『현대시와 전통』(*Modern Poetry and the Tradition*)에서 『황무지』의 기본 수법에 관하여 언급하면서 다음과 같이 말한 바 있다.

황무지는 하나의 중요한 대조로서 구성되어 있다. 이것은 엘리엇이 즐겨 쓰며, 그의 많은 시에 특히 후기의 시들에 많이 발견되는 수법이다. 대조는 두 종류의 삶과 두 종류의 죽음 사이에 이루어져 있다. 의미를 결핍한 삶은 죽음이다. 희생은 비록 그것이 죽음에 이른다 할지라도 생명을 주는 것, 삶에의 각성이다. 『황무지』는 이러한 패러독스와 이것에 수많은 배리에이션(variation)이 상당한 정도로 가미되어 구성되어 있다(Brooks 137).

『황무지』에 여러 가지 방법으로 나타나는 삶과 죽음의 대조와 같은 극적으로 대립되는 주제들의 대조는 우리의 삶 속에서 수없이 겪게 되는 절실한 실존의 갈등의 문제와 깊이 관련된다. 복잡하고 밀도 있는 구도 속에 전개되는 이러한 대조는 간접적으로 또는 무의식적으로 우리의 삶에서 무엇이 가장 절실하며 그리운 것인지에 대한 의식의 지평 곧 우리의 궁극적 관심을 자극하고 확장시킨다. 그리고 궁극적인 것을 향한 의식의 지평의 이 무의식적 확장은 『황무지』의 종교적 성격의 기반이다. 희망과 좌절, 죽음과 재생, 노년과 젊음, 황홀한 사랑의 세계와 성적 불모의 세계, 상류사회와 하류사회, 장엄한 음악과 시끄러운 음악, 순결한 여인과 능욕당한 여인, 욕망의 길과 구도의 길 등의 대조를 통하여 시인이 보여주는 것은, 이러한 대조를 통하여 더욱 절실해진 희망과 젊음, 황홀한 사랑과 장엄한 음악, 순결과 구도의 삶에 대한 간절한 그리움이며, 이 그리운 것들에 대한 어쩔 수 없는 궁극적 관심이다.

『황무지』의 제사 속에는 두 가지의 삶과 두 가지의 죽음의 대조가 동시에 암시되어 있다. 로마의 황제 네로 시대의 궁전시인이었던 페트로니우스(Petronius)의 『풍자』(“*Satyricon*”)의 에피소드인 ‘트리말키오(Trimalchio)의 향연’ 중에서 인용된 이 이야기 속에서, 신으로부터 ‘한 주먹 안의 먼지알’ 만큼의 오랜 생명을 얻었으나 영원한 청춘을 요구하기를 잊었던 이 무녀는 몸이 너무 줄어들어 조그만 병 속에 매달려 있다. 아이들이 "무녀야 넌 무얼 원하니?" 라고 물었을 때 무녀는 "난 죽고 싶어"라고 대답한다. 무녀가 죽고 싶다고 말한 것은 자신이 살아있으나 아무 의미가 없는 삶을 살고 있다는 아프고 무서운 자각 때문이다.

『황무지』를 집필할 무렵의 엘리엇의 실존의 상황을 고찰해 보면 우리는 곧 『황무지』의 제사 속에 나타난 무녀 시빌(Sybil)의 고통이 무녀만의 고통이 아니라 바로 엘리엇 자신의 고통이었음을 짐작하게 된다. 『황무지』를 쓸 무렵 그의 정신의 저 심연에서 그는 끊임없이 "죽고 싶다"고 절규하는 자신이 목소리를 듣고 있었던 것이다. 그러나 마음대로 죽을 수 있는 것도 아니었다. 하버드 대학의 교수가 될 가능성을 포기하고 낯선 땅에 머물기로 한 그의 결단의 정당성을, 죽은 아버지와 미국에 남아 있는 가족들 그리고 누구보다도 스스로에게 증명해야 할 절대적 '의무(?)'를 그는 가지고 있었고, 자신의 시적 재능에 대하여 확신을 가진 아내에 대한 부담을 그는 동시에 가지고 있었다. 결국 그에게는 '지켜야 할 약속'이 있었던 것이다.

『황무지』는 실존의 고통의 원인이 되는 위기적 상황들을 고전이나 당대의 작품들로부터의 인유나 일련의 사건 또는 장면들 그리고 이미지 등을 통하여 간접적으로 제시하되, 반드시 그러한 상황으로부터 벗어나 도달하고 싶은 평화 또는 이 평화에 대한 갈망을 보여주는 장면이나 이미지들과 병치시켜 그것을 제시한다. 이 시의 제1부인 「죽은 자의 매장」(The Burial of the Dead)에서 실존의 고통을 암시하는, '사월은 잔인한 달'로 시작되는 첫 부분은 곧바로 '여름은 우리를 놀라게 하였다'로 시작하는 지난날의 아름다운 추억과 병치되어 있다. 모든 생명이 새로운 빛으로 폭발하는 사월 앞에서 죽음과 같은 주인공의 삶의 비참은 더욱 극명하게 드러나며, 비참을 망각의 눈으로 가려주던 남루한 겨울조차 걷어가버린 눈부신 사월은 그래서 잔인하다. 희미한 과거의 행복의 빛이 불행한 주인공의 고통을 감싸준다. 'April'로 시작되는 시행의 동사가 현재형인데 반하여 어떤 식으로든 주인공에게 평안을 주는 'Winter'와 'Summer'로 시작되는 시행의 동사는 과거로 되어 있다. 현실의 불행 앞에서 주인공은 휴양지의 호수와 공원, 따뜻한 커피와 대화가 있는 과거로 피신하는 것이다. 주인공이 현실에서 자유와 평안을 느낄 수 있는 곳은 세상과 동떨어진 산 속에서이며, 밤에 읽는 독서의 몽상 속에서이다. 산과 독서의 몽상은 주인공이 고통스런 현실에서 빠져 나와 가고 싶은 궁극의 장소이며 궁극의 상태이다. 남쪽으로의 겨울여행은 살아있으나 죽은 자의 삶을 사는 주인공에게 얼마나 아름다운 꿈인가.

에스겔서(Ezekiel)와 전도서(Ecclesiastes)에의 주가 붙어있는 다음 부분에는 '돌투성이 쓰레기장(stony rubbish)'으로 비유된 실존의 메마른 세계와 예수 그리스도를 암시하는 '붉은 바위(red rock) 아래 그늘'로 비유된 구원의 세계가 극적으로 대조되어 있다. '죽은 나무들'과 '마른 돌'들 사이에 '물소리조차 없이', '햇빛만 내려쪼이는' 황무지에, '광풍을 피하고 폭우를 가리며 마른 땅에 냇물'(Isaiah 32: 2)같은 '붉은 바위 그늘'은 '귀뚜라미 소리조차 위로가 되지 못하는' 황무지의 목마른 주민들에게는 사막의 오아시스이며 그들이 꿈속에서라도 쉬임없이 갈망하는 궁극적 관심의 세계의 상징이다. 그러나 이 궁극의 세계는, 존 단(John Donne)의 시 "위기에 드리는 기도(Devotions upon Emergent Occasions)"에도 허망의 이미지로 묘사된, '한 줌의 흙(a handful of dust)'이 상징하는 육신에 속한 유한한 생명의 헛됨과 그 공포를 깨달은 후에야 얻어지는 세계이며, 아침 저녁으로 반복되는 일상의 세계와는 판이하게 다른 세계이다. 인간은 어느 순간 지상의 생명의 헛됨을 절실히 깨닫기도 하지만, 다음 순간 또 다시 육체에 속한 '돌투성이 쓰레기장'인 욕망의 메마른 세계로 돌아간다. 그래서 궁극의 세계인 '붉은 바위 아래의 그늘'은 항상 갈망의 세계일 뿐 현실은 아니다. 보통의 인간들에게 이 그늘은 그래서 항상 더욱 큰 그리움의 대상이다.

와그너(Wagner)의 오페라 『트리스탄과 이졸데』(*Tristan and Isolde*)의 제1막으로부터 인용된 '바람은 선선히/고향으로 부는데'로 시작하는 사랑의 노래는, 앞에 언급된 신성하고 엄숙한 주제와는 상반되는 서정적인 사랑의 노래이다. 이 소박한 연가는 주인공의 가슴 속에 히아신스 소녀라고 불리운 소녀의 충만한 사랑의 이야기를 상기시키며, 말로 표현할 수 없었고, 자신이 살았는지 죽었는지조차 분명히 알 수 없이 아무 것도 분간할 수 없었던 황홀한 사랑의 환상 속으로 주인공을 끌고 간다. 그러나 다음 순간, 이 부분의 마지막 행에서 우리는 이러한 사랑이, 깨어진 돌무더기만 쌓인 황무지에서는 존재할 수 없음을 알게 된다. '바다는 황량하고 쓸쓸하다(*O'ed und leer das Meer*).' 『트리스탄과 이졸데』의 제3막에서, 온다던 이졸데의 배가 보이지 않는다는 망루지기의 보고의 외침으로 트리스탄에게 전해진 이 말은 지상에서의 완전한 사랑의 좌절을 암시한다. 브루커(Brooker) 교수는 이 부분에 대한 설명에서 '엘리엇의 관심은 사랑의 실패'(76)라고 말하고 있는데, 이 실패를 통하여 인간은 사랑하는 자신과 사랑의 대상 사이에 구분을 느끼지 못하던 '직접경험(immediate experience)'의 순진무구의 상태에서, 그것이 깨어져 자아와 대상의 차이, 주관과 객관의 분리 관계를 인식하게 되는 '상관적 경험(relational experience)'의 단계 곧 실존의 쓰라림을 아는 단계로 나아간다(40 & 66-67). 소박하고 순결한 사랑의 노래와 사랑의 슬픈 좌절의 이 갑작스러운 극적 대조를 설명하면서 클리언스 브룩스(Cleanth Brooks)는 "삶의 의미와 강렬함이 최고의 순간일 때, 삶은 죽음과 비슷하다"(141)고 말하고 있는데, 이 말을 통하여 브룩스는 중상을 입고 이제 마침내 죽어 가는 트리스탄의 죽음의 마지막 순간과 그 순간 최고조에 달하고 있는 이졸데에 대한 트리스탄의 강렬한 그리움 속에 느껴지는 사랑의 관계가 가지는 역설적 성격을 지적하고 있다. 만날 수 없는 연인들만이 만날 수 없음으로 인하여 사랑의 기쁨을 가장 절실하게 느낄 수 있다는 것은 역설이면서 진실이다. 완전한 사랑을 성취할 수 없기 때문에 황무지의 인간들의, 히아신스 소녀의 사랑의 이야기 속에 예증된, 충만한 사랑에 대한 그리움과 갈망의 내용은 더욱 날카롭게 그들의 궁극적 관심의 대상이 된다. 이 그리움과 갈망이 없다면 우리의 실존의 삶은 살아 있으나 죽은 삶, 열정(passion)이 사라진 생기 없는 그저 막연한 '있음'일 뿐이다. 궁극적 대상에 대한 관심이 살아있다는 것은, 우리의 가슴에 아직 키르케고어가 말하는 '영원한 열정(infinite passion)' (Brown 49)의 불꽃이 살아있다는 증거이다. 이 불꽃이 살아있는 동안 우리는 최소한 막연한 '있음'으로서가 아니라, 무엇인가를 꿈꾸고 동경하는 의미 있는 '있음'으로 존재하는 것이다.

제2부로부터 4부까지는 제1부에 제시된 대조되는 주제들의 발전부에 해당된다. 제1부가 대조되는 주제를 다른 상황에서 여러

번 반복하고 있는데 반하여 제2부와 3부는 대조되는 두 부분을 앞과 뒤로 확대하여 더 큰 화면 속에 더 확연하게 보여준다. 제2부는 크리언스 브룩스를 비롯한 많은 비평가들에 의하여 크레오파트라의 방의 묘사를 통해 대표되는 호화로운 생활을 배경으로 한 상류사회의 타락한 성관계와 런던의 싸구려 술집을 배경으로 한 하류사회의 성적 불모를 대조시킴으로써, 결국 의미를 잃어버린 인간의 삶을 극적으로 표출하고 있는 것으로 평가되고 있다. 그러나 엘리엇 자신이 붙여 놓은 노트와 이 노트에 근거한 비평가들의 해석을 비켜두고 이 부분이 들려주는 시의 음악에 귀를 기울여 들어보면 이 시는 상류사회와 하류사회의 호화로운 장면과 하류사회의 비속한 장면의 대조로 보이기보다는, 77행부터 110행까지의 장엄하면서도 감미로운 음악과 111항부터 172항까지 계속되는 시끄러운 째즈음악의 대조로 들린다. 엘리엇의 노트를 비켜두자고 한 것은 77행에 대해 그가 붙여 놓은 『안토니와 크레오파트라』(*Antony and Cleopatra*)에 나오는 장면과 크레오파트라의 이미지, 그리고 토마스 미들톤(Thomas Middleton)의 『여자는 여자를 경계하라』(*Women beware Women*) 속에서 며느리 비앙카(Bianca)가 강제로 능욕당하는 동안 보호자인 시어머니의 주의를 빼앗기 위해 뚜쟁이 리비아(Livia)가 일부러 체스를 두는 장면 등이 이 부분의 시의 음악이 주는 매혹을 지나치게 훼손시키고 있기 때문이다. 이 시에 부친 엘리엇의 노트에 대한 의견은 각기 다르지만 이 시가 시로서 주는 감동을 위해서는 상당히 부정적이라는 것이 필자의 생각이다. 브룩스 자신도, 상당부분 엘리엇의 노트에 근거한 이 시에 대한 논리적 설명이 이 시를 이해하는 발판을 마련하는데 도움은 되겠지만, (발판은 어디까지나 발판에 지나지 않는 것으로) 이 작품을 시 자체로서 감상하려고 할 때는 제거해버려야 할 것이라고(Brooks 136) 말하고 있다.

제2부의 전반부에 나타나는 상류사회의 여인이 있는 방의 묘사는 77행부터 필로멜(Philomel)의 변신의 그림이 있는 100행까지로 『황무지』 전체에서 한 장면을 묘사하는 부분으로는 가장 길며, 화려함을 배경으로 하는 상류사회의 사랑 없는 성관계를 드러내기 위한 배경의 예비묘사로는 너무 길다. 파운드에 의해 반쯤이나 깍여버린 이 시에서, 이 부분을 배경묘사에 해당되는 부분으로 읽을 경우, 이 부분의 길이는 전체의 균형을 깨트리기에 충분할 만큼 길다. 엘리엇이나 파운드의 시적 감각이 이것을 용납하였을 이유가 없다. 그렇다면 이 긴 묘사 부분은 그 길이만큼의 충분한 의미를 가지고 있음에 틀림없다. 필자는 그 이유를 이 부분이 들려주는 균형 잡힌 장엄한 음악적 효과에 있다고 생각한다. 이러한 관점에서 보면 제2부는 110항까지의 장엄하고 고전적이며 시의 멜로디나 음색에 있어 아름답게 조화된 장중한 느낌을 주는 앞부분과, 산만하고 단편적이며 어지러운 느낌을 주는 111행부터 172행까지의 뒷부분으로 크게 나누어진다. 110행까지의 동사들의 시제는 102행의 'pursues'를 제외하고는 과거형으로 되어 있으며 이야기의 내용도 과거의 고전작품으로부터의 인용이다. 111행부터 시작되는, 부부로 보이는 남녀의 대화는 외로움 때문에 절박해진 여인의 목소리와 우울하고 절망적인 남자의 목소리가 교차되며 일상의 반복되는 삶의 공허와 권태, 그리고 무의미성을 보여준다. 138행까지 계속되는 이들의 이야기는 모두 현재형으로 진행된다. 139행부터 펼쳐지는 대중술집에서의 두 여인의 이야기는 결혼생활의 신성함이 사라지고 성적 쾌락만이 남아있는 현대세계의 성

적 불모와 퇴폐상을 적나라하게 보여준다. 이들의 대화의 내용은 현재형으로 되어 있고 시점은 과거로 되어 있다. 이러한 사실은 '과거의 세계의 영광과 현재의 세계의 정신의 공허'를 극적으로 대조시키며 진행되는 이 시의 기본구조와 합치된다. 장엄하고 아름다운 음악도 그 안에 협화음과 불협화음이 각기 적절한 위치에 자리잡고 서로 적절히 조화됨으로써 이루어지는 것이지 불협화음이 전혀 없는 협화음만으로 이루어지는 것은 아니다. 순결한 처녀의 능욕으로 상징되는 실존의 고통은 무서운 불협화음이다. 그러나 적어도 과거에는 능욕당한 처녀가 새가 되는 것을 허용하며, 이 새의 울음소리를 온 세상이 다시 침범해서는 안되는 위엄 있는 목소리로 듣는 죄책감과 뉘우침이 존재하였으나 현대의 세계에는 이미 그런 것이 존재하지 않는다. 이것이 'pursues'라는 동사가 현재형으로 되어 있는 이유이다. 현대인에게 새의 울음소리는 성교시의 마찰음으로 들린다. 모든 것이 이 시의 111행 이후의 뒷부분의 시구의 배열이나 내용처럼 파편화되고 서로 소외되고 산만하며 혼란스럽다면, 이러한 세계를 사는 현대인들에게 이 시의 잎부분에 묘사된 아름답게 조화된 장엄한 음악의 세계는 그리움의 대상, 동경의 세계 그리고 궁극적 관심의 대상이 되는 세계가 아니겠는가?

제3부도 역시 주제의 발전부로서 현대의 정신과 성의 타락을 보여주는 여러 작은 그림들이 모여 만들어지는 큰 그림 하나와 동양과 서양의 대표적 금욕주의자인 성 어거스틴(St. Augustine)과 부다(Buddha)에의 언급을 통하여 황무지로부터의 구원의 단서를 보여주는 하나의 그림이 대조적으로 테임즈 강가에 파노라마처럼 펼쳐지며 침통한 선율을 만들어낸다. 그리고 작은 그림들 사이의

대조는 이 침울한 선율에 세밀한 밀도를 더해준다. 첫 번째의 작은 그림은, 스펜서(Edmund Spencer)의 『축혼가』(*Prothalamion*)에 등장하는 목가적인 사랑의 주인공들인 템즈강의 딸들이 사라지고, 타락한 여인들과 도시의 중역들의 자식들이 남겨놓은 빈 병과 포장지, 마분지나 담배꽁초들이 가득한 템즈 강가에서 옛날을 회상하며 통곡하는 주인공의 모습이다.

요정들은 떠났다.
그리고 그 친구들, 도시의 중역들의 빈둥거리던 자식들도
떠났다. 주소도 남기지 않은 채.
레만 호 물가에서 나는 앉아 울었다 . . .
아름다운 테임즈여, 부드럽게 흘러라 내 노래 끝날 때까지,
아름다운 테임즈여, 부드럽게 흘러라,
크지도 길지도 않게 나 노래하리니.

The nymphs are departed.
And their friends, the loitering heirs of city directors;
Departed, have left no addresses.
By the waters of Leman I sat down and wept . . .
Sweet Thames, run softly till I end my song,
Sweet Thames, run softly, for I speak not loud or long.

두 번째 그림은 흙투성이의 배를 끌며 뚝 위를 기어가는 쥐가 보이는 음산한 운하에서 낚시질을 하는 주인공의 모습이다. 그는 어부왕이 되어 황무지의 구원을 심각히 생각하지만, 그가 듣는 것은 저속한 부르조아의 전형인 스위니(Sweeny)를 포주인 포터 부인에게 태워다주는 자동차의 경적 소리일 뿐이다. 주석자들이 호

모쎅스를 암시하는 부분으로 읽기도 하는 면도도 안한 스뮈르나(Smyrna)의 상인이 잠시 등장한 뒤에, 우리는 엘리엇이 그의 노트에서 "단순히 방관자이고 등장인물은 아니지만 이 시에서 다른 모든 사람을 결합시키는 가장 중요한 인물"이라고 말한 타이리시어스(Tiresias)가 등장하는 장면과 마주친다. 엘리엇은 "타이리시어스가 보는 것이 사실 이 시의 실질(substance)"이라고 말하고 있는데, 그는 쏘포클레스가 쓴 『오이디푸스왕』(*Oedipus Tyrannus*)에 예언자로 등장하여 테베시에 내린 저주가 오이디푸스와 그의 어머니 조카스터(Jocasta)의 근친상간의 결혼과 오이디푸스의 부친 살해 때문이라고 말한다. 오이디푸스는 물론 이 사실들을 모르고 저지른 일이었으나 테베시는 이것으로 황폐한 저주의 땅의 되었다(Southam 86). 타이리시어스는 비록 눈이 먼 장님이었으나 신통한 힘으로 정상인들이 보지 못하는 것을 보았으며, 이러한 그의 힘은 엘리엇이 현대문명의 황폐와 불모의 원인으로 본 성의 타락과 인간성의 상실을 꿰뚫어 보고 있다는 것이다. 그가 이 작품 속에서 관찰하는 것은 여드름투성이의 주택주선업자의 서기와 타이피스트의 의미를 상실한 불모의 성의 결합의 장면이다. 장면은 한낮에 고기 잡는 사람들이 어슬렁거리는 테임즈강 하류에 있는 거리로 바뀐다. 이 어수선한 거리와 17세기에 지은 '희고 금빛인 이오니아풍의 아름다운 교회'와의 대조와 이 대조가 만들어내는 황홀한 음악은 지극히 아름답고 충격적이다.

오 도시여 도시여 나는 가끔
로우어 테임즈가의 선술집 곁에서
즐거운 만돌린의 흐느끼는 소리와

대낮에 뱃사람들이 안에서 술 마시며 내는
떨그덕 소리와 지껄이는 소리를 들을 수 있다네,
거기엔 순교자 마그너스 사원의 벽이 아름다운
이오니아식의 흰색과 금빛으로 서 있다네.

O City city, I can sometimes hear
Beside a public bar in Lower Thames Street,
The pleasant whining of a mandoline
And a clatter and a chatter from within
Where fishermen lounge at noon: where the walls
Of Magnus Martyr hold
Inexplicable splendour of Ionian white and gold.

이 충격적인 대조는 곧 다시 현대의 오염된 테임즈강과 여왕 엘리자베스 1세가 애인 레스터(Leister) 백작과 뱃놀이를 즐기던 '붉은 금빛의 맑은 테임즈강'과의 대조로 이어지면서, 우리의 삶의 진정하고 궁극적인 관심이 어떤 곳으로 흘러야 할지를 보여준다. 마지막으로 무(nothing)에다 무를 연결할 수 있을 뿐, 아무 의미 없는 성행위를 보여주는 세 장면이 세 명의 테임즈강의 딸들과 함께 세 개의 단편으로 묘사된 뒤, 우리는 이 시의 앞부분들보다는 훨씬 분명하게 현대의 불모로부터 황무지의 주민을 구원해 줄 메시지를 전달해 주는 암시를 담은 시행들과 만난다.

'그 때 나는 카르타고로 왔다'로 시작되는 제3부의 마지막 5행은, 173행부터 306항까지 계속되는 3부의 앞부분 전부와 같은 무게를 가지고 팽팽한 대조를 이룬다. 어거스틴이 젊은 시절을 보낸 카르타고는 환락의 도시였으며, 젊은 어거스틴은 '한 가마솥의' 감각의 유혹에 빠져 육욕의 세계로 침몰한다. 그러나 그는 불모의 사랑의 허망함을 깨닫고 어머니 모니카의 눈물의 기도의 힘에 의지하여 마침내 사악한 욕망에서 탈출하여 구도의 길에 자신을 던진다. 『참회록』(*Confessions*)은 그의 방황과 회심 그리고 깨달음과 금욕의 수도의 과정의 기록이다. 엘리엇이 그리스도의 '산상수훈(Sermon on the Mount)'과 같은 중요성을 가지고 있다고 언급한 불타의 '불의 설교(Fire Sermon)'에서 불타는 다음과 같이 설법한다.

> "모든 형체가 불에 탄다 . . . 눈으로 본 인상들이 불에 탄다. 즐겁거나 슬프거나 또는 관심을 끌지 못한, 눈으로 받아들인 인상에 의지하여 생긴 모든 감각들도 불에 탄다. 무엇과 함께 이것들이 불에 타는가? 내가 말하노니 정욕의 불꽃과 함께 탄다. 증오의 불꽃과 탐닉(infatuation)의 불꽃과 함께 탄다 . . ."(Southam 89)

불타가 의도하는 것은 이 모든 불꽃을 우리의 마음에서 완전히 꺼버리거나 아니면 스스로 완전히 태워 전설의 불사조(Phoenix)처럼 그 잿더미 위에 새 생명으로 다시 태어나는 것이다. 이것은 재생을 위한 참된 가르침이다. 그리고 이 가르침은 다음 행의 '주여 나를 건져수소서'라는 어거스틴의 기도와 어울리며, 황무지의 주민들에게 진실로 필요한 것이 무엇인지를 분명하게 암시한다. 그것은 금욕의 실천과 구원을 위한 기도와 신성한 가르침이며 이러한 덕목들은 템즈 강가의 처녀들로 상징되는 황무지의 주민들을 황무지의 폐허로부터 구해줄 그들의 궁극적 관심의 내용이다.

제4부는 주제의 발전부의 마지막 부분으로서, 제3부의 칙칙하고 무겁고 숨막힐 듯한 긴장 다음의 해빙의 서정적 분위기를 들려준다. 제3부가 불의 상징에 의하여 뜨겁게 불에 타고 난 뒤 제4부는 익사한 페니키아의 수부 플레바스(Phlebas)의 몸이 떠올랐

다 가라앉으며 바다 밑의 해류에 씻겨 흘러가는 모습을 통하여, 자신을 버린 자, 자기방기(self-surrender)를 성취한 자들의 마음의 가벼움을 보여준다. 청년과 노년의 단계를 지나 물여울 속에 휩쓸리며 어디론가 알 수 없는 곳으로 떠올랐다 가라앉으며 흘러가는 물소리는 이러한 존재의 가벼움이 소리로 전달될 수 있음을 보여주는 것이다. 조지 윌리암슨(George Williamson)은 이 부분을 물의 세계를 통한 인간정신의 구원과 재생의 과정으로 보며 제5행의 속삭임(whispers)을 인간과 신의 신비로운 영적 교류의 은유로 읽는다(146). 그러나 세상의 손익계산과 갈매기의 울음조차 잊어버렸던 이 진실로 가벼운 느낌은 이 시의 마지막 3행에 기술되는 한 때 잘 생기고 키가 컸던 플레바스에 대한 기억과 대조되면서 다시 긴장된 침통한 분위기에 휩싸인다. 젊음과 젊음의 생기는 아름다운 인생의 꽃이다. 그러나 키가 크고 잘 생긴 젊은 플레바스는 동시에 거절하고 억제할 수 없는 인간의 정욕과 증오 그리고 탐닉을 상기시킨다. 젊음과 정욕 그리고 노년과 자기방기 사이에서 우리는 어떤 것을 선택해야 하는 것인가? 제3부는 비록 짧지만 이 둘 사이의 대조와 긴장 사이에서 우리를 오랫동안 침묵에 잠기게 한다. 이 시에서 선택은 플레바스의 수사(水死)가 상징하는 자기방기와 자기체념으로 보인다. 그러나 우리가 버리고 포기해야 할 것에 대한 그리움과 아쉬움은 우리를 망설이게 한다. 그리고 이 망설임은 인간의 연약함의 증거이면서 동시에 인간의 인간다움의 증거이다. 주저와 망설임의 깊은 골짜기에서 우리는 인간의 궁극의 문제에 대한 절실한 질문과 만난다. 자기방기의 결단의 아름다움은 이 주저와 망설임의 진실성에 근거하고 있으며, 자기 방기의 실천의 행위의 강렬성은 주저와 망설임 가운데 인간의 마음속에 소용돌이쳤던 회의의 깊이와 크기에 정비례한다.

엘리엇이 이 시에서 가장 잘된 부분이며 시 전체를 정당화시켜 주는 부분이라고(Southam 90) 말한 제5부는 쏘나타 형식의 '재현부'에 해당되는 부분으로서 제1부에서 우리가 들었던 황무지의 주제들이 더 심각하고 어두운 상황을 배경으로 강렬하게 대조되어 표현되며, 쏘소트리스의 태롯카드에 잠시 나타났던 교살된 남자와, 엘리엇이 자신의 주(註)에서 자신의 목적에 맞도록 이 남자와 연결시킨다고 말한 두건 쓴 인물도 확대된 배경 속에 나타난다. 제1부의 원을 그리며 돌아가던 사람들도 더 확장된 배경 속에 다시 나타나며, 수레바퀴와 세 개의 막대기를 든 남자의 잔음(殘音)도 어렴풋이 들린다.

가장 먼저 십자가에 못박히기 전 날 밤 겟세마네(Gethsemane) 동산에서의 그리스도의 고뇌와 슬픔, '할 수만 있다면 이 잔을 내게서 지나가게 해달라'던 간절한 기도소리와 그를 잡으러 온 병사들의 땀에 젖어 횃불에 비친 붉은 얼굴, 골고다(Golgotha)언덕에서의 고통의 장면을 배경으로, 먼 곳 산너머에서 봄의 천둥소리가 울린다. 그리스도의 고뇌와 고통이 황무지의 주민들의 고통과 황폐하고 메마른 땅을 암시하는 것이라면 봄의 천둥소리는 비록 아직 멀리서 들리지만 메마른 땅을 적셔 줄 비를 암시하는 것으로서 서로 극적인 대조를 이룬다. 이 대조는 동시에 그리스도의 희생을 통한 인간의 재생의 가능성을 암시하고 있으며 이 암시를 통하여 '죽음을 통한 생명'이라는 기독교의 신비는 고대의 식물신화와 연결된다. '살았었던 그는 죽었다'는 구절의 '그'는 이제 그리스도일 뿐만 아니라 고대 식물제식 속의 아도니스(Adonis)이고 아티스(Attis)이고 어부왕이며 페니키아의 수부이다. 곧이어 주인공은 '살았었던 우리는 지금 죽어가고 있다'고 말하고 있는데 앞의 '죽은 그'가 새로운 삶을 위하여 죽었다면, '살았었던 우리'는 살았으나 죽은 삶을 살고 있다. 브룩스는 이것을 '단테의 림보(Limbo)의 삶 속의 죽음'(159)이라고 말한다. 죽었으나 생명을 주는 존재는 살았으나 죽어 있는 존재와 날카롭게 대립된다.

그 다음 부분은 제1부의 '돌투성이 쓰레기'와 '깨어진 우상조각들의 더미'들이 널려있는 황무지의 확대된 재현이다. 이 부분의 '소리와 풍경'의 조화는 이루 말할 수 없이 아름답다. 고도로 충전된 331행부터 358행까지의 불모의 황무지에 대한 시인의 노래는 슬픔이 아름다운 노래로 되는 '투덜거림'의 미학의 절정을 보여준다. 포드 머독스 포드(Ford Madox Ford)에게 『황무지』에서 유일하게 훌륭한(good) 시행들이라고 엘리엇이 말했다고 하는 이 시행은 많은 비평가들의 감탄을 자아내고 있는데, 로날드 부쉬(Ronald Bush)는 이 시행을 "28행짜리의 마술적 양식의 절정"이며 "완전한 기쁨을 주는 한 편의 순수음악"이라고 극찬한다(74~75). 특히 358행에서 "Drip drop drip drop drop drop drop"의 21개의 자음과 일곱 개의 단어와 일곱 개의 모음으로 이루어진 이 '물방울 떨어지는 노래(water-dripping song)'는 엘리엇 자신이 설명하고 있는 것처럼 '어조의 순결함과 아름다움 그리고 절묘한 전조(modulation)에 있어' 시 속에 있는 노래로서는 가장 아름다운 노래이다. 그것은 깊은 정적을 소리로 들려준다. 물방울 소리 사이의 침묵으로 인하여 오히려 깨어지는 정적이 우리를 에워싸는 이 공간 속에서 우리가 느끼는 것은, 우리의 눈에 보이지 않고 무엇이라고 표현할 수는 없으나, 일상의 시간이나 공간 속에서 그 존재를 느낄 수 없던, 일상을 초월한 어떤 것의 존재의 충만함, 우리도 모르는 사이에 우리의 모든 의식이 슬며시 사라지고, 자아를 망각하게 하며, 무의식 속에서 우리를 저절로 무릎 꿇게 하는 무시간의 순간, 그것은 엘리엇이 그의 영감의 절정의 순간에 공간과 소리를 통하여 형상화시킨 종교적 순간이며, 이 순간 우리가 듣는 것은 종교적 음악의 절대음이다.

이 절대음 뒤에 곧 '두건 쓴 인물'이 등장하는 '엠마우스(Emmaus)로의 여행'의 장면이 펼쳐지는데, 이 부분은 물 한방울 없고 구원의 가망도 없는 황폐의 땅과 내용에 있어 뚜렷한 대조를 보여준다. 그리스도의 죽음 후 그가 예언한 삼일 후의 부활을 믿지 못하고 일상의 생활로 돌아가기 위해 엠마우스로 가는 두 사람 곁에 갈색의 망토를 걸치고 같이 걸어가는 남자는 부활한 그리스도를 암시하며, 황무지의 주민들이 꿈 속에서라도 만나기를 갈망하는 궁극적 관심의 대상이다.

다음에 전개되는 장면은 예루살렘과 아테네, 알렉산드리아와 비엔나, 런던의 무너지는 탑들과 깨어지며 개축되고 폭발하는 도시와 저 높이 울리는 어머니와 여자들의 비탄의 울음소리를 배경으로 다시 한 번 수레바퀴처럼 반복되는 허망한 황무지의 몰락의 역사를 반추하며, 이러한 황무지의 몰락의 무서움은 '한 여자가 긴 머리카락을 잡아당겨/그 현위에 음악을 켜고,/보라빛 속에 어린아이 얼굴을 한 박쥐가/휘파람을 불며 날개를 치며/거꾸로 시꺼먼 벽을 기어 내려가는' 광경을 통하여 생생히 묘사된다.

이러한 절망의 풍경 다음 우리는 곧 이와 대조되는, 재생의 희망을 주는 전주를 듣게 된다. 분위기는 음산하지만 성배를 탐색하는 기사가 그 용기를 시험받는 위험성당은 아무에게도 해를 끼치지 않는다. 이 곳에 왔다 실패한 기사들의 뼈들이 뒹구는 텅 빈 폐허 속에, 극적으로, 악의 힘을 몰아내며 새 날 새벽을 알리는 수탉의 울음소리가 용마루 위에서 들려온다. 번개가 치고 습한 바람이 불어온다. 히말라야 산맥의 히마반트(Himavant)의 봉우리 너머로 멀리 검은 구름이 몰려오고 긴장된 침묵 속에 천둥이 울린다. 이러한 광경은 앞에 길게 묘사된 문명의 반복되는 몰락과 공포의 광경과 대조되면서, 점차 고조되는 절박한 긴장의 음조를 형성한다. 곧 천둥이 울린다.

천둥소리는 산스크리트어로 되어 있다. 이 부분에 대한 설명에서 브룩스는 다음과 같이 말한다.

> 웨스튼 여사가 보여 주었듯이 풍요제식의 기원은 대단히 오래된 것이며, 산스크리트의 전설에도 기록되어 있다. 이 시 속에서 엘리엇은 계속해서 기독교의 교의를 될 수 있는 대로 다양한 많은 민족신앙과 연결시키고 있다. 여기서 그는 아리안(Ariyan)문명의 여명기에까지 거슬러 올라가, 나머지 모든 강우(降雨)의 이야기를 이미 전개된 배경의 용어로서가 아니라 가장 초기의 형태의 용어로서 말한다(Cox 152).

엘리엇이 『황무지』의 내용을 가능한 한 많은 민족신앙과 연결시키는 것은 이 시가 전하는 내용의 보편성을 획득하기 위한 것이다. 그는 이 시를 편협한 의미의 기독교 시로 쓴 것이 아니었던 것이다.

천둥소리를 통하여 그가 전하는 메시지는 쏘나타 형식의 코다에 해당되는 부분으로 황무지의 주민들이 궁극적으로 원하는 평화의 삶을 성취하기 위한 세 가지의 방책을 제시하고 있다. 주라(Datta), 동정하라(Dayadhvam) 그리고 자제하라(Damyata)는 세 가지 가르침[1]은 일견 단순해 보이지만, 실천적 의미에서 모든 종교의 가르침의 핵심이다. 그리고 이 세 가지 가르침은 근본적으로 모두 자기를 버리는 자기방기(self-surrender)와 관련된다. 인간이 갈망하는 궁극적 세계를 위하여 자기의 이기적 욕망을 모두 태워 버린 뒤 환하게 비워진 마음의 통로를 통해서만 천둥의 가르침은 실천이 가능한 것이다.

그러나 우리가 여기서 생각해 보아야 할 것은 '한 순간의 무서운 결단'으로 '한 시대의 분별로도 철회할 수 없는' 자기방기의 정신을 얼마나 지탱할 수 있는 것인가에 대한 질문이다. 우리의 일상의 삶 속에서 '자기를 버린다'는 결단은 항상 '자기를 지키려는' 본능적인 충동과 자연스럽게 충돌한다. 그리고 이 충돌은 인간의 실존의 모든 상황에서 자웅을 겨루며 끊임없이 마주친다. 인류의 역사는, 어떤 의미에서, 이 두 가지 충동의 격돌의 기록이라고 말할 수 있는 것이다. 그것은 문명과 야만, 주체(subject)와 객체(object)의 충돌이고, 실제(real)와 이상(ideal)의 충돌이며, 영혼과 육체의 충돌이고 세속의 세계와 초월의 세계의 충돌이며 본능과 이성의 충돌이고, 어쩌면 아름다운 것과 아름답지 못한 것의 충돌이며, 고상한 것과 저급한 것의 충돌이기도 하다. 그리고 이 시 속에 나타난 모든 상반되는 것의 대조도, 근본적으로는, '자기를 버리는 것'과 '자기를 지키는 것'의 충돌과 같은 것이다. 그러나 여기서 중요한 것은 우주와 세계는 이 두 가지 충동의 충돌을 통하여 형성되고 또 해체되기를 반복한다는 것이다. 우주와 세계의 역사는 이 두 가지 충동을 모두 필요로 한다는 것이다. 이 시의 난해성과 다양한 해석의 핵심의 한 자락은 사실 여기에 있는 것으로 보인다. 해리엣 데이빗슨(Harriet Davidson)은 "1922년에 이 작품이 출판된 이후 오늘날까지 지속되는 이 시를 둘러싼 많은 논의들은 사실 어느 정도 이 작품의 '소화불량성(indigestibility)' 때문(Davidson 122)" 이라고 말하고 있지만, 더 깊은 진정한 이유는, 평화로운 세계를 위하여 '자기를 버리는' 결단이 필요하다는 것을 시인이 알면서도 또한 인간이 속한 우주와 세계가 '자기를 지키는' 충동도 필요로 하고 있다는 것을 시인이 동시에 알고 있었으나, 다양한 층위에서 다양한 형태로 그리고 다양하고 복잡한 관계 속에 존재하는 이 두 가지 충동의 복합적 조합 속에서, 인간의 궁극의 문제에 대하여 어떤 대답을 해야 할 지, 『황무지』를 쓰던 순간의 시인이 확신을 갖고 있지 못하였다는데 있는 것으로 보이는 것이다.

엘리엇은 1959년의 『파리리뷰』(*Paris Review*)와의 인터뷰에서 "『황무지』속에서 나는 내가 말하고 있는 것을 이해하고 있는지에 대해서 괘념조차 하지 않았다"(Plimpton 105)고 말한 적이 있는데, 이 말은 그가 그의 두 편의 장시, 『황무지』와 『네 개의 사중주』(*Four Quartets*)를 비교해 달라는 질문을 받고 "『네 개의 사중주』를 쓸 무렵에는 「황무지」의 스타일로 쓸 수가 없었다"(Plimpton 105)고 대답한 뒤에 덧붙여 한 말로서, 이러한 그의 언급을 통하여 우리가 알 수 있는 것은, 그가 『황무지』를 쓸 때 작품의 스타일은 고사하고 작품의 내용에 대하여 깊이 생각할 만큼 정신의 여유가 없었다는 것이다. 그는 시에서 천둥의 소리로 말해진 세 가지의 가르침에 대하여 말하고 있지만 그것의 깊은 의미에 대하여 독자가 기대하는 만큼의 답을 주지는 못하고 있다. '주라'는 가르침 다음에 등장하는 내용은 이 가르침을 실천하지 못한 화자(speaker)의 후회와 이 가르침의 소중함에 대한 인식 정도이며, '공감하라'는 가르침 다음에 등장하는 내용은 다시는 열 수 없도록 열쇠가 강물에 던져져버린 수인(囚人)으로 상징된 인간의 실존의 절망과 외로움이라는, 이 가르침이 필요한 이유를 설명하는 정도이고, '자제하라'는 가르침 다음에 등장하는 내용은 스스로를 자제하지 못하는 인간의 무능에 대한 쓰라림 정도를 표현하는 데 그치고 있다.

그는 자신의 실존의 고통에 너무 지친 나머지 그 고통을 탄식의 노래로 토로하거나, 'Da'라는 신의 가르침을 듣고 무슨 소리인지 확연히 알지 못한 채로, 자신에게 편리할 대로, 자신의 약점을 말한 것으로 이해한 세 아들처럼, 인간을 실존의 고통으로부터 구원해줄 수 있는 세 가지 가르침을 자신에게 편리할 대로, 현대를 사는 인간의 약점을 말한 것으로 작품 속에서 해석하고 있을 뿐인 것으로 보인다. 세 가지 가르침에 공통으로 관련된 '자기방기'를 위해서 얼마나 큰 희생과 고통이 필요한지 작품은 아무 것도 말하고 있지 않다. 윌리암스(Daniel Day Williams) 교수는 그의 저서 『사랑의 정신과 양식』(*The Spirit and Forms of Love*)에서 "고통 없이는 사랑도 있을 수 없다(There can be no love without suffering.)"고 전제하고 고통의 의미에 관하여 다음과 같이 말하고 있다.

> 고통이란 가장 넓은 의미에서 다른 사람의 행동에 의하여 또는 다른 사람과 관련하여 행동하고 변화되며 움직이고 전환되는 능력을 의미한다. 사랑의 능동적 측면은 우리의 행동과 행동의 의미가 타인들이 요구하는 바에 의하여 정의되어지는 영역을 수용하기를 요구한다(Williams 117).

'자기 방기'를 실천하기 위한 이러한 의미의 고통에 대한 이해는 후에 「네 개의 사중주」의 "드라이 셀비지스(Dry Salvages)" 속에서야 확연히 나타난다.

바른 행동은 과거와
미래로부터의 해방이다.
대부분의 우리들에게, 이것은
지상에서 결코 실현될 수 없는 목표;
계속 노력하기 때문에
패배하지 않을 뿐인 존재

And right action is freedom
From past and future also.
For most of us, this is the aim
Never here to be realized;
Who are only undefeated
Because we have gone on trying;

'주며' '동정하고' '자제하는' 가르침을 실천하기 위한 자기방기는 올바른 행위이며, 이 올바른 행위는 과거의 기억과 미래의 욕망으로부터 해방될 때에야 실천될 수 있는 행위이다. 그러나 신경증 치료를 위해 요양원에 입원하도록 의사로부터 권유를 받을 정도로 어지러운 고통의 상황 속에 있던 『황무지』를 쓸 무렵의 엘리엇에게 그가 할 수 있는 최선은 '자신의 땅이나 정돈해 보는' 정도일 뿐이다.

『황무지』를 끝까지 다 읽고도 (그리고 궁금하고 미심쩍어 또 다시 읽고도) 독자는 (금방 분명하게 드러날 것 같은) 우리의 삶의 궁극의 문제에 대한 어떤 해답을 확연하게 찾아내지 못하며 궁금하고 미진한 채로 시집을 닫게 된다. 그러나 우리는 이 시집을 완전히 잊거나 버리지 못한다. 왜냐하면 『황무지』는 인간의 궁극의 문제에 대한 해답의 가능성과 불가능성의 경계선 상에 우리를 둔 채로 끝나고 있기 때문이다. 미확정의 경계선상에 독자를 둔 채로 계속 인간의 궁극의 관심의 문제에 대하여 동정적 관심을 갖게 하는 것, 이것이 이 시가 인간의 '궁극적 관심'으로서의 종교와 갖는 관계의 항구적 성격이다. 그리고 이러한 성격은 이 시의 마지막 부분에 이르기까지 지속적으로 축적된 수많은 파라독스와, 상반되는 것의 대조를 통하여 점증된 궁극적인 것에 대한 관심의 무의식적 확장의 결과이다. 시를 읽는 동안에는 상반되는 것의 끊임없는 대조를 통하여 무의식적으로 독자의 궁극적인 것에 대한 관심을 고조시키고, 다 읽고 난 뒤에는 결정되지 않은 상태로 계속 궁극의 문제에 대하여 지속적으로 관심을 갖게 하는 것, 이것이 바로 「황무지」의 종교적 성격의 특질이다.

IV

이 논문의 서두에서 필자는 엘리엇의 『황무지』의 아름다움의 근거가 '투덜거림의 미학'에 있다고 말하였으며 '투덜거림의 미학'은 그의 실존의 삶의 고동에서 저절로 흘러나온 노래에 기인하고 있으며 이 노래가 주는 감동의 근거는 그의 고통의 진실성에 있다고 말하였다. 『황무지』를 고통에서 저절로 흘러나온 노래로 들을 때 우리는 『황무지』의 형식을 음악의 관점에서 이야기하는 것이며, 우리가 모두 아는 것처럼 시는 기본적으로 노래이다.

우리는 "시인은 음악연구로 많은 것을 얻을 수 있다"는 엘리엇의 말에 의지하여, 433행이라는 장시인 『황무지』에 어울리는 음악의 형식에 대하여 논의하였으며 꼭 맞는 것은 아니지만 — 꼭 맞는 경우 시의 창의성은 죽고 만다 — 음악의 쏘나타 형식의 교향시와의 유사성에 주목하고 그것에 근거하여 『황무지』전체를 살펴보았다. 비록 피상적이긴 하지만 쏘나타 형식에 근거하여 『황무지』를 살펴보는 과정에서 우리가 얻는 이점은, 난해한 이 작품에서 하나의 일관된 이야기를 찾으려는 전통적 『황무지』 읽기에서 느끼기 어려웠던 감동을 체험할 수 있다는 것이다. 여기에는 반드시 전제가 필요하다. 그것은 상징에서 흘러나오는 음악을 우리가 들을 줄 알아야 한다는 것이다. 『황무지』는 작품의 제사에서 암시된 황무지의 불모의 주제가 다양한 형태로 다양한 상황에서 음악적 효과를 염두에 두고 반복되는 것이기 때문에 일관된 이야기를 찾으려는 의도는 반드시 실패하기 마련이다.

앞에서 언급한 것처럼 엘리엇이 『황무지』를 '삶에 대한 개인적인 불평의 해소에 지나지 않는다'고 말했을 때 그는 이 시가 그의 실존의 고통과 이 고통으로부터 해방되는 구원에의 갈망의 시적 형상화임을 고백한 것이며, 모든 종교가 기본적으로 실존의 긴장과 이 긴장이 야기시키는 고통으로부터의 구원을 목표로 하고 있다는 것을 감안한다면 『황무지』에 대한 엘리엇의 이러한 언급은 이 시의 종교적 성격을 분명하게 드러내 주고 있는 것이다. 따라서 이러한 갈망을 드러내고 있는 이 시의 구조의 기본형식인 음악이 종교적 성격을 갖는 것은 당연한 일이다. 그러나 이 시의 음악을 악보로 만들거나 악기들의 연주를 통하여 들려주는 것은 불가능하기 때문에 우리는 이 시의 구조를 음악의 전통적 형식인 쏘나타 형식과 관련시켜 관찰함으로써 이 시의 종교적 성격을 설명해보려 하였다. 이 시의 종교적 성격을 드러내는데 도움이 되는 소나타 형식의 특징은 다양한 형태로 나타나는 주제들의 극적인 대조에 있으며, 이 대조는 황무지의 불모의 상황을 암시하는 상징을 보여주는 단편들과 이 상황과 반대되는 주로 인류학의 업적에서 발견된 과거의 신화나 단테 등의 고전문학 또는 과거의 상황이나 사건들의 병치를 통하여 감지된다. 이 대조를 통하여 우리는 현실에서의 실존의 고통과 이 고통으로부터 벗어나 구원의 상태에 도달하려는 인간의 갈망 곧 궁극적 관심을 뚜렷하게 느낄 수 있는 것이며, 이 시의 제사에서부터 치열하게 드러나고 있는 궁극적인 것에 대한 이 끝없는 관심을 통하여 이 시는 높은 종교적 차원을 획득하고 있는 것이다.

제7장
T. S. 엘리엇과 폴 틸리히

I

폴 틸리히는 잘 알려진 것처럼 20세기의 가장 위대한 개신교 신학자 중의 한 사람이며 기독교의 여러 상징을 현대인에게 의미 있는 언어로 재해석하려는 노력을 계속해 온 독일 출신의 종교 철학자 또는 철학적 신학자이다. 『현대 신학 총서』(*Library of Living Theology*) 씨리즈의 편집자였던 찰스 케글리(Charles Kegley)와 로버트 브레톨(Robert Bretall)은, "'위대한' 이라는 단어는 우리의 생각으로는 우리시대의 극소수의 사상가들의 이름 앞에만 붙일 수 있는 형용사이지만, 틸리히는 우리 뿐 아니라 많은 사람들이 의문의 여지없이 이 극소수 속에 해당되는 것으로 믿는 위대한 사상가"(ix- x)라고 썼다. 그들은 틸리히를 듀이(Dewey)나 화이트헤드(Whitehead), 러셀(Russell) 그리고 싼타야나(George Santayana) 등과 같은 등급에 속하는, 그러나 이들과 달리 확고하게 기독교의 토양 위에 선 사상가로 평가하고 있다.

틸리히의 대표적인 저작인 세 권으로 된 『조직신학』(*Systematic Theology*)의 제1권이 출판되었을 때 엘리엇은 이 책을 두 번이나 거듭 읽고, 이 책의 위대성에 대한 찬사와 함께, 짧지만 한 페이지 정도의 진지한 독후감을 적어 보냈다(1954년 3월 22일자 편지). 이 편지에서 그는 계속해서 다음과 같이 쓰고 있다.

> 이렇게 말한다고 해서 내가 당신의 책에 완전히 동의한다고 생각하는 것은 아닙니다. 그렇게 생각한다는 것은 무례일 것입니다. — 왜냐하면 그것은 내가 당신의 책의 각 페이지의 모든 것을 이해한다고 생각하는 것을 의미할 것이기 때문입니다. 내가 의미하는 것은 조금 다른 것입니다. 나는 이 작품이, 우리가 그것을 전적으로 수용하느냐의 여부에 관계없이, 중요하며 우리의 정신을 풍요하게 하는 종류의 책이라는 것을 알았습니다. 설사 내가 이 책과 매우 다른 견해를 갖고 있다는 것을 알게 된다 할지라도, 나는 당신이 이 책을 쓴 것에 대하여 감사해야 할 것입니다. 더욱이 이 책은(다른 진정으로 심오한 신학적 저술이 그래야 하는 것처럼), 당신 자신의 마음 속에 들어있지 않았거나, 당신이 주의를 기울였던 문제들과는 뚜렷한 관련이 없는데도, 독자들이 관심을 가진 문제들을 밝게 해명해 주고 있는 책입니다.

'한 권의 책을 계속해서 끝까지 읽는 일보다 더 어려운 일이 없다'는 엘리엇의 편지내용에서 짐작해 볼 수 있듯이, 몹시 분주한 생활을 하던 66세의 엘리엇이 적은 분량도 아니면서 더구나 난해한 신학적 개념들로 가득찬 이 책을 중요한 곳에 마크까지 해가면서 두 번이나 거듭 읽었다는 사실은, 이 책의 내용이 엘리엇에게 얼마나 큰 공감과 흥미를 불러 일으켰는지를 충분히 느낄 수 있게 해 준다.

그들이 언제 처음 만났는지는 아직 확실히 말할 수는 없다. 틸리히는 히틀러의 국가사회주의 운동(National Socialist Movement)에 대하여 공개적인 비평을 계속해 왔고 그 결과로 나치당과 사이가 좋지 않았기 때문에 1933년 히틀러가 독일 수상에 취임하자 즉시 그가 교수로 있던 프랑크푸르트 대학에서 쫓겨났으며, 그 해 가을, 니버 형제 — 라인홀드 니버(Reinhold Niebuhr)와 리차드 니버(Richard Niebuhr) — 의 도움으로 유니온 신학교의 철학적 신학 교수(Professor of Philosophical Theology)로 초빙되어 미국에 왔다(Martin 24-25). 잘 알려진 것처럼 엘리엇은 1932년 6월에 영국에 돌아왔으며, 그 해 가을 강연차 다시 버지니아 대학을 방문하였으나, 그들이 미국에서 만날 기회는 몇 달 간격으로 아슬하게 비껴 갔다. 두 사람이 처음 만난 것은 아마 1938년에서 1947년까지 지속된 'The Moot'에 참가하기 시작하면서부터일 것으로 추측된다. 1936년 4월 '옥스포드 개신교 세계 협의회'에서 틸리히를 만난 올드햄(J. H. Oldham) 목사는 '종교적 질서(religious orders)'에 관한 그의 구상에 깊이 감동하여(Tillich 1936, 42), 구미의 기독교 지식인들의 모임인 'The Moot'를 만들고, 일년에 몇 차례씩 만나 기독교 사회의 기본적 문제들에 관하여 연구하고 토론하였다. 이 모임에 참석한 인사들은, 엘리엇과 미들턴 머리(J. Middleton Murry) 같은 문인들과, 클리스토퍼 도우슨(Christopher Dawson), 라인홀드 니버, 폴 틸리히 같은 신학자들, 드리고 칼 만하임(Karl Mannheim)이나 마이클 폴라니이(Michael Polanyi) 같은 학계 인사들, 레슬리 뉴비긴(J. Lesslie Newbigin)이나 대주교 윌리암 템플(William Temple)같은 종교인, 앤서니 이든(Anthony Eden)이나 리차드 크로스맨(Richard Crossman)같은 정치인들, 그리고 토우니(R. H. Tawney)나 아놀드 토인비같은 역사가들이었다(Dale 140). 서로 배경과 활동영역이 다른 'The Moot'의 구성원들 사이의 격의 없는 진지한 토론은 그들 사이에 깊은 유대감을 형성하였을 뿐 아니라, 엘리엇 자신의 발전을 위하여 매우 유용한 것이었다(141).[1)]

틸리히는 그의 저서 『문화신학』(*Theology of Culture*) 속에 런던에서 엘리엇과 긴 대화를 나누었다는 기록(125)을 남기고 있고, 엘리엇도 앞에서 언급한 틸리히에게 보낸 편지에서 "Julie Mannheim의 집에서 틸리히를 만났을 때 남아프리카로의 선박 여행에 『조직신학』 제1권을 가지고 가겠다는 말을 했었다"는 내용을 전하고 있는 것으로 보아, 두 사람이 'The Moot'시절 이후로도 자주는 아니지만 계속 만났었다는 것을 알 수 있다. 강연과 저술로 바쁜 두 사람이 지속적으로 만나 긴 이야기를 나누었다는 것은 두 사람 사이의 정신의 유대 관계가 상당히 깊었음을 짐작할 수 있게 해 준다. 고든(Lyndall Gordon) 여사는 그녀의 『엘리엇의 새로운 생애』(*Eliot's New Life*)에서 "1950년부터 50년대 중반을 통하여 엘리엇은 하바드 대학의 신학자 폴 틸리히의 책을 읽고 있었다"(238)고 말하면서 틸리히를 읽으면서 엘리엇은 1927년의 독신 서약을 비롯한 1950년대 이전의 수도원식의 금욕적 생활 스타일로부터 벗어났으며, 이 새롭게 찾은 자유는 그의 삶을 만끽하게 하고 그의 두번 째 결혼을 가능하게 만들었다는 뜻의 말을 하고 있다(238-240). 틸리히는 기독교의 상징들을 철학적으로 뿐 아니라 예술적 상징으로 표현하려는 엘리엇의 노력에 대하여 깊은 찬사를 보내고 있었으며(Brown 39), 앞에서 언급한 엘리엇의 편지에 대한 답장 속에서, 엘리엇이 이 답장 이전에 틸리히에게 보낸 괴테 강연원고에 대한 공감을 밝히고 있으며, 엘리엇은 같은 해 10월 26일자로 또 답장을 쓰고 있다.

II

그러면 이 두 사람으로 하여금 지속적인 유대관계를 갖도록 지탱해 준 깊은 공감의 내용은 무엇일까? 필자는 그것이 무엇보다도 먼저 그들이 삶의 현실에서 구체적으로 체험한 인간 실존의 절실한 고통이라고 말해보려 한다. 『폴 틸리히의 실존 신학』(*The Existentialist Theology of Tillich*)을 쓴 버나드 마틴(Bernard Martin)은 이 책의 서문에서 "틸리히의 사상은 그의 삶에 대한 지식과 이해 없이는 이해될 수 없다. 그의 신학은, 그것이 그의 지성으로부터 나왔을 뿐 아니라 그의 삶으로부터, 그의 개인적 실존의 쓰라린 경험으로부터 나왔다는 의미에서 '실존적'이다"(7)라고 말하고 있으며, 틸리히는 엘리엇의 시와 시극이 인간의 실존의 상황을 기술하고 있는 것으로 보았다. 런던에서 엘리엇과 오랜 대화 후에, 틸리히는 엘리엇이 진정한 실존주의자로 여겨진다고 기록하고 있다(Tillich 1959, 125).

엘리엇은 우리가 모두 아는 것처럼 거의 약속된 것이나 다름없는 하바드 대학의 교수직을 포기하고, 이국 땅에서 가난한 시인의 모험적인 삶을 선택한 한 젊은이가 겪어야 하는 삶의 고통을 샅샅이 견디어 내야 했던 사람이다. 그리고 1917년 4월 미국이 세계 제1차 대전에의 참전을 결정했을 때, 엘리엇은 스물 아홉의 나이로 이미 미국 해군에 지원서를 내고 있었다. 소년 시절 탈장을 앓았다는 이유로 거절당했지만, 그는 포기하지 않고, 다음 해에는, 그가 근무하던 로이드 은행에 사표까지 제출하고 정보 분야에로 복무를 자원하였다. 두 주 후에 그는 다시 은행으로 돌아갈 수밖에 없었으나(Behr 13-16), 그가 전쟁 중에 두 번이나 군복무를 자원했다는 사실은 실존의 삶에 대한 그의 진지한 태도를 가늠해 볼 수 있는 중요한 단서를 제공한다. 전장(戰場)은 인간 실존의 부조리한 고통이 가장 첨예하고 적나라하게 드러나는 현장이다. 엘리엇의 두 번의 복무자원은, 개인적인 다른 이유를 생각해 볼 수 있다 하더라도, 근본적으로 그가 이 세계의 고통에 다른 사람들과 함께 동참하겠다는 결의의 단호한 표현이다. 왜냐하면 전쟁터에서 우리는 단 하나 뿐인 생명을 한 순간에 잃어버릴 수 있다는 것을 잘 알고 있기 때문이다.

틸리히는 일차 대전이 발발하자 곧 자원하여 1914년 9월부터 4년간 직접 최전선에 참여하였다. 전선의 반대편에는 떼이아르 드 샤르뎅(Teillard de Chardin)이 불란서 군의 종군신부로 전쟁에 참가하고 있었다. 틸리히는 전선에서 종군목사이며, 무덤 파는 사람이었다. 전쟁의 고통을 같이 겪으면서 가까워진 한창 나이의 젊은이들의 무덤을 파고 죽음의 관위에 진흙 같은 끈끈한 흙을 파덮으면서, 그는 더 이상 자신의 죽음을 생각하지도 못했다. 그는 이미 죽음의 힘에 사로잡혀 죽어 있다고 느꼈다. 그는 그의 친구 마리아 크라인(Maria Klein)에게 다음과 같은 편지를 보냈다.

> 나는 항상 더 이상 내가 살아 있는 것이 아니라는 아주 강렬한 느낌을 직접 몸으로 느끼고 있다. 그래서 난 생명을 대수롭게 생

> 각하지 않는다. 누군가를 발견하고 기뻐하며 신을 인식하는 모든 일들은 살아 있는 사람들의 일이다. 생명 자체는 그렇게 믿을 것이 못된다. 단지 내가 언젠가는 죽을 수도 있다는 것이 아니고, 모든 사람이 죽는다는 것, 정말 죽는다는 것, 그리고 너도 역시 — 그 다음 인류의 고통 — 나는 전적으로 종말론자이다. — 내가 세계의 죽음에 대하여 어린 아이 같은 환상을 보고 있는 것이 아니다. 나는 정말 우리의 이 시대의 죽음을 실제로 체험하고 있다(1916년 11월 27일자)(Pauck 51).

그의 가족에게 쓴 편지에서 그는 끝없는 개인의 죽음과 전체 문명의 질서의 죽음을 체험한 이 시기를 "개인적 카이로스(Kairos)"(Pauck 51 & Brown 153)라고 표현하였는데, 이 시기를 견디면서 그는 그의 생애에 처음이자 마지막 단 한 번의 정신의 대전환을 경험하게 된다(Pauck 41).

엘리엇이 인간 실존의 현장에서 느낀 고통은 그의 초기시들에 나타나는 세상과 인간 그리고 신에 대한 회의를 통해 간접적으로 그러나 절실하게 표현되기 시작하였다. 엘리엇은 앞에서 언급한 프랜시스 허버트 브래들리에 대한 논문에서, "회의와 환멸은 종교적 이해를 위한 유용한 도구"(Eliot 1976, 450)라고 말하였는데, 엘리엇의 시에 나타난 회의의 조명을 통해서 보면 우리는 그의 궁극적 관심 곧 종교가 틸리히의 경우처럼 인간실존의 고통이라는 것을 느낄 수 있게 된다.

엘리엇의 초기시에서 세상에 대한 회의는 먼저 외로움의 이미지들을 통하여 암시적으로 표현된다. 외로움이 깊어질 때 삶에 대한 회의는 필연적이라는 것을 우리는 안다. 두 남녀의 동문서답의 대화형식으로 쓴 시 '사랑의 대화(Conversation Galante)' 속에서 화자인 젊은 청년을 괴롭히고 있는 것은, 밤과 달빛 그리고 달밤에 테라스에 앉아 있는 소녀의 아름다운 조화가 보여주는 로맨틱한 광경을 통해서 그가 보는 삶의 무의미성이다. 그는 이 광경들이 실제로는 존재하지 않는 것을 갈망하게 만든다는 것을 알고 있다. 이 로맨틱한 풍경 속에서 듣는 아름다운 음악도 그에게는 존재하지 않는 것을 존재하는 것처럼 느끼게 만드는 술책이다. 음악도 그에게는 '우리들 자신의 공허를 드러낼' 뿐이다(Thompson 9). 엘리엇의 초기시의 주인공들은 모두 이 공허와 실존의 고립감에 빠져 있다. 브룩키(Jewel Spears Brooker)교수가 '개런티언(Gerontion)'에 대한 그녀의 비평에서 말한 것처럼, 서로 고립된 "단편들이 어떤 마음의 천국에서 융합될 수 있을 것이라는 생각은 철학자들에게는 커다란 위로가 될 수 있을지 모르지만, 정신의 폐허 속에서 살고 생활해야 하는 개별적 인간들에게 그것은 별 위로가 되지 못하는 것이다"(Brooker 24).

털리히는 "20세기의 대부분의 창조적 예술과 문학 그리고 철학이 그 본질에 있어 근본적으로 실존주의적"(Tillich 1987, 90)이라고 말하고 있는데, 이 때 "실존주의란 모든 사고의 보편적 요소로서, 인간이 자신의 실존과 실존의 상황 속에서의 갈등, 이 갈등의 근원 그리고 이 갈등의 극복에 대한 기대 등을 기술하려는 시도"(90)이다. 그는 "예술적으로나 시적으로나, 신학적으로나 또는 철학적으로나, 인간의 궁경(predicament)이 기술되는 곳에는 어느 곳에든지 실존적인 요소가 존재한다"(90)고 말한다. 어떤 방식으로 기술되건 그것은 모두 실존의 고통을 극복하고자 하는 의식적 무의식적 몸부림이며, 다른 정신들보다 훨씬 민감한 예술가들에게 있어 이러한 몸부림은 그들의 작품 속에 더욱 첨예하게 드러난다. 이런 관점에서 틸리히는 20세기의 시각예술에 진지한 관심을 보여 왔으며, 일차대전 종군 중 마지막 휴가 때 베를린에서 보티첼리(Botticelli)의 그림을 만난 순간을 정점으로 하여 예술에 대한 관심은 그의 사상에 다양한 영향을 미치게 된다. 그의 종교 철학의 기본적 범주는 바로 그의 예술의 경험에 대한 깊은 사고로부터 추출된 것이며, 유명한 그의 문화신학에 대한 발상을 제공한 것도 바로 이 예술에 대한 그의 깊은 사고였다(Thomas 2).[2] 그는 시나 예술 작품이 어느 사회의 문화를 얼마나 적나라하고 절실하게 반영하는지를 알았으며, 그의 엘리엇의 시에 대한 공감과 관심도 그의 이러한 예술에 대한 깊은 이해의 바탕 위에 근거하고 있는 것이다.

근대 산업 사회의 탄생 이후 오랜 세월을 두고 축적되어 온 인간 정신의 궁경은 「황무지」의 제사(epigraph) 속에 잘 표현되어 있다. 아폴로 신으로부터 예언의 능력과 자신의 손에 쥔 먼지 만큼의 생명을 받았으나, 영원한 젊음을 요구하는 것을 잊어버렸던 씨빌(Sibyl)은 나이를 너무 많이 먹어 완전히 쭈그러져 항아리 속에 매달려 있다. 아이들이 "무녀야, 넌 뭘 원하니?"라고 물었을 때 그녀의 대답은 "죽고 싶어(I want to die)"였다. 그녀가 죽고 싶다고 말했을 때 그녀가 의미한 바는, 생생한 생명으로의 회복의 가망이 없는 쇄락의 삶에 대한 두려움이었다. 「황무지」의 제 30행에서 화자가 "내가 너에게 한 줌의 먼지알 속의 공포를 보여주겠다"고 말했을 때 이 말이 의미하는 바도 바로 이 재생의 가망성이 없는 생명에 대한 공포였다. 20세기의, 누가 가해자인지조차 분명히 가려낼 수 없는, 톱니바퀴처럼 모든 것이 서로 영향을 주고 받으며 얽혀 있는, 복잡한 문명사회에서 이제 인간은 재생에의 갈망조차 잃어버린 채, 이제 그만 생자체를 포기하고 싶은 절망의 상황에 와 있는 것이다.

성배전설에 의하면 「황무지」의 제1부의 하이야씬쓰 정원의 소녀는, 성배의 운반자 — 사랑을 가져오는 처녀 — 이다. 성배를 찾아나선 기사는 '위험 성당'으로의 긴 고난의 여행 뒤에, 만일 성공한다면, 물과 꽃이 있는 황홀한 정원에서 그녀를 만나 결혼하도록 되어 있다. 그러나 성배기사는 실패하고 그의 실패는 그의 침묵 속에 — '나는 말할 수 없었고, 눈을 떨구었다' — 간접적으로는 암시되어 있다(Capri-Karka, 109). 그래서 이 부분의 마지막 행에서 '바다는 황량하고 쓸쓸하다.' 이 시의 마지막 부분에서 천둥이 의미하는 바 'Datta . . . Dayadhvam . . . Damyata'('Give, Sympathise, Control')의 세 가지 명령[3]에 대하여도 이 시의 주인공의 반응은 부정적이다. 그는 사랑을 주지 못하고 대신 감각적 욕망에 굴복한다. '동정하라'는 두 번째 명령에 대하여도 그의 대답은 유아론적 세계에서의 고립을 암시함으로써 그가 사랑을 줄 능력이 없음을 보여준다. 세 번째의 '통어하라'는 명령에 대하여 주인공은 매우 사적인 경험을 암시하는 식으로 대답하고 있다. 그는 사랑을 상징하는 바다와 여행의 이미지를 사용하여, 순종하여 뛰는 가슴으로 '즐겁게 반응하였을' 어떤 사람을 초대하지 못했기 때문에 유감을 느끼고 있음을 암시하고 있을 뿐이다(104). 시의 말미에서 천둥의 명령이 다시 반복되고 있는 것은 이 명령들이 아직 유효하다는 것, 그리고 그것들의 가능성과 평화가 최소한, 주인공이 아닌 다른 사람들에게는 있을 수 있다는 것을 암시하고 있지만, 이 시는 전체적으로 불모의 세계에서의 시인의 강렬한 개인적 곤경의 경험을 통하여, 황무지의 상황에서 우리가 겪어야 하는 인간실존의 고통의 무서움을 절실하게 표현해주고 있다.

그러나 여기서 우리가 간과해서는 안될 것은 틸리히의 인간실존의 고통에 대한 개념이나, 엘리엇의 인간 실존의 고통을 기술하고 있는 시들 속에 성(the sacred)과 속(the secular)의 구별이 전혀 없다는 것이다. 엘리엇의 황무지의 주민들 속에는 세속인과 종교인의 구분이 없을 뿐 아니라 서로 다른 종교들 사이의 구분도 없다. 그들은 모두 실존의 고통을 같이 겪으며 살아야 하는 황무지의 똑같은 주민들일 뿐이다. 틸리히는 "만일 종교가 궁극적 관심에 의해 사로잡힌 '상태'라면, 이 상태는 어느 특별한 영역에 의하여 제한될 수 없다"(Tillich 1959, 41)고 말한다. 궁극적 관심이 갖는 무조건적 성격은 그것이 우리의 삶의 모든 순간을 지칭하며 모든 공간을 포괄하고 모든 영역을 포함한다는 것을 의미한다. 그래서 틸리히는 '우주는 신의 성소(聖所)'(41)라고 말한다. 신의 성소인 한 우주 속에서 우리는 모두 '존재의 근원'(the ground of being)인 신의 세계 속에 있기 때문에 성과 속이라는 인위적 구분은 아무런 의미를 갖지 못한다. 근본적으로 종교적인 것과 세속적인 것은 구분된 영역이 아니라 서로 안에 속한 같은 영역인 것이다(41). 성과 속의 구별로부터의 이러한 자유와 해방이 바로 엘리엇과 틸리히의 공통성인 동시에 그들의 사상이 갖는 보편성의 한 근거이다. 엘리엇은 1952년 6월 21일, 파운드가 연금되어 있던 세인트 엘리자벳(St. Elizabeth)병원에서 파운드(Ezra Pound)와 만난 자리에서 당시 파운드의 작품을 주제로 학위논문을 쓰기 위해 워싱턴 대학에 와 있던 중국인 Angela Jung Palandri의 도교의 영향(Taoist influence)에 관한 질문에 대해 대답하면서, "내가 얻으려고 했던 것은 보편적 진리였으며 . . . 결국 모든 종교가 지향하는 것은 궁극적 진리"(139)라고 말하였다. 우리는 그가 얻으려고 했던 것이 기독교적 진리라고 그 스스로가 말하지 않았다는 것에 주의할 필요가 있을 것이다.

Ⅲ

틸리히는 종교와 예술의 관계와 관련하여 다음과 같이 네 가지 차원의 구분을 하고 있다. 첫째의 차원은 궁극적 관심이 직접적으로가 아니라 간접적으로만 표현되는 차원이다. 이것은 보통 세속의 예술작품을 말하며, 작품 속에 종교적 내용을 가지고 있지 않다. 두 번째 차원의 작품들도 성자나 그리스도 같은 종교적 내용은 가지고 있지 않다. 그러나 종교적 스타일은 가지고 있다. 스타일이란 각기의 예술가나 각기의 계파가 보여주는 특별한 형식 속에 나타나는 작품들의 총체적 형식이며, 이 총체적 형식은 어떤 시대의 실존의 궁극적 의미의 문제에 대한 대답으로서, 그 시대 속에 자기 해석의 양식으로 무의식적으로 존재하는 것의 표현이다. 이러한 스타일의 특징은 거기에 항상 심층을 뚫고 표면으로 튀어나오는 어떤 것이 항상 존재한다는 것이다. 이러한 일이 일어나는 곳에서는 어디에서든, 그것이 어떻게 묘사되었건 비록 종교적 내용은 없을 지라도, 종교적인 어떤 스타일을 갖게 된다고 틸리히는 말한다. 이해하기에 쉽지는 않지만 사실 역사상 의미 있는 많은 위대한 예술 작품들이 여기에 속하고 있다. 세 번째 차원의 예술작품은 종교적 내용을 다루고 있으나 비종교적인 스타일을 지닌 세속적 형식의 작품들이며, 네 번째 차원은 종교적 스타일과 종교적 내용이 융합된 예술작품들의 차원이다. 이 차원의 작품이야말로, 가장 구체적 의미에서, 종교적 예술이라고 불리워질 수 있는 예술이다. 그러나 틸리히는 두 번의 세계대전을 겪고 난 "오늘날에도 이러한 종교적 예술이 가능한가?"고 묻고 있다(Tiilich 1987, 92-93).

틸리히가 중요하게 다루고 있는 것은 두 번째 차원의 예술작품이다. 그는 이 차원을 실존적 차원이라고 부른다. 이 차원의 작품들은 간략히 말하면 종교와 세속의 어느 내용에도 구애받지 않고 인간의 실존의 고통 앞에서 인간의 궁극의 문제에 대한 예술가의 관심을 어떤 리얼한 인간의 상황에 대한 충실한 묘사를 통하여 표현하는 차원이다. 그는 시각예술에 있어 현대 실존주의 운동이 세잔느(Cezanne)에서 시작되었다고 보고 있는데, 그는 이들 현대 실존주의 예술가들의 작품 속에서 전통적인 유기적 형식이 사라지고, 그와 함께 항상 유기적 형식의 묘사와 관련되어 온 이상주의도 사라진 것을 본다. 이러한 현상은 우리의 실존의 형식 속에 유기적 성격이 사라진 것을 반영하고 있다. 인상주의 화가들이 사용한 화려한 색채나 사물을 미화시키는 과거의 이상주의자들의 경향은 점차 사라지고, 비유기적인 입체적 형식이 점차 화폭을 지배하게 된다. 이러한 경향은 유기적으로 통일되어 있는 것으로 보이는 미화된 표면 아래 있는, 실체(reality)의 깊이를 들여다보고자 하는 시도의 표현이다. 대표적인 작품으로 그는 반 고호(Van Gogh)의 '별 밤'('Stary Night')과 '밤의 카페'('Night Cafe')를 들고 있으며, 강연 도중 "어떤 작품을 현대의 가장 뛰어난 프로테스탄트 종교 예술 작품이라고 생각하느냐?"는 질문에 서슴지 않고 피카소의 『게르니카』(*Guernica*)라고 대답하였다. 그것은 사람이나 동물들 그리고 집들이 모두 철저하게 비유기적으로 흩어진 적나라한 현실의 공포를 그리고 있는 그림이다. 그가 이 작품을 추천한 이유는 그것이 아무 것도 감추지 않고, 있는 그대로의 인간 상황을 보여주고 있기 때문이었다. 그는 프로테스탄티즘이 무엇보다도 먼저, 어떤 것도 감추어서는 안 된다는 것이 아니라, 인간의 실존의 상황을 소외와 절망의 깊이에서 보아야 한다는 것을 의미한다면, 이 작품은 가장 강력한 종교적 예술작품이라고 말하고 있다(94-96).

틸리히의 관점에서 엘리엇의 「황무지」를 읽을 때 우리는 두 작품 사이에서 많은 공통점을 발견하게 되며, 틸리히가 「게르니카」에 대하여 한 것과 똑같은 말을 엘리엇의 「황무지」에 대하여도 할 수 있게 된다. 「황무지」는 「게르니카」처럼, 재생의 희망도 부활의 희망도 없는 전형적인 황무지의 공포를 묘사하고 있으며, 그것은 현실에 대한 파편화 된 이미지들 속에, 우리의 일상의 단편적인 장면들 속에 그리고 비유기적 성질의 죽음과 황폐의 풍경 속에 잘 드러나 있다. 그러나 보들레르의 시 속에서처럼, 이러한 장면과 풍경들의 의미를 더 분명하게 해 줄 설명이나 생각은 문맥 속에 드러나 있지 않다. 이 시 속에 나타난 모든 이야기들은 주관적이고 제한적이며 서로 공통점이 없는 인상들의 축적으로 한정되어 있다. 그러나 현대시에서 우리의 현실의 공포를 이 작품보다 더 시각적으로 더 리얼하게 보여주는 작품은 찾기 힘들다. 엘리엇은 이 작품을 통하여 모든 인간의 실존의 상황을 가능한 한 제한없이 보여줌으로써, 독자로 하여금 소외와 절망의 깊이에서 인간의 상황을 볼 수 있게 해주고 있는 것이다.

Ⅳ

이제 우리는 인간의 궁극의 관심과 관련된 틸리히의 신학의 중심적 문제에 접근해 볼 시점에 도달하였다. 그는 그의 유명한 『문화 신학』(*Theology of Culture*)의 제 일장에서 '종교란 가장 넓은 의미에서 그리고 가장 근본적으로 궁극적 관심(ultimate concern)' (7-8 & Tillich 1951, 12-14, 24-25, 110-11, 120-21, 214-16, 220-23 & Wheat 1)이라고 말하였는데, 이 정의는 그의 조직 신학의 핵심이 되는 말이다. 그는 모든 신학의 두 가지 기준을 인식하고 있었는데, 그 첫째는 '인간들에게 궁극적 관심의 문제가 될 수 있는 목표를 다루는 명제들만이 신학적이라는' 것이었다(Thomas 5-6).[4] 틸리히의 조직신학 속에 궁극적 관심으로서의 신앙에 근거하지 않는 중요한 교리는 하나도 없다(Armbruster 296). 그러나 죤 힉(John Hick) 교수가 그의 명저 『종교 철학』(*Philosophy of Religion*)에서 지적한 것처럼, 사람들은 어떤 다른 것들에 대하여 — 예를 들면 국가나 개인적 성공 또는 신분 등 — 궁극적 관심을 가지고 있다. 하지만 이러한 것들은 적절히 표현하면 단지 예비적 관심(preliminary concern)일 뿐이며, 이러한 예비적 관심들이 궁극적 관심이 되는 경우 그것은 곧 우상숭배가 된다(66). 틸리히가 말하는 궁극적 관심은 어떤 특수한 교리나 경전이 주는 표준에 따라야 하는 편파적, 조건적 관심이 아니라 다만 '궁극성(ultimacy)'이라는 표준에 의해서만 제한을 받는 무조건적이며 전체적인, 인간의 모든 유한성을 초월한 관심이다. 따라서 종교는 어떤 특수한 집단이나 종파를 초월해서 '전인간(全人間)'의 정신과 관계되는 것이다. 그러므로 누가 자기의 궁극적 관심을 성실히 추구하는 과정에서 그것에 대한 작품을 썼다면 우리는 그의 작품 앞에 '종교적'이라는 형용사를 붙일 수 있는 것이다. 엘리엇의 후기 작품이 종교적이라는 말의 의미는 여기에 있으며, 그의 시가 갖는 보편성(universality)의 근거도 또한 여기에 있는 것이다.

틸리히의 철학적 신학 사상에 대한 엘리엇의 공감과 이해는 그들이 주고받은 편지 속에 나타나 있지만, 그의 후기의 시와 시극들 특히 『네 개의 사중주』(*Four Quartets*)에 분명히 드러나고 있는 것으로 보인다. ≪보는 눈에 따라 평가가 엇갈릴 수는 있을 것이다. 1927년 엘리엇이 영국 국교회로 개종했을 때, 그리고 그가 『렌슬롯 앤드류스를 위하여』(*For Lancelot Andrews*)에서 "문학에서는 고전주의자, 정치에서는 왕당파, 종교에서는 영국 국교도"(7)라고 선언했을 때 충격을 받았던 사람들에게 이 작품은, 칼 샤피로(Karl Shapiro)에게처럼, "신비적 의식을 통찰하는 데 실패한 작품"이고, "즐거움에 대한 믿음과 욕구의 결여로 불구가 된 한 천재적 시인에 의한 정신적 의미를 추구하는 헛된 시도"(Shapiro 36)로 보여지고 있다. 그러나 그를 깊이 이해하는 많은 독자들에게 이 작품은 헬랜 가드너에게처럼 "아름답고, 만족스러우며, 독립적이고, 자족적이며, 완전한"(Gardner 75)작품으로 보여지고 있다. 테드 휴즈(Ted Hughes)는 1986년에 행한 짧은 연설에서, 60대나 70대의 나이에 도달한 세계 도처의 위대한 시인들이, 그 동안 모든 언어들 속에 일어났던 현대 문화의 시적이며 정신적인 혁명과 반혁명 그리고 그것들이 세웠던 바벨탑의 흥망과 성쇠 뒤에 남은 최고의 스승과 책으로서, 엘리엇과 엘리엇의 시 『네 개의 사중주』를 들고 있는 것에 대하여 놀라움과 기쁨을 감출 수 없다고 말하였다(Hughes 4).≫

우리는 틸리히의 신학에서 '궁극적 관심'이라는 말이 '신'과 같은 뜻으로 쓰여지는 것을 알고 있다. 틸리히의 신학에서 "신은 하나의 존재가 아니라 존재자체(being-itself)이다"(Tillich 1951, 188, 237 & 243). 신은 "존재의 근원"(155-58)이며 "존재의 힘"(230-31 & 235-37)이고 또한 인간의 "궁극적 관심"이다. '존재자체'의 존재론적 정의는 틸리히의 존재론에 대한 엘리엇의 이해와 공감을 고찰하는 데 있어 매우 중요한 개념인데, 틸리히는 그의 유명한 「조직신학」의 제1권에서 이것을 다음과 같이 설명하고 있다.

> 신은 하나의 존재가 아니라 존재자체이다. . . . 존재자체는 무한과 유한을 초월한다. 그렇지 않다면 존재자체가 그것 외의 다른 것에 의하여 조건지어질 것이다. 존재의 진정한 능력은 존재와 존재를 조건지어 주는 것을 넘어서 존재하는 데 있다. 존재자체는 모든 유한한 존재를 무한히 초월한다. . . . 한편 모든 유한한 것들은 존재자체와 그것의 무한성 속에 포괄된다.(237)

"존재자체"에 대한 틸리히의 이러한 개념은 『네 개의 사중주』의 가장 중요한 부분인 『버언트 노튼』(*Burnt Norton*)의 1부의 첫 10행에 나타난 '항상 현존하는 한 점'(. . . one end, which is always present)의 존재론적 개념과 놀랍게도 일치한다. '현재의 시간과 과거의 시간은/ 아마 미래의 시간에 존재하고'로 시작하는 첫 두 행은, 미래의 내용은 과거와 현재에서 경험된 것 즉 유한한 것을 내용으로 하지만, 이 유한성은 그것이 미래에 포함되면서 이 유한한 시간과 그 범주 속의 공간을 초월해서 존재하게 된다는 의미이다. 왜냐하면 과거와 현재에서 추출되어 미래에 포함된 내용은 과거나 현재 속에서 일상적 시간과 공간의 개념으로 설명되는 구체적 사건들이 아니라 그것이 주는 생각이나 느낌이며, 이 느낌이란 것은 시간과 공간의 일상적 범주에서 생긴 것이면서도, 이 범주를 초월해서 존재하는 것이기 때문이다. 슈미트(Kristian Smidt)도 "우리가 생각하고 기억하고 느끼는 많은 것들은 시간을 차지하지 않고 있는 것 같다"(Smidt 1961, 144)고 말하고 있다. '미래의 시간은 과거의 시간(time past)에 포함되어 있다'로 끝나는 셋째 행의 'past'는 현재까지를 포함한 시간개념으로, 이것은 현재도 미래의 시간에서 보면 과거가 되어 있는 시간이기 때문이다. 따라서 이 행은 미래의 내용은 과거에서 경험되었던 내용이라는 의미이다. 결국 유한성 속에서 나온 '느낌'에 의해 모든 시간은 통합되어 동시성 속에 공존하는 것이 된다.[5] 이렇게 되면 "회복이란 시간의 차이에 의존하는 것이기 때문에"(Williamson 211) 결국 시간은 회복할 수 없는 것이 된다. 넷째 행과 다섯 째 행의 의미는 바로 이것이며, 영원히 존재하는 시간 속의 느낌은 슈미트의 말처럼 "'있을 수 있었던 일'은 제외하고, 옳거나 그른, '있은 일' 만에 의거하여"(Smidt 1961, 144) 얻어질 수밖에 없는 것이기 때문에 '있을 수 있었던 일' — '있은 일' 외의 다른 일의 무한한 가능성을 암시하고 있다는 의미에서 '무한성'을 상징한다 — 과 '있은 일' — 과거라는 시간 속에서 얻어졌다는 의미에서 유한성을 상징한다 — 은, 이 무한성과 유한성을 초월해서 '항상 존재하는 한 점'을 지향한다. 이 한 점은 앞에서 언급한 대로 일상의 유한성 속에 근거를 두고 있다는 것까지를 종합해보면, 우리는 그것이 위에서 인용한 '존재자체'의 개념과 일치하는 것을 알 수 있게 된다. ('present'는 지향하는 한 점 즉 존재자체의 모든 시간에 있어서의 '현존성'을 암시하는 표현으로, 현재와의 동시성을 갖지 못한 것은 무엇이든 지향할 바가 되지 못함을 암시하고 있다.) 『이스트 코우커』(*East Coker*)에는 존재자체에 대한 인식이 처음과 끝이라는 시간의 유한성을 나타내는 개념을 통하여 나타나고 있으며, 『드라이 셀비지스』(*Dry Salvages*)에는 강과 바다의 공간적 상징과 종소리가 주는 시간을 초월한 느낌을 통해 존재자체에 대한 인식을 나타내주고 있고, 『리틀 기딩』(*Little Gidding*)에서는 영국이라는 공간의 개념과 무시간의 교차점이라는 시간개념을 통하여 존재자체에 대한 인식을 암시하고 있다.[6)]

V

틸리히의 「조직 신학」에 나오는 그의 철학적 신학사상의 많은 부분들은 엘리엇의 후기극을 깊이 이해하는 데 도움이 되는 단서들을 제공하고 있어서, 틸리히의 종교철학으로부터 엘리엇이 받은 영향 또는 두 사람의 사고의 유사성을 더 깊이 알 수 있게 해준다.

엘리엇의 가장 대표적 장막 시극으로 평가되고 있는 『대성당의 살인』(*Murder in the Cathedral*)은 표면상으로는 순교자 토마스 베켓이 순교의 고통에도 불구하고, 세속의 쾌락과 권력, 명예뿐 아니라, 지상과 천국에서의 순교의 영광의 유혹까지도 물리치고 신의 뜻에 복종하여 순교의 길을 선택함으로써, 신의 도구로서의 성직자의 소명을 받아들여, 인간에 대한 신의 사랑의 계획을 완성하는 것을 내용으로 하고 있다. 그러나 이 극의 더 깊은 주제는 사랑과 고통과의 관계이다. 세상에서는 아무런 보답이 없는 순교의 영광조차 허락되지 않는 최고의 고통인 순교의 죽음은, 대주교이기 이전에 하나의 연약한 인간인 그에게 도대체 무엇인가? 인간으로서 행할 수 있는 최고의 사랑인 순교를 통해 그가 받는 것은 현실적으로 고통일 뿐이다. 그러나 사제들의 만류를 뿌리치고 순교의 자리로 나아가면서 베켓은 '우리는 고통 받음으로써 이길 뿐이라'고 말한다. 인간의 세계에서 승리의 방법으로 가장 통쾌한 것은 맞싸워 정복하는 방법이다. 그러나 베켓은 고통받음으로써 정복하는 것이 '승리의 첩경'이라고 말한다. 인간의 세계에서 승리의 방법으로 가장 통쾌한 것은 맞싸워 정복하는 방법이다. 그러나 베켓은 고통받음으로써 정복하는 것이 '승리의 첩경'이라고 말한다. 힘에 의한 싸움의 승리는 끝없는 복수의 악순환을 초래하는 것이기 때문에 일시적인 승리일 뿐이다. 그러나 고통을 통한 승리는 어렵지만 영원한 승리이다. 배켓이 싸워 이기는 통쾌한 승리를 포기하고 고통의 승리를 택하는 것은, 전자의 방식이 인간 상호간의 영원한 적대(antagonism)나 분리를 가져오기 때문이다. 그러나 고통을 통한 승리는 모든 인간의 공감과 영원한 화합을 약속한다. 틸리히는 "화합에의 욕망이야말로 사랑의 필수불가결한 요소(Tillich 1951, 280)"[7]라고 말하고 있는데, 틸리히의 이 말을 통해 우리는 엘리엇이 이 작품에서 말하고 싶었던 것의 핵심을 온전히 이해하게 된다. 그것은 순교의 가장 깊은 목표는 신이나 교회나 순교자의 영광이 아니라, 바로 사랑이라는 것이다.

엘리엇의 두 번째 장막시극인 『가족의 재회』(*The Family Reunion*)를 이해하는 데 있어서, 틸리히의 타락론(the theory of the Fall)은 필수적인 것으로 보인다. 칼빈(Calvin)은 원죄의 교리에 대하여 말하면서 원죄란 "인간본성의 유전적인 타락과 부패"를 말하는 것이며, "우리는 모두, 아담의 범죄의 결과로, 저주 아래 있다"(Heick 427)고 주장하였다. 그러나 20세기의 현대신학은 창세기 3장의 아담(Adam)의 타락의 이야기에 대한 지나친 축어적 해석으로 인해 생긴 원죄의 교리가 오히려 기독교에 해를 끼쳤다고 보고 있다(Tillich 1957, 29). 틸리히는 창세기 3장의 이야기를 "보편적 인간상황에 대한 상징"(29)으로 해석해야 한다고 말한다. 폴 틸리히는 '아담의 타락'의 상징의 보편적 의미를 설명하기 위해 '타락'이라는 표현 대신에 '본질에서 실존으로의 전이(transition from essence to existence)'라는 말을 사용하고 있다. 이때 'essence'는 타락 이전의 '인간의 본질적 상태'를 나타내는 말이며, 신화에서는 '황금시대'또는 '낙원'이라는 말로 상징되는, 인간의 실존(actual existence) 이전의 상태를 상징하는 말이다. 이 상태는 가능성의 상태이지 실제의 상태는 아니며, 어떤 장소와 시간을 초월한 초역사적 상태이다. 'Existence'는 인간이 본래 속해 있던 'essence'의 상태에서 분리되어 삶의 현실을 경험하고, 그 경험의 결과에 대한 책임감과 도덕적 죄책감을 느끼게 되는 상태를 상징한다. 따라서 '본질에서 실존으로의 전이'라는 말은 인간이 본래 속해 있던 무구한 존재의 상태에서 이탈하여 죄악감을 느끼는 상태로 분리되는 상황을 의미하는 것이며, 성경 속의 '타락'이 상징하는 바는 바로 이러한 '보편적 인간상황'인 것이다. 만일 아담의 죄가 그 이후의 모든 인류에게 미쳐 모든 인간의 죄의 근원이 된다면, 우리는 인간의 시초인 아담에게서 신과 인간이 구별되는 저 운명적 특질 곧 '인간의 생명과 자유의 한계성'을 제거해 버리는 셈이 된다. 왜냐하면 인간은 자기 삶의 시간적 한계를 초월해서 누구나 무엇의 근원이 될 수는 없기 때문이다. 모든 정신적, 육체적 존재의 근원이 될 수 있는 것은 오직 신 뿐인 것이다. 그러므로 아담의 죄가 모든 인류의 죄의 근원이 된다면 아담은 인간이 아니고 신이 되는 셈이다. 아담은 인간이며 인간의 한계를 벗어날 수 없다. 그는 'essence'의 상태의 인간 곧 본질적 인간(essential man)으로 이해되어야 하며, 본질에서 실존으로의 전이의 상징으로 이해되어야 한다. 따라서 원죄는 유전되는 죄의 원인이 되는 죄거나 유전되는 죄가 아니며, '본질에서 실존으로의 이탈'이라는 모든 인간에게 관련된 공통운명의 상징이라고 틸리히는 해석하고 있는 것이다.[8)]

『가족의 재회』는 자기 아내에 대한 아버지의 살의(殺意)의 유전의 문제를 다루고 있는데, 주인공 헤리(Harry)의 아버지가 실제로 자기 아내를 죽이지 않았듯이, 헤리도 그의 아내를 죽인 것은 아니다. 그러나 헤리의 말처럼 기억하고 있을 동안에는 나타나지 않고 있다가 겨우 잠시의 부주의로 잊어 버리는 순간 다시 나타나는, 복수의 여신 유메니데스(Eumenides)로 암시되는 인간의 원죄에 대한 현대적 해석을 통하여, 엘리엇은 현대 인간들이 겪는 끝없는 고통의 이유가 '본질로부터 실존으로의 전이'라는, 모든 시대와 공간을 통하여 "인간의 보편적 상황"속에 작용했던 "일반적인 인간의 죄성"이라는 것을 느끼게 하려하였다. 엘리엇의 원죄관의 현대성은, 주인공 헤리에게 유메니데스가 나타나는 이유가 그의 아내의 익사에 대한 죄 때문이 아니라, "총체적으로 인간 모두의 그리고 인간이 서로 책임져야 할 죄"(Carol Smith 142)로 밝혀지는 순간 분명하게 드러난다. 그리고 헤리가 죄책감에서 벗어나 자유로운 평화의 집에 온 것 같은 행복을 느끼며, 고통으로부터의 해방을 위한 유일한 방법인 속죄의 길을 가기로 결심한 뒤, 그가 유메니데스를 '빛 밝은 천사'라고 부르는 데서도 그의 현대성은 잘 드러나고 있다. 인간고통의 근본적 이유를 밝힘으로써 인간 실존의 고통을 조금이라도 경감시켜 보려던 엘리엇의 이러한 시도는 이성의 시대를 거쳐 인간 중심의 희랍적 세계관에 젖어 있는 기독교인을 포함한 현대인들에게 깊은 공감을 불러 일으키지는 못하였던 것 같다. 이 극의 흥행실패는 이 공감대를 형성하려던 그의 시도의 실패라고 말할 수도 있을 것이다. 그러나 틸리히의 원죄에 대한 새로운 해석과 일치하는 그의 원죄관은 개종 당시와는 달라진 그의 면모를 보여줌과 동시에 중요한 기독교의 교리에 관한 그와 틸리히와의 사고의 유사성을 우리에게 보여준다.

『칵테일 파티』(*The Cocktail Party*)에서는, 극의 초반에 주인공 에드워드(Edward)가 아내로부터 버림받은 상태라는 것을 알았을 때의 느낌을 존재론적으로 이해하는 데 있어, 그리고 여주인공 실리아(Celia)가 사랑하던 에드워드의 변심을 알았을 때 그녀의 심리를 이해하기 위해, 존재론에 근거한 틸리히의 실존적 소외론은 크게 도움이 된다. 그리고 실리아가 심령의 의사 노릇을 하는 라일리(Reily)를 찾아가 상담할 때 그녀가 느낀다고 말하게 되는 죄의식을 이해함에 있어서도 틸리히의 실존적 소외론은 크게 도움이 된다. 실리아가 느끼는 죄의식은, 세상에 존재하지 않는 보물을 숲속에서 찾겠다는 허황된 환상이 깨졌을 때의 자신에 대한 무안감과 부끄러움에서 생긴 감정과 유사한 것으로 설명되며, 그녀가 속죄해야 되겠다는 느낌은 바로 그녀가 실재하지 않는 사랑을 실재하는 것으로 착각하고 찾아 헤맨 것에 대한 부끄러움과 죄의식에 대한 속죄의 감정과 유사한 것이다. 인간은 '아담의 타락'의 상징을 통해 드러난 것처럼, 신화에서는 '황금시대' 또는 '낙원'이라는 말로 상징되어지고 있는 본질(essence)로부터 이탈함으로써 악과 죄의 고통 속에 살도록 운명지어진 존재이다(Tillich 19957, 29-56). 그러나 그녀는 세상에서 진정한 사랑을 찾으려함으로써 이러한 인간의 실존적 운명을 거역하고 사랑이 있는 세계로 도피하려했던 것이며, 이 도피의 시도가 실패함에 따라 그녀는—그녀의 고백 속에 '나 자신의 외부의 어떤 사람이나 어떤 것에 대한 공허감이나 실패감(the feeling of emptiness, of failure/Toward someone, of something, outside of myself)'[9])으로 표현된 — '본질로부터의 소외'의 상태인 인간 실존의 상황을 비로소 절감하고 있는 것이다.

엘리엇의 네 번째 장막시극 『비서』(*The Confidential Clerk*)의 주제는 틸리히의 자유와 운명에 관한 사상과 전적으로 일치하는 내용을 보여준다. 「비서」 속에서 엘리엇은 부유한 금융업자의 후계자가 되는 기회가 목전에 있음에도 불구하고, 부에의 환상과 야망을 버리고 자신이 살고 싶은 진정한(real) 삶을 위하여 극히 보수가 적은 시골 교회의 올겐주자가 되는 고통을 자원하는 주인공을 등장시킨다. 그리고 이 주인공 콜비(Colby)의 용감한 선택에 대한 조망을 통하여, 수많은 작고 큰 선택으로 표상되는 자유의 실천에 의하여 인간의 운명이 결정되는, 자유와 운명의 "상극적 상호의존 관계(polar interdependence)"(Tillich 1951, 182)를 명확하게 보여 준다. 인간은 언젠가는 죽을 수밖에 없는 제한된 조건 속에서 사는 유한한 운명적 존재이면서 동시에 삶의 모든 단계에서 어떤 것이건 선택할 수도 있는 자유로운 존재라고 틸리히는 말한다(182). 인간이 행복하거나 행복하지 못한 것은, 어떤 의미에서, 모든 순간에서의 그의 자유로운 선택의 결과이다. 그러나 인간들은 이 '자유로운 선택의 결과'를 운명이라 부르는 모순을 범하고 있다. 인간은 자연의 순리에 지배되는 한계를 지닌 존재이지만 그는 그를 다른 생명으로부터 분리시키는 특질인 정신의 힘에 의하여 항상 주어진 울타리를 뛰어넘는 자유를 지닌 존재이다. 유명한 진보주의 신학자인 라인홀드 니버는 그의 명저 『인간의 본질과 운명』(*The Nature and Destiny of Man*)의 초두에서 이것을 다음과 말하고 있다.

> 인간은 자연과 시간의 끊임없는 변화 속에 포괄되어 있으면서 동시에 그것을 초월하는 존재이다. 인간은 자연의 필연성과 이법(理法)에 종속되어있는 피조물이다. 그러나 그는 또한 자신의 생명의 덧없음을 알고 있는 자유로운 정신이며, 이러한 앎을 통하여 자신 안에 있는 어떤 능력에 의해 현실을 초월하는 존재이다. . . . 인간의 오랜 역사를 통하여 인간의 정신이 자연의 필연성으로부터 자유로워진 적은 한 번도 없다. 그러나 인간의 정신이 주어진 상황을 초월하여 더 궁극적인 가능성을 생각할 수 없었던 적 또한 한 번도 없다(1-2).

그러나 인간은 자신이 선택한 불행한 결과에 대하여 인간의 운명의 주관자인 신에게 그 책임을 물으며, 신이 그 책임을 다하지 못한다는 죄목으로 니체처럼 거침없이 신의 죽음을 선포하기까지 하고 있다. 그러나 신은 유한한 인간의 원망이나 사망선고의 차원, 곧 인간의 감정이나 이성의 차원을 넘어선 존재이다. 중요한 것은 신을 아무리 원망해도 우리의 자유로운 선택의 결과인 불행한 삶의 운명은 변하지 않고 우리 앞에 엄연히 현실로서 존재한다는 사실이다. 인간이 할 수 있고 해야 할 일은 자유냐 운명이냐의 문제가 아니라, 어떻게 하면 인간의 행복에 더 도움이 될 선택을 함으로써 현실보다 더 나은 운명을 선택할 수 있느냐를 생각하는 일뿐이다. 왜냐하면 운명은 인간에게 일어날 일을 미리 결정하는 인간을 넘어선 신비한 힘이 아니라, 인간의 자유의 기반이며(Tillich 1951, 185), 틸리히의 말처럼 인간자신의 행복을 실현하기 위한 "모든 자아 실현의 행위 속에서 자유와 운명은 하나로 통합되는 것"(Tillich 1957, 78)이기 때문이다. 그리고 『비서』는 바로 이러한 사고의 예술적 형상화의 결과이다.

엘리엇의 마지막 장막시극인 『노 정치가』(*The Elder Statesman*)는 인간 실존의 고통에 대한 해답을 찾으려는 온갖 노력에도 불구하고 결국 연약하기에 많은 잘못을 저지를 수밖에 없는 인간의 뉘우침과 용서의 문제를 다루고 있는 작품인데, 이 작품에서 가장 중요한 부분은 주인공 크레버튼 경(Lord Claverton)이 자기 사위 찰스(Charles)에게 말하는 다음과 같은 대사이다.

> 만일 한 인간이, 일생에 단 한 사람이라도,
> 잘 듣게나, 범죄뿐 아니라
> 비열한 짓, 비루한 행동, 비겁한 행위뿐 아니라
> 그가 바보짓을 했을 때의(안 한 사람 누군가?)
> 우스꽝스러운 상황들까지도
> 모두 낱낱이 기꺼이 고백하고 싶은 대상을 가지고 있다면
> 그때 그는 그 사람을 사랑하는 것이며, 그 사랑이 그를 구원해 줄
> 　　것일세.

> If a man has one person, just one in his life,
> To whom he is willing to confess everything —
> And that includes, mind you, not only things criminal,
> Not only turpitude, meaness and cowardice,

But also situations which are simply ridiculous,
When he has played the fool (as who has not?)
Then he loves the person, and his love will save him.

이 대사를 통해 엘리엇은 '뉘우침'과 '사랑'을 연결하고 또 이 사랑을 '구원'과 연결하고 있는데, 이것을 제대로 이해하기 위해서 우리는 틸리히의 도움을 필요로 한다. 우리가 누구에게 잘못을 고백한다고 할 때, 우리는 그 고백을 통해 고백의 대상에게서 용서받음으로써, 궁극적으로 잘못을 저지르기 이전의 마음으로 되돌아가 다시 가까워지기를 — 재화합(reunion)되기를 — 간절히 바란다. 앞에서 살펴본 것처럼 틸리히는 이 "재화합에의 욕망이야말로 모든 사랑의 필수불가결한 요소"라고 말한다. 그래서 고백의 행위는 사랑의 행위가 되며, 이와같은 맥락에서, 사랑은 자기고백의 행위 곧 자신의 약점과 과오를 진실로 인정하는 적나라한 뉘우침의 행위이다. 그렇다면 '그의 사랑이 그를 구원하리라'는 말은 '자기 잘못에 대한 뉘우침이 그를 구원하리라'는 말로 바꾸어 볼 수 있을 것이며, 이 말이 의미를 갖는 것은 이 극 속에서 주인공 클레버튼 경 — 또는 그에 의해 상징되는, 연약함으로 많은 잘못을 저지른 인간들 — 이 진정한 뉘우침을 통해 마지막 구원에 이르고 있는 것으로 보이기 때문이다.

Ⅵ

니체는 19세기 후반에 이미 '신은 죽었다'고 선언하였는데,

20세기 후반에 데리다도 이와 비슷한 선언을 하였다. “텍스트의 밖에는 아무것도 없다(Il n'y a pas dehors la texte)”는 것이다. 이 선언은 글쓰기에 의해 만들어진 텍스트를 보증하고 인정해 줄 신 또는 진리같은 궁극적 실체에 대한 존재론적 부정을 의미한다. 이러한 선언이 수용되고 공감되는 포스트모던 시대의 글쓰기 속에서 우리는 그동안 우리를 지탱해 준 형이상학적 확신에 근거한 어떤 중심을 찾을 수 없다. 데리다나 푸코 등으로 대표되는 20세기 후반의 포스트 모더니즘과 탈구조주의자들의 글 속에 인간의 실존의 문제에 대한 해답은 없으며, 오직 극단적 회의와 자기폐쇄적인 텍스트의 체계화로부터의 끊임없는 도피가 있을 뿐이다. 우리는 지금 이러한 글들로부터 우리들의 삶의 의미 곧 우리들의 삶의 문제에 대한 궁극적 해결책을 찾기를 기대하고 있다(Jasper 121).

여기서 우리가 간과해서는 안될 것은 이러한 모든 생각들의 근저에, 인간의 궁극적인 문제에 대한 끈질긴 탐구의 결과 마침내 해답은 없다는 결론에 도달한 인간의 절망이 깔려 있다는 사실이다. 이 마지막같은 선언들의 밑바닥에는 “신의 은총에 의하여 창조되고 유지되는 것으로 알고 있는 세상에서, 그의 피조물에 부과되는 악과, 설명할 수도 분명히 정당화될 수도 없는 불안과 공포 앞에서, 우리는 어떻게 사랑의 신에 대한 믿음을 지탱할 수 있는가? 왜 수백만의 어린이들이 굶거나 병으로 죽어야하며, 왜 끔찍한 지진이 일어나며, 왜 전쟁과 잔혹한 일들이 일어나며, 왜 우리는, 사도 바울의 말대로 ‘죄의 노예’가 되어야 하는가?”(Jasper 117) ‘악한 자들이 강하게 되며, 선하므로 약하고 가난하게 된 인간들의 고통의 소리가 하늘에 닿아 있는 지금, 신은 진정 어디에 있는가?’고 묻는 인간들의 간절한 기도가 깔려있다. 물질의 풍요에 반

비례하여 증가하는 인간의 정신의 빈곤에 대한 절실한 인식과 더 갈 데 없이 막다른 골목에 몰린 지성의 절망이 이들의 선언 밑에 쓰러져 있는 것이다. 회복 할 수 없는 생명과 소중한 것들의 놀라운 파멸 앞에서, 상처받은 전통적 신에 대한 믿음을 간신히 껴안고, 참호 속에 죽은 자처럼 누워 있던 서른 살의 종군목사 틸리히에게 황홀한 존재의 확신을 안겨 준 것은 「성경」이 아니라 니체의 시 『짜라투스트라』(*Thus Spoke Zarathustra*)였던 것이다(Pauck 52). 다른 병사들처럼 그도 언제 죽을지 모를, 아무 희망도 없는 살육의 전장에서 남은 생명의 마지막 단 한 방울까지라도 달게 빨아 마시고 싶었다고 고백하였다. 엘리엇에게도 이 세계는 희망 없는 죽은 땅이었다.

이것은 죽은 땅입니다.
이것은 선인장의 땅입니다.
이곳에 우상들이
세워지고, 이 우상들이
희미하게 깜박이는 별 빛 아래서
죽은 자의 땅의 간구를 듣습니다
— '텅 빈 사람들'

This is the dead land
This is the cactus land
Here the stone images
Are raised, here they receive
The supplication of a deadman's land
Under the twinkle of a fading star.
— 'The Hollow Men'

엘리엇이 절망의 세계 속에서 본 것은 '깨어진 형상들의 무더기'와 '한줌의 먼지알 속의 공포'였다. 그러나 엘리엇과 틸리히는 모두 신에 대한 믿음, 아니면 적어도 삶에 대한 믿음을 버리지 않았다. 틸리히는 전쟁 중에 "신 없는 믿음(faith without God)"(Pauck 54)이라는 모순된 감정을 경험했음을 고백하고 있으며, 엘리엇은 "나 자신의 신앙은 결코 제거될 희망조차 없는 회의에 사로잡혀 있다"(Bergonzi 112)고 고백하고 있지만, 헤겔 좌파였던 슈티르너나 니체, 하이데거나 싸르트르, 메를르 퐁티 등이 — 경우에 따라서는 명백하지 않지만 — 부정적 회의 끝에 신을 떠난 것처럼 신을 버리진 않았다. 그들은 유신론적 실존주의자였던 키르케고어나 야스퍼스 그리고 가브리엘 마르셀처럼 인간의 유한성과 합리적 이성의 능력의 한계를 절감하고 무한한 신의 세계 속에서 인간 실존의 고통의 문제에 대한 해답을 찾으려 하였다. 우리는 엘리엇이 그의 장시 「이스트 코우커」에서 노래하고 있는, '인간이 얻기를 바랄 수 있는 유일한 지혜는 겸손이며 — 겸손은 무한하다'는 시구를 상기하여야 한다.

그러나 그들의 믿음 속에 회의가 사라진 적은 결코 없었던 것으로 보인다. 스캅(William Skaff)은 그의 저서 『T. S. 엘리엇의 철학』(*The Philosophy of T. S. Eliot: From Scepticism to a Surrealist Poetic, 1909-1927*)에서, "20세기의 인간으로서 엘리엇은 유니테리안이즘의 철학적 기초가 된 회의보다, 그리고 흄(Hume)이 그 테두리 안에서 논리적 근거를 가지고 종교의 타당성에 대하여 의문을 제기했고 록(Locke)이 그 안에서 과학적 견지에서 예술의 효율성을 부정했던, 영국 경험주의의 철학적 근거가 된 회의보다, 더 깊은 회의를 가지고 있었다"(9)고 까지 말하고 있다. 그러나 틸리히가 엘리엇의 편지에 대한 늦은 답장과 함께 보내 주었고, 엘리엇이 곧 '자신이 꼭 읽어야 할 책'이라고 답장(1995년 10월 26일자)을 보낸 틸리히의 저서『성서적 종교와 궁극적 실체에 대한 탐구』(*Biblical Religion and the Search for the Ultimate Reality*) 속에서 틸리히가 쓰고 있는 것처럼, "신앙과 회의는 본질적으로 서로 모순되는 것은 아니다"(60). 그는 계속해서 말한다.

> 신앙은 신앙과 신앙 속의 회의 사이의 부단한 긴장이다. 이 긴장은 항상 서로 싸움에 도달하는 긴장은 아니다. 하지만 위험은 항상 내재해 있다. 이러한 신앙의 성질이 신앙을 논리적 증거나 과학적 개연성, 전통적 자기 확신 그리고 의심하지 않는 권위주의와 구별시켜준다. 신앙은 무조건적인 어떤 것에 대한 즉각적 깨달음과 스스로에게 닥치는 불확실성의 위험을 받아들일 용기를 모두 포괄하고 있다. 신앙은 '아니오'라는 불안에도 불구하고 '예'라고 말한다. 신앙은 의심하는 '아니오'와 회의의 불안을 배제하지 않는다. 신앙은 회의없는 안전의 성채를 구축하지 않고 — 단지 신경증적으로 왜곡된 신앙만이 이러한 성을 구축할 뿐이다 — 의심하는 '아니오'와 불안을 스스로 속에 수용한다. 신앙은 자신과 자신에 대한 회의를 포용한다(60-61).

사실 "회의란 믿음에 대한 부정(negation)이지만 불신(disbelief)과는 다르다."[10] 회의는 어떤 명제에 대해서 확실한 결론에 도달하지 못한 상태를 말하는 것이며, 불신은 어떤 명제의 당위성을 완전한 오류로 단정하고 그것을 확실한 것으로 믿는 믿음의 한 형태인 것이다. 따라서 회의에는 어떤 것을 믿었다가 실망하는 데서 오는 좌절이 있을 수 없다. 항상 새롭고 끊임없는 회의가 있을 뿐이다.[11] 사실 고대 철학에서 회의란 엿보다(ausspahen), 구하다

(suchen), 탐구하다(untersuchen)의 뜻을 가지고 있었다(Löwith 28). 여기서 우리가 유추해 볼 수 있는 것은, 회의가 추구하는 것은 더 깊은 회의가 아니라 진리라는 사실이다. 끝없는 회의는 끝없는 진리탐구이다. 엘리엇 자신도 『문화의 정의에 대한 노트』(*Notes Towards the Definition of Culture*)에서 이러한 고전적 의미의 회의 — scepticism — 를 극단적 의미의 부정적 회의 — pyrrhonism — 와 분명히 구별하고 있다. 그는 'scepticism'을 불신이나 파괴적인 것으로 보지 않고, 증거를 면밀히 검토하는 습관 또는 어떤 결정을 유보하는 능력이라고 말하고 그것을 고도의 문명의 특징이라고 설명하는 반면, 'pyrrhonism'은 그 속에서는 문명이 죽고마는 원인의 하나라고 말한다. 'scepticism'이 힘이라면 'pyrrhonism'은 유약(weakness)이다(엘리엇 1962, 29).

그러나 궁극적 실체에 대한 철저한 회의와 자유로운 탐구의 뒤에 우리에게 남는 것은 시원한 해답보다는 오히려 인간의 유한성에 대한 깊은 자각과 더 아픈 고통이다. 우리는 이 고통을 피하고 싶다. 그러나 틸리히가 말한 것처럼 "고통은, 죽음처럼, 유한한 존재들에게 필연적으로 따르는 요소"[12](Tillich 1957, 70)이다. 엘리엇이 그의 '보들레르론'에서 말한 것처럼, 어떤 의미에서, "인간은 위대한 힘 즉 단지 고통을 받는 능력"(Eliot 1976, 423)밖에 없는 존재인지도 모른다. 그러나 "많은 기독교[13] 신비가들은 이 고통에서 미덕을 발견하였다"(Smidt 1961, 151). 슈미트는 계속하여 다음과 같이 말한다.

> 교회는 항상 사물들에 대한 기획 속에 고통의 자리는 발견하려고 노력해 왔으며, 그것이 바른 정신 속에 수용되기만 한다면 가

치있는 것이라고 생각하였다. 엘리엇의 정신 속에서 이러한 생각은 강렬한 반응을 불러일으켰다. 왜냐하면, 한 사람의 예술가로서, 그는 고통을 무엇인가 가치있는 것의 근원으로 생각하는 경향이 있었기 때문이다(151).

「대성당의 살인」에서 주인공 베켓은 "우리는 이제 고통받음으로써 이길 뿐"이라고 선언하고 있으며, 슈미트는 "엘리엇이 고통 속에서 인간을 통합시키는 최선의 길을 발견하였다"(152)고 말하고 있다. 틸리히도 "고통은 고통의 공격을 받은 존재 속에서 고통받는 자의 보호와 치료를 요구하는 한 의미있는 것이며, 이 때 고통은 살아 있는 존재의 한계와 가능성을 동시에 보여줄 수 있다"(Tillich 1957, 71)고 말하였다. 바로 이것이다. 인간은 그 존재론적인 유한성과 세상에 만연하는 악이 주는 고통에 의하여 죽을 수밖에 없는 한계를 지닌 존재이지만, 그가 다른 존재의 고통을 치유해주기 위하여 스스로 고통을 자원한 순간, 그는 인간의 유한성의 상징인 "악 자체인 . . . 죽음"(Chardin 1974, 64)의 고통을 딛고 부활한다. 엘리엇은 보들레르에 대하여 말하면서 보들레르가 "고통을 피할 수도, 고통을 초월할 수도 없어서, 결국 고통을 자기자신에게로 끌어들였다"고 쓰고 있는데, 우리는 엘리엇과 틸리히가, 동료 인간의 실존의 고통을 치유하기 위한 그들의 노력 속에서, 고통을 그들 자신에게로 끌어들임으로써, 그들의 작품을 읽는 독자들의 정신 속에 매순간 부활하여 인간의 한계와 가능성을 동시에 보여 줄 것이라고 말해 볼 수 있을 것이다. 왜냐하면 문학은 어떤 의미에서 인간실존의 고통의 문제에 대한 끝없는 질문이며, 종교적 사유 또한 이와 같은 것이기 때문이다.

제8장

문학과 종교 그리고 문화의 관계에 대한 학제적 연구

— T. S. 엘리엇의 '종교문화론'을 중심으로

I

독일 출신의 신학자이며 종교 철학자였던 폴 틸리히는 종교를 초월적 존재에 대한 믿음의 관점에서 정의하지 않고, 의식의 깊이의 차원에서의 인간의 "궁극적 관심(ultimate concern)" (Tillich 1964, 7-8)[1)]이라고 정의하였다. 한편 문학은 "창조적 상상력을 통한 허구적 글쓰기"(Daiches 1956, 4-5)이면서 동시에 작가의 다양한 "궁극적 관심의 예술적 형상화"의 산물이다(이준학 65-66). 물론 이때의 궁극적 관심은 권력이나 물질, 명예나 지위 등 삿된 것들에 대한 관심이 아니라 진실하고 참된 것에 대한 관심일 것이다. 여기서 우리가 알 수 있는 것은 문학과 종교가 참된 것에 대한 궁극적 관심을 통하여 깊은 동질성을 획득하게 된다는 것이다.

문화는 인간이 만들어 생활하는 삶의 양식이다. 리차드 니버(Richard Niebuhr)는 문화란 인간이 자연 위에 씌운 "인공적인, 제2의 환경"(40)이라고 말한다. 문화는 인간이 만든 언어, 관습, 이념, 신념, 전통, 사회조직, 전해 받은 공예품, 기술의 진전 그리고 가치 등으로 구성되어 있다. 문화는 인간이 어떤 목적을 가지고 노력해서 이루었다는 점에서 자연과 구별된다(41). 엘리엇(T. S. Eliot)은 문화를 탄생으로부터 무덤에 이르는, 아침부터 밤과 잠 속에까지 이르는 "한 곳에 모여 사는 어떤 개개의 민족의 생활양식(the way of life)"(Eliot 1972, 120)이라고 말한다. 물론 각 민족이 자연 위에 인공적으로 만든 생활양식이다. 이러한 의미의 문화는 인간이 의식과 목적을 가지고 성취하였다는 의미에서 인간의 성취이다. 무엇인가를 성취하기 위하여는 그것에 깊은 관심을 가져야 한다. 더 나은 삶의 환경, 더 질 높은 삶의 양식을 획득하기 위하여 인간은 그것에 대하여 궁극적 관심을 가져야 한다는 것이다. 왜냐하면 가장 넓고 깊은 의미에서 더 나은 삶의 환경이나 삶의 질로 이루어지는 삶의 양식은 인간의 궁극적 관심일 수밖에 없으며, 이 궁극적 관심은 앞에서 살펴본 것처럼 폴 틸리히가 말하는 인간의 종교이다. 다시 말하면 인간이 성취하는 각 시대의 문화는 인간이 지향하는 각 시대의 참된 궁극적 관심에 따라 점진적으로 생성되고 발전된다.

이러한 관점에서 보면 문학과 종교와 문화는 삶에 대한 궁극적 관심을 통하여 깊은 동질성을 갖게 된다. 그래서 틸리히는 "종교란 문화의 실체이며, 문화는 종교의 형식"(Tillich 1964, 42)이라고 말하며, 엘리엇은 "어떤 문화도 종교와 함께가 아니면 나타난 적도 발전한 적도 없다. . . . 문화가 종교의 산물로 나타나거나 종교가 문화의 산물로 나타난 것”(Eliot 1972, 15)이라고 기술하였다. 엘리엇은 더 나아가 “우리는 소위 한 민족의 문화와 종교는 같은 것의 다른 면이 아닌가 하고 물을 수 있을 것이며, 문화는, 근본적으로, 말하자면 한 민족의 종교의 육화(incarnation)가 아닌가 하고 물을 수 있을 것”(28)이라고까지 말하고 있다. 엘리엇이, 종교와 문화의 이론을 이해하기 위해서는, 종교와 문화는 관계는 있으나 두개의 분리된 것으로 보거나 동일한 것으로 보는 과오를 피해야 한다고 말하면서도 (Eliot 1972, 33) 계속해서 “문화의 발전은 종교의 발전의 원인으로 여겨지며, 종교의 발전은 문화의 발전의 원인으로 생각된다”(28)고 말한 것이나, “우리들의 문화의 부분인 것은 동시에 우리가 생활해 온 종교의 한 부분” (31)이라고 말한 것은, 엘리엇이 인간의 삶에 대한 궁극적 관심을 통하여 두 분야가 얼마나 깊은 관계를 가지고 있는지를 확연히 인식하고 있음을 보여준다. 그러나 엘리엇이 이상적으로 추구하는 사회모델에서 더욱 핵심이 되는 것은 종교이다. 버나드 버곤지(Bernard Bergonzi)는 엘리엇의 사회모델에서 생기를 주는 힘은 종교라고 말하면서, 문화를 상이한 요소들의 결합이상(more than a collection of disparate elements)으로 만들어 주는 것은 바로 이 종교라고 말한다(Bergonzi 157). 엘리엇은

> 문화란 사람들이 만든 예술 속에서, 사회체계 속에서, 습관과 관습 속에서 그리고 종교 속에서 뚜렷하게 드러나는 것이다. 그러나 이런 요소들을 모두 합친 것이 문화인 것은 아니다. 물론 우리는 편의상 자주 그렇게 말하기는 한다. 그러나 이런 요소들은, 인간의 몸을 분석할 수 있듯이, 단지 문화를 분석할 수 있는 부분들일 뿐이다. 마치 인간이 그의 몸을 구성하는 여러 부분들의 집합 이상

이듯이, 문화도 문화 속의 예술이나 관습 그리고 종교적 신앙의 집합 이상의 것이다.

> That culture is made visible in their arts, in their social system, in their habits and customs, in their religion. But these things added together do not constitute the culture, though we often speak for convenience as if they did. These things are simply the parts into which a culture can be anatomized, as a human body can. But just as a man is something more than an assemblage of the various constituent parts of his body, so a culture is more than the assemblage of its arts, customs, and religious beliefs(Eliot 1972, 120).

라고 말하였는데, 인간이 그의 몸을 구성하는 다양한 부분들의 집합 이상이 되는 것은, 전통적으로 종교나 형이상학이 영혼(soul)이라고 여겨온 것이 인간 속에 있기 때문이듯이, 문화가 상이한 요소들의 집합 이상이 되는 것은 문화 속에 문화의 영혼이라고 할 수 있는 종교가 있기 때문이다. 종교는 문화 속에 포괄되면서 동시에 모든 문화현상의 심층의 차원에서 인간의 영혼이 인간에게 하는 것과 같은 역할을 한다. 앞에서 살펴본 것처럼 엘리엇은 『문화의 정의에 대한 노트』(*Notes towards the Definition of Culture*)의 첫 장에서 한 민족의 문화를 그 민족의 "종교의 육화"라고 기술하고 있다. 종교가 실체(substance)가 되고 문화가 그 형식이 되는 이러한 문화를 버곤지는 "종교-문화(religion-culture)"라고 부른다(58). '한 민족의 모든 생활 양식'으로서의 이 '종교문화'의 개념은 엘리엇의 『이신을 찾아서』(*After Strange God*)에 퍼져있는 '전통'의 개념 속에서 이미 예견되어져 왔으며, 『기독교 사회의 이상』(*The Idea of a Christian Society*) 속에 나타난, 대규

모의 사람들 속에서 습관적으로 그리고 무의식적으로 행해지는 종교적 관행 속에 이미 예견되어졌던 것이다.

여기서 필자가 상기해두고 싶은 것은, 이 논문의 서두에서 필자가 종교를 편협한 의미의 종교 곧 성직자와 경전과 교리를 갖춘 어떤 특수한 집단, 특수한 상징물들을 전시해 놓은 성전과 의식, 특수한 생활태도 그리고 교파와 종파에 가담하는 것 등의 개념으로 사용하지 않고, 폴 틸리히의 포괄적이고 진보적인 정의를 사용하였다는 것이다. 틸리히는 "종교는 가장 넓은 의미에서 그리고 가장 근본적 의미에서 인간의 궁극적 관심"이라고 정의하였는데, 어떤 의미에서 엘리엇은 인간의 궁극의 문제에 대한 관심을 그의 시와 시극을 통하여 지속적으로 추구해 온 시인이다. 엘리엇의 '종교문화'에서 종교는 물론 기본적으로 좁은 의미의 종교 곧 기독교와 관련된 것으로만 해석되고 있으나, 필자는 그것을 더 넓고 근본적인 의미의 종교와 관련시킴으로서 엘리엇의 '종교 문화론'의 더 깊고 포괄적인 의미를 탐색해 보려 한다. 필자의 이러한 생각은 먼저, 앞에서 살펴본 것처럼, 신학자이며 종교철학자인 틸리히와 시인이며 신실한 종교인이었던 엘리엇의 종교와 문화의 관계에 대한 생각이 매우 유사하다는 데 근거하고 있다. 두 번째로는 엘리엇이 틸리히의 대표적 저작인 세 권으로 된 『조직신학』(*Systematic Theology*)의 첫 권을 두 번이나 읽고 틸리히에게 진지한 독후감을 써 보냈으며(1954년 3월 22일자 편지), 두 사람이 1938년에서 1947년까지 지속된, 구미의 기독교 지식인들의 모임인 '무트'(The Moot)에서 계속 만났으며(Dale 140-141), 틸리히가 기독교의 상징들을 철학적으로뿐 아니라 예술적 상징으로 표현하려는 엘리엇의 노력에 대하여 깊은 찬사를 보냈다(Brown 39)는 기록에도 힘입은 바 크다. 1950년부터 50년대 중반을 통하여 당시 하바드 대학의 신학자였던 폴 틸리히를 읽음으로서 엘리엇은 1927년의 독신서약을 비롯한 1950년대 이전의 엄격한 금욕생활로부터 벗어났으며 그에게 깊은 행복을 선사한 두 번째 결혼을 할 수 있었다고 한다(Gordon 238-240).

II

위에서 말한 넓은 의미의 종교의 관점에서 보면 엘리엇의 '종교-문화'는 인간에게 궁극적인 관심이 되는 것을 추구하는 문화가 될 것이다. 인간에게 궁극적 관심의 대상이 되는 것은 무엇인가? 그것은 말할 것도 없이 인간의 행복이다. 행복의 기본요건은 무엇인가? 그것은 마음의 평안이다. 마음의 평안은 어디에서 오는가? 그것은 공정(公正)에서 나온다.[2] 공정은 모든 사람이 차별됨이 없이 대우받는 것을 의미한다. 모든 인간이 차별되지 않고 동등한 대우를 받는 공정의 기준은 무엇일까? 그것은 바로 진리의 근본적 성격인 보편성(the universal) 또는 일반성(the general)일 것이다. 소수의 특수한 사람들이 아니라 '대다수의 사람들 그리고 가능하면 모든 사람들에게 수긍이 되고 수용되어지는 성질을 지니는 어떤 것'이 공정의 기준이다.

그의 논문 「종교와 문학」에서 엘리엇은 '종교 문학(religious literature)'을 세 가지로 분류하면서 이류시(minor poetry)로 분류되는 종교시 또는 봉헌시(devotional poetry)에 대하여 언급하고 있는데, 이러한 시를 쓰는 시인들의 중요한 특질로서 그는 우리가 일급의 시인들에게서 기대하는 "일반적 의식(general awareness)" (Eliot 1976, 391)의 결여를 크게 강조하고 있다. 이때의 종교시인들은 모든 주제를 종교적 정신(religious spirit)으로 다루는 시인들이 아니라, 시의 주제 중에서도 제한된 부분만을 취급하는 시인으로서, 인간의 중요한 정열이라고 생각되는 것을 도외시하고, 그것으로 인하여 자신의 그러한 정열에 대한 무지를 폭로하는 시인이다. 여기서 '종교적 정신'이라고 말할 때의 종교적이란 말은 편협하거나 특별한 의미의 종교와 관련된 것이 아니라 보편적 일반적 의미의 종교와 관련된 말이며, 이러한 보편적 일반적인 것에 대한 정열은 인간의 중요한 정열(major passions)로 분류된다. 엘리엇은 헨리 본(Henry Vaughan)이나 로버트 사우스웰(Robert Southwell), 조지 허버트(George Herbert) — 그에 대한 평가를 엘리엇은 후에 일류시인으로 바꾸었다(391) — 그리고 조지 홉킨스(George Hopkins) 등을 일반적 의식을 결여한 이류의 시인으로 분류하면서, 그들은 단테나 꼬르네이유(Corneille), 라신느(Racine) 등이 기독교의 주제를 다루지 않는 희곡(plays)에서조차 위대한 기독교적 시인이라고 하는 그런 의미로서는 위대한 종교시인이라고 할 수 없다고 말한다(390-392). '기독교의 주제를 다루지 않는 작품에서조차 위대한 기독교적 시인'이라고 말하는 것은 단테나 라신느 같은 일급의 작가들이 기독교 정신을 기독교라는 특별한 범주 속에서 편협하게 다루지 않고 보편적 일반적 정신으로 승화시켜 창조적으로 다루었다는 것을 의미한다. 엘리엇은 그가 원하는 문학은 계획적이거나 도전적이기보다는 "무의식적으로(unconsciously) 기독교적인 문학"(392)이라고 말하는데, 이 말은 특수한 종교로서의 기독교 정신을 계획적으로 문학으로 형상화하거나, 기성의 종교문학에 도전한다는 야심을 가지고 쓴 작품보다는 종교에 대한 특별한 의식 없이 썼으면서도 기독교 정신을 일반적 의식으로 형상화시킨 결과를 보여주는 작품을 그가 높이 평가한다는 것을 의미한다. 이러한 문학은 무의식적으로 인간의 궁극적 관심을 추구한 문학이며, 궁극적으로 인간이 원하는 평안의 질서에 대한 갈망을 무의식의 상태에서 본능적으로 추구한 문학이다.

인간의 궁극적 관심의 기본적 성격이 되는 이러한 보편성의 원리에 합당하면서, 인간의 삶의 실존의 현장에서 인간이 추구하는 행복을 위하여 가장 중요한 것은 무엇일까? 그것은 우리의 일상의 삶에서 다양한 형태의 고통이 사라지는 것일 것이다. 고통 없음(aponia), '이해를 초월한 평화'가 행복을 갈망하는 인간이 원하는 가장 중요한 요구인 것이다. 그러나 인간이 사는 세계에서 완전히 고통을 제거할 수 있는 방법은 아직도 발견되지 않고 있다. 엘리엇의 초기 작품들인 "프루프록의 연가"(The Love Song of J. Alfred Prufrock)나 "작은 노인"(Gerontion), 『황무지』(*The Waste Land*) 그리고 "텅 빈 사람들"(The Hollow Men) 등에 이르는 모든 작품의 심리적 주제는 바로 이 해답 없는 상태의 세계와 인간에 대한 회의이다.

인간의 실존의 고통의 문제에 대한 가장 고전적 질문은 『구약성서』의 「욥기」(*The Book of Job*)에 가장 적나라하게 나타나고 있다. 삶의 정점에서 예기하지 못했던 온갖 불행과 고통의 시련을 겪게 되지만 마침내 모든 고난을 참고 견뎌내어 끝에는 자신이 잃었던 모든 것을 회복하여 이전의 행복과 번영을 다시 누리게 되는, 한 선량한 인간에 대한 전설을 사용하고 있는 이 이야기는 얼핏 보면 보상받는 신뢰와 인내에 관한 이야기로 읽힐 수 있을 것이다. 그러나 저주와 고통을 받고 있는 과정에서 그를 위로하기 위해 찾아온 세 사람의 친구와 나누게 되는 진지하고 아픈 대화를 검토해 보면, 주인공이 자신의 죄 없음과 부당한 고통에 대하여 신에게 얼마나 신랄하게 항의하고 반항하고 있는지를 볼 수 있게 된다.

욥은 만일 그가 순결하고 바르다면 지금 고통을 받고 있지 않을 것이라는 두 번째 방문자 빌닷(Bildad)의 변론을 무시하고, 자신이 "사람이 하느님과 쟁변하려 할지라도 천 마디에 한 마디도 대답하지 못하리라(9:30)"[3]는 것을 알고 있으며, 신은 "측량할 수 없는 큰 일을, 셀 수 없는 기이한 일을 행하시는 줄(9:10)" 알고 있지만, 신이 인간의 일을 다루는 방식에 대하여 불만이 있음을 강렬하게 토로한다.

가령 내가 의로울지라도 내 입이 나를 정죄하리니
  가령 내가 순전할지라도 나의 패괴함을 증거하리라
나는 순전하다마는 내가 나를 돌아보지 아니하고
  내 생명을 천히 여기는구나.
일이 다 일반이라 그러므로 나는 말하기를
  하느님이 순전한 자나 악한 자나 멸망시킨다 하나니
홀연히 재앙이 내려 도륙될 때에 무죄한 자의
  고난을 그가 비웃으시리라
세상이 악인의 손에 붙이웠고 재판관의 얼굴도
  가리워졌나니 그렇게 되게 한 이가 그가
  아니면 누구이뇨?

Though I am innocent, my own mouth

would condemn me;
though I am blameless, he would
prove me perverse.
I am blameless; I regard not myself;
I loathe my life.
It is all one; therefore I say,
he destroys both the blameless and the wicked.
When disaster brings sudden death,
he mocks at the calamity of the innocent.
The earth is given into the hand of the wicked;
he covers the faces of its judges —
if it is not he, who then is it?(Job, 9:20~24)[4)]

욥은 신이 그 책임이 있다고 생각한다. 그는 대담하게 더 나아가 "하느님은 나처럼 사람이 아니신즉 내가 그에게 대답함도 불가하고 대질하여 재판할 수도 없고/ 양척 사이에 손을 얹을 판결자도 없구나(9:32~33)"라고 안타까워함으로써 암시적으로 신과 고통 받는 인간인 자신 사이에서 불편부당하게 시비를 가려줄 중재자를 요청하고 있다.

욥은 그의 무죄의 주장을 오만이라고 나무라는 세 번째 방문자인 소발(Zophar)과의 변론 후에 "참으로 나는 전능자에게 말씀하려 하며, 하느님과 따져보고 싶다(13:3)"고까지 말하며 "그가 나를 죽이시리니 내가 소망이 없노라. 그의 앞에서 내 행위를 변백하리라(13:15)"고 강력하게 주장한다. 신이 그를 죽일지라도 그는 그의 억울함을 계속 진언하며, "신에 대항하여 신에게(against God to God)"(Daiches 1984, 13) 자신의 입장을 개진하기로 결의하고 있다. 그러나 갑자기 폭풍 가운데 신이 나타나

"무지한 말로 이치를 어둡게 하는 자가 누구냐(38:2)"라고 일갈하며 "내가 땅의 기초를 놓을 때 네가 어디 있었느냐 . . . 누가 그 도량을 정하였었는지 . . . 그 주초는 무엇위에 세웠으며 그 모퉁이 돌은 누가 놓았었느냐(38:3~6)"로 시작되는 불가사의한 신의 작업에 대하여 묻기 시작하자 욥의 태도는 완전히 돌변하고 만다. 신은 그에게 "네가 내 심판을 폐하려느냐, 스스로 의롭다 하여 나를 불의하다 하느냐(40:8)"고 묻는다. 욥은 즉각 "무지한 말로 이치를 가리우는 이가 누구이니까, 내가 스스로 깨달을 수 없는 일을 주께서 말하였나이다(42:3)"라고 대답하며 "그러므로 내가 스스로 한하고 티끌과 재 가운데서 회개하나이다(42:6)"라고 항복한다. 신은 욥의 세 친구에게 그들이 신을 가리켜 말한 것이 신의 종 욥의 말같이 정당하지 못하였다고 책망하고, 욥을 위하여는 그 전의 소유보다 갑절이나 많은 것을 돌려준다. 그러나 여기서 우리가 간과해서는 안 될 것은, 이야기의 행복한 결말에도 불구하고, "죄 없는 자가 왜 고통을 받아야 하는지"에 대한 대답은 없었다는 것이다. 욥의 윤리적 질문에 대한 신의 대답은 우주의 창조에 대한 신의 설명으로 대치되어 있을 뿐, "욥의 질문에 대한 유일하고 진정한 해답은 '대답이 없다(no answer)'는 것이다"(Daiches 1984, 24). 또 욥의 세 친구의 말들이 정당하지 못하였다는 책망은 그들의 말 곧 '악한 자는 벌을 받으며, 의로운 자는 보상 받는다'거나 '번창은 덕의 표시이고 고통은 죄의 표시'라는 주장이 모두 신과 관련하여 옳지 못한 언급이라는 의미가 된다. 이러한 신의 대답과 행동은 결국 신의 창조의 신비와 모순을 강조하는 셈이 된다. 신은 무지한 이치로 말하는 욥을 꾸짖으면서 동시에 신에 대하여 그가 한 말이 옳다고 칭찬함으로써 분명한 모순을 드러내고 있다. 이 모순은 신조차도 그의 죄 없는 피조물인 인간이 실존의 상황에서 받는 고통의 이유에 대하여 납득할만한 해답을 할 수 없음을 보여준다. 후에 17세기의 밀턴(Milton)은 그의 『실락원』(*Paradise Lost*)에서 인간이 신의 명령에 복종하지 않고 신이 준 '자유의지'를 남용하여 죄를 지음으로써 스스로 고통을 자초하였다고 신의 길의 정당성을 증명하려 하지만, 남용될 수 있는 자유의지를 인간의 속성 속에 부여한 것은 신의 솜씨의 결과이다. 인간이 실존의 상황에서 받는 고통의 정당성을 논리적으로 증명하는 일은 신학의 오랜 난제이며 아직도 완전한 해답을 얻지 못한 문학과 종교 그리고 신학연구의 중요한 과제이다.

도저히 제거될 수 없는 인간의 실존의 고통의 문제는 위대한 작가들의 끊임없는 관심의 대상이었다. 도스토예프스키는 많은 작품들 속에서 이 문제를 다루고 있으며 특히 『카라마조프 씨네 형제들』 속에서는 둘째 아들 이반의 입을 통하여 이 문제를 깊이 있게 탐색하고 있다. 이반은 사냥을 좋아하는 퇴직한 장군의 사냥개들 중 한 마리의 다리를 실수로 절게 만들었다는 이유로 추운 날 어머니가 보는 앞에서 여덟 살짜리 아이를 발가벗겨 강제로 개들 앞에서 도망치게 만듦으로서, 뒤쫓아 간 개들의 이빨에 갈가리 찢겨 죽는 처참한 어린아이의 이야기를 소개하면서(540~541), 세상의 악과 죄 없는 아이들의 고통을 방관하는 신의 존재에 대하여 의문을 제기하며, 신이 만든 세계의 불합리성을 들어 그 세계를 받아들일 수 없다고 말한다. 그는 신의 존재 여부는 삼차원의 관념밖에 지니지 못한 인간의 두뇌로는 엄두도 낼 수 없기 때문에 신의 존재를 인정하며, 인정할 뿐 아니라 신의 예지도 목적도 인정한다고 말한다. 그는 신의 세계가 존재한다는 것을 알고 있지만, 신의 의의도 질서도 믿고, 언젠가 인간을 하나로 결합시켜 준다는 영원한 조화도 믿고 있지만, 악과 죄 없는 아이의 고통이 방관되는 신이 창조한 세계, 신의 세계는 인정할 수 없다고 말한다. 신이 정의의 근원이면서 동시에 전능하시다면 악을 행한 자는 벌을 받고 선을 행한 자는 보상을 받아야 한다. 그러나 신이 만든 세계 속에 악은 방치되고 죄 없는 자들이 고통을 받고 있다. 이러한 정의와 힘(justice and power) 사이의 불균형은 이반으로 하여금 신을 인정하면서도 신이 만든 세계를 부정하게 만든다. 이반은 가령 평행선이 일치하는 것을 내 눈으로 직접 본다 하더라도 자기는 신의 세계를 용납할 수 없다고 말한다(524~525). 그는 현실 속에 신의 의지에 의해서도 해결될 수 없는 깊은 모순이 존재하고 있음을 뼛속 깊이 인식하고 있다. 이것은 신의 존재에 대한 이론적인 부정보다도 훨씬 신랄한 부정이다. 전능하시며 선이신 신이 세계를 창조했다면 왜 악은 존재하며, 신이 사랑과 자비의 근원이라면 왜 신은 순결한 어린아이의 고통을 방치하고 있는 것인가? 이것이 바로 이반으로 하여금 신에 의해 창조된 세계, 부정과 의미 없는 고통이 넘치는 세계를 거부하게 만드는 이유이다. 이러한 사고의 바탕 위에서 그 유명한 명제, "신이 없다면 모든 것이 허용된다"는 이반의 무서운 선언이 탄생하는 것이다.

인간의 궁극적 관심인 행복을 방해하는 실존의 고통에 대한 관심은 엘리엇의 시와 시극 속에도 외로움과 회의의 이미지 그리고 외로움과 회의의 상황들을 통하여 간접적으로 표출되고 있다. 엘리엇은 "내 자신의 신앙은 결코 제거될 희망조차 없는 회의에 사로잡혀 있다"(Bergonzi 113)고 말한 적이 있는데, 엘리엇을 이러한 깊은 회의에 빠지게 한 원인은 『황무지』(*The Waste Land*)의 제2부에서 야만적인 왕에 의해 능욕당한 뒤 새가 된 필로멜(Philomel)의 울음 속에 가장 극적으로 표출된 인간실존의 고통이다. 세상에 만연한 악과 고통을 피하기 위하여 인간들은 외면으로만 세상과 만날 뿐 내면은 항상 이 세상으로부터 스스로를 유리시키려 한다. 이 '스스로의 유리'야말로 현대인의 소외의 내면적 원인이다. 소외된 인간이 느끼는 것은 무엇인가? 그것은 뼈저린 외로움과 고통이며 인간이 사는 세상에 대한 회의는 바로 이 외로움에서 시작되는 것이다. 프루프록 그룹의 시들 속의 "수술대 위에 에테르로 마취된 환자"나 "좁은 골목"에 사는 "셔츠 바람으로 창가에 기대 선 외로운 사내" 같은 이미지, 그리고 "싸구려 일박여관과 톱밥 깔린 식당", "빈 터", "어렴풋한 맥주의 쉬어빠진 냄새", "죽은 제라늄", "공장마당에 부서진 용수철", "모든 더 낡은 밤의 냄새들", "지하실의 부엌" 그리고 "하녀들의 습습한 영혼" 등의 이미지나 "인어들 . . . 나는 그들이 나를 향해 노래하리라고는 생각지 않는다"에 이르기까지, 그리고 인간의 외로움을 너무나 뛰어나게 형상화시킨 "나는 바다 밑을 어기적거리는 엉성한 게다리나 되었을 것을"과 같은 구절 속에 자신을 타인에게 이해시킬 수도, 타인을 이해할 수도 없는 데서 생기는 소외감과 외로움이 암시되어 있다. 『황무지』 속에도 "부서진 형상들의 무더기", "사람마다 자기 발치만 보며 걸었다", "당신 머릿속엔 아무것도 없다는 거예요?", "나는 무(nothing)에서 무를 연결할 뿐" 등의 허무와 외로움의 이미지가 가득하다.

엘리엇은 인간의 실존에 대한 통일된 조망을 보여주고 있는

(Smidt 182-184) 그의 최대의 종교시인 『네 개의 사중주』(*Four Quartets*)를 통해서 인간의 삶의 궁극의 문제에 대한 해답이 사랑임을 암시하고 있지만 고통과 사랑의 관계를 주제로 한 마지막 시인 『리틀 기딩』(*Little Gidding*)의 제4부에서 그는 이 사랑의 실체가 고통이라고 쓰고 있다.

> 그런 고통을 만든 것은 누구입니까? 사랑입니다.
> 사랑은 인간의 힘으로는 벗길 수 없는
> 견딜 수 없는 불꽃의 셔츠를 짠
> 손의 배후에 있는
> 낯선 이름입니다.
>
> Who then devices the torment? Love.
> Love is the unfamiliar name
> Behind the hands that wove
> The intolerable shirt of flame
> Which human power can not remove
>
> — "Little Gidding", Ⅳ.

엘리엇은 그의 시극 『대성당의 살인』(*Murder in the Cathedral*)에서 12세기의 순교자 베켓(Thomas Becket)의 순교의 사건을 통하여 사랑의 실천이 고통임을 확인하며, 메티이슨(Matthiessen)은 "사랑은 본질적으로 해방이 아니라 고통"(191)이라고 말한다. 진정한 사랑이 항상 고통을 동반한다는 것은 사랑에 대한 추상적 논리의 결과가 아니라 사랑에 대한 절실하고 구체적인 경험의 피할 수 없는 결론이다. 인간의 세계 속에서 진정으로 누구를 사랑한다는 것은 깊은 의미에서 세상의 악으로부터 그를 안전하게 지켜준다는 것이며, 악으로부터 안전하게 지킨다는 것은 악과의 투쟁을 전제로 하는 것이다. 악과의 투쟁은 고통이다. 그러나 인간은 누구에 대한, 무엇에 대한 사랑 없이는 견딜 수 없는 존재이며 그래서 그의 존재양식은 운명적으로 고통인 것이다. 우리는 당연히 질문하게 된다. 왜 진정한 사랑의 실천에는 고통이 따르는가? 고통은 왜 생기는가? 고통의 근원은 어디에 있으며 왜 그것은 모든 시대와 공간을 통하여 끊임없이 계속되는 것인가? 이 질문은 우리뿐 아니라 엘리엇 자신이 절망적으로 던졌던 인간의 실존의 상황에 대한 구체적 질문이며, 이 문제를 그는 『가족의 재회』(*The Family Reunion*)라는 작품의 극적 상황을 통하여 집중적으로 추구하고 있다. 그는 이 작품 속에서 현대인들이 겪는 끝없는 고통의 이유가 모든 시대와 공간을 통하여 모든 인간의 실존 속에 작용했던 "일반적인 인간의 죄성(the universal sinfulness in men)"이라고 밝히고 있다. 이 대답이야말로 인간의 고통의 뿌리에 대한 엘리엇의 깊은 탐구의 결론으로 보이며, 『가족의 재회』는 그의 이러한 결론의 난해한 예술적 형상화의 결과이다.

"일반적인 인간의 죄성"이란 말은, 보편적으로 모든 인간들이 지니는, 죄를 지을 수 있는 성질을 의미한다. 인간은 정신과 육체로 구성되어 있으며 정신 속에는 높고 낮은 앎에 대한 갈망에서 연유되는 온갖 죄성이 들어있으며, 육체에는 본능에서 연유되는 여러 형태의 죄성이 포함되어 있다. 고전학문인 철학이나 윤리학으로부터 현대의 학문인 심리학이나 사회학 그리고 정신분석학에 이르는 여러 학문들이 분석해 볼 수 있는 죄성은 몹시 복잡하고 다양하며 복합적일 것이다. 인간은 모두 이런 죄성을 자신의 부모로부터 유전적으로 물려받으며 생명이 있는 한 이 죄성으로부터 자유로울 수 없다. 우리나라의 불교 소설 중 최고의 업적으로 평가되는 김성동의 『만다라』는 이 죄성으로부터 자유로울 수 없었던 한 파계승의 자살에 이르는 진리탐구의 과정과, 깨달음에 도달하기 위하여 교단이 정한 온갖 계율을 지키면서도 이 파계승이 누리는 자유로부터 결코 자유로울 수 없었던 또 다른 스님의 치열한 구도의 과정을 그리고 있다. 파계승 지산은 속계와 선계를 넘나드는 온갖 방황과 뼈를 깎는 노력에도 불구하고 몸이 지닌 죄성으로부터 벗어날 수 없음을 깨닫고 마침내 자살에 이른다. 파계승 지산에 대한 절(寺)에서의 온갖 구박에도 불구하고 그의 진리에 대한 열정과 정진의 정신을 읽고 그를 변명해 주고 보호해 주던 법운도, 개정되기 이전의 『만다라』(1979)에서는 죄성을 자극하는 세속으로 돌진하여 중생을 구하기 위해 피안으로 가는 기차표를 용감히 찢어버리지만, 개정된 『만다라』(2005) 속에서는 이러한 돌진의 무모성을 깨닫고 마침내 피안으로 가는 기차를 타고 만다. 법운의 이러한 행위는 인간이, 아무리 수도자라 하더라도, 세속의 삶 속에서 일반적인 죄성을 극복하고 고통으로부터 자유로워진다는 일이 얼마나 지난의 일인지를 우리에게 보여준다. 지산이 죽은 후 괴로워하는 법운에게 지산이 만들어준 조그만 인불(人佛)은 "몸을 바꿔, 금생엔 틀렸다구"(212)라고 말한다.

인간은 아무도 실존의 삶 속에서 고통으로부터 자유로울 수 없다. 그리고 이러한 사실을 앎에도 불구하고 인간은 끊임없이 이 실존의 고통으로부터 벗어나기를 꿈꾼다. 왜냐하면 인간은 가능하다면 무슨 수를 써서라도 행복해지고 싶기 때문이다. 인간의 고통을 근원적으로 해결해 주겠다고 나선 것이 종교라면, 이 고통의 원인을 밝혀 보겠다는 것이 문학이다. 인간이 자연의 동물의 삶에서 벗어나 인간다운 삶, 행복한 삶을 위하여 인공적인 제2의 환경을 만든 것이 문화라면 인간이 창조하는 문화는, 최선을 다하여, 바로 인간의 행복을 방해하는 고통을 없애거나, 그것이 불가능하다면 최소한 그 고통을 최소화하는 방향으로 만들어지고 발전해야 한다. 문학과 종교 그리고 문화의 학제적 연구의 핵심적 의의는 바로 이 고통과 관련된 문학과 종교 그리고 문화의 의미를 인식하고 재확인하는 데 있다. 엘리엇의 '종교문화론'은 인간의 '궁극적 관심'인 종교가 문화의 중심이 되고, 문학은 종교의 영혼을 가지고 지어지는 문화의 실상을 인간의 실존의 고통에 천착하여 매순간 기록함으로써, 문화의 영혼인 종교를 끊임없이 갱생시키고 깨어있게 하는 선순환의 논리를 제공한다.

III

19세기의 낭만주의 시의 거장인 워즈워즈(William Wordsworth)는 그의 유명한 『서정 민요집』(*Lyrical Ballads*)의 서문에서 "시인은 인간에게 직접적인 기쁨을 준다는 필연성의 제한 아래서만 시를 쓴다"(Enright 173)고 말하였으나, 현대는 시인에게 인간의 실존의 삶의 갈등의 현장에 대하여 더 많은 앎을 요구한다. 크리언스 브룩스(Cleanth Brooks)는 예술의 역할에 대하여 다음과 같이 쓰고 있다.

예술가의 역할은 세계에 대한 앎을 제공하는 것이다. 임상적인 거리를 두고 본 객관적 대상물이나 단순한 기구로서 본 세계가 아니라, 우리들 자신이 포함된 세계 — 한편으로는 우리들 자신의 투사이면서 다른 한편으로는 우리들의 충돌과 갈등의 현장인 세계에 대한 앎을 표현하는 것이다. 우리들로 하여금 세계의 실상을 보게 함으로써 예술가는 동시에 우리들로 하여금 우리 자신의 실상을 보도록 만든다. 오래전에 코울리즈(Coleridge)가 말한 것처럼, 시인의 임무는 우리의 주의를 "무감각한 관습으로부터" 깨우쳐 내고, 우리 앞의 세계를 가리고 있는 "친숙함이라는 엷은 막"을 떼어내어, 우리에게 "실체에 대한 새로운 비전"을 제공하는 것이다.

That role is to give us an awareness of our world, not as an object viewed in clinical detachment, not as mere mechanism, but of our world as it involves ourselves — in part a projection of ourselves, in part an impingement upon ourselves. In making us see our world for what it is, the artist also makes us see ourselves for what we are. As Coleridge long ago observed, the poet's task is to awake the mind's attention "from the lethargy of custom," to remove "the film of familiarity" that obscures the world before us, and to give us a renewed vision or reality(132).

우리가 그 안에 포함되어 있으면서 그 속에서의 우리들 삶의 갈등과 고통의 투사물이기도 한 세계는 우리들의 삶의 실존의 현장이다. 실존의 현장은 인간이 그의 유한성과 운명에 의해 실존의 고통에 노출되는 적나라한 삶의 현장이다. 시인이나 작가 같은 예술가가 창조하는 문학은 이 현장이 일상에서 보여주는 친숙함의 막을 떼어내고 고통의 실체에 대한 새로운 앎을 제시하여야 한다. 물론 문학이 실존의 고통에 대한 해답을 제시해 주는 것은 아니다. 문학은 실존의 상황이 주는 고통을 있는 그대로 느끼게 하고 이 고통으로부터 탈출을 갈망하도록 자극하지만 구체적으로 어떻게 해야 될지를 말하여 주는 것은 아니다. 작품 속에서 절실하게 느낀 고통과, 이 고통에 공감하면서 느낀 고통 없는 상태에 대한 해답을 궁리하는 일은 다른 영역 곧 종교의 일이다. 인간의 탐욕에 의해 오염되고 왜곡된 종교가 아니라 우리를 우리의 존재의 신비 앞에 무릎 꿇게 하고 인간의 실존의 고통의 문제를 해결하기 위해 끊임없이 자신을 던지는 종교 말이다.

종교가 이러한 문제를 심각하게 깨닫고 있는지에 대하여 오스틴 파러(Austin Farrer)는 상당히 회의적이다.

> 이 시대 종교의 가장 중요한 난점은 . . . 아무도 사물을 깊이 응시하지 않는다는 것이다. 그것을 숙고하려들지 않으며 그 일이 무엇인지 이해하려 하지 않고, 가능한 한 개인적 실존의 심오한 현실을 탐구하려고도 하지 않는다. 우리의 정신은 인간의 지식으로부터 우리의 창조자에 대한 지식으로 고양되는 것이다. 그러나 이 고양은 사물들을 분석할 수 있거나 그것들을 기술적으로 조작하거나 혹은 집단으로 분류할 수 있는 그런 종류의 지식을 통하여 일어나는 것이 아니다. 우리가 사물들을 사랑하고 그것들로 우리의 마음과 감각을 채우며, 그것들의 존재가 주는 침묵의 힘과 위대한 신비에 대하여 무엇인가를 느낄 때, 그리고 우리가 갖는 사물에 대한 이해로부터, 고양은 일어난다. 왜냐하면 어떤 존재의 창조적 힘이 모든 것보다 더 고상하고 풍부하며 강력하게 나타나는 것은 바로 이 이해 속에서이기 때문이다.

> And the chief impediment to religion in this age, I often think, is that no-one ever looks at anything at all: not so as to contemplate it, to apprehend what it is to be that thing, and plumb, if he can, the deep fact of its individual existence. The mind rises from the knowledge of creatures to the knowledge of their creator, but this

> does not happen through the sort of knowledge which can analyze things into factors or manipulate them with technical skill or classify them into groups. It comes from the appreciation of things which we have when we love them and fill our minds and senses with them, and feel something of the silent force and great mystery of their existence. For it is in this that the creative power is displayed of an existence higher and richer and more intense than all(37-38).

'우리가 사물들을 사랑한다'거나 '우리가 갖는 사물에 대한 이해로부터 고양이 일어난다'고 할 때, 그 이해나 사랑은 결국 인간 실존의 삶의 고통에 대한 것이다. 인간의 실존의 고통에 대한 이해와 사랑을 통하여 우리의 창조적 힘은 더 풍부하고 강력하게 나타난다.

"신을 가지지 않을 것이라면 . . . 사람들은 히틀러(Hitler)나 스탈린(Stalin)에 대하여 존경을 바쳐야 한다"(Eliot 1962, 23~4)고 평소의 그답지 않게 단호하게 주장했던 엘리엇은, 1939년에 출판된 『기독교 사회의 이상』(*The Idea of a Christian Society*)에서, 비록 불완전하며 '신의 도시(City of God)'처럼 보이긴 하지만(Bergonzi 129), 기독교를 모델로 하여 그가 이상적으로 생각하는 종교-문화 사회의 모형을 제시하고 있다. 이 모형은 세계 제2차 대전 무렵에 유럽에서 맹위를 떨치던 파시즘에 대한 대안으로 위기의식 속에서 만들어진 것이지만, 이 모형이 제시하는 사회는 한편으로 인간의 실존의 고통을 경감시키거나 가능하다면 소멸시킬 수 있는 이상적 구조나 제도를 추구하는 문화를 지향하는 사회로 보이며, 앞에서 우리가 언급한 그의 '종교문화론'과 관련하여 종교라는 말이 의미하는바, '인간의 궁극적 관심을 추구하는' 내용과 상당히 근사한 구도를 가지고 있다. 그는 먼저 그가 말하는 '기독교 사회(Christian Society)'를 설명하기 위하여 세 가지 구분을 제시하고 있다. '기독교 국가(Christian State)', '기독교 공동체(Christian Community)' 그리고 '기독교인들의 공동체(Community of Christians)'가 그것이다. 기독교 국가에 대하여 설명하면서 그는 이 국가의 지도자들은 그들의 수월성은 고사하고 기독교인이라는 자격 때문에 선출되지는 않는다고 말한다. 기독교인들이 지도자가 되는 것이 물론 이점은 있겠지만, 고위직에 있는 사람들이 모두 헌신적이고 정통적인 기독교인들이라 할지라도 그들의 임무를 수행함에 있어 비기독교인들과 크게 다를 것이라고 기대해서는 안 되기 때문이다(26~27). 그는 기독교 국가의 정체에 대하여 언급하면서 그것이 특별한 정치형태가 아니고 기독교 사회에 알맞은 국가, 특정의 기독교 사회가 스스로 발전한 국가를 의미한다고 말한다(12). 기독교 국가에서 중요한 것은 정치가들의 기독교성이 아니라, 그들이 국가의 번영과 발전을 위하여 '기독교 구조(Christian framework)' 안에서 그것에 맞추어 행동하는 것이다. 그들도 비기독교적 행위를 할 수도 있다. 그러나 비기독교적 원칙에 따라 그들의 행동을 변호해선 안 된다(27). 중요한 것은 기독교 구조를 수립하는 것이지 국가의 일에 대하여 기독교 원칙을 적용하는 것이 아니다. 테리 이글턴(Terry Eagleton)은 "기독교 사회(a Christian Society)라는 말을 통하여 엘리엇이 의미하는 바는 그 사회의 무의식적 리듬이 기독교의 가치를 '육화시키는(incarnate)' 사회"(281)라고 말하였는데, 엘리엇이 말하는 '기독교 구조'는 바로 기독교 가치가 일상의 삶 속에 구체적으로 무의식적으로 구현되는 구조이다. 기독교 가치의 핵심은 무엇인가? 그것은 "이웃을 내 몸과 같이 사랑하는 것"(Mark 12:31)이다. '이웃을 내 몸처럼 사랑한다는 것'은 동료 인간을 나 자신을 배려하듯 세밀하고 따뜻하게 배려한다는 것이다. 이러한 '사랑'의 구조 속에서는 누가 형식적으로 기독교 신앙인인가 아닌가는 궁극적으로 크게 의미가 없다. 왜냐하면 사회적인 의미에서 '기독교 구조'를 추구하는 목표는 실존의 삶 속에서 사랑이 실천되는 사회를 만드는 것인데, '기독교 구조'의 내용인 사랑이 사회 속에서 실천된다면, 기독교라는 종교형식을 세운 목표는 이루어진 것이기 때문에 결국 형식적으로 기독교인인가 아닌가는 부차적 문제가 되기 때문이다. 그러나 형식은 내용을 담는 그릇이다. 내용의 실천을 위해서는 먼저 구조와 형식을 구축해야 하며 이것을 위하여 무엇보다도 중요한 것이 기독교 교육이다. 그러나 기독교 교육의 주요목표는 기독교인을 만드는 것보다 사랑이라는 기독교 범주(Christian categories) 안에서 사고할 수 있게 만드는 것이다. "회의적이고 무관심한 정치인이라 할지라도 기독교 구조 안에서 일하는 정치인이 세속의 구조 안에서 일하면서 헌신적인 기독교인보다 낫다(28)"고 그는 잘라 말한다. 여기서 우리가 알 수 있는 것은 그가 사회나 그 사회의 구성원의 변화를 염두에 두고, 그러한 변화에도 흔들리지 않을 구조 곧 사랑의 실천이 기초가 되는 기독교의 틀의 확립에 큰 의미를 부여하고 있다는 것이다.

'기독교 공동체'에 대하여 언급하면서 그는 그것이 기독교 원리에 근거하여 수립된 조직이어야 하나 구성원 모두가 '기독교 신앙인(believers)'일 필요는 없다고 말한다. 엘리엇은 대부분의 사람들에게 있어 종교란 무엇보다도 먼저 태도나 관습의 문제여야 하며, 종교가 속한 사회의 생활과 일 그리고 즐거움들과 융화되는 것이어야 할 뿐 아니라, 고유한 종교적 감정은 일종의 가정적 사회적 감정의 확장 내지는 신성화여야 한다.

For the great majority of the people . . . religion must be primarily a matter of behavior and habit, must be integrated with its social life, with its business and its pleasure; and the specifically religious emotions must be a kind of extension and sanctification of the domestic and social emotions(30).

고 말했는데, 이 말은 종교와 일상의 삶과의 긴밀성과 융화의 필연성에 대한 엘리엇의 사고의 핵심을 표현하고 있는 말이면서 동시에 종교란 근본적으로 어떤 형식이나 교리의 수행보다는 먼저 개인이 속한 가정이나 사회의 삶 속에서 평안과 화합의 기쁨을 주는 것이어야 함을 강조하는 말이다. 기독교 공동체의 구성원 모두가 교회를 다니며 교회가 요구하는 신앙의 형식을 지키는 사람이 아니더라도, 자신과 자신의 가족의 생활이나 일 그리고 즐거움을 누리는 데 있어 자신이 속한 공동체와 융화된다면 그가 형식적으로 기독교 신앙인인가 아닌가는 문제될 것이 없다. 누가 종교인인지 아닌지에 대하여 판단할 때 우리는 겉으로 드러난 것 — 어느 종교의 형식을 외면적으로 지키는 것— 만을 보고 판단하는 경우가 많다. 그러나 그것은 "형식적인 외적 표시와 내적인 정신적 은총의 혼돈"[M. Loane, *The Queen's Poor*(1906), 26.][5]일 수 있다. 외적으로는 종교의 형식을 지키지 않으면서도 내적으로는 자신이 속한 공동체가 신봉하는 종교의 가치를 수용하고 무의식적으로 그 진리에 따라 살아가고 있다면 그는 그 종교가 이상적으로 추구하는 종교 사회의 시민으로서 충분한 자격이 있는 것이다. 형식상으로는 기독교인이면서 비기독교인과 같은 생활을 하는 사람이 얼마나 많은가?

그러므로 기독교인들은 구성원 모두가 기독교인인 사회가 아니라, 공동체의 덕(virtue)과 안녕(well-being)의 추구가 허용되고, 볼 수 있는 눈을 가진 사람들에게 초자연적인 목표 곧 은총이나 축복이 허용되는 사회로 만족할 수 있을 것이라고 말한다(33~34). 어느 종교나 각 종교가 신봉자들에게 지키기를 요구하는 형식은 수없이 많다. 그러나 모든 종교의 진정한 핵심은 그 종교가 속한 사회나 국가 그리고 세계의 구성원 모두가 서로 덕을 추구하고 서로의 안녕을 빌며 서로가 베푸는 덕을 통하여 행복을 모두 함께 누리는 것이다. 이 덕과 안녕을 구성원들이 누리는 사회는 인간의 실존의 고통이 없는 사회 아니면 최소한 그 고통이 크지 않아 견딜 만한 사회, 종교의 핵심인 인간의 사랑과 행복 곧 인간의 궁극적 관심이 구체적 삶 속에서 실현되는 사회이다. 종교가 그 이상 무엇을 바랄 수 있겠는가.

'기독교인들의 공동체(Community of Christians)'는 교회나 어떤 국지적 집단이 아니라, 특별히 지적으로 정신적으로 출중하면서, 의식적으로 사려 깊게 실천하며 사는, 목사나 평신도가 같이 포함된 공동체를 말한다(35). 이들은 집단적으로 국가의 의식과 양심을 형성해 내는 사람들이다(42). 엘리엇은 기독교 사회에서의 교회의 기능에 대하여 언급하면서 교회는 기독교 사회의 이들 세 가지 요소들과 어떤 관계를 가져야 된다고 말한다. 특히 '기독교인들의 공동체'의 구성원들과 관계를 가져야 하며, 교리와 신앙 그리고 도덕의 문제에 있어 국가 안에서 교회는 마지막 권위를 가져야 한다고 말한다. 교회는 국가의 정치의 태만이나 단점을 꾸짖는 과정에서 국가와 갈등을 일으킬 수도 있으며, 때로 교회의 권력자들이 '기독교인들의 공동체'나 교회내의 집단으로부터 공격을 받을 수도 있다. 왜냐하면 어떤 조직이나 항상 부패의 위험에 처할 수 있으며, 내부로부터의 개혁의 필요성에 직면할 수 있기 때문이다(47~8). 엘리엇은 세속의 생활과 정신생활이 조화와 통일을 이루어야 함을 강조하면서도, "기독교 사회 속에는 항상 긴장이 있을 것이며, 이 긴장은 기독교 사회의 이상에 필수적인 것"(55)이라고 강조한다. 긴장은 서로 다른 생각들 사이의 갈등에서 생기는 것이다. 엘리엇은 후에 『문화의 정의에 대한 노트』에서 통일 속에서도 이념들 사이의 끈임 없는 갈등이 필요하다고 말한다. 왜냐하면 끊임없이 출현하는 그릇된 이념에 대항해서 진리가 확정되고 명백해지기 위한 유일한 길은 바로 이 그릇된 이념들과의 투쟁뿐이기 때문이다(82).

'기독교 국가'와 '기독교 공동체' 그리고 '기독교인들의 공동체'의, 구분되면서도 서로 긴밀하게 관련되는 요소로 구성되는, 기독교 사회의 취지와 대의는 사실 1933년에 발표된 논문 '가톨릭 교리와 국제질서(Catholicism and International Order)' 속에 이미 분명하게 드러나 있다. 이 논문은 3년 후에 그의 저서 『고대와 현대의 논문들』(*Essays Ancient and Modern*) 속에 수록되었는데, 이 논문 속에서 엘리엇은 자유주의자들을 암시하는 '이 세상의 공동의 일들과 내세의 일들이 서로 아무 관련이 없다고 믿는 사람들'이라는 표현 속에 간결하게 자유주의(liberalism)에 대한 불신을 드러내고 있으며, '피조물들에 대한 과도한 사랑'이란 표현 속에 인본주의(humanitarianism)에 대한 불만을 드러내고 있다. 그는 '이성(Reason)

이라는 속이는 여신'이 아니라 자연의 법칙(natural law)을 인지하게 하는 바른 이성의 능력을 추구한다. 그는 권위와 계급조직, 규율이나 질서의 관념이 잘못 적용될 경우 절대주의나 있을 수 없는 신권정치(theocracy)로 우리를 오도할 수 있다는 것을 알고 있었으며, 인간성이나 형제애 또는 신 앞에서의 모두의 평등의 관념이 기독교인들을 사회주의자가 될 수밖에 없다고 확신하게 만들 수도 있다는 것도 알고 있었다(118). 그는 가톨릭의 이념이 인간의 타락뿐 아니라 인간의 이상주의도 인식하고 있다고 쓰고 있는데, 높은 이상, 절대적 이상을 가톨릭 교회는 가져야 하지만 동시에 지나치지 않는 '적절한 기대'를 할 줄도 알아야 한다고 쓰고 있다. 그는 가톨릭 이념이, 예를 들자면, 지역정치와 세계질서의 이상 같은 상반되는 사고를 상보적으로 포괄할 수 있으리라고 기대하기도 한다. 그는 공통의 관심사보다는 관심들의 균형에 그리고 종교적 윤리보다는 신중하게 고려된 윤리에 더 무게를 둔다(122). 그는 얕은 재주나 첨단의 새로움보다 지혜와 위대한 정신들에 의하여 역사 속에서 성취된 지식을 더 선호한다. 엘리엇에게 있어 전통을 존중한다는 것은 현재의 문제들을 등한시하는 것을 의미하는 것이 결코 아니다. 그는 이 세상의 구조를 재구성하는 방법을 탐구하는 자신을 다른 사람들이 도와주기를 청하는데, 그는 이 방법을 이해하여 세상에서 정의와 평화를 다소라도 실천하는 것이 기독교 생활의 발전과 영혼의 구원을 위하여도 도움이 되리라고 생각한다(132). 그는 또 사회가 물질적 조건들에 의하여 도덕적으로나 정신적으로 아주 깊이 영향을 받으며, 사회가 단편적으로 그리고 근시안적 목표를 가지고 세운 구조에 의해서까지도 타격을 받고 있다는 것을 잘 알고 있었다(133-134).

그러나 이상과 현실에 대한 엘리엇의 이러한 동시적 관심의 표현에도 불구하고 엘리엇의 사회비평의 결점으로 지적될 수 있는 것은 이상과 현실 사이의 불균형이며, 그래서 1934년에 출간된 『이신을 쫓아서』(*After Strange God*)는 민족과 민족이 포괄하고 있는 상황들로부터 어떤 먼 거리를 가지고 있으며, 이 저서는 그래서 현실에 충분히 적응하는 데 실패한 이상주의를 표현하고 있다(Kojecky 128-129). 이러한 불균형의 또 다른 예는 1937년에 방송된 "세계에 대한 교회의 메시지"(The Church's Message to the World)로서 이 방송에서 엘리엇은 '세상에 간섭해야 하는 교회의 일'을 자극적으로 주장하고 있으며, 국민 다수의 기독교적 지향(orientation)과 전 사회의 생활에 대한 교회의 지배를 요구하고 있다(129).

그러나 『기독교 사회의 이상』에서 그는 이 이상사회의 지도자가 기독교인이라는 자격 때문에 선출되지는 않는다고 말하며, '기독교 공동체' 속에서 구성원 모두가 '기독교 신앙인'일 필요는 없다고까지 후퇴함으로써 이상과 현실 사이에서의 그의 불균형(imbalance)을 상당부분 바로 잡아가고 있다. 진보주의자들은 그를 비난하는 이유로 삼고 있지만, 그는 과도한 자유주의나 인본주의 그리고 과학적 이성에 대한 맹신 등의 위험을 이미 확실하게 간파하고 있었으며, 근본적으로 인간의 행복을 위하여 사고되고 추구된 이러한 이념과 도구들을 본래의 목표에 어울리도록 적절하게 사용할 수 있는 방법을 찾으려 하였다. 그는 이것을 독단과 편견이 배제된 종교를 영혼으로 지닌 이상적 기독교 문화의 구조 속에서 추구할 수 있으리라고 생각하였으며, 가능한 착오와 실수를 줄이기 위하여 '기독교인들의 공동체'와 '기독교 공동체'를 구분하고 교회와 '기독교 국가'를 구분하여 각기의 구성과 소임을 분명하게 나누어, 서로 간의 균형과 팽팽한 긴장의 관계를 유지하는 가운데 그 목표를 달성할 수 있으리라고 생각한 것이다.

'기독교 구조(Christian framework)'에 대한 언급에서 기독교 국가에 실제로 적용할 수 있음직한 구조에 대한 세밀한 설명이 부족하기는 하지만, 엘리엇의 '기독교 사회의 이상'은 그 용어의 개념적 성격을 우리가 이해하고 포용한다면, 그것이 설사 분명히 기존의 사회조직에 비하여 생소한 것이라 할지라도, 인간의 궁극적 관심으로서의 고통이 더 많이 감소될 수 있는 '종교-문화의 모델'로서 우리가 깊이 고려해 볼 수 있는 취지와 대의 그리고 기본적 틀을 가지고 있음을 부정하기 어려울 것이다. 그의 이상국가의 지도자가 꼭 기독교인일 필요는 없다는 주장이나 기독교 공동체 구성원 모두가 기독교 신앙인일 필요는 없다는 주장 그리고 서로 다른 이념들 사이의 갈등의 필요성에 대한 주장 등은 그의 이상적 기독교 사회가 적어도 기독교 독재사회를 지양(止揚)하는 보편성을 추구하고 있음을 증명해 주고 있기 때문이다.

엘리엇의 이상적 종교-문화 사회에 대한 이러한 일련의 균형 잡힌 구상은 캠브리지 대학교의 코퍼스 크리스티 칼리지(Corpus Christi College)에서 행한 강연들을 통하여 형성된 것이지만, 출판 연대로 보아 1936년에 태동하여 1938년부터 1947년까지 지속된 'The Moot'라는 기독교 지식인들의 모임에 그가 열심히 참석하고 다양한 견해를 지닌 신학자와 정치인 그리고 여러 분야의 학자들을 만나면서 수정되고 다듬어진 것으로 보인다(Kojecky 130~140). 나치즘이나 스탈린주의(Stalinism) 같은 "혁명적인 정치적 행동에 대하여 계속 의심을 가져온 엘리엇은 전체주의의 기미가 있는 어떤 것들에 대하여도 건강한 혐오의 태도를 견지하였으며, 이러한 점에서 그는 이 모임의 짧은 역사를 통하여 유용하고 엄격한 감시인의 역할을 수행하였다"(Asher 85). 이러한 목표를 위하여 그리고 신에 대한 신앙이 유지되고 "세계를 자살로부터 구하기 위하여"(Eliot 1976, 387), 엘리엇은 'The Moot'가 창립되기 이전인 1937년에 이미 "교회, 공동사회, 국가(Church, Community, and State)"라는 교회협회의 모임에 참가하고 있으며, 『기독교 사회의 이상』은, 어떤 의미에서, 신을 부정하는 전체주의적인 혁명적 정치행동이 종식되고 마침내 "사람들이 신이 죽은 것이 아니고 단지 눈에 보이지 않았을 뿐이라는 것을 알게 되었을 때"(Asher 84-85)에 대비하여 엘리엇과 그와 비슷한 생각을 가진 사람들이 만든 새로운 사회에 대한 청사진이었던 것이다.

앞에서 우리는 종교를 문화의 영혼이라고 말하였는데, 엘리엇이 기독교를 모형으로 하여 제시한 그의 이상적 종교가 그 영혼이 되어 이룩하고 발전시킬 종교-문화는 적어도 논리적으로는 종교의 이름으로 타인의 자유를 과도하게 구속하거나 모든 가치를 획일화시키는 전체주의적 성격을 갖게 되지는 않을 것이다. 이런 문화 속에서는 속되거나 삿된 것에 대한 관심보다는 참되고 진실한 것에 대한 관심이 자연스럽게 부흥될 것이며, 이러한 문화 속에서 문학은 더 이상 폭력이나 후회 없는 권력을 미화하거나 본능이나 악을 달콤하거나 매혹적인 것으로 둔갑시키지는 않을 것이다.

여기서 우리가 간과해서는 안 될 것은 엘리엇의 이러한 종교 문화론의 근저에 전체주의에 대한 큰 두려움과 함께, 인간의 실존의 끝없는 고통의 현실에 대한 그의 깊은 고뇌와 회의 그리고 아픔과 갈등이 깔려 있다는 것이다. 그는 젊은 시절부터 자신의 이러한 고뇌와 갈등을 효과적으로 표출하기 위하여, 기존의 보수적 시단으로부터 받는 비난과 냉소를 감수하며 혁신적 시의 기교를 개발하였으며, 간접적이고 암시적이며 주지적이고 포괄적인 상징기법을 통하여, 본질적으로 평안과 행복, 덕과 안녕을 추구하는 인간의 실존의 삶 속에서의 좌절과 실패, 외로움과 고통을 예술적으로 형상화하였다. 신선하고 놀라운 충격을 주었던 "프루프록의 연가"나 "작은 노인" 그리고 1922년에 발표되어 세계의 시단에 큰 화제를 불러 일으켰던 그의 대표작 『황무지』를 비롯하여, "재의 수요일"(Ash Wednesday) 그리고 『대성당의 살인』, 『칵테일 파티』(*The Cocktail Party*), 『비서』(*The Confidential Clerk*) 등을 비롯한 성공적인 시극작품들이 바로 그 예이다. 시와 시극을 통한 이러한 문학 활동을 통하여 심화된 그의 인간의 실존의 고통에 대한 의식이 바로 그의 종교문화론의 뿌리에 깊이 자리 잡고 실존의 고통이 사라지거나 감소된 미래의 이상적 사회를 향하여 그를 계속 밀어올리고 있었던 것이다.

Ⅳ

문학과 종교가 문학의 자유로운 성격과 종교의 규범적 성격 때문에 서로 배타적인 관계를 가지고 있었다면, 종교와 문화는 각기 그 초월적 성격과 인간적 성격 때문에 대립되는 관계를 가져온 것이 사실이다. 특히 종교와 대중문화는 각기 그 내세적 성격과 현세적 성격 때문에 증오의 관계를 가지고 있었던 것도 사실이다. 그러나 모든 것이 빠르게 변화해 가는 세계 속에서 이들의 관계는 그 근본적 성격의 차이에도 불구하고 점차 조화의 관계로 발전해오고 있다. 슐츠(Quentin J. Schultze) 교수는 그의 논문 "천사와 악마에 감동되어: 종교와 대중문화의 사랑과 증오의 관계(Touched by Angels and Demons: Religion's Love-Hate Relationship with Popular Culture)"에서 "종교와 문화는, 오랫동안 서로 구애하고 비판하는, 사랑과 증오의 관계를 공유하여 왔다"(39)고 말하였으며, 데이빗 제스퍼(David Jasper) 교수는 그의 저서 『문학과 종교연구서설』(*The Study of Literature and Religion: An Introduction*)에서 "문학과 종교는 각기 자기들의 독립성을 유지하고 있으나 둘 다 각기 다른 쪽을 비판하면서 또 필요로 하고 있다"(35)고 말한다. 어떤 의미에서, 문학과 종교 그리고 종교와 문화는 오랫동안 서로 비판하면서 동시에 서로를 필요로 하는 상보적 관계를 유지하여 왔다고 말해 볼 수 있을 것이다. 특히 신의 존재에 대하여 심각한 의문이 제기된 두 번의 세계대전을 거치면서 종교가 인간의 세속의 세계에 대하여 더욱 깊은 관심을 갖게 되면서 이러한 상보적 관계는 더욱 돈독한 것이 되고 있다. 특히 세 분야가 모두 심층의 차원에서 인간의 궁극의 문제에 대하여 사고하고 탐구하지 않을 수 없는 영역이기 때문에 이 세 분야의 관계에 대한 학제적 연구는, 그것이 비록 아직 초보의 단계에 있을지라도, 충분히 생산적이고 의미 있는 일이 될 것이다. 본 논문은 이러한 점에 착안하여, 이 세 분야의 연구의 근본적 성격인 보편성과 이 보편성의 바탕위에 탐구되어야 할 인간의 궁극적 관심으로서의 실존의 고통의 문제에 대한 탐색의 의의와 필요성을 20세기의 최고의 시인의 한 사람이며 탁월한 문명비평가였던 T. S. 엘리엇의 종교문화론에 착안하여 고찰해 보려하였다. 그의 종교문화론은 비록 기독교라는 특정 종교에 근거를 둔 시대에 뒤떨어진 것으로 보이는 보수적 경향의 사고이긴 하지만, 그것이 가진 보편적 성격 때문에 현대의 문화의 진정한 발전을 위하여 충분히 참고 될 가치가 있는 의미 있는 연구의 대상이다.

급변하는 21세기의 현대의 문명 속에서 세계의 종교의 운명에 대하여 우려의 목소리들이 있다. 20세기에 일어난 아우쉬비츠(Auschwitz)와 트레브린카(Treblinka) 그리고 히로시마와 나가사키에서의 참혹한 살육사건과 최근의 뉴욕의 세계무역센터와 워싱톤의 펜타곤에 가해진 이슬람의 지하드공격(jihad-attacks) 같은 끔찍한 테러 등에 대하여 신정론(theodicy)적인 해답이 주어지지 않는 한 종교는 점차 쇠퇴하게 되거나, 종교적 이념이나 가치가 완전히 소멸하지는 않는다 하더라도, 새로운 야만의 상태로 퇴행할 수도 있다는 견해도 있다(Bachika 83). 하지만 이와는 반대로, 최근의 페미니즘이나 문화연구, 비평연구나 담론분석 그리고 해체론 등을 연구하는 많은 학자들은 종교적인 것들과의 대화를 다시 시작하였으며, 토마스 핀천(Thomas Pynchon)이나 토니 모리슨(Tony Morrison) 등을 비롯한 많은 재능 있는 작가들이 기존의 종교와 같은 것은 아니지만 다른 종류의 종교적 각성을 작품을 통하여 재현시키고 있다(McClure 334). 니체의 '신의 죽음'의 선고 이래 처음으로 진지하게 시작되는 지식인들의 종교와의 대화의 재개(reopening)나 전통적 종교와는 다른 종류의 종교적 각성의 예술적 형상화는, 콜롬비아 대학의 사이드(Edward Said) 교수가 그의 『세계, 텍스트 그리고 비평가』(*The World, the Text, and the Critic*)의 말미에서 언급했듯이, 세계의 지성들의 정신의 고갈과 위로에 대한 갈망 그리고 현대의 문명에 대한 실망에서 연유하는 것이다(291).[6] 다른 말로 하면 지식인들의 종교와의 대화의 재개는, 그 동안 인간이 자신의 힘으로 쌓아올린 행복의 바벨탑이 무너지고, 자신의 힘만으로는 그것을 다시 세울 수 없다는 절망감의 표현이다. 본 논문이 탐색해 온 문맥의 범위에서 말하자면, 종교의 도움 없는 인간의 노력이나 지성의 힘만으로는 인간이 현실의 실존의 상황에서 겪는 어쩔 수 없는 고통으로부터 벗어날 수 없다는 것을 현대의 문명이 절실하게 깨닫게 되었다는 것의 표시이다.

대부분의 문화는 고통 없는 삶과 그래서 의미 있고 가치 있는 삶에 대한 욕구에서 만들어진 것이다. 서양의 유대와 그리스 로마 문명이 바로 이러한 인본주의적 문화의 산물이었으며, 이슬람 문화나 인도의 힌두문명, 중국의 도교-유교-불교 문명 그리고 인간역사의 모든 다른 문화들이 그러하였다. 인간은 모두 고통 없는 상태에서 사랑하고 사랑받고 싶으며, 아름다움과 이해, 의미 있는 경험과 활동, 자기표현 그리고 자아의 충족에 대한 욕구를 가지고 있었으며 이러한 욕구들의 총체가 곧 인간의 문화의 표현이었다(Adams 9). 그리고 문학은 바로 이러한 인간들의 자연스런 욕구의 발로와 그것의 성취와 실패, 도전과 좌절 그리고 거기서 스며 나온 기쁨과 분노, 슬픔과 고통의 진실한 예술적 형상화의 산물이다.

이러한 맥락에서 보면 문학과 종교 그리고 문화는 인간의 궁극적 관심인 고통 없는 실존의 상태에 대한 끊임없는 갈망과 좌절의 역사 위에, 부단히 서로 사랑하고 증오하면서 존재할 수밖에 없는 태생적 유사성을 지니고 있다고 말하지 않을 수 없을 것이다. 따라서 이 세 분야의 관계에 대한 학제적 연구는 삶 속에서 인간의 고통을 완화하고, 엘리엇이 말한 인류 공동체의 '덕과 안녕'을 도모하는 데 기여할 수 있을 것으로 보이며, 모든 중심가치가 부정되고 의심의 대상이 되고 있는 포스트모던 시대에 새로운 대안을 찾는 과정에서 긍정적 역할을 할 수 있을 것으로 보여지는 것이다.

제9장
변증법인가 삶인가?
— 도스토예프스키의 「죄와 벌」

I

미국의 독창적 포스트모던 비평가인 이합 핫산(Ihab Hassan) 교수는, 포스트모더니즘에 대하여 말하면서, 바스(John Barth)나 버로우즈(William Burroughs)와 같은 포스트모더니스트들에게 있어 "해체"라는 것은, 한 편으로는 부정이며 자기 파괴적, 악마적, 허무적인 것이지만, 다른 한 편으로는 "있는 그대로의 삶 혹은 존재에 대한 긍정이며 자기추방, 자기추월이며, 존재에 대한 새로운 의미를 세우는 신성한 의식 그리고 어떤 절대적인 것에의 추구"라고 말한다. 우리는 삶의 다양한 이면들을 뒤집고 부정하며 '존재에 대한 새로운 의미'를 찾아 치열한 변증법적 사고를 거듭하지만, '있는 그대로의 삶'을 긍정할 수 있는 절대적 순간은 아무래도 쉽게 찾아지지 않는다. 자크 데리다(Jacques Derrida)의 말처럼 "절대적 의미란 실제로 인지할 수 있는 것이 아니고, 그 절대적 의미를 찾아 수없이 되풀이된 욕망들의 흔적으로만 존재할 뿐"인 것인가?

도스토옙스키의 소설 『죄와 벌』 속에서 주인공 라스콜리니코프는 이 소설의 마지막 부분에서, 수용소로 그를 면회하러 온 소냐의 발 아래 갑자기 몸을 던지고 울면서 그녀의 무릎을 안는다. 작품의 에필로그에 도달할 때까지도 자신의 살인행위에 대하여 잘못을 인정하지 못할 뿐 아니라, 노파 살해 후에 마음에 밀어닥친 중압감을 견뎌내지 못한 자신의 무능력만을 경멸하여, 자신의 뒷바라지를 위하여 시베리아의 유형지까지 따라온 소냐에게조차도 거칠게 대해 온 그가 갑자기 그녀 앞에 무너진 것이다. 작가는 이 부분에 대하여 설명하면서 "변증법 대신에 삶이 시작되었다"고 쓰고 있다.

여기서 '변증법'이 의미하는 것은 인간의 비판적 이성에 의한 논증의 행태나 삶에 대한 분석적 태도이다. 이러한 태도를 가지고 인생을 사는 사람들은 신이 창조한 세계와 그 세계의 운용의 현실에 대하여 강한 불반을 가지고, 그 세계를 있는 그대로 받아들이기 보다는 그것을 자신이 가진 정의의 의지와 판단에 따라 해체하거나 다시 창조하려 하며, 이 과정을 통하여 궁극적으로 자신의 뜻에 합당한 온전한 세계를 구축하고자 한다. 그러나 그러한 일이 한 세대나 한 인간의 일생 동안에 이루어질 수 있는 일이 아닐 뿐더러 우리 앞에 펼쳐진 세계는 항상 불완전하기 때문에 그들은 항상 불만에 차 있으며 이 불만을 해소시키기 위하여 그들은 자신이 갈망하는 완전한 세계에 방해가 되는 모든 요소들을 과감히 제거하려 한다. 이 과정에서 그들은 동료 인간의 생명조차도 감히 희생의 제물로 수용한다. 이 단계에 이르면 그들은 자신도 모르는 사이에 인간의 생명을 창조한 신의 세계를 침범하게 되며, 이 침범의 순간 그들은 스스로 신이 된다. 그러나 전지한 전능자가 되는 일은 인간의 의지와 이성의 능력을 넘어서는 일이며, 그들은 반드시 어느 순간 자신의 실패를 뼛속 깊이 인정하지 않을 수 없게 된다. 라스콜리니코프가 처한 상황의 정체는 바로 이것이다. 그러나 그는 상처받은 자존심 때문에 이 실패를 온전히 받아들일 수가 없는 것이다. 이러한 자신에 대한 혐오와 경멸이 다른 사람들로부터 스스로를 격리시키게 만들며 그를 진심으로 사랑하는 소냐조차도 예외가 아니었던 것이다. 이러한 그가 어느 날 갑자기 소냐 앞에 무릎을 꿇었다는 것은 그 순간 그가 자신의 한계를 어쩔 수 없이 수용하고 작은 신이기를 포기했다는 것을 의미한다. 『반항인』에 나타난 까뮈(Albert Camus)의 용어를 차용하여 말한다면 그는 신이 만든 '은총의 왕국'을 인간이 만들려고 하는 '정의의 왕국'으로 대치시키려던 겁 없는 시도를 포기한 것이다. 그리고 바로 이 완전한 스스로의 방기의 순간 변증법은 끝나고 진정한 삶이 시작되는 것이다.

도스토옙스키의 언급 속에서 변증법과 대치되는 개념으로 사용된 '삶'이 의미하는 것은, 분석적이고 비판적인 삶의 태도와 반대되는, 모든 존재하는 것들을 이의 없이 있는 그대로 수용하는 삶의 태도이다. 이 태도 속에는 신이 되고 싶은 인간의 오만이 배제된, 겸허한 인간의 삶이 모두 포괄되어 있다. 소냐는 그녀의 아버지의 생의 마지막 순간에 수줍은 모습으로 소리 없이 등장하여, 숨을 거두는 불행한 아버지를 그녀의 품에 안음으로써, 갑자기 닥친 엄청난 고통까지도 신음조차 없이 받아들이는 겸허한 인간의 모형을 보여준다. 그녀는 아무 것도 분석하려 하지 않으며 아무도 비난하지 않는다. 그녀는 라스콜리니코프를 만나서도 그의 불행을 순간적으로 깨닫고 그를 그 불행으로부터 벗어나게 도우려 하며 그와 함께 그의 십자가를 지려고 시베리아 벌판의 유형지로까지 그를 따라갈 뿐, 그를 단죄하거나 비판하지 않는다. 진정한 의미에서, 거역할 수 없이 단호한 그녀의 이러한 태도는 거칠고 험한 죄수들의 마음을 봄 눈 녹이듯 풀어주는 엄청난 힘을 발휘한다. 작고 빼빼 마른 존재인 그녀를 이제 그들은 '우리의 어머니'라 부른다. 사람들의 존경심을 불러일으키는 그녀의 포용적 태도의 근저에는, 죄 지은 자, 고통 받는 자를 구원하러 온 기독교의 신에 대한 확고한 믿음이 자리하고 있다.

『죄와 벌』 속에서 라스콜리니코프의 변증법적 삶의 태도는 소냐의 수용적이며 자기희생적 삶에 굴복하지만, 두 사람으로 대표되는 상반적 삶의 태도는, 도스토옙스키가 살았던 19세기를 넘어 20세기와 21세기까지도 훌륭한 문학작품들 속에 다양한 형태로 긴장관계를 유지하며 대치하고 있다. 물론 문학은 근본적으로 그 속성 때문에 종교와 비교하여 더 '변증법적'이다. 왜냐하면 신을 중심에 둔 종교가 그 속성에 있어 근본적으로 규범적이라면, 문학은 그 근본에 있어 규범에 저항하는 자유로운 속성을 지니고 있기 때문이다. 그래서 문학은 항상 종교를 그 중심에 두었던 19세기 영국의 사회 규범이나 제도의 희생양이 되었던 토마스 하디의 여주인공 '테스'같은 인물이나, 미국의 건국 초기, 청교도 시대의 『주홍글자』의 여주인공 헤스터 프린 같은 인물의 편에 서왔으며, 존 스타인백의 『분노의 포도』의 주인공인 짐 케이시나 톰 조드의 투혼에 깊은 박수를 보내고 있다. 문학의 이러한 태도가 큰 공감을 얻는 이유는 무엇인가? 그것은 세계의 표면에 드러난 신이 창조한 세계의 실패 때문이며, 신에 근거한 종교의 규범의 비현실성 때문이다. 사랑과 선 그리고 인간의 바름의 근원이며 동시에 전지전능한 존재로 믿어 왔던 신이 창조한 세계 속에서 선은 오히려 악의 힘에 의해 구축(驅逐)되고 있는 것으로 보이며, 수많은 인간들의 오랜 기도와 간구에도 불구하고 악의 힘은 더욱 강대해지고 있는 것으로 보인다. 신의 뜻을 세상에 구현시켜야 할 종교는 인간의 실존의 고통을 깊이 응시하지 않으며 그것을 숙고하려 들지 않고, 가능한 한 개인의 심오한 실존의 현실을 외면하고 피상적으로만 접근하려 한다. 종교가 몸을 사리지 않는 유일한 영역은 자체의 세력을 확장하기 위한 전투적 선교의 영역 밖에 없는 것으로 보이는 것이다. 인간의 삶의 현장의 반영이어야 하는 문학은 이러한 신과 종교의 현상을 비록 허구적이지만 생생한 인물들을 통하여 세계에 보여준다. 이러한 과정에서 문학은 비록 간접적이긴 하지만 인간의 삶의 옳고 그름을 작중인물의 입을 통하여 변증하는 과정을 기록하지 않을 수 없기 때문에, 문학은 그 속성상 근본적으로 변증법이 되지 않을 수 없는 것이다.

그러나 규범에 도전하는 성격이 문학의 속성의 전부인 것은 아니다. 문학은 기존의 제도에 도전하면서 동시에 인간의 꿈과 갈망을 표현하는 또 다른 중요한 속성을 가지고 있다. 현실의 삶의 부조리에 외롭게 시달리는 인간들이 꿈꾸고 갈망하는 것은 저항할 수 없는 전능한 존재에 기대어 마침내 평안과 행복을 얻는 것이다. 20세기 부조리극의 대표작이라 할 수 있는 사뮈엘 베케트의 희곡 『고도를 기다리며』는 이러한 존재를 기다리는 인간의 포기할 수 없는 끈질긴 갈망을 좁은 무대 위에 예술적으로 형상화시킨 상징적 작품이라 할 것이다.

여기서 우리가 생각할 수 있는 중요한 한 가지는, 삶에 대한 변증법적 태도나 수용적 태도 모두 근본적으로 인간의 삶에 대한 진지한 성찰 뒤에 찾아오는 인간과 인생에 대한 깊은 회의에서 배태된 것이라는 사실이다. 우리의 삶 속에는 정의보다는 부조리가, 사랑보다는 증오가, 자유보다는 속박이 더 많은 것으로 보이며, 이러한 상황을 만들어내는 것은 근본적으로 이러한 현상을 전혀 바라지 않는 인간들 자신이기 때문이다. 삶의 진실에 대한 이러한 성찰에서 생기는 회의를 극복하기 위하여 인간은 변증법적 과정을 통하여 세계를 재창조하려 하거나 아니면 인간의 능력의 한계를 절감하고 신의 가르침을 온전히 수용하여 철저히 실천하려 하게 된다.

그러나 개별적 문학작품이나 작가들이 보여주는 실제의 현상은 두 가지 삶의 태도 중 어느 한 쪽만을 처음부터 시종일관 지지하거나 그 속에 안주할 수 없음을 보여준다. 20세기 최고의 문학비평가이며 시인 중의 한 사람으로서, 1948년 노벨 문학상을 수상한 T. S. 엘리엇의 작품이나 그 자신의 삶을 고찰해보면, 신에 대한 태도에 있어 반항과 순응이 끊임없이 서로 교차되고 있는 현상을 확연히 목도할 수 있다. 그에게 높은 인기를 안겨 준 초기의 작품들, 예를 들면, 「J. 알프레드 프루프록의 연가」나 「게런티언」 그리고 『황무지』 등은 그의 인간과 삶에 대한 변증법적 태도를 외로움의 이미지들을 통하여 간접적으로 표출하고 있다. 「프루프록의 연가」 속에 나타난

나는 차라리 고요한 바다 밑을 어기적거리는

엉성한 게 다리나 되었을 것을.

I should have been a pair of ragged claws
Scuttling across the floors of silent seas.

같은 구절이나, 그의 대표작으로 알려진 『황무지』 속의

우리는 각자의 감옥 속에서, 열쇠를 생각 합니다
열쇠를 생각하면서 자기 감옥을 확인하는 것이죠.

We think of the key, in his prison
Thinking of the key, each confirms a prison.

같은 구절들은, 외로움에서 생긴 삶에 대한 회의를 인간의 삶의 비극성의 차원으로 끌어올린 대표적 시구들이다. 비평가들은 엘리엇의 초기의 시 작품은 모두 이 외로움의 주제에 대한 다양한 변형들이라고까지 말한다. "죽은 땅에서 라일락을 키워내고 / 기억과 욕망을 뒤섞으며 / 봄비로 죽은 뿌리를 뒤흔드는 / 사월(四月)이 가장 잔인한 달"이 되는 것은, 죽음 같은 겨울 동안 불행했던 과거와 희망의 미래 사이를 수없이 왕래하며 기다렸던, 사월로 상징된 아름다운 모든 기대의 순간이, 20세기의 문명의 시대에서는 매번 깊은 환멸과 비애를 확인하게 하는 슬픈 순간이 되어 있기 때문이다. 이 역설을 통하여 엘리엇은 끊임없이 인간의 환상을 자극하고 있는 현대문명의 허구성에 대한 환멸을 확연하게 느끼게 해준다.

그는 이 정신의 환멸을 추스르기 위하여 인간세계가 아닌, 신이 주인인 종교의 세계로 간다. 이 전이의 과정은 물론 쉽게 이루

어진 것은 아니다. 많은 망설임과 두려움 그리고 도피 다음에 새로운 삶으로 깨어나는 종교로의 전이가 이루어진다. 1927년 엘리엇은 인간의 이성이 주인이었던 유니테리안교(Unitarianism)로부터 신이 주인인 영국 국교회(Anglican Church)로 개종했던 것이다. 그러나 신이 지배하는 세계의 모든 것을 다 받아들이고도 그의 문제는 해결되지 않았다. 교회는 그의 목적에 합당한 교리나 형식을 갖추고 있었으나 교리나 예배의 형식이 인간의 문제를 해결해주는 것은 아니었던 것이다. 종교가 인간이 지배하는 세계와 다른 것은 의식(儀式) 밖에 없었으며, 그가 기대했던 새로운 차원의 삶은 거기에 없었던 것이다.

> 우리가 어려운 길을 간 것은 탄생을 위해서입니까
> 죽음을 위해서입니까? 확실히 탄생은 있었습니다.
> 우리는 증거가 있었고 의심은 없었습니다. 나는 탄생과 죽음을 알았었지만
> 그 둘이 전혀 다른 것이라고 생각했습니다.

> Were we led all that way for
> Birth or Death? There was a Birth, certainly
> We had evidence and no doubt. I had seen birth and death
> But had thought they were different:

그의 종교에 대한 회의는 여기서부터 시작되며, 개종 후에 나타난 「동방박사들의 여행」을 비롯한 소위 『공기 요정 시편들』 속에 이러한 정신의 정황이 엘리엇 특유의 역설과 상징들 속에 잘 표현되어 있다. 그가 신이 지배하는 세계로 알고 들어갔던 곳은 사실은 인간이 신의 가면을 쓰고 지배하는 인위적 신의 세계였으

며 진정한 의미의 종교는 아니었던 것이다.

문제는 인간의 속성에 있다. 신이 계시를 통하여 인간에게 내린 어떤 제도라 할지라도 인간의 손을 거치는 동안 결국 인간을 구속하는 새로운 방법이 되고 만다. 이러한 인간의 속성에 대한 비관적 인식은 그의 시 「작은 영혼」 속에 잘 나타나고 있다. 그러면 이러한 인간의 속성의 최대 공약수는 무엇인가? 그것은 '사랑의 부재'라는 것이다. (이것 때문에 엘리엇은 신이 지배하는 종교의 세계로 들어갔었다. 그러나 거기에도 사랑은 없었다.) 이러한 인간은 사랑을 행하는 순수한 의지로서의 초월적 힘인 신이 창조하였다. 그러나 이러한 의미의 신이 강조되는 종교에조차 사랑이 없는 것이다. 엘리엇의 신에 대한 회의는 여기서부터 시작되는 것으로 보인다. 결국 그는 기독교도로서 신의 섭리를 믿으면서도, 한 편으로는 변증법적으로 회의할 수밖에 없는 딜레마에 빠지게 된다.

그렇다면 엘리엇의 신에 대한 회의의 본질은 무엇인가? 그것은 '왜 신은 전지전능하면서 그가 창조한 인간을 영원히 불행하게 만드는 악을 방관하는가?'하는 것이다. 이 질문 속에는 인간을 고통 속에 침몰시키는 악을 방치하고 있는 신에 대한 강한 변증법적 반항이 내포되어 있다. 그러나 신은 세상을 창조한 이후 계속 침묵을 지키고 있다. 결국 엘리엇이 그의 「보들레르론」에서 말한 것처럼 "인간존재의 불행한 필연성 중의 한 가지는 우리들이 모든 것을 스스로 찾아내야 한다는 것이다." 신의 섭리를 믿으면서도 한편으로는 악을 볼 때마다 신에 대해 회의하고 괴로워하는 딜레마 속에서 인간은 자신을 회의의 고통으로부터 구해 줄 힘을 스스로 찾을 수밖에 없다.

『네 개의 사중주』는 신에 대한 엘리엇의 변증법적 태도가 수용적 태도로 바뀌게 되는 전기를 보여주는 중요한 작품이다. 이 작품 속에서 신에 대한 엘리엇의 개념은, 일차 세계대전 동안 종군목사로서 최전선에 자원하여 복무한 바 있으며, 히틀러 치하의 독일에서 망명하여 미국의 유니온 신학교와 하버드 대학에서 종교철학을 가르치던 진보적 신학자 폴 틸리히(Paul Tillich)의 영향을 받아, 인격적 개념에서 존재론적 개념으로 변환되어 나타나며, 이 변환을 통하여 신은 전지전능한 저 하늘의 높은 자리에서 유한과 무한을 초월한 존재자체(being-itself), 존재의 근원, 그리고 실존의 삶 속의 인간의 '궁극적 관심(ultimate concern)'의 자리로 내려온다. '존재의 근원'으로서 그리고 인간의 '궁극적 관심'으로서의 신은 이제 전지전능한 인격적 존재가 아니다. 복잡한 존재론적 사유의 과정을 이 좁은 지면에서 모두 설명할 수는 없으므로, 결론만을 말한다면, 엘리엇은 신의 존재론적 성격 앞에 '사랑'(Love)을 붙임으로서, 'Love is God' 곧 'God is love'라는 자신의 깨달음을 시로 형상화시키며, 이 과정을 통하여 엘리엇은 그 동안 세상의 악으로 인하여 그와 신 사이에 생겨 있던 '신과의 불화'로부터 탈출하는 것으로 보인다.

이처럼 '신은 사랑' 이라는 등식의 발견을 통하여 엘리엇의 삶은 치열했던 변증법적 삶에서 평안한 수용적 삶으로 전환되는 계기를 맞게 된다. 그러나 엘리엇이 『네 개의 사중주』 발표 이후에 지속적으로 수용적 삶에 머물러 있었던 것은 아니다. 그는 사랑이라는, 삶의 궁극의 문제에 대한 해답을 발견한 뒤에도, 인간의 실존의 상황에서 그것이 실제로 세계의 악과 고통 그리고 거기서 생기는 삶에 대한 회의의 문제를 해결해주지 못한다는 것을 알고 있다. 인간이 신을 찾게 되는 발단의 시초가 되는 인간 실존의 고통의 문제에 대한 해답은 사랑인데, 가장 깊은 의미에서 이 사랑의 실천은 현실적으로 고통인 것이다. 이것은 추상적 논리의 결과가 아니라 사랑에 대한 절실하고 구체적인 경험의 피할 수 없는 결론이다. 1935년에 발표된 『대성당의 살인』으로 시작된 엘리엇의 중후한 다섯 편의 장막시극 속에 나타나는 사랑과 고통의 변증법은 여기서 시작된다. 그러나 그의 치열한 변증법적 삶의 태도는 그의 마지막 작품인 『원로 정치인』의 제3막에서 수용적 태도로 다시 전환된다. 그는 이 작품에서, 실존의 고통에 대한 해답인 사랑을 실천하려는 인간의 노력에도 불구하고 결국 연약하기에 많은 죄를 범할 수밖에 없는 인간의 죄의 고백과 용서의 문제를 다루고 있는데, 엘리엇은 주인공의 입을 통하여, '어떤 인간이 일생에 단 한 사람 만이라도, 자신의 범죄 뿐 아니라 비열한 짓, 비루한 행동까지를 포함하여 모든 것을 그에게 고백하고 싶은 사람이 있다면 그때 그는 그 사람을 사랑하는 것이며, 그의 사랑이 그를 구원할 것'이라고 말한다.

엘리엇의 이러한 결론의 내용은 우리가 앞에서 살펴 본 『죄와 벌』의 주인공 라스콜리니코프의 정신적 구원의 상황과 너무나 유사하다. 라스콜리니코프도 다른 누구에게가 아니라 그가 사랑하는 소냐에게 자신의 범죄의 내용의 모든 것을 고백하고 마침내 그녀에 대한 그의 사랑을 통하여 구원을 성취하고 있기 때문이다. 『원로 정치인』의 여주인공인 모니카는 이 작품의 남자 주인공인 아버지 클레버튼경에게 "아버지는 제가 아버지를 위하여 생명을 바치리라는 것을 아십니다."라고 고백하는데, 그녀의 이러한 사랑의 태도는 『죄와 벌』 속에서 소냐가 라스콜리니코프에게 바치는 사랑의 태도와 아주 흡사하다. 모니카는 소냐처럼 정치가였던 아버지가 지은, 살인과 유사한 죄까지를 포함한 모든 죄를 아무런 비난이나 질책 없이 수용하며, 아버지를 곤경에서 구하기 위해 자신의 목숨까지를 포함하여 모든 것을 바치려 한다. 이러한 과정에서 라스콜리니코프와 클레버트튼경으로 하여금 모든 것을 고백하게 하는 힘의 원천은 소냐와 모니카라는 여성들이 보여주는 무조건적 수용의 사랑이다. 『파우스트』에서 괴테가 말한 것처럼 '영원한 여성', 영원히 여성적인 것이 그들을 구원하는 힘의 근원이 되는 것이며, 이 여성적인 것의 핵심은 바로 '무조건적인 수용의 태도'이다. 그리고 이 무조건적 수용의 태도는 바로 '신의 사랑'의 핵심인 것이다.

그러나 고도(Godot)를 기다리다 지쳐버린 우리들의 이 시대는, 이제 참을성을 잃어버리고, 신을 중심으로 하여 이루어진 기존의 진리나 중심 가치를 부정하며, 대안 없는 우상파괴 행위를 계속하여 왔다. 신의 사망을 선고했던 19세기의 니체는 20세기 후반에 다시 살아나 푸코나 데리다의 펜 끝에서 모든 기존 가치의 해체를 선도하고 무정부주의적 혼란을 부추겨왔다. 얼마 전 자크 데리다가 숙었으나 언제 니체처럼 되살아날지 아무도 알 수 없다. 그들의 변증법적 삶의 태도는 이 시대의 지식인들의 삶의 태도에 엄청난 영향을 끼쳐왔으며, 그들이 선도한 포스트모더니즘의 유행이 비록 1980년대 이후 사라졌다고는 하지만 그 유령은, 인간의 실존의 고통이 우리의 삶에서 사라지지 않고, 그들이 부정한 신이나 중심가치를 대체할 어떤 가치가 발견되지 않는 한, 계속 우리의 주변을 서성거릴 것이다. 더구나 신의 사랑을 기반으로 하여 인간들의 고통을 위로해 주던 종교조차 이제 사회에 만연한 이익

중심의 다른 세속적 조직처럼, 사랑의 실천은 뒷전에 방기한 채 신을 등에 업고 지상에서의 권력과 재물을 위하여 거짓을 일삼는 행태가 사라지지 않는 한, 최선의 의지를 가진 사람들의 신에 대한 질문은 변증법적이 되지 않을 수 없다. 몇 년 사이에 출판되어 주목을 받고 있는 일련의 반종교적 반신앙적 작품들 곧 샘 해리스의 『신앙의 종말』이나 크리스토퍼 히친스의 『신은 위대하지 않다』 그리고 리차드 도킨스의 『만들어진 신』 등의 출판은, 현실의 종교가 보여주는 지나친 세속주의에 대한 반발이 그 시발점이 되고 있음을 부정할 수 없을 것이다.

이성에 근거를 둔 기존의 진리를 용감하게 부정하고 나온 포스트모더니즘이 전적으로 우리의 시대에 부정적인 영향만을 끼친 것은 아니다. 포스트모더니즘의 아무도 부인할 수 없는 긍정적 정당성의 하나는 포스트모더니즘이 삶의 다양한 현상이나 가치에 대한 판단에 있어 단호히 획일성을 거부하고 다양한 접근 방법이나 시각을 향하여 문을 열어놓고 있다는 것이다. 유일하거나 절대적인 해석의 기준을 철저하게 파괴한 것이다. 포스트모더니즘의 중요한 작가인 움베르토 에코의 『장미의 이름』에서 주인공 윌리암 수사는 "우리시대의 지식인이란 난장이 어깨에 올라앉은 난장이에 불과하다"고 말함으로써 인간의 시야의 제한성에 대하여 일침을 가한다. 우베르뜨노 수사는 "선악의 경계선이 너무 가늘어서 구별하기 어렵다"고 말함으로써 사물에 대한 섣부른 획일적 판단의 위험을 경고하며, 윌리암 수사는 "진리란 사물과 지성 사이의 조정에 불과"하므로 절대적 진리란 존재할 수 없으며 따라서 조수 아드보가 보기에 그는 진리에 대하여 조금도 흥미가 없어 보인다. 윌리암 수사는 심지어, 수도원장의 '진리가 어디 있느냐'는 질문에 '때로는 아무 데도 없다'고 대답하며, "유일한 진리는 진리에 대한 광적인 정열에서 해방되는 길을 배우는데 있다"고 말한다. 진리에 대한 다양한 해석의 필연성을 절감하게 하는 언급은, "그리스도는 절대 웃지 않았다"는 성 요한 크리소스톰의 말을 믿으며, 웃음에 대한 아리스토텔레스의 이론이 적힌 『시학』 제2권에 독극물을 칠하여 놓음으로써 그 부분을 읽는 사람들을 죽게 만드는 노인 호르헤 수사에게 던지는 윌리암 수사의 말이다. "이 영감아, 악마는 바로 당신이야. 미소를 모르는 신앙, 의혹의 여지가 없는 진리, 그게 악마야."

최근에는 포스트구조주의의 대표적 철학자인 데리다의 해체론에 대하여, 그것이 허무적이고 상대적이며 주관적이고 반종교적이라는 기존의 평가와는 달리, 데리다의 신의 부정이 신의 존재에 대한 깊은 갈망의 역설적 표현이거나 아니면 부정을 통하여 신의 존재를 강조하는 '부정의 신학'(negative theology)의 측면을 초기에서부터 계속 지녀왔다는 주장이 제기되고 있다. 존 카푸토(John D. Caputo)교수의 『자크 데리다의 기도와 눈물: 종교 없는 종교』에 제시된 이러한 주장에 대하여 데리다는 한동안 부정적 태도를 견지하였으나 후에는 "자기가 읽혀지기를 바라는 방식으로 카푸토 교수가 자기를 읽었다"는 반응을 보였다고 한다. 데리다의 이러한 반응에 대하여 카푸토 교수는 데리다가 "자신의 해체론이 긍정적으로 읽혀지는 것을 평가하고 있다"고 해석하면서, "데리다는 해체론이 부도덕한 상대주의나 무정부주의가 아니라는 것을 명백하게 밝히기를 원하고 있다"고 말하고 있다.

신과 인간의 관계에 대하여도 그 동안 괄목할 만한 변화가 진행되어 왔다. 신은 이제 전능하면서도 인간의 고통을 방관하거나 외면하는 무심한 존재에서, 아우슈비츠의 가스실 같은 고통의 장소에서 죽어가는 인간과 함께 슬퍼서 울고 계시는 존재로 바뀌어 인식되고 있다. 신학자 불트만(Karl Bultmann)에 의해 제기된 소위 '하나님의 눈물론'은 처음에는 조롱과 환멸의 대상이 되었으나, 점차 설득력을 얻게 되었고, 하나님의 눈물에 대한 새로운 해석과 그 의미가 관심의 대상이 되었으며, 신과 인간의 관계에 대한 새로운 정의로서 학계의 조명을 받고 있다. 한국에서도 작가 정찬의 『세상의 저녁』 같은 작품 속에 이러한 생각이 깊이 반영되어 나타나고 있다.

작가 공지영의 『우리들의 행복한 시간』에 이르면 우리들의 신에 대한 변증법은 현저히 약화되고, 고통 받는 존재에 대한 깊은 이해와 따뜻한 공감이 우리를 휘어잡는다. 세 번이나 자살을 시도한 적이 있는 젊은 여 교수가, 스스로의 힘으로는 어찌해 볼 수 없는 참담한 상황에서 마침내 한 아이를 강간하고 세 사람을 죽인 젊은 사형수를 사랑하게 되는 사연의 자초지종은 우리의 가슴을 저리게 한다. 이 작품에서 중요한 것은 세상의 눈으로는 전혀 가능해 보이지 않는 여교수와 사형수 사이의 사랑의 감정이, 비록 서로 다른 상황에서이지만, 그들이 "삶의 어떤 순간부터 죽음의 열차를 타고 싶어 했다"는 감정의 동질성으로부터 시작되었다는 것이다. 다른 사람에게는 함부로 드러낼 수 없는 깊은 상처의 동질성에 대한 자각이 그들 사이의 공감을 가능하게 하며, 이 공감의 확산을 통하여 그들의 사랑은 저절로 움터 올랐던 것이다. 사형수를 자식처럼 돌보는 마음으로 매주 그를 면회하러 다니는 모니카 고모나, 자기 딸을 죽인 범인의 마음의 고통을 이해하고 공감하려 온 힘을 다하며 마침내 그를 용서하려 노력하는 삼양동

할머니가 우리를 감동시키는 것도 그들이 온 정성을 다하여 타인의 고통에 동참하려 하기 때문이다. 그녀들이 사형수인 윤수에게 전달하는 것은 삭막한 이 세계에 적어도 그가 경험하지 못했던 사랑이 존재하고 있다는 것이다. 인간에 대한 사랑을 경험해 보지 못한 사람이 어떻게 신을 사랑할 수 있을 것인가?

극단적인 신에 대한 부정의 시대를 거치면서 우리는 조금 더 영악해진 것이 아닐까? 우리가 의지할 수 있는 마지막 안식처의 소중함에 대하여 조금씩 우리는 눈을 뜨고 있는 것이 아닐까? 도스토옙스키는 라스콜리니코프와 소냐의 미래에 대하여 아무 이야기도 남기고 있지 않다. 라스콜리니코프가 비록 소냐의 사랑에 의해 구원을 받았다고는 하지만, 삶의 과정에서 그는 또 어느 순간 변증법에 빠지는 날을 맞게 될 것이라는 것을 우리는 알고 있다. 그러나 우리가 짐작할 수 있는 것은 이번에는 그가 『죄와 벌』 속에서보다는 조금 더 빠른 시간에 변증법에서 빠져 나올 수 있지 않을까 하는 것이다. 왜냐하면 포스트모던 시대의 격랑을 헤쳐 나오면서 절대적이고 유일한 가치의 중압에서 우리는 약간씩 해방되고 있으며, 과거의 신이나 종교의 문제가 우리가 어찌해 볼 수 없는 저 높이(height)의 문제였다면, 오늘날 종교나 신의 문제는 우리가 조금을 어찌해 볼 수 있을 것 같은 우리 개개인의 존재의 경험의 심연에 닿아있는 깊이(depth)의 문제가 되어 있기 때문이다. 저 높은 곳에서 절대적 사랑과 선으로 인간의 세계를 규율하던 신의 권위는 제 일차 세계대전과 이차 대전을 지나오면서 슬프게도 사라졌다. 이제 적어도 신은 우리가 실존의 고통에 빠져 있는 동안 우리들 곁에서 우리와 같이 슬퍼해주는 친근한 존재가 되었다. 죽음과 방기의 위기에 빠졌던 신은 도스토옙스키가 받았던 시베리아의 긴 유형보다 훨씬 어렵고 더 긴 고난의 세월을 거치는 동안 오히려 우리와 더 가까워져서, 이 시대 우리의 마음속에 죽지 않고 살아남아 있는 것이다. 물론 또 우리는 힘든 변증법에 빠질 것이다. 그러나 이제 우리는 그것에 대한 상상 때문에 두려움에 빠지지는 않을 것이다. 중요한 것은 언제나 이 시대 우리의 현재이기 때문이다.

주

NOTES

서 언

1) 5세기에서 6세기 사이에 부정의 신학에 대한 중요한 저술을 남긴, 'Blessed Dionysius the Areopagite'로 알려진, 신비에 가려진 신학자.

제1장 포스트모던 문학의 종교성 : 시론

1) 마틴 루터는 인간은 도덕적 업적(moral works)을 통해서가 아니라 오직 신의 은총에 의해서만 구원 받는다고 말하였는데, 폴 틸리히는 인간은 지적인 업적이나 희생을 통해서도 구원 받을 수 없다고 선언한다. 그는 신의 은총이 인간의 가치 없음(unworthiness)에도 불구하고 그를 받아들인 것과 똑같이, 신에 대한 인간의 회의에도 불구하고 그를 수용할 것이라고 말한다. 궁극적 실재는 완전한 분리나 회의의 순간에도 항상 현존하는 것이다. 회의 없는 진리는 없으며, 진리 없는 회의도 없다. 틸리히는 무신론자의 무신론에 대한 강렬한 관심조차도 바로 그 부정의 열정적 성격 속에서 궁극적인 것에 대한 관심을 고백하고 있는 것이라고 말하고 있다 (Leibrecht 4).
2) 후기 플라톤 철학에서 시작된, 신에 대하여 이야기하는 두가지 방법 — *kataphatikē* (towards speech)와 *apophatikē* (away from speech) — 중 '부정의 신학'의 기원이 되는 *apophatikē*는 바로 이 회의에서 출발하고 있다. 부정의 신학은 신적 성질을, 제한된 인간의 이성이 이해할 수 있는 용어에 의존하여 설명하는 표현 곧 외형적 표현과 같은 것으로 여기는 것에 대한 경계(guard)이다. 부정의 신학은 무한한 신의 초월성을 훼손함이 없이 인간은 신의 속성을 창조적으로 전달할 수 없다고 말한다. 긍정의 신학이 신의 존재를 눈에 보이며 인간의 이성으로 이해할 수 있는 '존재의 충만함(fullness of being)을 통하여 설명하려 한다면, 부정의 신학은 눈에 보이지 않으며 인간의 이성으로 이해하기 어려운 비존재(non-being)의 관점에서 신을 이해하려 한다(Carabine 2-3).
3) 1930년과 1932년 사이에 작곡된 이 작품이 미완인 것은 이 작품의 주제 자체의 성질 때문이라고 평론가들은 말한다. 왜냐하면 짧은 제3막은 인

간과 신의 결합이 성취된 것을 보여주는 부분인데, 인간과 신의 결합의 장면은 인간이 그것을 알도록 허락된 부분이 아니기 때문이다. 쇤베르그는 베토벤이나 브루크너(Bruckner) 그리고 말러(Mahler)등이 제10번 교향곡을 쓰도록 허락되지 않은 것은, 그들이 인간이 알도록 허락되지 않은 어떤 것을 누설할 가능성이 있었기 때문이라고 말한 적이 있다(Stanley Sadie 편저, *The New Grove Dictionary of Music and Musicians*, 제16권 716-717 참조).

4) 긴즈버그는 1962년 인도 방문 중에 힌두교의 고승 Swami Shivanda를 만났는데, '어디서 스승(guru)을 만날 수 있는가?'고 묻자 그는 '유일한 스승은 그대의 마음(heart)'이라고 대답하였다. 긴즈버그는 이 대답이 그에게 준 메시지를 통하여 크게 깨우쳤으며, 1965년 『파리 리뷰』(*Paris Review*)의 Tom Clark와의 인터뷰에서 그가 찾고있던 해답이 바로 그것 곧 마음이라는 것을 갑자기 깨닫게 되었다고 고백하였다(Miles 300-302). 여기서 '마음'은 인간의 외부에 대응되는 인간의 내부 곧 인간의 내면의 자아(self)와 크게 다르지 않다.

5) 엘리자베스 비숍(Elizabeth Bishop)은 『인생연구』에 관한 글에서, "로월의 시를 읽을 때마다 나는 지금 그리고 여기에 있다는, 정확한 동시대성(exact contemporaneity)의 떨리는 느낌을 받는다"(Axelrod 63)고 쓰고 있다.

6) See the symposium "In Clay's Corner," *Partisan Review*, XXXIV(Summer, 1967), 460.

7) Ostroff 교수가 편집한 *The Contemporary Poet as Artist and Critic*에 나오는 John Berryman의 논문(103) 참조. Fein 교수는 주교가 등장하는 이 연(stanza)을 설명하면서 이 연이 Berryman의 마음 속에 체홉(Chekhov)의 단편소설 "The Bishop"에 나오는 어머니와 아들 사이의 유사한 상황을 떠올리게 했다고 설명하고 있는데, Berryman의 글 속에는, "여러 해 동안 읽지는 못했지만, 나는 이 연에서 체홉의 압도적인 소설과의 유사성(assimilation)을 발견하지 못한다"고 기록되어 있다.

8) 에리히 헬러(Erich Heller)는 니체를 가리켜 "그는 그의 바로 그 영혼과 정신의 구조상 19세기가 낳은 가장 철저하게 종교적 성질을 지닌 사람들 중의 하나였으나, 경비견이 지닌 공격적 전투심을 가지고 성전(temple)에의 모든 접근을 경계하는 지성을 타고난 사람이었다"(11)고 말하였고, 하이데거는 그를 가리켜 "저 열정적 신의 탐구자이며 마지막 독일 철학자"(474)라고 불렀으며, 주리앙 영(Julian Young)은 니체의 지적 탐구를 "결국 신의 존재를 증명하는 것'으로 특정 지을 수 있다"(Fraser 1)고 까지 말하였다.

9) 니체는 '나는 기독교를 저주한다'(Nietzsche 62)고까지 말하였다.

10) 쯔베탕 토도로프는 그의 최근의 저서 『미완의 정원』(*Imperfect Garden*)에서 'religion'이라는 단어의 어원이 '묶는다(to bind)', '맨다(to tie)'는 뜻을 가진 라틴어 동사 relier에서 유래하고 있음을 지적하면서, 불란서 혁명이 모두의(all) 종교를 각 개인의(each) 이해로, 최고의 존재(Supreme Being)와 동료인간들에 대한 사랑을 개인의 이해타산으로 대체시킨, 루소나 데카르트의 철학이나 무신론의 이론등에 기인하고 있다는, Louis de Bonald 자작의 주장을 그의 논문 *Théorie du pouvoir politique et religieux*(I, 494-95)를 인용하며 소개하고 있다(Todorov 12). 여기에서 우리에게 중요한 것은, Bonald 자작의 주장의 타당성 여부보다는, 종교가 개인의 이해타산보다는 모두를 묶는 사랑에 근거하고 있다는 사실이다.

제2장 현대문학에 나타난 부정의 신학의 자장

1) Martin Heidegger, Nietzsche, 2 vols.(Pfullingen: Neske, 1961), I. 73. Requoted in Eloise Knapp Hay, 3.
2) Heidegger, "What is Metaphysics?" trans. R. F. C. Hull and Allan Crick, in Werner Brock. *Existence and Being*(Chicago: Regnery, 1949), p.355.
3) *Ibid.*, p.354.
4) Cf. Tillich(1957), pp.29-33.
5) Cf. *Ibid*, pp.29-56.
6) Tillich는 "죄된 행동이란 어떤 법에 대한 불복종이 아니고 신과 인간들과 자기자신으로부터의 이탈(man's estrangement from God, from men, from himself)"이라고 말하고 있다. See, *Ibid*, p.47.
7) Margaret Smith에 의하면 Mystic Way의 세 가지 단계는 the Purgative life, the Illuminative life 그리고 the Unitive life로 나누어지는데, 합일(oneness)에 도달하는 마지막 단계는 다음과 같이 설명되고 있다.

   "The final stage of the way is the Unitive life in which the soul passes from Becoming to Being, man holds God face to face, and is joined to Him in progressive union, a union which is a fact of experience consciously realized." Cf. Margaret Smith, 'The Nature and Meaning of Mysticism', in Richard Woods, ed., *Understanding Mysticism*, p.23.
8) Evelyn Underhill, *Mysticism: A Study in the Nature and Development of Man's Spiritual Consciousness*(London: Methuen, 1911: pp.101ff, quoted in Richard Woods. ed., Understanding Mysticism, p.22.
9) 5세기에서 6세기 사이에 부정의 신학에 대한 중요한 저술을 남긴, 'Blessed Dionysius the Areopagite'로 알려진, 신비에 가려진 신학자.

10) 필자의 논문 「포스트 모던 문학의 종교성: 시론 — 알렌 긴즈버그와 로버트 로월의 경우」, 『문학과 종교』 제7권 2호 참조.

제3장 존 단의 초기시에 나타난 사랑의 종교적 성격

1) "Phillip"은 스페인의 필립 2세, "Gregory"는 여러 명의 교황 그레고리들(7세, 13세, 14세) 중의 어느 한 사람, "Harry"는 영국 국왕 헨리 8세 그리고 "Martin"은 마틴 루터를 가르킨다. 평신도로부터 개신교와 카톨릭의 목사, 사제를 모두 망라하고 있다(Abrams Ⅰ, 1098).

제4장 조지 허버트의 종교시에 나타난 보편적 인식

1) 시드니는, "훌륭한(peerelesse)시인은 역사가와 철학자의 기능을 동시에 수행한다. 시인은 철학자가 개진한 당위의 개념들을 역사가들이 보여주는 개별적 인간 속에 투영시켜 구상화시킨다(14-15)"고 주장하였다.
2) 깊이 생각해 보면 종교가 추구하는 것이나 세속의 문화가 추구하는 것은 똑같이 '실존의 고통이 없는' 진정한 평화이다. 종교는 타율적인 초월적 힘을 통하여, 세상은 자율적인 인간의 힘을 통하여 그것을 성취하는 것이 다를 뿐이다. 자율적 인간세계는 보편적 이성을 가진 인간이 문화나 종교의 근원이고 척도라고 주장하며, 초월적 힘에 의지하는 타율적 종교세계는 인간의 이성은 불완전하여 바르게 행동할 수 없으므로 인간의 법칙보다는 더 뛰어난 법칙(superior law)에 의존해야 한다고 주장한다. 하지만 더 깊이 성찰해 보면 이 더 뛰어난 법칙은 인간 자신의 존재의 근거가 되는 신적 지반에 뿌리를 둔 인간 자신의 내면의 법칙일 뿐이다. 틸리히는 이것을 종교의 타율(heteronomy)과 구별하여 신율(theonomy)이라고 말한다(Tillich 1957, 56-57).
3) "에머슨은 신이 예수 안에 육화되었던 것과 마찬가지로 똑같이 모든 사람 속에 육화되어 점차적으로 내부로부터 스스로를 드러낸다고 믿었다(Olamstead 76)."

제5장 사랑과 고통의 변증법의 세 가지 양상 : 호손의 「주홍글자」

1) 본질에서 실존으로의 전이의 문제는 키르케고어(Kierkegaard)의 『불안의 개념』 (*Angst*) 참조.
2) 밴즈(James Bense)교수는 "호손의 사상은 갈등이 해소되지 않았을 때 가장 예리하다"(58)고 말한다.

제6장 '투덜거림'의 미학: T. S. 엘리엇의 『황무지』에 나타난 음악의 종교적 성격

1) 엘리엇이 인용한 것으로 그의 노트에서 명시한 '천둥소리의 의미에 관한 일화'는 「우파니샤드」("Upanishad")에서 신(god) 프라자파티(prajapati)가 세 계층의 그의 아들들 — 신(gods)과 인간(men) 그리고 악마(Ashura) — 로부터 가르침을 달라는 부탁을 받고 천둥소리를 통하여 똑같이 단음절인 다(Da)로 가르침을 준 이야기를 기록하고 있다. 첫 번째 'Da'를 신들은 '자기를 자제하라'는 가르침으로 이해하였으며, 두 번째 'Da'를 인간들은 '주라'는 가르침으로 이해하였고, 세 번째 'Da'를 악마들은 '동정하라'는 가르침으로 이해하였다. 「우파니샤드」의 주석가는 각 계층의 아들들이 각각 자기들에게 부족한 것을 부신(父神)이 가르친 것으로 이해하였다고 쓰고 있다. 다른 말로 하면 부신의 충고는 결국 자각(self-awareness)을 통하여 스스로 느끼게 되는 자기 충고(self-advice)인 것이다(Miller 126).

제7장 T. S. 엘리엇과 폴 틸리히

1) 이 모임의 가장 활동적 회원 중의 한 사람이었던 칼 만하임은, 엘리엇의 『황무지』와 유사한 표현으로, '현대생활의 황폐화는 각 개인들이 어떤 종류의 질서 안에서 각자의 경험에 등급을 매겨 분류해 볼 수 있게 해주는 진정한 경험의 패러다임의 결여 때문'이라고 진단하였다(141).

2) 헤겔은, "세계의 국민들이 그들의 심정에 느껴지는 가장 심오한 직관과 관념을 위탁해 놓은 곳이 바로 예술이다. 예술은 그들 주민들의 지혜와 종교를 이해하는 열쇠이다. — 많은 나라들의 경우 다른 열쇠는 없다"고 말하였다(Hegel 17).

3) 우리는 천둥이 실제로 명령을 하지는 않는다는 것을 알고 있다. 브루커(Brooker)와 벤틀리(Bently)가 말하고 있는 것처럼, "천둥은 아무것도 말하고 있지 않을 뿐 아니라, 아무 것도 의미하지 않는다. 천둥소리는 'twit' 'jug' 또는 'tereu' 등의 소리로 우는 새소리나 'co co rico' 라고 울었던 수탉의 소리와 같은 것이다. 이러한 소리들은 'Da' 소리와 함께 순수한 소음, 전혀 의미없는 소리들을 흉내내기 위한 의성어일 뿐이다. 그러나 'Datta'라는 말이 주어지자 비의미어의 완벽한 단일성이 깨져 이중의 의미를 띄게 된다(Brooker and Bently 189)." 사실 어떤 소리에 부여되는 의미는, 이 시 속에서, 천둥소리(Da)를 들은 사람들이, 이 소리를 그들 자신의 관념과 관련된 단어(Datta 등)의 머리말로 쓰고 있듯이, 그 소리를 듣고 말하는 사람들에 의해 붙여지는 것이다.

4) 두 번째 기준은 우리들의 존재나 비존재의 문제와 관련된 대상만을 다루

는 진술만이 신학적이라는 것이다(Thomas 6).

5) 『네 개의 사중주』는 성 어거스틴의 『참회록』(*Confession*)에 대한 명상이다. 어거스틴에게 있어 시간은 상상력에 기초하고 있는 것이다. 과거는 인간의 회상의 능력 속에 존재하며, 미래는 인간의 기대 속에 존재하고, 현재는 과거의 기억과 미래에 대한 기대를 상상력이 통합시킴으로써 생기는 것이다(Dale 142).

6) 이 부분에 관하여는 필자의 졸고, 'T. S. 엘리엇의 시와 시극에 나타난 "궁극적 관심"', 『영어영문학』 제40권 1호(1994), 49-52쪽 참조.

7) 샤르뎅(Pierre Teilhard de Chardin)은, 사랑을 본질적으로 우주의 각 요소들 사이의 매혹(the attraction of each element of the universe)으로 보고, 이러한 사랑이야말로 인간과 우주의 근원적 에너지이며 인간 화합의 기본 에너지라고 말한다(Faircy 186-189).

8) "엘리엇이 철학자가 된 것은 자신 속에 있는 시인을 살아 있게 하기 위해서였다"(Thompson xxi)고 주장하는 Erick Thompson은, 엘리엇의 "Milton Ⅱ"에 언급된 아담과 이브와 관련하여, 아담과 이브의 상징적 의미를 명확하게 하기 위해서 우리가 인용하고 있는 틸리히의 「조직신학」 제2권의 아담과 이브의 타락의 상징을 논한 부분을 인용하고 있다(96).

9) 실존의 상태는 소외의 상태이다. 이 상태에서 인간은 존재의 근원으로부터, 다른 존재들로부터, 그리고 자기자신으로부터 분리된다(Tillich 1957, 44).

10) "Scepticism", *Encyclopedia of Religion and Ethics*. 1965 ed.

11) 로날드 부쉬(Ronald Bush)는 "엘리엇이. . . 인간의 내면의 삶의 문제를 탐구하기 위하여 회의라는 도구를 사용하였다"고 말하였다(9).

12) 20세기에 신학과 고통에 대하여 가장 자극적인 책 중의 하나인 『고통』(*Suffering*)을 쓴 Dorothy Soelle 여사는 신학은 "어떤 경험들에 대한 사려깊은 기술"(Soelle 1967, 10)이어야 하며, 이 경험은 "고통에 대한 경험에 근거하는 것"(Soelle 1984, 90)이라고 말하였다(Richard 73-74).

13) 엘리엇이 기독교도이고 틸리히가 기독교 신학자라는 사실 때문에 그들이 던지는 궁극의 문제에 대한 성찰에 대하여 편견을 가질 수도 있을 것이다. 그러나 그들은 기독교가 진실로 세계의 모든 다양한 현상들을 포괄하지 못한다면, 인간세계의 궁극의 문제에 대하여 진정한 질문을 던질 수 없다는 것을 잘 알고 있었다. 그래서 그들의 해답은 근본적으로 종교적 도피주의에서 나올 수 있는 성질의 것이 아니었으며, 그래서 그들의 해답은 결코 유토피아적인 것이 아니었다. 그들은 진정한 해답을 요구하는 현대문화의 부정적 특징들과 모순 그리고 탈선의 문제들을 치밀하게 분석하고, 그에 대하여 편파적이 아닌 보편적 해답을 찾아내려 하였다(Van Dusen 43-45).

제8장 문학과 종교 그리고 문화의 관계에 대한 학제적 연구

1) 이때 궁극적 관심은 어떤 특수한 경전이나 교리가 주는 표준에 따라야하는 편파적, 조건적 관심이 아니라 궁극성(ultimacy)이라는 표준에 의해서만 제한을 받는 무조건적이며 전체적인, 인간의 모든 유한성을 초월한 관심이다. 인간의 궁극적 관심이 참된 것이 되기 위해서는 주관성과 동시에 객관성을 가져야 하며, 이 객관성은 그 관심이 갖는 궁극성 — 불멸성, 영원성 등을 지닌 — 에 의하여 증명된다.

2) 여불위(呂不韋)의 『呂氏春秋』는 음악에 관하여 말하는 가운데, "음악에는 그 방도가 있는데, 음악은 반드시 평안에서 나오며, 평안은 공정에서 나오고, 공정은 도(道)로부터 나온다(務樂有術, 必由平出, 平出於公, 公出於道)"고 말하고 있다(220).

3) 여기서 인용하는 「욥기」의 우리말 번역은 모두 기독교 지혜사에서 출판한 『라이프 성경』(*Life Bible*, 1989)을 이용한 것이다.

4) *The Bible*, New York: American Bible Society(1971), 440.

5) S. C. Williams의 *Religious Belief and Popular Culture in Southwark : C 1880~1939*로부터의 재인용임(p. 1.).

6) John A, McClure의 논문으로부터의 재인용임. 사이드 교수의 종교에 대한 정의는 "인간의 범위를 넘어서는 것(the extra-human), 애매한 추상, 신적인 것, 비교적(the esoteric)이거나 비의적인 것(the secret)에 호소하는 사고의 형태를 모두 포함하는 광범위한 것이다(Said 291)." 최근 출판된(2005) 저서 *The Spiritual Revolution*에서 Paul Heelas 교수와 Linda Woodhead 교수는 'spirituality'라고 그들이 통칭한 yoga나 feng shui, chi and chakra, holism, New Age, mind-body-spirit 등의 용어가 전통적인 기독교 어휘들보다 일반문화 속에서 더 흔한 것이 되었다고 주장하고 있으며(1), 캠브리지 대학에서 오랫동안 종교철학을 가르쳐왔던 Don Cupitt 교수는, 그의 최근의 저서 *The Old Creed and the New Creed*에서 "우리가 물려받은 종교적 전통과 제도 그리고 풍속들이 갑자기 흔적도 없이 사라져 버렸다고 상상해보라(1)"고 제안하고 있다.

도움 받은 책

BIBLIOGRAPHY

제1장 포스트모던 문학의 종교성 : 시론

김성곤. 『포스트모던 시대의 작가들: 미로속의 언어』. 서울: 민음사, 1990.

이준학. 『<그립고 두려운 것>에 대한 인문학적 고찰』. 광주: 전남대학교 출판부, 2001.

Allen, Donald and Butterick, George F. *The Postmoderns.* New York: Inc., 1982.

Axelrod, Steven Gould. ed. *The Critical Response to Robert Lowell.* Westport, Connecticut, London: Greenwood Press, 1999.

Bertens, Hans. 'Postmodern Culture(s),' Edmund J. Smyth, ed. *Postmodernism and Contemporary Fiction.* London: B. T. Batsford Ltd., 1991.

Borgman, Eric. 'Negative Theology as Postmodern Talk of God,' *The Many Faces of the Divine.* Ed. Hermann Haring and Johann Baptist Metz. Concilium 1995/2. London: SCM Press.

Brown, D. Mackenzie. ed. *Ultimate Concern : Tillich in Dialouge.* New York : Harper and Row, 1965.

Caputo, John D. *The Prayers and Tears of Jacque Derrida: Religion without Religion.* Bloomington: Indiana UP, 1997.

Carabine Deirdre. *The Unknown God: Negative Tradition in the Platonic Tradition: Plato to Eriugena.* Louvain : Peeters Press, 1995.

Carrol, Paul. "Playboy Interview." *Playboy,* April 1969.

Derrida, Jacques. "How to Avoid Speaking: Denials," *Languages of the Unsayable: The Play of_Negativity in Literature and Literary Theory,* Ed. Sanford Budick and Wolfgang Iser. New York: Columbia UP, 1989.

Eberhart, Richard. 'West Coast Rhythms,' *New York Times Book Review,* 2 September, 1956.

Farwell, Harold. 'John Barth's Tenuous Affirmation: The Absurd, Unending Possibility of Love,' Joseph J. Waldmeir, *Critical Essays on John Barth.* Boston: G. K. Hall & Co., 1980.

Fein, Richard J. *Robert Lowell.* New York: Twayne Publishers, Inc., 1970.

Foster, Ann T. *Theodore Roethke's Meditative Sequences.* Lewiston & Queenton: The Edwin Mellen Press, 1985.

Fraser, Giles. *Redeeming Nietzsche: On the Piety of Unbelief.* London and New York: Routledge, 2002.

Gilbert, Sandra M. 'Mephistophilis in Maine: Rereading "Skunk Hour," Stephen Gould Axelrod and Helen Deese ed., Robert Lowell : *Essays on Poetry.* Cambridge. New York, Melbourne: Cambridge UP, 1986.

Ginsberg, Allen. "Notes Written on Finally Recording *Howl.*" New York: Fantasy Records, 1959. Repr. in Thomas Parkinson, *A Casebook on the Beats.* New York: Thomas Y. Crowell, 1961.

____________. *Selected Poems 1947-1995.* New York: Harper Collins Publishers, 1996.

Hart, Henry. *Robert Lowell and the Sublime.* Syracuse: Syracuse UP, 1995.

Heidegger, M. 'The Self-Assertion of the German University' in *Review of Metaphysics* (Harris trans.) 38, March 1985.

Heller, Erich. *The Importance of Nietzsche: Ten Essays.* Chicago: U of Chicago Press, 1988.

Hyde, Lewis. ed. *On the Poetry of Allen Ginsberg.* Ann Arbor: The University of Michigan Press, 1984.

James, William. *The Varieties of Religious Experience.* Harmondswordth: Penguin, 1982.

Jarrell, Randall. 'From the Kingdom of Necessity,' Michael London and Robert Boyers, ed. *Robert Lowell: A Portrait of the Artist in His Time.* New York: David Lewis, 1970.

Jasper, David. *The Study of Literature and Religion: An Introduction.* Oxford: Macmillan, 1992.

Kramer, Jane. *Allen Ginsberg in America.* New York: Random House, 1997.

Leibrecht, Walter. ed. *Religion and Culture: Essays in Honor of Paul Tillich.* New

York: Harper & Brothers, 1959.

Lowell, Robert. *Selected Poems.* New York: Farrar, Straus and Giroux, 1976.

____________. *Collected Prose.* Ed. Robert Giroux. New York: Farrar, Straus and Giroux, 1987.

Mazzaro, Jerome. 'Lowell after *For the Union Dead,*' Michael London and Robert Boyer, ed. *Robert Lowell: A Portrait of Artist in His Time.* New York: David Lewis, 1970.

Merrill Thomas F. *Allen Ginsberg.* Boston: Twayne Publishers, 1988.

Miles, Barry. *Ginsberg: A Biography.* New York. London: Simon and Schuster, 1989.

Miskotte, K. H. *Als de goden zwijgen,* Collected Work 8, Kampen 1983, 48; English Translation *When Gods are Silent.* London: Collins, 1967.

Nietzsche, Friedrich. *The Anti-Christ.*(Hollingsdale trans). New York: Penguin, 1973.

Ostroff, Anthony. ed. *The Contemporary Poet as Artist and Critic.* Boston: Little, Brown and Company, 1964.

Olthuis, James H. ed. *Religion with/out Religion: The Prayers and Tears of John D. Caputo.* London and New York: Routledge, 2002.

Pauck, Wilhelm and Marion Pauck, *Paul Tillich, His life & Thought.* New York: Harper and Row, 1976.

Raschke, Carl A. 'The Destruction of God,' Thomas J. J. Altizer, et al. ed. *Deconstruction and Theology.* New York: Crossroad, 1982.

Rieff, Phillip. *The Triumph of the Therapeutic : Uses of Faith after Freud.* Chicago: University of Chicago Press, 1966.

Roethke, Theodore. *The Collected Poems of Theodore Roethke.* Garden City, New York: Double Day & Company, Inc., 1966.

Rosenthal, M. L. 'Review of *Howl and Other Poems.*' *Nation,* 23 Febrary, 1957.

Sadie, Stanley, ed. *The New Grove Dictionary of Music and Musicians*, vol. 17. London: Macmillan, 1980.

Sardar, Ziauddin. *Postmodernism and the Other: The New Imperialism of Western Culture.* London·Chicago: Pluto Press, 1998.

Staples, Hugh B. *Robert Lowell: The First Twenty Years.* New York: Farrar,

Straus and Cudahy, 1962.

Taylor, Charles. *Varieties of Religion Today: William James Revisited.* Cambridge and London, 2002.

Taylor, Mark C. *Nots.* A Series of Religion and Postmodernism. Chicago and London: The University of Chicago Press, 1993.

Tillich, Paul. *Theology of Culture.* New York: Oxford UP, 1959.

Todorov, Tzvetan. *Imperfect Garden: The Legacy of Humanism.* Tr. Carol Cosman. Princeton and Oxford: Princeton UP, 2002.

Touraine, Allain. *The Postmodern Industrial Society: Tomorrow's Social History: Classes, Conflicts and_Culture in the Programmed Society.* Trans. Leonard Mayhew. London: Wild House, 1974.

Weil, Simone. *Gravity and Grace.* (E. Craufurd trans.). New York: Routledge, 1963.

Witek, Terri. *Robert Lowell and* Life Studies*: Revisiting the Self.* Columbia and London: University of Missouri Press, 1993.

제2장 현대문학에 나타난 부정의 신학의 자장

Baym, Nina. et al. ed. *The Norton Anthology of American Literature.* New York · London: W. W. Norton, 1986.

Borgman, Eric. 'Negative Theology as Postmodern Talk of God,' *The Many Faces of the Devine.* Ed. Hermann Haring and Johann Baptist Metz, *Concilium* 1995/2. London: SCM Press.

Caputo, John D. *The Prayers and Tears of Jacques Derrida: Religion without Religion.* Bloomington: Indiana UP, 1997.

Carabine, Deidre. *The Unknown God: Negative Theology in the Platonic Tradition: Plato to Eriugena.* Louvine: Peeters Press. 1995.

Chardin, Pierre Teilhard de. *On Suffering.* London: Collins, 1974.

Eliot, T. S. "What Dante Means to Me," *To Criticize the Critic.* London: Faber & Faber, 1965.

Fein, Richard J. *Robert Lowell.* New York: Twayne Publishers, Inc., 1970.

Heidegger, Martin. "What is Metaphysics?" trans. R. F. C. Hull and Allen Crick, in Werner Brock. *Existence and Being.* Chicago: Regnery, 1949.

Hyde, Lewis. ed. *On the Poetry of Allen Ginsberg.* Ann Arbor: The University of Michigan Press, 1984.

Magill, Frank N. ed. *Masterplots II: Poetry Series.* Pasadena: Salem Press, 1992.

Miskotte, K. H. *Als de goden zwijgen.* Collected Work 8. Kampen 1983, 48; English Translation *When Gods are silent.* London: Collins, 1967.

Olthius, James H. ed. *Religion with/out Religion: The Prayers and Tears of John D. Caputo.* London and New York: Routledge, 2002.

Perkins, George, et al. ed. *The American Tradition in Literature,* Sixth edition, New York: Random House, 1985.

Pseudo-Dionysius. *The Complete Works.* New York: Paulist Press, 1987.

Pound, Ezra. *Guide to Kulchur.* New York: A New Directions Book, 1970.

Smith, Carol. *Dramatic Theory and Practice.* Princeton: Princeton UP, 1963.

Smith, Grover. *T. S. Eliot's Poetry and Plays.* Chicago and London: The University of Chicago Press, 1974.

Sullivan. J. P. ed. *Ezra Pound.* Penguin Critical Anthologies. Penguin Books, 1970.

Tillich, Paul. *Systematic Theology, II.* Chicago: The University of Chicago Press, 1957.

__________. *Theology of Culture.* New York: Oxford University, 1964.

Underhill, Evelyn. *Mysticism: A Study in the Nature and Development of Man's Spiritual Consciousness.* London: Metheun, 1911.

제3장 존 단의 초기시에 나타난 사랑의 종교적 성격

Abrams, M. H. ed. *The Norton Anthology of English Literature, Fourth Edition, Vol. 1.* New York, London: W. W. Norton & Company, 1979.

Berger, Peter L. *A Rumor of Angels: Modern Society and the Rediscovery of the Supernatural.* Trans. Kwai Sang Kim. Seoul: The Korean Literature Society, 1979.

Broadbent, John. *Signet Classic Poets of the 17th Century Vol. 1.* New York, London: New American Library, 1974.

Coles Notes, *The Works of John Donne.* Toronto: Coles, 1981.

Eliot, T. S. 'Donne in Our Time,' *A Garland for John Donne.* Ed. Theodore Spencer. Gloucester: Peter Smith, 1958.

Form, Erich. *the Art of Loving.* New York & Evanstan: Harper & Row, 1956.

Grierson, H. J. C. 'Metaphysical Poetry,' Ed. William R. Keast, *Seventeenth Century English Poetry: Mordern Essays in Criticism.* New York: Oxford UP, 1962.

Guibbory, Achsah. 'Oh, let mee not serve so': *The Politics of Love in Donne's Elegies,*' Ed. Andrew Mousley, *John Donne.* Macmillan: Houndmills and London, 1999.

Lobb, Edward. *T. S. Eliot and the Romantic Critical Tradition.* London: Routledge & Kegan Paul, 1981.

Löwith, Karl. *Wissen, Glaube and Skepsis.* Gottingen: Vandenhoeck & Ruprecht, 1971.

Tillich, Paul. *Courage To Be.* Glasgow: Collins, 1952.

__________. *Systematic Theology.* Vol. Ⅰ. U of Chicago P, 1951

__________. *Systematic Theology.* Vol. Ⅱ. U of Chicago Press, 1957.

__________. *Theology of Culture.* New York : Oxford UP, 1964.

Willey, Basil. *The Seventeenth Century Background: Studies in the Thought of the Age in Relation to Poetry and Religion.* Routledge & Kegan Paul: London and Henley, 1979

Williamson, George. *The Donne Tradition: Study in English Poetry from Donne to the Death of Cowley.* New York: The Noonday Press, 1958.

Willy, Margaret. ed. *The Metaphysical Poets.* London: Edward Arnold, 1971.

제4장 조지 허버트의 종교시에 나타난 보편적 인식

Abrams, M. H., ed. *The Norton Anthology of English Literature.* Fifth edn. vol. 1. New York: W. W. Norton & Company, 1986.

Broadbent, John, ed. *Poets of the 17th Century.* vol. 1. New York: New

American Library, 1974.

Clarke, Elizabeth. *Theory and Theology in George Herbert's Poetry*. Oxford: Clarendon Press, 1997.

Daiches, David. *Critical Approaches to Literature*. New York: W. W. Norton & Company, 1956.

Eliot, T. S. *George Herbert*. London: Longmans, Green & Co., 1962.

_________. "Religion and Literature." *Selected Essays*. London: Faber & Faber, 1976.

Gilman, William H. ed. *Selected Writings of Ralph Waldo Emerson*. New York: New American Library, 1965.

Gunn, Giles B. ed. *Literature and Religion*. New York: Harper & Row, 1971.

Knights, L. G. "George Herbert: Resolution and Conflict." *George Herbert and the Seventeenth-Century Religious Poets*. Ed. Mario A. Di Cesare. New York: W. W. Norton & Company, 1978.

Miller, Perry. *The American Transcendentalists*. Baltimore: The Johns Hopkins UP. 1957.

Olmstead, Clifton E. *Religion in American Past and Present*. Englewood Cliffs: Prentice Hall. 1961.

Sidney, Philip. "An Apology for Poetry." *English Critical Texts*. Ed. D. J. Enright and Ernest De Chickera. London: Oxford UP, 1971.

Tillich, Paul. *Courage To Be*. Glasgow: Collins, 1952.

_________. *The Protestant Era*. Chicago: The U of Chicago P, 1957.

_________. *Theology of Culture*. New York: Oxford UP, 1964.

Walton, Izzak. *The Life of Mr George Herbert*. Hoboken, N. J.: Bibliobytes; NetLibrary, 199u.

제5장 사랑과 고통의 변증법의 세 가지 양상 : 호손의 「주홍글자」

Bense, James. "Nathaniel Hawthorne's Intentions in 'Chiefly About War Matters'." *American Literature* 61.2(May 1989): 265-76.

Chardin, Pierre Teilhard de. *On Suffering*. London: Collins, 1974.

Coale, Samuel Chase. *In Hawthorne's Shadow: Hawthorne's Psychological Themes.* Oxford: Oxford UP, 1966.

Crews, Frederick C. "Frustration and Guilt — The Ruined Wall" *Twentieth Century Interpretations of* The Scarlet Letter. Ed. John C. Gerber. Englewood Cliff, NJ.: Prentice Hall, 1968.

Doren, Mark Van. "The Scarlet Letter," *Hawthorne: A Collection of Critical Essays.* Ed. A. N. Kaul. Englewood Cliffs, NJ.: Prentice Hall, 1966.

Fromm, Eric. *The Art of Loving.* New York: Harper & Row, 1956.

Gerber, John C. "Sin, Isolation, and Reunion — Form and Content." *Twentieth Century Interpretations of* The Scarlet Letter. Ed. John C. Gerber. Englewood Cliff, NJ.: Prentice Hall, 1968.

Hawthorne, Nathaniel. *The Scarlet letter.* A Norton Critical Edition (NC). Ed. Sculley Bradley, et al. Second Edn. New York: Norton, 1978.

Huxley, Aldous. *Brave New World and Brave New World Revisited.* New York: Harper & Brothers, 1960.

Martin, Terrence. *Nathaniel Hawthorne.* Boston: Twayne, 1965.

Matthiessen, F. O. *The Achievement of T. S. Eliot.* London: Oxford UP, 1972.

Moltmann, Jürgen. *The Crucified God: The Cross as the Foundation and Criticism of Christian Theology.* Trans. R. A. Wilson and J. Bowden. London: SCM Press, 1974.

Richard, Lucien. *What Are They Saying About the Theology of Suffering?* New York: Paulist Press, 1992.

Tillich, Paul. *Systematic Theology*, Vol. Ⅰ. Chicago: U of Chicago Press, 1951.

__________. *Systematic Theology*, Vol. Ⅱ. Chicago: U of Chicago Press, 1957.

Waggoner, Hyatt H. *Hawthorne.* Revised Edn. Cambridge. Mass: The Belknap Press of Harvard UP, 1963.

제6장 '투덜거림'의 미학: T. S. 엘리엇의 『황무지』에 나타난 음악의 종교적 성격

최종수. '엘리어트 詩의 音樂性,' 『現代英美詩硏究(金致逵敎授華甲紀念論

文集)』. 서울: 民音社, 1986.

Ackroyd, Peter. *T. S. Eliot: A Life.* New York: Simon and Schuester, 1984.

Bergonzi, Bernard. *T. S. Eliot.* London: Macmillan & Co. Ltd., 1972.

Bretall, Robert, ed. *A Kierkegaard Anthology.* Princeton, New Jersey: Princeton UP, 1946.

The Brhadaranyaka Upanisad. Tr. Swami Madhavananda. Calcutta: Advaita Ashrama, 1965, pp. 813-17.

Brooker, Jewell Spears and Joseph Bentley. *Reading the Waste Land: Modernism and the Limits of Interpretation.* Amherst: The University of Massachusetts Press, 1990.

Brooks, Cleanth. *Modern Poetry and the Tradition.* New York: Oxford UP, 1965.

Brown, D. Mackenzie. *Ultimate Concern: Tillich in Dialogue.* New York, Evanston, and London: Harper & Row, 1965.

Bush, Ronald, *T. S. Eliot: A Study in Character and Style.* New York: Oxford UP, 1983.

Chancellor, Paul. "The Music of *The Waste Land.*" *Comparative Literature Studies,* Ⅵ(1969), pp. 21-32.

Cook, Harold E. "A Search for an Ideal: An Interpretation of T. S. Eliot's 'Marina'", *Bucknell Review,* V/1, December, 1954.

Cox, C.B. and Hinchliffe, Arnold P. ed. *T. S. Eliot: The Waste Land.* London and Basingstoke: Macmillan, 1968.

Davidson, Harriet. 'Improper Desire: Reading *The Waste Land,' The Cambridge Companion to T. S. Eliot.* Ed. A. David Moody. New York: Cambridge UP, 1994.

Dewey, John. *A Common Faith.* New Heaven : Yale UP, 1934 & 1960.

Eliot, T. S. "London Letters," *The Dial,* LXXI, 1921.

_________. *On Poetry and Poets.* New York: The Noonday Press, 1957.

_________. 'Shakespeare and the Stoicism of Seneca', *Selected Essays.* London: Faber and Faber, 1951.

Eliot, Valerie, ed., *The Waste Land: A Facsimille.* London: Faber and Faber, 1971.

Fiddes, Paul S. *The Creative Suffering of God.* Oxford: Clarendon Press, 1988.

Freeman, Morris. "Jazz Rhythms and T. S. Eliot". *South Atlantic Quarterly*, LI(1952), pp. 419~35.

Gardner, Helen. *The Art of T. S. Eliot.* London: Faber and Faber, 1949.

Gross, Harvey and McDowell, Robert. *Sound and Form in Modern Poetry*. Ann Arbor: The University of Michigan Press, 1964.

Howarth, Herbert. *Notes on Some Figures Behind T. S. Eliot.* Boston: Houghton Mifflin Company, 1964.

Jasper, David. *The Study of Literature and Religion: An Introduction.* Oxford: Macmillan, 1992.

Levis-Strauss, Claude. *The Raw and the Cooked.* as quoted by Igor Stravinsky and Robert Craft. *Themes and Conclusion.* London: Faber and Faber, 1972.

Mackinnon, Lachlan. *Eliot, Auden, Lowell.* London and Basingstoke: Macmillan 1983.

Matthews, T. S. *Great Tom: Notes Towards the Definition of T. S. Eliot.* New York: Harper & Row, 1974.

Mesterton, Eric. *The Waste Land.* Tr. Llewellyn Jones. New York: Haskell House, 1975.

Miller, Jomes E. Jr. *T. S. Eliot's Personal Waste Land.* University Park and London: The Pennsylvania State UP, 1977.

Moody, A. David. *Tracing T. S. Eliot's Spirit: Essays on His Poetry and Thought.* New York: Cambridge UP, 1996.

Nicolosi, Robert J. "T. S. Eliot and Music: An Introduction," *The Musical Quarterly*. LXVI 2, 1980.

Noh, Jeo-Yong. *Biographical Themes in T. S. Eliot's Early Poetry*. Seoul: Dai-Hak Publishing, 1984.

Plimton, George, ed. *Writers at Work: The Paris Review Interviews (Second Series).* New York: Viking Press, 1963.

Richards, I. A. *Principles of Literary Criticism*. London: Routledge & Kegan Paul, 1963.

Ricoeur, Paul. 'The Symbol Gives Rise to Thought,' *Literature and Religion.*

Ed. Giles B. Gunn. London: SCM Press Ltd., 1971.

Sadie, Stanley, ed. *The New Grove Dictionary of Music and Musicians*, Vol. 17. London: Macmillan Publishers Ltd., 1980.

Smidt, Kristian. *Poetry and Belief in the Work of T. S. Eliot.* London: Routledge and Kegan Paul, 1961.

Southam, B. C. *A Student's Guide to the Selected Poems of T. S. Eliot.* Faber and Faber: London, 1977.

Tillich, Paul. *Theology of Culture.* New York: Oxford UP, 1964.

Ward, David. *T. S. Eliot Between Two Worlds.* London and Boston: Routledge & Kegan Paul, 1973.

Williamson, Daniel Day. *The Spirit and the Forms of Love.* James Nisbet, Welwyn: Library of Constructive Theology, 1968.

Williamson, George. *A Reader's Guide to T. S. Eliot.* London: Thames and Hudson, 1955.

제7장 T. S. 엘리엇과 폴 틸리히

Armbruster, Carl J. *The Vision of Paul Tillich.* New York: Sheed and Ward, 1967.

Behr, Caroline. *T. S. Eliot: A Chronology of His Life and Works.* New York: St. Martins's Press, 1983

Bergonzi, Bernard. *T. S. Eliot.* New York: Macmillan, 1972.

Bergsten, Staffan. *Time and Eternity: A Study in the Structure and Symbolism of T. S. Eliot's Four Quartets.* Studea litterarum Upsaliensia, 1 Stockholm: Svenska Bokforlaget, 1960.

Brooker, Jewel Spears. *The Placing of T. S. Eliot.* Columbia and London: U of Missouri P, 1991.

Brooker, jewel Spears and Joseph, Bentley, *Reading the Waste Land: Modernism and the Limits of Interpretation.* Amherst: The Univ. of Massachusetts Press, 1990.

Brown, D. Mackenzie, ed. *Ultimate Concern: Tillich in Dialogue.* New York:

Harper & Row, 1965.

Browne, E. Martin. *The Making of T. S. Eliot's Plays.* London: Cambridge UP, 1970.

Bush, Ronald. *T. S. Eliot: A Study in Character and Style.* New York: Oxford UP, 1984.

Capri-Karka, C. *Love and the Symbolic Journey in the Poetry of Cavafy, Eliot, and Seferis: An Interpretation with Detailed Poem-by-Poem Analysis.* New York, NY: Pella, 1982.

Dale, Alzina Stone. *T. S. Eliot: The Philosopher Poet.* Wheaton, Illinois: H. Shaw, 1988.

Eliot, T. S. *Christianity and Culture.* San Diego, New York, London: HBJ Book, 1949.

_________. "Eeldrop and Appleplex." Part 1, *Little Review* 4(May 1917).

_________. *Knowledge and Experience in the Philosophy of F. H. Bradley.* London: Faber and Faber, 1964.

_________. Letter to Paul Tillich. 22 March 1954. Tillich Archive. Andover Havard Theological Lib., Cambridge, Mass.

_________. Letter to Paul Tillich. 26 October 1955. Tillich Archive. Andover Havard Theological Lib., Cambridge, Mass.

_________. *Notes Towards the Definition of Culture.* London: Faber and Faber, 1962.

_________. *Selected Essays.* London: Faber and Faber, 1976.

_________. *The Complete Poems and Plays of T. S. Eliot.* London: Faber and Faber, 1969.

Faircy, Robert L. *Teilhard de Chardin's Theology of the Christian in the World.* New York: Sheed and Ward, 1967.

Gardner, Helen. *The Art of T. S. Eliot.* London: Faber & Faber, 1972.

Gordon, Lyndall. *Eliot's New Life.* Oxford: Oxford University Press, 1988.

Grant, Machael, ed. T. S. Eliot: *The Critical Heritage.* London: Routledge & Kegan Paul, 1982.

Harvard College, Class of 1910. *Twenty-fifth Anniversary Report.* Cambridge: Cosmos Press, 1935.

Hegel, Georg Wilhelm Friedrich. *On Art, Religion, Philosophy: Introductory Lectures to the Realm of Absolute Spirit.* Ed. J. Glenn Gray. New York: Harper & Row, 1967.

Heick, Otto W. *A History of Christian Thought.* Vol. 1. Phila-delphia: Fortress Press, 1965.

Hick, John H. *Philosophy of Religion.* 3rd ed. Eaglewood Cliffs, N. J.: Orentice Hall, Inc., 1983.

Hughes, Ted. *A Dancer to God: Tributes to T. S. Eliot.* New York: Farrar Straus Giroux, 1992.

Jasper, David. *The Study of Literature and Religion: An Introduction.* 2nd ed. Basingstoke: Macmillan, 1992.

Kegley, Charles W. and Robert Walter Betall, eds. *The Theology of Paul Tillich.* The Library of Living Theology, Vol. 1. New York: Macmillan, 1952.

Loomer, Bernard. "Tillich's Thoery of Correlation." *Journal of Religion* 36(July 1956): p. 150.

Löwith, Karl. *Wissen, Glaube and Skepsis.* Gottingen: Vanden-hoeck & Ruprecht, 1956.

Martin, Bernard. *The Existentialist Theology of Paul Tillich.* New York: Bookman Associates, 1963.

Niebuhr, Reinhold. *The Nature and Destiny of Man.* Vol. 2. New York: Bookman Associates, 1963.

Palandri, Angela Jung. "Homage to a Confucian Poet." *Tamkang Review* 5(1974): 129-41.

Pauck, Wilhelm and Marion Pauck. *Paul Tillich, His Life & Thougt.* New York: Harper & Row, 1976.

Richard, Lucien. *What Are They Saying About the Theology of Suffering?.* New York and Mahwah, NJ: Paulist Press, 1992.

Skaff, William. *The Philosophy of T. S. Eliot: From Skepticism to a Surrealist Poetic*, 1909-1927. Philadelphia: U of Pennsyl-vania P, 1986.

Smidt, Kristian. *Poetry and Belief in the Work of T. S. Eliot.* Oslo: 1 Kommisijon hos J. Dybwad, 1949.

____________. *Poetry and Belief in the Work of T. S. Eliot.* London: Routledge and Kegan Paul, 1961.

Smith, Carol H. *T. S. Eliot's Dramatic Theory and Practice: From Sweeney Agonistes to The Elder Statesman.* Princeton, NJ: Princeton UP, 1963.

Smith, Grover. *T. S. Eliot's Poetry and Plays: A Study in Sources and Meaning.* 2nd ed. Chicago: U of Chicago P, 1974.

Soelle, Dorothy. *The Strength of the Weak: Toward a Christian Feminist Identity.* Trans. Robert and Rita Kimber. Philadelphia: Westminster Press, 1984.

____________. *Christ the Representative: An Essay in Theology After the Death of God.* Trans. David Lewis. Philadelphia: Fortress Press, 1967.

Teilhard de Chardin, Pierre. *On Suffering.* London: Collins, 1974.

Thomas, John Heywood. *Paul Tillich.* Richmond: John Knox Press, 1965.

Thompson, Eric. *T. S. Eliot: The Metaphysical Perspective.* Carbondale: Southern Illinois UP, 1963.

Tillich, Paul. *Biblical Religion and the Search for Ultimate Reality.* Chicago: U of Chicago P, 1955.

__________. Letter to T. S. Eliot. 5 October 1955. Tillich Archive. Andover-Harvard Theological Lib., Cambridge, Mass.

__________. *My Travel Diary, 1936: Between Two World. New York*: Harper & Row, 1970.

__________. *On Art and Architecture.* Ed. John Dillenberger. New York: Crossroads, 1987.

__________. *Systematic Theology.* Vol. 1. Chicago: U of Chicago P, 1951.

__________. *Systematic Theology.* Vol. 2. Chicago: U of Chicago P, 1957.

__________. *Theology of Culture.* New York: Oxford UP, 1959.

Van Dusen, Henry P., ed. *The Chritian Answer.* New York: C. Scribner's Sons, 1945.

Wheat, Leonard F. *Paul Tillich's Dialectical Humanism: Unmasking the God Above God.* Baltimore: Johns Hopkins Press, 1970.

제8장 문학과 종교 그리고 문화의 관계에 대한 학제적 연구

김성동. 『만다라』. 서울: 한국문학사, 1979.

_____. 『만다라』. 서울: 청년사, 2005.

도스또예프스키, 표도르 미하일로비치. 『까라마조프 씨네 형제들』. 이대우 역. 서울: 열린책들, 2000.

呂不韋, 『呂氏春秋』, 제1권. 金槿 譯註. 서울: 민음사, 1993.

이준학. 「문학과 종교의 관계에 대한 학제적 연구」. 『문학과 종교』 제3호 (1998). 63-96.

제스퍼, 데이빗. 『문학과 종교연구서설』, 제2판(1992). 이준학 역. 서울: 도서출판 동인, 1999.

Adams, E. D. *Religion and Cultural Freedom.* Philadelphia: Temple UP, 1993.

Asher, Kenneth. *T. S. Eliot and Ideology.* New York: Cambridge UP, 1995.

Bachika, Reimon, ed. *Traditional Religion & Culture in New Era.* New Brunswick and London: Transaction Publishers, 2002.

Begonzi, Benard. *T. S. Eliot.* London: Macmillan, 1972.

Brooks, Cleanth. *The Hidden God: Studies in Hemingway, Faulkner, Yeats, Eliot, and Warren.* New Heaven and London: Yale UP. 1963.

Brown, D. Mackenzie, ed. *Ultimate Concern: Tillich in Dialogue.* New York: Harper & Row, 1965.

Cupitt, Don. *The Old Creed and the New.* London: SCM Press, 2006.

Daiches. David. *Critical Approaches to Literature.* New York: W. W. Norton & Company Inc., 1956.

___________. *God and the Poets.* Oxford: Clarendon Press, 1984.

Dale, Alzina Stone. *T. S. Eliot: The Philosopher Poet.* Wheaton, Illinois: H. Shaw, 1988.

Eagleton, Terry. "Eliot and a Common Culture" in Graham Martin ed. *Eliot in Perspective: A Symposium.* London: Macmillan, 1970.

Eliot, T. S. *Essays Ancient and Modern.* London: Faber & Faber Ltd., 1936.

_________. *The Idea of a Christian Society.* London: Faber and Faber, 1962.

_________. *Notes Towards the Definition of Culture.* London: Faber and Faber, 1972.

_________. *Selected Essays.* London: Faber and Faber, 1976.

Enright, D. J. and Chickera Ernest De. ed. *English Critical Texts.* London: Oxford UP, 1971.

Farrer, Austine Marsden. *Reflective Faith: Essays in Philosophical Theology.* London: S. P. C. K., 1972.

Gordon, Lyndall. *Eliot's New Life.* Oxford: Oxford UP, 1988.

Heelas, Paul and Woodhead, Linda. *The Spiritual Revolution: Why Religion is Giving Way to Spirituality.* Oxford: Blackwell, 2005.

Kojecky, Roger. *T. S. Eliot's Social Criticism.* London: Faber and Faber, 1971.

Matthiessen, F. O. *The Achievement of T. S. Eliot.* London: Oxford UP, 1971.

McClure, John A. "Post-Secular Culture: The Return of Religion in Contemporary Theory, and Literature" in *Cross Current* (Fall, 1977), 332~337.

Niebuhr, Richard. *Christ and Culture.* Tr. Jae Joon Kim. Seoul: The Christian Literature Society, 1989.

Schultze, Quentin J. "Touched by Angels and Demons: Religion's Love-Hate Relationship with Popular Culture" in Daniel A. Stout and Judith M. Buddenbaum ed. *Religion and Popular Culture: Studies on the Interaction of World views.* Ames: Iowa State UP, 2001.

Smidt, Christian. *Poetry and Belief in the Work of T. S. Eliot.* Oslo: 1 kommis-john hos J. Dybwad, 1949.

Tillich, Paul. *Theology of Culture.* New York: Oxford UP, 1964.

Williama, S. C. *Religious Belief and Popular Culture in Southwark: C 1880-1939.* New York: Oxford, 1999.

찾아보기

INDEX

【ㄱ】

【ㄴ】

【 ㄷ 】

【 ㄹ 】

【 ㅁ 】

【 ㅂ 】

【 ㅅ 】

【 ㅇ 】

【ㅈ】

【 ㅊ 】

【 ㅋ 】

【 ㅌ 】

【 ㅍ 】

【 ㅎ 】

【 기 타 】

■ 후 기

이 책에 실린 글들은 2000년 초의 10여 년 사이에 몇 개의 학술지와 문예지에 실린 글들 중, 각기 자기 시대의 시류에 저항하여, 부정의 정신으로, 궁극적 사랑을 지향하며 작품을 쓴 시인과 작가에 관한 글들을 모은 것이다.

문학과 종교의 관계에 대한 연구범위의 확장에 조금이라도 기여할 수 있기를 바란다.

2018년

춘천, 소양강가에서

저 자